Reinhard Delau
DIE KIRCHE

Historischer Roman

edition Sächsische Zeitung

IMPRESSUM

SAXO'Phon GmbH, Ostra-Allee 20, 01067 Dresden
www.editionsz.de

1. Auflage August 2008

Satz und Gestaltung: Antje Madaus · Dresdner Verlagshaus Technik GmbH
Druck: Druckhaus Dresden GmbH

Titel: Staatliche Kunstsammlungen Dresden

ISBN: 978-3-938325-51-3

WIDMUNG

Für Hannelore, meine erste Leserin und Lektorin.

Leda plaudert eine furchtbare Nachricht aus

Leda richtete sich auf. Ihr schwarzes Haar verdeckte ihr Gesicht. „Du bist geizig“, sagte sie. Sie wog die Taler auf ihrer Handfläche. Dann hob sie ihren schmalen Kopf und warf ihr Haar zurück. Lorenzo Rimini schaute in ihre kleinen grünen Augen, die zu schräg in ihrem Gesicht standen, und lachte. Er kannte ihre Vorwürfe. Immer war es ihr zu wenig. Und er gab ihr reichlich, glaubte er. Zweimal in der Woche ging er zu ihr und blieb lange, jeden Dienstag, der zweite Besuchstag wechselte. „Du solltest einmal zufrieden sein“, mahnte er. Er hatte inzwischen den eleganten schwarzen Mantel angezogen und betrachtete sich im hohen Spiegel, der in einem roten Rahmen hing. Rimini, im Sommer 1725 vom Heiligen Stuhl als Legat und geheimer Agent in das protestantische Sachsen geschickt, war zufrieden. Groß, schlank, hohe Stirn, sah er eher aus wie ein Offizier und nicht wie ein Mann des Vatikans, der die Würde von über 1300 Jahren auf den Schultern zu tragen hatte. So stark können keine Schultern sein, um diese Pflicht zu erfüllen, dachte er sarkastisch.

Leda zog ihre Lippen schmal. Sie sah seine Eitelkeit. Aber das störte sie nicht. Sie empfand für Rimini eine wachsende Zuneigung, die sie misstrauisch beobachtete. Sie hatte ihn vor zwei Monaten kennengelernt. Er hatte sie heftig gewollt. Und es hatte ihr gefallen. „Vier Taler, das ist sehr wenig“, sagte sie. Er beugte sich über sie und küsste ihre Stirn. Er war jetzt ohne jede Lust, sie war zwischen ihren Schenkeln verrauscht. „Du bist geizig“, beharrte sie. – „Dein Vorwurf kränkt mich“, sagte er. Aber er war nicht wirklich gekränkt.

Er war Leda auf einem Empfang des Dresdner Gouverneurs Christoph August von Wackerbarth zum ersten Mal begegnet. Sie war dort in Begleitung eines älteren polnischen Hauptmanns. Der Pole hatte mit Friedrich August I., dem sächsischen Kurfürsten und polnischen König, vor Riga gegen die Schweden gekämpft. Der

Mann war Rimini angenehm. Rimini hatte Wackerbarth gebeten, dem Hauptmann vorgestellt zu werden. Der Pole hatte fließend Deutsch gesprochen, nahezu akzentfrei. Rimini hatte dies mit Hochachtung festgestellt. Dem Polen war das nicht entgangen. Er stamme aus Ostpreußen, hatte er erläutert, stünde aber nicht im preußischen, sondern im Dienst der polnischen Krone. Seine Mutter sei Deutsche, der Vater Pole. Er sei also ein halber Pole und ein halber Preuße, aber deshalb nicht heimatlos. Der letzte Satz hatte Rimini sehr gefallen.

Leda war Lorenzo Rimini sofort aufgefallen. Sie war jung, vielleicht 19, 20 Jahre alt. Er hatte ein paar Sätze mit ihr gewechselt. „Aus Sachsen stammen Sie nicht", hatte er gesagt. Sie hatte es nicht bestätigt, ihn aber mit ihren grünen Augen angeschaut, langsam, ausgiebig, und er hatte festgestellt, dass ihr Hals zu dünn und zu lang war. Er hatte ihr am nächsten Tag ein Billett zukommen lassen und sie gebeten, ihre Bekanntschaft machen zu dürfen. Genau 15 Tage hatte er warten müssen, ehe sie antwortete. Bon Jour, Messieurs, schrieb sie, ich will Sie gern empfangen, wenn Sie großzügig sind, denn ich bin anspruchsvoll. Ihre Offenheit hatte ihn entzückt. Er wusste, woran er war, und das war ihm recht. Es würde keine Verwicklungen, keine Treueschwüre, keine Eifersuchtsszenen geben. Das hatte er bereits dreimal hinter sich. Er wollte Ähnliches nicht wieder in Dresden erleben.

Gleich beim ersten Besuch vermutete Rimini, dass er nicht der Einzige war, den Leda empfing. Ein Blick in ihre Wohnung genügte, um ihm vieles mitzuteilen. Das Porzellan war auserlesen. Es stammte aus der Meißner Manufaktur. Die teuren Parfüms, die Liköre waren französischer Herkunft. An der Wand hingen zwei Gemälde und ein Kupferstich, der das Warschauer Schloss abbildete. Das konnten nur Geschenke sein. Wie sonst wäre sie dazu gekommen. Er allein könnte ihr diesen Luxus nicht bieten. Was er wollte, war Lust, und Leda gab ihm Lust. Dafür bezahlte er sie. Und sie war verschwiegen. Nie sprach sie über andere Männer. Er durfte annehmen, dass sie es auch mit ihm so hielt. Nur einmal ließ sie beiläufig fallen, dass sie verheiratet gewesen sei und sich einige Zeit in Polen aufgehalten habe, meistens in Warschau. Keine Erklärung, warum sie jetzt in Dresden lebe. Und Rimini fragte nicht. Er war sicher, dass sie dies nicht wünschte. So sehr interessierte ihn auch ihre Vergangenheit nicht. Er war ein Mann der Gegenwart. Rimini hatte sofort bemerkt, dass sie ihre Umgangsformen nicht auf der Straße gelernt hatte. Leda hieß in Wirklichkeit Anna, was er erst viel später erfuhr. Ihr Vater – aus Königsberg stammend – war Rechenmeister. Er stand im Dienst des preußischen Königs Friedrich Wilhelm I. Sie war in Berlin geboren. Sie hatte eine städtische Mädchenschule besucht und sprach französisch. Mehr hatte er von ihr nicht erfahren.

Leda stand auf und näherte sich ihm. Sie sagte: „Ich weiß etwas, was dich vielleicht interessieren wird, mein Gottesmann." Ihre Augen liefen ihn auf und ab, frech, etwas böse. Lorenzo Rimini zeigte sich nicht interessiert. Was sollte sie wissen, was er nicht wusste. Er meinte, bestens über die Verhältnisse in der Stadt und am Dresdner Hof informiert zu sein. Das war seine Pflicht.

Leda entfernte sich wieder von ihm. „Gut", sagte sie, „gut, ich bringe dich zur Tür." Sie warf ihren seidenen grünen Rock, den er ihr geschenkt hatte, über ihre Schulter und ging barfuß voraus. Sie schloss die Tür auf und schaute auf den Flur, erst nach rechts, dann nach links. Das Treppenhaus lag im Dunkeln. „Jetzt darfst du gehen", sagte sie. „Kein Engel, der dich sehen könnte, auf dem Flur." Rimini gefiel ihr Spott.

Er war wieder verblüfft, wie ironisch sie formulierte. Es war offensichtlich, dass sie daran Spaß hatte.

Sie macht tatsächlich ernst und schweigt, dachte Rimini. Er drückte die Tür ins Schloss. Es störte ihn, dass sie mit Andeutungen um sich warf, ohne sie zu erklären. „Was ist, was soll mich interessieren?", fragte er schroff, schroffer, als er es gewollt hatte. Und sie überlegte: Vielleicht ist es gar nicht gut, es ihm zu erzählen. Eine neue große Kirche der Evangelischen in Dresden, das würde dem Gesandten des Vatikans, dem Katholiken, bestimmt nicht gefallen. Sie war in Berlin lutherisch erzogen worden. Der Katholizismus wurde ihr verteufelt: Pomp und Marienkult. Ihr Vater schüttelte sich, wenn er von Katholischen erzählte. Sie kamen gleich nach den Menschenfressern, die es in den polnischen Wäldern geben sollte.

Das Reformationsfest wurde jedes Jahr mit großer Inbrunst gefeiert. An diesem Tag sang die vielköpfige Familie vor dem Festmahl das schöne Lutherlied „Ein feste Burg ist unser Gott“. Sie wollte Rimini bei guter Laune halten. Sein Geld war ihr willkommen. Er war ihr angenehm. Sein Körper war glatt und fest. Sie kannte andere, schon verwelkte, die sie gelegentlich vor Rimini hatte hinnehmen müssen. Aber dann siegte ihr nüchterner Verstand. War etwas Wahres am Kirchbau, würde er es ohnehin schnell erfahren. Sie wollte die erste sein, die ihm von der Kirche gesprochen hatte. Es konnte auch sein, dass er es längst wusste. Sie dachte merkantil, wie es sich für die Tochter eines Rechenmeisters gehörte: „Einige Taler muss dir das wert sein, was ich dir zu sagen habe.“
Ihre Direktheit verstimmte Rimini. Sollte sie wirklich etwas erfahren haben, was für ihn von Bedeutung sein könnte? Er beobachtete, was sich in der Residenz ereignete. Zurzeit war in Dresden nicht viel los. Der Kurfürst Friedrich August I. hielt sich meist in Polen auf. Riminis Berichte an den Vatikan fielen mager aus, er konnte sich kaum auszeichnen. Vielleicht wusste Leda wirklich etwas Interessantes. „Erst dein Geheimnis, dann das Geld“, sagte er.
Sie lachte dreist, öffnete weit ihre Augen. Dann fasste sie seine Hand und zog ihn in den kleinen Salon zurück. Sie ist eine Meisterin, dachte Lorenzo Rimini, sie weiß ihren Wert zu erhöhen. Aber das lockte ihm eher Hochachtung ab. Sie war unerwartet in sein Leben getreten. Er hatte ihren Eintritt sehr erwünscht. Er setzte sich in den Sessel, und sie machte es sich auf seinem Schoß bequem. „Die Evangelischen wollen eine neue Kirche bauen, mitten in der Stadt“, sagte sie. „Groß soll sie werden, hoch, dick, prächtig, ein starkes Zeichen in Luthers Glauben, heißt es. Ein gewisser Bähr, der Ratszimmermeister der Stadt, entwirft dazu Pläne.“
Ledas Worte schnitten wie ein scharfes Messer in ihn ein. Seit der Krönung des sächsischen Kurfürsten 1697 in Krakau zum polnischen König versprach er Rom, eine Hofkirche in Dresden zu bauen. In Wirklichkeit geschah nichts. Der Kurfürst ließ die Dinge laufen, wie sie liefen. Er war ein Meister im Versprechen. Er, Rimini, hatte einen Auftrag. Er sollte für den Baubeginn der katholischen Hofkirche sorgen. Damit war er nicht weiter gekommen.

Dies brachte ihm Ärger am Heiligen Stuhl ein. Als er vor kurzem in Rom weilte, hatte ihn ein Vertrauter gewarnt. Benedikt XIII. sei übellaunig. „Es kann sein, dass er dich abruft." Das hatte Rimini verunsichert. Er war gern in Dresden, fern von dem großen Rom. Keine Frage, die Stadt konnte sich mit Rom nicht messen, mit den großen Palästen und Kirchen, mit Berninis Kolonnaden, mit St. Peter. Aber in Dresden fühlte er sich freier. Die Stadt gefiel ihm, der Fluss, die sanften Höhen hatten etwas Heiteres. Sie erinnerten ihn an Florenz, seine Vaterstadt. In Dresden war er sein eigener Herr, keinem Rechenschaft schuldig, konnte seinen Tag gestalten, wie es ihm angenehm war. Man brachte ihm Respekt entgegen. Und manchmal dachte er Ketzerisches.
Er, der zuerst Theologie und später Philosophie studiert hatte, fand gelegentlich Roms Sendungssucht aufdringlich. Aber den Einfluss des Vatikans stärken, das wollte er. In Rom schlug das Herz der Welt, seit einigen Jahrhunderten. Auf dem Palatin war in vorchristlicher Zeit über die Geschicke der Welt entschieden worden, über Getreidepreise und Straßenbau, neue Brücken und Kirchbauten, Kriege und gelegentlich über Menschenleben und Sklavenverkauf. Dann war der Vatikan hinzugetreten und hatte die weltlichen Mächte in zähem Ringen an sich gebunden, hatte sie gebeugt, wie den deutschen König Heinrich IV. Papst Gregor VII. hatte den stolzen Deutschen, den er in den Bann geschlagen hatte, nach Canossa gezwungen und ihn dort in Demut knien lassen. Das war ein Meisterstück päpstlicher Macht. Ja, er, Rimini, war florentinischer Herkunft, mit langem Stammbaum. Seine Ahnenreihe ließ sich bis ins Etruskische verfolgen. Seit über drei Jahrhunderten lebten die Riminis in Florenz. Er war in Dresden, um Erfolg zu haben, für sich, für Rom, für die Riminis. Stimmte es, was Leda sagte, war höchste Eile geboten. Er wird sich anstrengen müssen. Die Hofkirche musste gebaut werden, und zwar schnell. „Woher weißt du von der Kirche?", fragte er. Sie zuckte die Schultern und legte beide Arme um seinen Nacken. „Das bleibt mein Geheimnis, aber es kommt aus berufenem Munde."
Wie gewählt sie sich ausdrückt, aus berufenem Munde. „Wer ist dein berufener Mund?"

Sie legte zwei Finger auf seine Lippen. Er warf fünf Taler in die Schale, die auf dem zierlichen Nussbaumtisch stand.
Sie schwieg.
„Höre, weißt du etwas Genaueres. Wann hast du es erfahren? Es ist wichtig für mich“, ließ er sich hinreißen zu sagen.
Sie schüttelte hochmütig den Kopf. Nach einer Weile sagte sie: „Mir ist erst hinterher eingefallen, dass das für dich von Bedeutung sein könnte. Ich werde das nächste Mal besser aufpassen.“ Sie hielt ihre Lider halb geschlossen.
„Dann erfahre mehr und gib mir Bescheid, morgen, übermorgen, immer, wenn du etwas Neues hörst. Du bist jetzt meine Agentin“, versuchte er seinem Drängen den Ernst zu nehmen.
„Ich werde es mir überlegen“, ging sie auf seinen Ton ein.
Rimini hatte es plötzlich eilig, ließ sich von Leda zum zweiten Mal zur Tür begleiten. Er hatte keinen Blick mehr für sie, stieg schnell die Stufen hinab, vergaß aber nicht Ausschau zu halten, bevor er das Haus verließ. Eine Sänfte, die ihn verborgen hätte, war zu dieser Nachtstunde nicht zu haben. Es waren nur wenige Minuten bis zur Gesandtschaft. Die Straße lag im Dunkel, kein Mensch war zu sehen. Es war weit nach Mitternacht. Er ging langsam in Richtung Schloss, spazierte bis zur Brücke. Die Elbe floss schwarz. Am rechten Ufer glomm ein Feuer.
Sein Kopf arbeitete präzise. Der Kirchbau war ein offener Affront gegen Rom. Das konnte der Heilige Stuhl nicht unwidersprochen hinnehmen. Eine neue protestantische Kirche musste mit allen Kräften und allen Mitteln verhindert werden. Nur wie? Er brauchte starke Verbündete. Habsburg galt es zu gewinnen. Es war angebracht, die gegenseitigen Eifersüchteleien zurückzustellen. Der Vatikan musste schnell handeln und endlich begreifen, dass die Lage in Sachsen äußerst kompliziert war. Den Katholiken wurde hier das Dasein schwer gemacht. Sie lebten in Sachsen in der Diaspora. Frankreich dürfte eine protestantische Kirche auch missfallen. Er wird seine Späher sofort losschicken. Er brauchte schnell Gewissheit. Sich allein auf Leda zu verlassen, wäre leichtfertig. Er dachte an seinen Mann im Rathaus. Erst wenn er, Rimini, mehr wusste, würde er den Vatikan informieren. Das war eine furchtbare Nach-

richt. So unangenehm das Ganze für ihn werden konnte, Benedikt musste als erster davon erfahren.
Lorenzo Rimini hörte, wie der Fluss die steinernen Pfeiler geräuschvoll umspülte. Er sah viele Unwägbarkeiten und Schwierigkeiten auf sich zukommen. Darauf hatte er sich einzustellen. Was immer in seiner Macht stand, wird er durchsetzen. Es galt, Sachsens Kurfürst unter Druck zu setzen. Er, Rimini, befand sich auf der Seite der Mächtigen. Rom hatte viel Erfahrung mit Widerspenstigen, Zweiflern, Untätigen. Er spazierte über die Brücke auf die andere Seite des Flusses, kehrte um. Die Wolken, die ein runder heller Mond beschien, hingen tief über der Stadt. Er dachte an Leda. Obwohl das Verhältnis eindeutig war, war seine Haut für jede ihrer Zärtlichkeiten, für jede ihrer Umarmungen dankbar. Er warf sich nichts vor. Er hatte kein Gelübde abgelegt, er war kein Priester. Er war ein Mensch aus Fleisch und Lust wie alle Riminis. Es gab keinen Menschen ohne Sünde. Und Lust war nicht Sünde, Lust war Glück. Selbst Päpste hatten Frauen geliebt, einige sogar gehurt. Und der Himmel war nicht eingestürzt. Der Satz gefiel ihm. Er spuckte in hohem Bogen in den Fluss. Er kam aus einem sinnenfreudigen und kunstreichen Haus in Florenz, das nahe am Dom Santa Maria del Fiore stand. Seine Mutter, an der er mehr gehangen hatte, als es ihr angenehm war, spielte Spinett und Laute. Nach der Weinlese gab sie kleine Konzerte, die in Florenz viel Beachtung fanden. Die jungen Künstler, meist Maler und Musiker, verehrten sie. Sein Vater, in dessen Manufaktur Uhrwerke entstanden, die nach Frankreich und Deutschland und an die Osmanen verkauft wurden, übersah es. Erst viel später erfuhr Rimini, dass er eine Geliebte besaß, die viel jünger war als seine Mutter. Ob sie es wusste, hat er nie erfahren. Allmählich wurde er ruhiger. Er sah Leda in Gedanken vor sich. Ihre Augen sind es und ihre heftigen Hände, für die er die Taler gern in die Schale wirft. Früher oder später, das war seine Erfahrung mit Frauen, wird es auslaufen, wie immer.

Bähr verbirgt seinen Bautraum

Im Taubeschen Haus am Altmarkt, das als Rathaus genutzt wurde, herrschte Aufregung. Es gab schlechte Nachrichten von der alten Frauenkirche. Der Bürgermeister Johann Christian Schwarzbach, ein Frühaufsteher, ließ George Bähr rufen. Der Bote störte den Ratszimmermeister beim Frühstück. Es ginge um die Kirche, ließ er Bähr wissen. Mehr sei ihm nicht bekannt. „Die Herren haben es wieder einmal sehr eilig", sagte Bähr. Er erhob sich. Seine Frau verrührte Honig in der warmen Milch. „Trink", sagte sie, „und iss eine Scheibe Brot, bevor du gehst. Kein Bart wächst so schnell." Sie hatte recht. Er musste nicht so beflissen sein. Er setzte sich wieder und lehnte sich behaglich zurück. Helles Oktoberlicht strömte in die geräumige Küche. Auf dem Bord über dem Herd glänzten die Kupfergefäße, alte Erbstücke seiner Frau. Nach den Regentagen der vorigen Woche genoss er die Wärme. Bähr tauchte Brot in die Milch, beendete in aller Ruhe das Frühstück. „So ist es recht, Bähr", sagte sie. Er liebte es, wenn sie ihn Bähr nannte. Das klang achtungsvoll und stolz. Sie teilte ihm einen Apfel. Aber den wollte er nicht essen. „Großer oder kleiner Aufzug?", fragte er. – „Der kleine macht's auch", sagte sie. „Du gehst nicht zu Hofe." Er ließ sich gerne von ihr beraten. Zwei Grübchen waren in ihre Wangen gesprungen. Die gefielen ihm. Und er stupste seinen Daumen hinein. „Mal sehen, was die Herren wünschen", sagte er.

Bähr zog sich um. Ein frisches weißes Hemd und seine schwarze Weste mussten genügen. Dazu die schwarze Zimmermannshose und die gelben Stiefel. Er hatte keine Zeit zum großen Modeauftritt. Dann eilte er aber doch ins Rathaus. Es lag keine drei Minuten von seinem Haus in der Seestraße entfernt.

Alles, was mit der alten Frauenkirche auf dem Neumarkt zu tun hatte, interessierte ihn sehr. Immer wieder wurde an ihr herumgeflickt. Ihr Zustand blieb trotzdem besorgniserregend. Allzu lange

würde sie dem Gottesdienst nicht mehr dienen können. Sie war zu gebrechlich. Darauf hatten Johann Gottfried Fehre, der Ratsmaurermeister, und er bereits mehrere Male hingewiesen. Die Stadt hatte ihm vor längerer Zeit Entwürfe zum Bau einer neuen Kirche abgefordert. Er hatte erste Vorstellungen gezeichnet. Danach war nichts geschehen. Seine Entwürfe schienen vergessen, wie so oft in den zurückliegenden Jahrzehnten.
Bähr wurde sofort vorgelassen. Schwarzbach, Papiere vor sich, sah kurz auf, erhob sich aber nicht. Das missfiel Bähr. Er hütete sich, dies dem Manne anmerken zu lassen. Er stand im Dienste der Stadt. Das musste er sich immer wieder bewusst machen. Manchmal fiel es ihm schwer, zu dienern, wie es erwünscht war. Er stammte aus Fürstenwalde, einem Dorf im Erzgebirge. Dort ging es gerade zu, dort wurde gesagt, was zu sagen war. Dresdens Räte waren launisch. Immer ging ihnen das städtische Bauen, für das er verantwortlich war, zu langsam vorwärts, und immer feilschten sie um jeden Pfennig. Ihr Geschrei, wenn ihnen etwas gegen den Strich ging, war ihm unangenehm, ja es berührte ihn peinlich. Er ertappte sich, dass er dann voller Verachtung war. Das stand ihm nicht zu. Aber er rechtfertigte sich. Dies war wohl in den Bährs so angelegt. Sie waren, wie sie waren: arbeitsam, streng, aufrichtig und etwas eigensinnig. Stadtleute waren eben Stadtleute. Sie trugen knielange Röcke und schielten nach dem Hof. Baute er für die Stadt, musste er um jeden Groschen betteln, als wollte er etwas geschenkt haben. Das ärgerte ihn. Es half nichts. Er musste zu seinem Geld kommen, hatte Frau und Kinder zu ernähren. Die Familie sollte sich nicht mit Mehlsuppe, Quark und Brot begnügen müssen. Seine Frau aß gern Fisch. Und er wollte seine Kanne Freiberger Bier am Abend. Und die Handwerker, die für ihn arbeiteten, erwarteten pünktlich ihren Wochenlohn.
Schwarzbach schob die Papiere zur Seite. Er sah bekümmert drein. „Drei Gewölbe sind auf dem alten Friedhof eingestürzt.“ Es klang, als sei Bähr daran schuld. Der Mann hob seinen runden Kopf und blickte Bähr unfreundlich an. Bähr schwieg. „Zum Glück ist niemand zu Schaden gekommen“, fuhr der Bürgermeister fort. Bähr wusste seit drei Tagen von dem Einsturz. Außerdem waren drei

Grabsteine gestohlen worden, drei gute Stücke aus Sandstein. Zwei tote Katzen hatte man über die Friedhofsmauer geworfen. Es war nicht das erste Mal, dass Gewölbe über den Grüften einstürzten oder Grabsteine umkippten. Das zu ändern war nur möglich, indem man die Grüfte abbrach und den Friedhof einebnete. Er rechnete mit weiteren Einstürzen. Bähr musste sich beherrschen, nicht etwas Kritisches zu sagen. Schwarzbach erwartete Antwort. Sie blieb aus. Das ärgerte ihn. „Was meinen Sie", fragte er mit angehobener Stimme, „können wir weitere Einstürze verhindern?"

Bähr stand vor dem großen Schreibtisch wie ein gescholtener Schüler. Er erwartete die Aufforderung, Platz zu nehmen. „Einstürze", antwortete er mit einer gewissen Befriedigung, „werden nicht zu vermeiden sein, sie dürften künftig häufiger vorkommen. Die Bögen sind morsch, die Gewölbe sehr alt. Man müsste die Eigentümer der Gräber bewegen, sich um die Grüfte zu kümmern. Aber dies verspricht wenig Erfolg. Am besten wäre, man sperrte den Friedhof." Bähr trat ein paar Schritte vom Schreibtisch zurück, damit es Schwarzbach auffiel, dass er stand – ohne Erfolg. Und er beschloss, die Gelegenheit zu nutzen, auf die alte Kirche hinzuweisen. „Der gesamte Bau bereitet mir Sorgen, auch Fehre und anderen. Dachsteine fallen häufig herunter, ein Fenstergewände hat sich kürzlich aus dem Lot geneigt. Lange werden wir uns an der alten Frauenkirche nicht mehr erfreuen können. Ihre Schließung kommt unvermeidlich auf uns zu. Ich muss dazu dringend raten."

Schwarzbach, dem der Zustand des Gotteshauses bekannt sein musste, äußerte sich nicht dazu. Bähr gab sich mit dem Schweigen nicht zufrieden. Die Ratsherren sollten endlich zur Kenntnis nehmen, dass die Frauenkirche für die Gemeinde eine große Gefahr war. Darauf aufmerksam zu machen war seine Pflicht als Ratszimmermeister. Er schlug eine Begehung der Kirche vor. Verbindlich, ja geschmeidig sagte er: „Einige Herren des Konsistoriums sollten zugegen sein, damit nicht alle Last auf dem Rat liegt, einige Ratsherren, vielleicht gar ein Herr aus dem kurfürstlichen Oberbauamt." Es war das erste Mal, dass er dem Bürgermeister so deutlich den miserablen Zustand der alten Kirche beschrieb.

„So schlimm, Bähr, weitere Einstürze? Und heruntergefallene Dachziegel, gar Schließung?"
Bähr schob seinen rechten Fuß ein Stück vor, legte seine Rechte auf die Brust und verbeugte sich wie ein Diener. Darin hatte er eine gewisse Übung. Wenn ihn seine Frau so sehen würde. Er hörte in Gedanken ihr schallendes Lachen. Und er selbst lachte im Inneren auch über sich. Eines hatte er in all den Jahren, die er in der Residenz lebte, gründlich begriffen: Man kam nicht immer gerade zum Ziel. Man musste gelegentlich taktieren, verharren, loben, auch den Rücken krumm machen, am wenigsten: widersprechen. Viele trieb die Eitelkeit, ihre Meinung auf eine hohe Stange zu heben, damit sie auch jeder sehe. Töricht, wer widersprach, wenn es nicht unbedingt notwendig war. So fiel weniger auf, wenn man mit dem fortfuhr, was man begonnen hatte. So war nun mal die Welt beschaffen. Und er würde sie nicht ändern. Er konnte ihr höchstens etwas hinzufügen. Diesmal musste er gegen seine Erfahrung verstoßen. „Schlimmer, als Sie es sich vorstellen, ist der Zustand der alten Kirche", sagte er sanft. „Im Chor nehmen die Risse an Breite zu, der Dachreiter sitzt schief. Die Glocken sind zu schwer. Beten wir zum Herrn, dass kein Unglück geschieht. Vielleicht sollte der Herr Bürgermeister selbst einen Blick in das Gotteshaus werfen, damit er nicht denkt, dass ich übertreibe."
Schwarzbach ließ nicht erkennen, ob er Bährs Vorschlag akzeptierte. Er saß wie angeleimt auf seinem hohen, lederbespannten Stuhl, schniefte laut. Seine Bronchien rasselten. Der heutige Tag war ihm seit früher Stunde vergällt. Erst die zu hart gekochten Eier zum Frühstück, dann das ranzige Fett im Krug. Die Haushälterin hatte wieder einmal versäumt, frisches Fett zu kaufen. Das Brot war auch zu hart. Er hatte mit seinen wenigen Zähnen darauf herumgedrückt wie ein alter Hund. Und nun der Bähr, der ihm das baufällige Gotteshaus vor die Füße warf wie einen Eimer voller Schutt. Wie sollte er dieses Dilemma ändern. Es war schon ein Kreuz, für die Stadt als Erster verantwortlich zu sein. Er musste endlich zugeben, was er immer von sich geschoben hatte, dass es um die Kirche tatsächlich schlecht bestellt war. Bähr hatte es deutlich ausgedrückt. Knapp sagte er: „Wir werden beraten, was zu tun

ist. Die Begehung setzen Sie an. Nehmen Sie Fehre und den Ratsschreiber dazu, damit er Protokoll führt. Den Hof lassen wir weg. Seine Vorhaltungen sind uns zur Genüge bekannt. Die Herren vom Konsistorium wollen wir auch nicht gleich dabeihaben. Sie gackern mir zu klug. Schlagen wir nicht zu hohe Wellen, bevor es unbedingt nötig ist. Vielleicht können Sie den Bau etwas stabilisieren."
Bähr schwieg.
Schwarzbach blieb sitzen, als Bähr das Zimmer verließ. Bähr war missgelaunt. Man ließ den Ratszimmermeister nicht wie einen Bittsteller stehen. Seine Frau hatte recht: Den Leuten fehlte es gelegentlich an Takt. Er war zufrieden, dass er den Verfall der alten Kirche so schonungslos dargestellt hatte. Natürlich sah er Möglichkeiten, den Chor abzustützen. Aber das wollte er nicht. Es würde nur den Verfall verlängern. Er überquerte den Altmarkt. Der Himmel zog sich zu. Erste Regentropfen fielen. Es war ein warmer, leiser Oktoberregen, einer, der den Äckern und den Feldern, Wiesen und Gärten gut tat. Bährs Stimmung hob sich. Er hätte nicht sagen können, warum. Regen hatte er schon als Junge gern, wenn er in Fürstenwalde die kahlen Hänge hinauflief, den Wolken entgegen, das blaue Tuch um den Hals. Es war das Geschenk eines Mädchens, das Gudrun hieß. Er trug es, als er nach Dresden kam, in die steinreiche Residenz. Er war entschlossen, die Stadt zu erstürmen. Sie gefiel ihm. Er wollte in ihr ansässig werden. Bald verliebte er sich. Und als sie ihn wollte und den Segen der Eltern zum Heiraten erhielt, wusste er, dass ihn die Stadt aufgenommen hatte. Wer eine ihrer Töchter heiratet, der ist ein Hiesiger. Das Mädchen Gudrun, dem er als Geselle Treue und Rückkehr geschworen hatte, war vergessen. Vier Jahre später besuchte er seine Eltern in Fürstenwalde. Er sah Gudrun in der Kirche. Nach dem Gottesdienst gaben sie sich draußen die Hand. Sie sah ihn neugierig an. „Ein feiner Herr bist du geworden", sagte sie. Das Mädchen Gudrun, das beim Abschied geweint hatte, war verheiratet wie er und hatte zwei Kinder.
Bähr näherte sich der alten Frauenkirche. Im Regen wirkte sie noch grauer, noch unscheinbarer, als sie es in Wirklichkeit war. Und er dachte mit Trotz: Die Kirche, hochverehrte Räte, wird Ihnen auf Ihre Köpfe fallen. Soll sie auch. Über sein hohes Gesicht,

das sehr dunkle Augen beherrschten, flog ein Zug plötzlicher Anspannung und Härte. Er war bestimmt, der Residenz eine neue Kirche zu bauen. Seine Brust spannte sich, die Nase ruckte hoch, die schwarzen Augenbrauen krümmten sich über den Lidern, die Arme schwangen wie bei einem marschierenden Soldaten. Bähr ging in gelben Stiefeln durch die enge Stadt, wurde gegrüßt, erwiderte Grüße, trat fest auf. Er hätte sich die Stiefel mit den drei silbernen Knöpfen an der Seite nie gekauft. Sie fielen auf. Sie waren ein Geschenk seines Schwiegervaters. Inzwischen gefielen sie ihm, weil sie etwas Besonderes waren. Er war voller Pläne und von großer Zuversicht.

Er kannte die Kirche gut. Sie war alt, sehr alt. Ihre gegenwärtige Gestalt zählte vielleicht an die drei-, vierhundert Jahre. Die anderen Kirchen der Stadt waren gewichtiger und in einem weit besseren Zustand. Der breite, flache Turm der Kreuzkirche überragte die Wohnhäuser am Altmarkt. Die Annenkirche draußen in der Wilsdruffer Vorstadt schaute weit über die Stadtmauer. Die Sophienkirche nahe am Schloss besaß einen besonderen Rang, weil die Wohlhabenden sie bevorzugten. Hingegen erschien das Gotteshaus auf dem Neumarkt ärmlich, ja schäbig. Über dem ausladenden Walmdach saß ein spitzer, dünner Dachreiter. Ein Querbau stach in das unregelmäßig geformte Kirchgebäude hinein. Bähr betrachtete alles mit Milde. Der zweifenstrige Chor wirkte wie angeklebt. Lediglich die schmalen, hohen Rundfenster an der Südseite, die fast an den Dachbeginn reichten, waren schön. Sie hatten etwas Leichtes, Schwebendes, streckten den Bau ein wenig in die Höhe, der unter den plumpen Dachteilen litt. Bähr liebte den Widerschein des Sonnenlichts in den Fenstern. Er konnte nicht sagen, warum er diese Kirche allen anderen vorzog, warum er sie wie ein kostbares Gemälde, auf dem eine lange Ahnenreihe dargestellt war, in sein Herz geschlossen hatte. Vielleicht, weil sie ihn an die kleine Kirche in Fürstenwalde erinnerte. Sie wirkte so unfertig, so gezeichnet von Zeiten und Nöten, Drangsalen und Bedrohungen, Hoffnungen und Wünschen. Er liebte sie, und er würde sie zerstören lassen, damit er an ihre Stelle eine neue, große Kirche bauen konnte. Ja, das wollte er. So wird es kommen, so muss es werden.

Gleich am ersten Tag in Dresden hatte er die alte Kirche entdeckt. Sie rührte ihn an. Welch stolze Kirchen hatte er auf seiner Wanderschaft geschaut. Vor der Stadtkirche in Marienberg hatte er sich hingekniet und vor Lust und Wonne gebetet. Wozu die Baumeister in dieser Bergbaustadt fähig gewesen waren. Wie sich der Turm in die Höhe streckte, leicht und doch fest verwurzelt wie ein alter Baum, der sich in einen Fels krallt. Marienberg hatte er zu Beginn seiner Wanderschaft besucht. Er hatte dem Zimmermannsmeister in Lauenstein abgeschaut, was es abzuschauen gab. Er hatte später noch viele Kirchen gesehen, auch die Dome in Freiberg und Erfurt. Aber damals, in Marienberg, das einst so silberreich gewesen war, hatte er zum ersten Mal gedacht: Eine Kirche zu bauen ist das Höchste im Leben, man kommt Gott ein Stück näher. Brücken, Palais, Häuser, in denen man gut wohnen kann, müssen in zuverlässiger Art ausgeführt werden, aber Kirchen zu bauen, ist etwas Einmaliges. Sie sind für die Ewigkeit errichtet. Dort findet man den Eingang zum Paradies. Und er hatte gedacht: Wer Kirchen baut, muss mit Gott verwandt sein. Dieser Gedanke hatte ihn erschreckt. Er war nicht mit Gott verwandt, aber er wollte trotzdem Kirchen bauen. Gesang war aus der Kirche gedrungen, und er war in ihr goldenes Schimmern getreten und hatte mitgesungen. Er erinnerte sich genau an das Lied „Befiehl du deine Wege“. Es war ein Stück des Liederdichters Paul Gerhardt. Er hatte es zum ersten Mal in Fürstenwalde mit den Geschwistern und Eltern gesungen.
Bähr betrat die Frauenkirche. Es war Gottesdienst. Der Raum war übervoll, selbst auf dem Boden unterm Dach standen die Besucher. Es waren einfache Leute, die ihren Gott priesen und ihn baten, ihr Leben in seine Hände zu nehmen, es waren Bauern aus den Dörfern nahe der Stadt. Sie hatten ihre Körbe abgestellt, in denen sich Äpfel und Gemüse befanden und Brot. Die ganze Kirche duftete nach frischem Brot und frischen Kräutern. Er sah den Menschen in die Gesichter. Sie waren von Mühe und Arbeit gezeichnet. Für sie wird er die neue Kirche bauen. Er verließ den Kirchraum, ließ seine Schritte weit ausholen. In seinem Kopf loderte es, als hätte dort jemand Feuer entfacht, in den Schläfen pochte das Blut, dass er es hörte. Er kehrte noch einmal zurück, schaute aus schmalen

Augenwinkeln auf das alte Gemäuer. Das alles musste weg, die Kirche, der Friedhof, die Grüfte, die Reste des Maternihospitals. Hier galt es, Platz für eine neue, große Kirche zu schaffen. Woanders gab es keinen Raum für sie. Er, George Bähr, Ratszimmermeister der Stadt Dresden, geboren hinter Wind und Bergen, unweit der kleinen Stadt Lauenstein, wird der Baumeister einer großen Kirche sein.
Es war anmaßend, so zu denken, aber dies war seine Bestimmung. Deshalb hatte ihn Gott nach Dresden geführt. Seine Wege sind nicht immer ergründbar, jetzt waren sie es. Dafür hatte er, George Bähr, die nächsten Jahre zu leben, wenn es sein musste, bis an sein Lebensende. Ihm war es, als ginge er ein Gelübde ein. Vielleicht musste er noch warten, bis es soweit war, aber der Tag würde kommen, gewiss würde er kommen.
Einige grüßten den Ratszimmermeister. Er erwiderte ihren Gruß, abwesend, sehr flüchtig, übersah manchen. Das wurde mit Befremden aufgenommen. Bähr galt als freundlich und zuvorkommend. Und die ihn gegrüßt hatten, wunderten sich über den Mann, der im Regen stand, als habe er das Gehen vergessen. Er wird aufpassen müssen, damit ihm niemand in die Quere kommt, sich ihm in den Weg stellt, vielleicht gar den Bau der neuen Kirche beansprucht. Gotteshäuser zu errichten weckt viele Begehrlichkeiten. Das hatte er mehrere Male erfahren, als er seine kleinen Kirchen in den Dörfern baute. Er musste rüber nach Altendresden, in die rechtselbische Stadt. Dort fielen vom Rathaus die Dachziegel. Gestern war ein Junge verletzt worden. Er wird Fehre bitten, sich darum zu kümmern. Als Ratsmaurermeister war er dafür zuständig.

Rimini will Spione ausschicken

Lorenzo Rimini wachte sieben Uhr auf, wie immer. Seit er in Dresden lebte, schlief er länger als in Rom. Als er die Beine auf den Fußboden setzte, war er sofort hellwach. Eine neue Kirche, eine große, fette, wollte die Stadt bauen, eine protestantische Kathedrale. War es wahr, dann wäre das eine Katastrophe. Im Vatikan wartete man mit Ungeduld, dass endlich eine katholische Hofkirche in der Hauptstadt des Kurfürstentums Sachsen entstand. Sie sollte von der Rückkehr des Hauses Wettin in Roms Schoß künden. Seit dem Übertritt des sächsischen Kurfürsten Friedrich August I. zum Katholizismus im Jahre 1697 waren 28 Jahre vergangen. Die Katholiken in Dresden mussten sich bisher mit dem Umbau eines Opernhauses zur Kirche begnügen. Das war fatal. Rom empfand dies als Entwürdigung. Weder ein Turm noch eine Kuppel schmückten den Bau. Die Katholiken, die sich vor dem Glaubenswechsel des Kurfürsten in Dresden heimlich zum Gottesdienst treffen mussten, hatten es auch danach schwer. Kein Glockengeläut durfte zur Messe rufen, öffentliche Prozessionen waren verboten.
Rimini trat ans Fenster. Vor ihm lag die Töpfergasse. Es war bereits allerhand Volk unterwegs. Ein zweirädriger Karren, beladen mit Kohlköpfen, holperte über die grob gepflasterte Straße. Ein Halbwüchsiger jagte ein Schwein. Zwei alte Bettler mit Bärten wie Straßenbesen streckten ihre dürren Arme aus. Er öffnete das Fenster. Es roch nach frischem Brot und Pferdeäpfeln, nach Fleisch und Käse. Vertraute Gerüche. In Rom roch es nicht anders. Hier vermisste er nur den Duft der Orangen und Zitronen. Rimini ging ins Bad. Georgio, sein Diener, hatte alles vorbereitet. Der Krug war mit kaltem Wasser gefüllt. Ein frisches Tuch hing am Haken. Und auf dem Tisch vor dem Spiegel duftete eine Tasse Schokolade. Er liebte es, Schokolade zu trinken, bevor die Geschäfte begannen. Also eine fette Kirche soll gebaut werden, hatte Leda gesagt. Mitten in der

Stadt, nahe am Schloss. Wie sie das gesagt hatte, etwas nachlässig, wohl wissend, dass ihn das interessierte. Er sah ihre Augen vor sich, die auf ihn geschaut hatten, ruhig und eindringlich. Er trank die Schokolade. Dann goss er Wasser in die Schüssel. Sie war ein Geschenk seines Bruders. Er hatte sie aus Rom mitgebracht, als er ihn vor kurzem in Dresden besucht hatte. Rimini schob seinen Kopf ins Wasser, schüttelte ihn kräftig, bohrte mit den kleinen Fingern in seinen Ohren, zog das Tuch vom Haken und trocknete Gesicht, Hals und Kopf ab. Was war zu tun?

Die ersten Schritte waren genau abzuwägen. Er wird sich beim Gesandten des Kaisers ansagen. Vielleicht war ihm Genaueres bekannt. Zweimal war es ihm gelungen, den Kurfürsten und König zu sprechen, einmal hier an der Elbe zur Karnevalszeit und das zweite Mal in Warschau. Er durchschaute den Wettiner. Der Mann gab sich geschliffen, liebenswürdig. Selbstverständlich lasse er das große Ziel, eine Hofkirche zu bauen, nicht aus den Augen, hatte er Rimini versichert. Das solle er, Lorenzo Rimini, dem Heiligen Vater versichern. Friedrich August I. hatte seinen Vornamen gewusst. Und er, Rimini, – das gab er zu – hatte sich geschmeichelt gefühlt. Er bitte um den Segen des Heiligen Vaters, dass das Werk gelinge, hatte der König am Schluss des Gesprächs hinzugefügt. Der König hatte sich sogar erhoben, als er das sagte, war in langen Schritten durch den Raum spaziert, abwägend, als schreite er einen Kreis ab oder entwerfe eine Figur, vielleicht gar einen Kirchengrundriss. Plötzlich war er stehen geblieben, hatte ihm kurz in die Augen geschaut und unvermittelt gesagt: „Wir sind in Dresden, nicht in Rom, verehrter Legat." Es hatte schneidend geklungen, begleitet von einem starken Atem, den er durch seine fleischige Nase blies. „Ich muss Rücksicht nehmen auf mein fleißiges Volk und die Kanzeln in den Kirchen. Es sind nörgelnde Protestanten. Sie lieben den Weihrauch nicht." Er hatte seine Handfläche nach oben gedreht und sie mehrere Male kräftig an den Rock geschlagen. Rimini, nahe bei ihm stehend, hatte etwas von der Kälte des Mannes gespürt. Kurz danach war Friedrich August wie verwandelt gewesen, hatte sich nach seiner Familie erkundigt, hatte Rom gepriesen. „Eine großartige Stadt. Ihr Sankt Peter ist unübertroffen. Diese herrliche Kuppel. Wir wer-

den bauen, gewiss werden wir eine Hofkirche bauen." Und Rimini hatte gedacht: Er ist ein glänzender Schauspieler. Er hatte es gesehen: Gefährliches war in dem Manne aufgeblitzt. Man musste seinen Zorn nicht herausfordern. Und ihm war klar geworden: Traten nicht außergewöhnliche Umstände ein, würde es ein hartes Stück Arbeit, ihn zum Kirchbau zu zwingen. Dies musste ihm, Rimini, gelingen, er hatte Rom hinter sich. Der Heilige Stuhl hatte schon ganz andere Kämpfe bestritten und gewonnen. Aber im Moment war ein Sieg an der Elbe nicht absehbar. Man würde wohl mehr als Worte verwenden müssen, um Erfolg zu haben. Er war überzeugt, dass eine ordentliche Summe helfen würde. Wenn eine Hofkirche in Dresden so dringend am Tiber gewünscht wurde, dann musste man dort schon in die Tasche greifen. Dieser Gedanke setzte sich in ihm fest. Dass er nicht eher darauf gekommen war. Er war unverrichteter Dinge von Warschau nach Dresden zurückgekehrt, aber er wusste jetzt, was er von Rom zu verlangen hatte und wie er den König in die Enge treiben konnte. Sein Bericht nach Rom war dürr ausgefallen. Er brauchte unbedingt Gewissheit, was an Ledas Mär war. Danach würde er über sein Vorgehen entscheiden.
Rimini seifte sein Gesicht ein, zog das Messer aus der Ledertasche. Seine Hand glitt ruhig über die straffe Haut. Leda muss ihm verraten, woher sie das weiß. Er wird ihr einige Taler extra spendieren, ihr ein kleines Geschenk machen, vielleicht einen Ring. Einen Ring hatte er ihr noch nicht geschenkt. Es war etwas schwierig, die richtige Größe zu treffen. Er freute sich, dass ihm diese Idee gekommen war. Er klingelte Georgio herbei. „Sorge dafür, dass die beiden Lederhosen erscheinen, noch vor dem Mittagessen. Es gibt Arbeit. Sie müssen ihre Augen und Ohren aufsperren. Und melde mich beim kaiserlichen Gesandten an, vielleicht für morgen oder übermorgen. Den Brief erhältst du dann."
Er widmete sich dem Frühstück. Es gab eine köstliche Hühnerbrühe und frischen, kräftigen Käse, dazu gedämpfte Äpfel und gutes Brot. Er sollte sich nicht allzu sehr beunruhigen. War an Ledas Nachricht tatsächlich etwas dran, dann blieb Zeit, Rom zu informieren und Gegenpläne zu entwerfen. Die Kirche würde nicht an einem Tag erbaut. Aber es gelang ihm nicht, sich zu beruhigen. Er sah die Post

durch, entdeckte einen Brief seines Bruders. Er hielt sich bereits ein Jahr in Versailles und Paris auf. „Der künftige Herrscher Ludwig XV., sollte er denn groß werden, geht in Samt und Seide, scheißt in die Hosen und läuft mit Windeln herum. Er ist erst fünf." So war sein Bruder. Der Hang zu galligem Spott zeichnete ihn aus. Sie waren sich in vielem sehr ähnlich. Gelegentlich fehlte es ihnen an Respekt, das wussten sie, verbargen es aber, so gut sie es vermochten. Er, Rimini, wollte nicht ohne Erfolg nach Rom zurückgerufen werden. Die neue Kirche musste her, möglichst schnell, und die andere musste verhindert werden. Das freilich – gab er zu – würde weit schwieriger werden. Ein Zeichen galt es an der Elbe zu setzen. Rom musste strahlen, die große Feste des Glaubens und der Macht. Daran wird er arbeiten. Es konnte nicht im Sinne des Königs sein, sein Versprechen zu brechen und eine andere Kirche zu gestatten. Rimini warf ein paar Zeilen aufs Papier, versiegelte den Brief, rief Georgio. „Bring ihn in die kaiserliche Gesandtschaft! Vielleicht bekommst du gleich Antwort."

Rimini zog sich langsam an, schaute in den Spiegel. Seine Augen, die etwas zu tief unter den Augenbrauen saßen, schauten heftig, sein sorgfältig rasiertes Kinn glänzte bläulich. Er verließ die Gesandtschaft, um einen Spaziergang zu machen. Der Tag war klar und kalt. Große hohe Wolken zogen über die Stadt, die voller Geräusche und Gerüche war. Vom Fluss her wehte ein leichter Wind. Gehen macht den Kopf klar. Er ging gerne, er brauchte Klarheit.

Der kaiserliche Gesandte in Dresden, der längere Zeit verreist gewesen war, empfing Lorenzo Rimini erst Ende des Jahres 1725. Er gab sich überaus liebenswürdig. Riminis erster Besuch bei ihm lag nahezu vier Monate zurück. Wein stand bereit, Wein von den Donauhängen bei Melk. Konfekt und Gebäck lagen in einer Alabasterschale. „Ich freue mich, Sie hier zu haben, sehr geehrter Monsignore Rimini", eröffnete der Gesandte das Gespräch. Die Anrede war falsch. Rimini lächelte im Stillen. Der Mann war schlecht auf seinen Besuch vorbereitet. Man sprach anfangs über den schneearmen Dezember. Der Monat war sehr mild. Die Elbe führte wenig Wasser. Das war für diese Zeit ungewöhnlich. Die Maurer und Steinmetze klagten. In der Stadt fehlte Sandstein zum Bauen. „Einige Boote", sagte der Gesandte, „liegen auf Grund. Kein Ochse bekommt sie bei dem niedrigen Wasserstand flott. Es müsste schneien und tauen, damit der Fluss ansteigt. Ärgerlich, sehr ärgerlich, diese Situation." Rimini freute sich, dass das Thema aufs Bauen gekommen war, ohne dass er es dorthin führen musste. Und er setzte einen kleinen Glanzpunkt, der seine Bedeutung hervorhob. „Es ist das erklärte Ziel des Kurfürsten, seine Stadt zu verändern. Dies hat er mir unlängst in Warschau bestätigt. Man sieht es. Das Bauen ist hier eine Lust. Tut auch not. Noch ist Dresden eng, sogar hässlich und dunkel. Verglichen mit Rom oder Wien, auch Prag bleibt die Stadt stark zurück. Meinen Sie nicht auch? " – Der Gesandte stimmte Rimini zu. Der Vergleich mit Wien schmeichelte ihm. Er war gebürtiger Wiener. „Aber man holt auf", sagte er. „Ich habe dies unlängst dem Kaiser mitgeteilt." Damit hatte auch er seine Bedeutung unterstrichen. Er war gespannt, was Rimini zu ihm führte. Aber er hielt seine Neugier zurück. Der Römer würde schon rausrücken, was ihn drückte. Der Gesandte war sicher, dass ihn etwas Wichtiges, vielleicht gar Unerfreuliches erwartete.

Rimini spürte seine Neugier. Der Gesandte hielt sich gut, er kehrte wieder nach Dresden zurück und plauderte über den letzten Ball im Schloss, an dem Rimini nicht teilgenommen hatte. Er war in Prag gewesen. „Es war nicht sehr aufregend", sagte der Gesandte. „Der Kurfürst, von allen erwartet, war nicht gekommen. Der Kurprinz versuchte gute Figur zu machen. Dennoch sah man ihm sein Desinteresse an. Seine Gemahlin – wieder schwanger – sah verkniffen aus. Kein Wunder, dass sie in Dresden nicht populär ist." Was der Mann vortrug, interessierte Rimini wenig. Aber etwas erstaunt war er schon, dass sich der Gesandte so über die Kaisertochter äußerte. Er wird den Anfang machen müssen, um zum Grund seines Besuchs zu kommen. Das Beste wird sein, er überfiel den Gesandten mit seiner Nachricht. Dann war die Ausgangssituation eindeutig. Es bestand kein Grund, zu verschweigen, was er von Leda erfahren hatte. Er benötigte den Gesandten als Bundesgenossen. Auch das katholische Wien dürfte einen protestantischen Kirchbau ablehnen. „Es scheint sich in der Stadt etwas Unerfreuliches zu bewegen", sagte Rimini. „Mir ist zu Ohren gekommen, dass der Bau einer neuen Kirche ins Auge gefasst wird. Die Protestanten wollen eine große Kirche mitten in der Stadt errichten." Und er wiederholte Ledas Worte: „Eine fette." Und wenn das alles nicht stimmte?, durchfuhr es ihn einen Augenblick. Seine Spione hatten nichts in Erfahrung gebracht. Dann war's eben ein Gerücht, wie so viele in der Stadt und in den Gesandtschaften.

Der kaiserliche Gesandte ließ nicht erkennen, ob ihn die Nachricht besonders beeindruckte. Sein rundes, sehr blasses Gesicht blieb unverändert, auch die Augen, die etwas herausquollen, blickten gelassen drein. Nur der Zeigefinger der rechten Hand knickte ein und glitt leise scharrend über die Armlehne des Sessels. Rimini sah genug. Er beschloss, nicht fortzufahren, sondern auf eine Reaktion zu warten. Der Gesandte füllte die Gläser, forderte aber nicht zum Trinken auf. Ihm ist nichts von einem Kirchbau bekannt, zog Rimini einen Zwischenschluss. Der Gesandte hob nun doch das Glas, und beide Herren tranken. Sie lobten den Wein und stellten die Gläser auf den Tisch zurück. Schließlich sagte der Gesandte: „Keine gute Nachricht, ganz und gar nicht. Dieses Sachsen bereitet einem ständig Schwierigkeiten. Eine Kaisertochter muss sich den Bau einer Lutherkirche gefallen lassen. Dagegen wird man etwas unternehmen müssen. Schnell und mit Nachdruck, meinen Sie nicht auch?" Rimini war hoch erfreut. „Ich hoffte, Sie gewinnen zu können." Er verbeugte sich verbindlich.

„Erlauben Sie eine Frage", fuhr der Gesandte fort. „Wenn ich richtig informiert bin, bemüht sich Rom seit längerem um einen Kirchbau in Dresden, allerdings einen katholischen", fügte er sarkastisch hinzu. „Wie muss man dann das hier verstehen? Als bewussten Hieb gegen Rom?"

Rimini spürte den Nadelstich. Habsburg und Rom waren zwar katholisch, aber deshalb nicht unbedingt Verbündete. Zu unterschiedlich waren ihre Interessen auf dem Feld der europäischen Politik. Habsburg war eher darauf aus, den Einfluss Roms im Heiligen Römischen Reich deutscher Nation klein zu halten. Aber an einer neuen Protestantenkirche dürfte auch der deutsche Kaiser nicht interessiert sein. Das ermöglichte Gemeinsamkeiten, vielleicht gar gemeinsames Vorgehen. „Wir sind mit unserer Forderung nicht weitergekommen", gab Rimini zu. „Es bestehen gewisse Hoffnungen, dass wir jetzt den Druck auf den König verstärken können. Die Polen bereiten ihm wieder einmal kräftige Schwierigkeiten. Erzürnte katholische Mönche haben in Thorun einen Pastor erschlagen. Die evangelischen Höfe brüllen, allen voran Brandenburg-Preußen. Sie fordern vom polnischen König gegen die Katholikenbrut hart vorzugehen. Er steckt in einer schwierigen Lage, Katholik in Polen, Kurfürst im protestantischen Sachsen. Der König wird wohl wieder einmal unsere Hilfe benötigen wie damals bei der Wahl zum polnischen König in Krakau. Ohne uns – Wien und Rom – wäre er wohl nicht König geworden. Und wir hätten einen Franzosen auf dem polnischen Königsthron, was dem Kaiser wohl sehr missfallen hätte."

„Wie sicher ist Ihre Nachricht?", fragte der Gesandte.

„Ich entnehme Ihren Worten, dass Ihnen bisher nichts bekannt geworden ist." Rimini genoss die Pause, die entstand. Bildete sich doch die Wiener Hofburg ein, die besten Agenten, Späher und Diplomaten im Reich zu haben. Und nun waren Leda und er Habs-

burg voraus. „Sie stammt von höchster Autorität. Soviel ist gewiss: Es gibt Pläne zum Bau einer neuen Kirche. Sie sollen bereits älteren Datums sein. Bald werde ich Genaueres wissen. Gehen wir dennoch davon aus, dass ein solcher Bau droht. Versuchen wir ihn zu verhindern. Uns stehen doch viele Möglichkeiten zur Verfügung."
Und er dachte: Es wäre ein böses Spiel, falls der Kurfürst den Protestantenbau förderte. Ungestraft dürfte man ihm das nicht durchgehen lassen. Vor ein paar Tagen hatte er die Kopie zweier Briefe aus Rom erhalten, in denen der Kurfürst und König eine neue Kirche unmissverständlich versprach. „Sie sind der erste, dem ich diese Nachricht anvertraue", sagte Rimini. „Behalten wir es beide vorerst für uns. Erfahren Sie weitere Einzelheiten, wäre ich dankbar, von Ihnen zu hören. Sachsen bleibt kompliziert. Selbst am kurfürstlichen Hof haben es die Katholiken schwer, sich zu behaupten. Ich würde gerne dem Heiligen Stuhl mitteilen, dass Habsburg gemeinsam mit uns zu handeln beabsichtigt. Darf ich damit rechnen?"
„Ich kann zwar die Entscheidung nicht vorwegnehmen. Aber Sie haben meine Zustimmung. Was ich tun kann, werde ich tun", sagte der Gesandte. „Es ist in unserem gemeinsamen Interesse, diese Kirche zu verhindern. Noch heute schicke ich eine Depesche an den Kaiser." Und Rimini dachte: Man wird Himmel und Hölle in Bewegung setzen müssen, um einen protestantischen Kirchbau mitten in Dresden zu verhindern. Und er korrigierte sich im Stillen. Lieber den Himmel und nicht die Hölle. Auf sie hatte der Heilige Vater wenig Einfluss.
Sie hatten den Wein zu trinken vergessen. Sie holten es ohne Schwung nach. „Selbst den Wein können einem die Protestanten vergällen", sagte der Gesandte. Und Rimini dachte: Morgen ist Dienstag, abends wird er zu Leda gehen. Heute erwartete er seine Spione zum zweiten Mal. Und mit dem Herrn aus dem Rathaus war ein heimliches Treffen arrangiert. Der Mann war in vielen Fällen nützlich gewesen, vielleicht würde er es auch diesmal sein. Rimini probierte ein Stück Konfekt. „Aus Holland eingeführt", klärte der Gesandte auf. „So etwas bekommt man in Dresden nicht."
Der Gesandte begleitete Rimini bis auf die Straße. „Ich hoffe", sagte Rimini, „dass Sie demnächst mein Gast sind. Ich erwarte frische

Weine vom Weingut meines Onkels und einige gute Schinken aus Parma." Der Gesandte lächelte verbindlich. „Gern, sehr gern", sagte er. Zwei kurze Verbeugungen markierten den Abschied.
Der Gesandte sah dem Römer nach. Woher hatte er die Nachricht? Es ärgerte ihn, dass er so gar nichts davon wusste. Er entschied, mit der Depesche an die Wiener Hofburg zu warten. Mehr Fleisch war auf dem dürren Knochen, den ihm Rimini zugeworfen hatte, notwendig. Vielleicht ließ sich Genaueres in Erfahrung bringen. Er diktierte einen Brief an Wackerbarth. Dringend bat er um ein vertrauliches Gespräch, ohne das Thema anzudeuten. Wackerbarth war Wien gewogen. Er schätzte den Gouverneur. Er war nicht nur ein kenntnisreicher Baumann, sondern auch ein kluger Diplomat. Von ihm durfte wohl mehr zu erfahren sein. Eine protestantische Kirche. Das wäre in der Tat ein Schlag ins römische Gesicht, auch sehr unerfreulich für Wien. Rom wollte eine Hofkirche. Sie musste schnell her. Warum nicht gemeinsam vorgehen? Es gab ohnehin in Dresden wenig zu tun. Und er freute sich, wieder etwas unternehmen zu können, das Aufregung versprach. Er goss Wein ein, hielt ihn lange am Gaumen, trank jetzt mit Genuss.
Rimini beeilte sich zurückzukehren. Er war mit dem Gespräch zufrieden. Er hatte den Eindruck, den habsburgischen Gesandten gewonnen zu haben. Das neue Jahr versprach interessant zu werden. Ihm sollte es recht sein. Er brauchte Erfolg. Die große Fichte, zur Adventszeit aufgestellt, stand noch auf dem Altmarkt. Trotz der Dezemberkühle rochen die Fleischbänke übel. Katzen und Hunde lauerten auf Abfälle. Drei Schafe waren angepflockt. Ihre Lebenszeit war bemessen. Vier angebundene Gänse schrien laut. Heute war Posttag. Er erwartete zwar nichts Bestimmtes, aber neugierig war er immer, was aus der Ferne in der Gesandtschaft eintraf.

Das Zerwürfnis

Der Inhalt der Nachricht, den Leda ausgeplaudert hatte, war älteren Datums. Wackerbarth, den Leda regelmäßig empfing, hatte damals mit seiner Nähe zum König aufgeschnitten. Inzwischen war der Graf wieder nach Warschau gereist. Gleich nach seiner Rückkehr kündigte er Leda seinen Besuch an. Er war fast vier Wochen in Polen gewesen. Er kam am späten Nachmittag zu ihr, sorgfältig gekleidet und in bester Laune. Sie sah es, er freute sich, sie wieder zu sehen. Und das gefiel ihr. Er küsste sie auf die Stirn, auf die Hand, strahlte. Mein Gott, dachte sie, wenn er doch etwas jünger wäre. Manchmal verachtete sie sich, dass sie mit einem so alten Mann ins Bett stieg, aber nur ein wenig. Er war höflich und verwöhnte sie mit Geschenken. Er hatte ihr aus Warschau eine Bernsteinkette mitgebracht. Die braungelben Bernsteine, die von innen heraus zu leuchten schienen, waren in matt glänzendes Silber eingefasst, jeder Stein einzeln. „Lege sie um", bat er. Sie tat ihm den Gefallen und betrachtete sich im Spiegel. Der Mann hatte Geschmack. „Sie ist schön", sagte sie und knickste. Er lachte: „So gehört es sich für eine Hofdame."

Ich bin keine Hofdame, dachte sie plötzlich leicht gereizt. Ich bin ihm seine Beute. Nach dem Tode Andrés hatte sich ihr Leben gründlich geändert. Der Hauptmann, ein Freund Andrés, hatte sie in ihrem Schmerz aufgefangen und nach Dresden mitgenommen. Erst hier hatte sie erfahren, dass André in der Residenz eine Wohnung besaß, die er geerbt hatte. „Sie gehört dir", hatte der Hauptmann gesagt und ihr die Besitzurkunde übergeben. Darüber war sie sehr glücklich gewesen. Sie besaß eine Bleibe. Sie musste nicht als Witwe ins Berliner Elternhaus zurückkehren. Später lernte sie ihren Luftikus kennen, wieder einen Offizier. Oje, als er sie anschaute, war es um ihren Verstand geschehen. Es war gut mit ihm. Er war unbeherrscht und zärtlich, laut und

leise. Und er war ein Feuerkopf, der keine Furcht kannte. Einmal tanzte er mit ihr auf einem Tisch Polka und sang dazu. Die ganze Kneipe klatschte. Bevor er aus Dresden floh, besuchte er sie nachts heimlich. Schulden über Schulden verfolgten ihn. Einen kleinen Anteil hatte auch sie daran. Das wurde ihr erst später bewusst. Sie hatte nicht gefragt, woher er das Geld nahm. „Ich hole dich nach Polen, wenn sich das hier etwas beruhigt hat. Dann mieten wir uns ein Boot und rudern auf der Weichsel ins Paradies." Seit dem hatte sie nichts mehr von ihm gehört. Bald darauf stellte sie der Hauptmann Wackerbarth vor. Der Graf hatte völlig unerwartet ihre Hand angefasst und sie zu einem Essen eingeladen. So war eins zum anderen gekommen. Nein, sie warf sich nicht unbedingt etwas vor. Sie war wohl eine leichtfertige Person und taugte nicht zur Anna. Es musste etwas von ihr ausgehen, das Männer anzog. „Deine Hofdame", sagte sie, „wäre ich gern. Dann müsstest du mich nicht verstecken." Wackerbarth lachte. „Alles zur rechten Zeit, Leda, meine Teure. Du wirst mit mir noch einiges erleben, das verspreche ich dir." Dass sie das vielleicht gar nicht wollte, auf diese Idee kam er nicht. Er lachte. Es war ein großes selbstgefälliges Lachen.
Sie hatte ein kleines Essen vorbereitet, Karpfen aus den Moritzburger Teichen und als zweiten Gang frisches Lammfleisch. Dazu gab es rote Beete und als Nachtisch Konfekt und Kaffee. Wackerbarth liebte schwarzen Kaffee mit einer Spur Zucker. Er aß mit Genuss und lobte den Wein. Und einen Augenblick dachte sie: So ist die Welt in Ordnung. Warum dachte sie: die Welt und nicht meine Welt? Er fühlte sich wohl, und sie hatte ihre Freude daran. Das andere ergab sich. Sie war eine Meisterin im Verdrängen. Wackerbarth zog sie auf seinen Schoß. „Wie gut du riechst, und wie schön du bist. Habe ich ein Glück." Es klang aufrichtig. „Wie war's in Warschau?", fragte sie. – „Anstrengend. Der König wünschte meinen Rat zum dortigen Schlossumbau. Die Republik hat es ihm nur zum Wohnen überlassen. Es war nicht sehr erquicklich. Die Krone bereitet ihm mehr Ärger als Freude." Wackerbarth setzte zu einem kleinen Vortrag an. Leda erfuhr, dass der König Großes in Dresden vorhabe. Der Friedhof an der alten Frauenkirche sollte

endlich weggeschafft, das Gotteshaus abgerissen werden. Dann sei dort Platz für ein neues. „Die Protestanten sollen die Kirche am Neumarkt bauen. Er ist versessen auf den Kirchbau. Für eine Hofkirche hat er kein Geld."
Wackerbarth wieherte wie ein Fohlen. „Was denkst du, was hier in Dresden losgeht. Der Kirchbau wird einen herrlichen Sturm auslösen. Die Papisten werden brüllen, die kleinen Katholiken werden weinen, und der König wird alles zutiefst bedauern. In Wirklichkeit wird es ihn wenig kümmern, vielleicht überhaupt nicht. Er sitzt in Warschau. Und ich werde es ausbaden müssen. Werde es auch. Ich bin sein oberster Baumeister", schloss er zufrieden, „und werde seinen Willen durchsetzen."
Sie sah: Er hatte Lust auf solche Spiele. Sie bereiteten ihm Vergnügen. Sie hatte das erste Mal Wackerbarths Bemerkungen zur Kirche keine besondere Bedeutung beigemessen. Sie ging nicht zum Gottesdienst oder nur sehr selten, zu Hause in Berlin mit ihren Eltern, ja, weil es sich gehörte. Dort war sie die Anna, die früh ihren Mann verloren hatte und sich in Dresden durchschlagen musste. Sie täuschte sich nicht, ihre Eltern waren ganz froh, sie in Dresden zu wissen. Dass sie dort eine eigene Wohnung besaß, versöhnte sie im Nachhinein mit André, der Anna nahezu entführt hatte. Sie hatten ihm soviel Fürsorge nicht zugetraut. Jetzt begann Leda der Bau der Kirche zu interessieren, nicht nur Riminis wegen. Sie war neugierig, wie es damit weitergehen würde. Ihr Lorenzo wollte eine Hofkirche. Wenn es stimmte, was Wackerbarth sagte, wird der König von den Protestanten eine Kirche wünschen.
Wie verschieden die beiden Männer waren. Wackerbarth liebte die große Rede, stellte sich gern dar und konnte so herzlich lachen, dass es ansteckte. Und er war großzügig, großzügiger als Lorenzo. Sie brauchte Geld für neue Schuhe, zwei, drei Perücken. Jeder sollte sie in einer anderen erleben. Lorenzo liebte ihr natürliches schwarzes Haar, vor Wackerbarth musste sie blond erscheinen. Lorenzo wirkte unnahbar, manchmal steif, aber kraftvoll. Er hatte etwas Gebieterisches an sich. Wenn er sie anschaute, wenn er ihren Blick auf sich zwang, dann konnte er mit ihr machen, was er wollte. Manchmal dachte sie: Ich bin wohl doch dazu geschaffen, Män-

nern zu gefallen. Dumme Gans, dumme eitle Gans. Du bereitest ihnen Lust, sonst nichts.
Dass sich Lorenzo so stark für den neuen Kirchbau interessierte, begann sie zu verstehen. Die Protestanten und die Katholiken lebten in Dresden häufig in Spannung. Armer Lorenzo, dachte sie, vielleicht gibt es in Rom Schimpfe. Obschon er verschwiegen war und kaum darüber sprach, was er tat, vermutete sie, dass Wackerbarths Äußerungen von großer Wichtigkeit für ihn waren. Einmal hatte Lorenzo angedeutet, dass ihn der Papst persönlich nach Dresden geschickt habe, damit er sich um den Bau einer katholischen Hofkirche kümmere. Daraus wird wohl nichts werden. Sie löste sich von Wackerbarths Schoß und sah ihn an. Er war viel älter als Rimini. Sie bemerkte seine runden Schultern, die leicht nach vorn fielen. Sie musste aufpassen, dass sie sich nicht zu sehr auf Rimini einließ, auf diesen blassen, kühlen Menschen. Sie fragte: „Wird die Kirche bald gebaut?"
„Seit wann interessiert sich Leda für die Kirche?", fragte Wackerbarth überrascht. – „Du hast mir von ihr erzählt. Jetzt bin ich neugierig", antwortete sie. „Du weißt doch, dass Weiber neugierig sind." Wackerbarth antwortete bereitwillig: „Wann, kann jetzt niemand sagen. Der König ist zwar ungeduldig, wie immer, wenn es ums Bauen geht, aber den Baubeginn vermag er nicht zu erzwingen. Es ist nicht seine Kirche. Die Stadt muss sie bauen. Ich denke, es wird etwas dauern. Die Stadt muss mir ihre Vorstellungen zur Genehmigung vorlegen. Ich werde sie drängen, dies schnell zu tun. Sie scheinen es damit nicht eilig zu haben." Er zog sie wieder auf seinen Schoß. „Ich habe dich vermisst, mein Schatz", sagte er. Er umarmte sie vorsichtig, küsste sie.
Rimini hatte seine Späher bestellt. Er traf sie in der Pirnaischen Vorstadt in einer Kneipe, die gern Fuhrleute besuchten. Die beiden Männer waren kleinlaut. Sie hatten wieder nichts Neues erfahren. In den Wirtschaften und auf den Märkten sei nichts von einem Kirchbau bekannt, behaupteten sie. Rimini war enttäuscht. Er beauftragte sie, weiter die Ohren offen zu halten und entließ sie. Es lief nichts. Er kam keinen Schritt voran. Wackerbarth, den er dringend sprechen wollte, war nicht zu erreichen. Er sei gleich nach

seiner Rückkehr aus Polen nach Leipzig gereist, teilte man ihm mit. In einer Woche erwartete man ihn in Dresden zurück. Selbstverständlich würde Rimini dann empfangen.

Zwei Tage später traf Rimini seinen Mann aus dem Rathaus. Er berichtete Neuigkeiten. Es gebe Entwürfe für eine neue Kirche. Aber der Rat habe sie vor längerer Zeit verworfen. Bähr sei jetzt aufgefordert, neue Vorstellungen zu entwickeln. Daran arbeite er. Auch sein Mann meinte, dass der Bau einer Kirche so schnell nicht in Frage komme. Der Stadt fehle Geld. Sie sei nicht einmal in der Lage, die alte Kirche am Neumarkt in einem ordentlichen Zustand zu halten.

Das klang beruhigend. Aber Rimini blieb misstrauisch. Immerhin würden neue Pläne entworfen. Also wurde ein Kirchbau vorbereitet. Leda hatte auch von Plänen gesprochen. Möglich, dass sie die alten meinte. Und was das Geld betraf, das ließ sich beschaffen, wohl nicht so schnell, aber schließlich doch. Er brauchte mehr Klarheit, musste wissen, woran er war, bevor er Rom in Einzelheiten einweihte. Die Sachsen waren, wenn es um ihre Religion ging, ein verbohrtes Volk. Ihre Pastoren wetterten gegen den Heiligen Stuhl, wo immer sie predigten. Auch dieser Superintendent Löscher war ein Eiferer, ein Krieger auf der Kanzel. Es war für Rimini kein Zufall, dass die Spaltung der Kirche von Sachsen ausgegangen war, zwar nicht von Dresden, aber von Wittenberg, von diesem Luther, der wie ein Bauer aussah. Und der Kurfürst damals, den sie jetzt den Weisen nannten, hatte den Mönch gedeckt und die Auslieferung an Kaiser Karl und Rom verweigert. Somit kam es zum schlimmsten Unfall der Geschichte. Der Vatikan musste die größte Niederlage seit seiner Existenz hinnehmen. Fanatisch wie die Sachsen waren, würden sie auch das Geld zum Bauen aufbringen. Dass sie es nicht schafften, darauf durfte er sich nicht verlassen. Hätte man diesen Dominikanermönch in Worms festgehalten und verbrannt, dann wäre er, Rimini, mit Sicherheit nicht in Dresden. Er hatte einige lutherische Schriften gelesen. Manche hatten ihn, das gab er zu, beeindruckt. Ein kluger, unerschrockener Kopf, dieser Luther, streitsüchtig und poltrig, voll scharfer Gedanken. Was für ein zupackendes Deutsch er schrieb. Welche Wortgewalt davon ausging.

Schade, dass er auf der falschen Seite gestanden hatte. Der Mann kannte seine Brüder und Schwestern, hatte ihnen tatsächlich aufs Maul geschaut. Rimini war ziemlich sicher, widerrufen hätte der Dominikaner nicht, auch nicht auf dem Scheiterhaufen. Aber die Flammen hätten den Wittenberger zum Schweigen gebracht. Das hatte man versäumt. Und Rimini bedauerte es.
Er kehrte in die Gesandtschaft zurück, ging in seinem Arbeitszimmer auf und ab. Die Bewegung ließ Denkschärfe zu. Entschieden war nichts, das war offensichtlich. Umso schneller musste etwas geschehen, um das Übel zu verhindern. War der Brei erst eingerührt, dann brodelte er schnell. Rom, Wien, Frankreich mussten handeln, den protestantischen Kirchbau zum Ketzerwerk erklären. Es war nicht zu spät, in Aktion zu treten. Gott sei gedankt, dass er so früh davon erfahren hat. Nicht eine protestantische, sondern eine katholische Kirche musste an der Elbe entstehen. Und zwar schnell.
Er wartete auf den Abend.
Lorenzo Rimini rasierte sich zum zweiten Mal. Danach kleidete er sich sorgfältig an. Er hatte Leda eine goldene Kette gekauft. Und er stellte sich vor, dass sie ihn mit ihren grünen Augen lustvoll anschauen wird, die Kette um ihren hohen dünnen Hals gelegt. Er ließ eine Sänfte kommen. Sie brachte ihn zu Ledas Wohnung. Er stieg schnell aus.
Wie verabredet, klopfte er dreimal. Sie hatte ihn erwartet, öffnete die Tür. Ihre Augen fingen ihn auf. Mein Gott, dachte er, diese Frau ist ein Geschenk und so voller Lust. Sie umschloss sein Gesicht mit beiden Händen. Ihre Hände waren fest. Kein Gedanke mehr an die Kirche, kein Gedanke an die Kette. Er drückte sie gegen die Wand. „Mein Gottesmann“, gurrte sie, „mein Gottesmann.“ Er verschloss ihren Mund mit seinem Mund.
Später lag er neben ihr, gelöst, zufrieden, glücklich. Er hatte einige Frauen gehabt, in Rom, in Florenz. Vor Leda gab es keine Frau, die ihn so erregte. Und er dachte, was er bisher so nie gedacht hatte: Das größte Glück ist es, eine Frau zu begehren und sich gehen zu lassen. Und wenn es danach hält, liegt man im Paradies. Zumindest stellte sich Lorenzo Rimini das Paradies so vor. Ihm fiel die

Kette ein. Er stieg aus dem Bett und legte das Etui in ihren Schoss. Sie öffnete es zögernd, als fürchtete sie sich, betrachtete lange die goldene Kette, ohne ein Wort zu sagen. Zwei Männer, zwei Ketten. Man verwöhnt mich, dachte sie nicht ohne Ironie. Dann stand sie auf, trat vor den Spiegel, legte die Kette um ihren Hals. „Ich werde es noch zu etwas bringen", sagte sie. Ihr Spott verunsicherte Rimini. Sie kehrte zurück und deckte ihn mit ihrem langen schmalen Körper zu.

Es war dunkel geworden. Leda zündete eine Kerze an. „Ich mache uns etwas zu essen", sagte sie, „ich habe Hunger." – „Bleib", bat er. Jetzt arbeitete sein Kopf präzise. „Hast du etwas Neues erfahren?" Leda schlüpfte in ihren grünen Seidenrock und setzte sich in den Sessel am Tisch.

„Spione bezahlt man gut", sagte sie und betrachtete eingehend ihre Zehen. Es sollte lustig klingen, aber er missverstand es. Sein Gesicht verschloss sich, wie eine zugeworfene Tür. Plötzlich war aller Zauber dahin. Das hatte sie nicht gewollt. Und sie überlegte, wie sie es ungeschehen machen konnte. Es war zu spät. Rimini warf den Kopf zurück. Was hatte er gedacht? Hatte er wirklich angenommen, dass sie tiefere Zuneigung für ihn empfand, dass sie sich ihm gar hingab wie eine liebende Frau? Welch ein Narr er war! Sie wollte sein Geld. Mag sein, dass er ihr nicht unangenehm war, aber das war auch alles. „Reich mir den Rock", befahl er herrisch. Er zog ein paar Taler aus der Katze und warf sie verächtlich in die Schale auf dem runden Tisch. Eine Münze rollte über den Tisch und fiel auf den Fußboden. „Also, was ist? Gibt es etwas Neues? Oder ist dir das nicht genug?" Er warf zwei weitere Taler neben die Schale. Lächerlich, dass er sich so gehen ließ.

Leda wandte ihr Gesicht von ihm ab. Sie konnte seine Verachtung nicht ertragen, sie hätte ihn schlagen können und sie sagte böse: „Ich bin nicht deine Spionin." Und es schoss ihr durch den Kopf: Warum tust du das? Sicher wäre es Wackerbarth gar nicht recht, wenn sie ausplauderte, was sie über die Kirche erfahren hatte. Er hatte es ihr vertraulich mitgeteilt, getrieben von seiner Eitelkeit. Und sie log: „Ich weiß nichts Neues, Rimini." Und dann sehr leise. „Scher dich zum Teufel." Sie ging zum Tisch und zählte die Münzen, sie hob auch den Taler vom Fußboden auf. Es wird ihm Genugtuung bereiten, dass ich mich nach seinem Geld bücke, dachte sie bitter. Sie überlegte, ob sie ihm nicht doch etwas sagen sollte. Sie unterließ es. Was ging sie die Kirche an. Rimini dürfte genug andere Möglichkeiten haben, das Neueste zu erfahren. „Ich fahre übermorgen mit der Post nach Berlin", sagte sie. „Meinem Vater geht es nicht gut. Er wünscht mich zu sehen. Mein Bruder ist aus Indien zurückgekehrt. Ich freue mich auf ihn. Er will in Berlin eine Firma gründen."

Rimini war wütend, auf sich, auf Leda, auf die Kirche, auf alles. Der Abend war gründlich verdorben. Er konnte nicht genau nachvollziehen, warum das alles so plötzlich gekommen war. Leda hockte im Sessel, das Gesicht im Halbdunkel, und beobachtete, wie er sich anzog. Nichts deutete eine Versöhnung an. „Wann kommst du zurück?", fragte er. – „Das weiß ich nicht", antwortete sie kurz. „Vielleicht braucht man mich dort." Er verbeugte sich steif. Sie folgte ihm bis zur Tür, fasste nicht nach seiner Hand, wie sie es sonst tat. Als die Tür ins Schloss gefallen war, warf sie ihre Hausschuhe an die Wand. Sie konnte es nicht verhindern, dass ihre Augen feucht wurden. Es war gut, dass der Abend diese Wende genommen hatte. Sie war drauf und dran gewesen, sich auf ihn einzulassen. Das durfte ihr nicht noch einmal passieren. „Ich bin eine Hure", sagte sie sehr leise, „und Huren werden bezahlt. Sonst nichts." Sie nahm die Kette ab. Keiner hatte ihr vorher Schmuck geschenkt, auch André nicht, und nun gleich zwei Männer.

Lorenzo Rimini ging auf der Straße sehr aufrecht. Hatte Leda gelogen? Spione bezahlt man gut, hatte sie gesagt, also wusste sie etwas. Was, was? Er hatte fest damit gerechnet, Neues zu erfahren. Er brauchte sichere Informationen. Das Beste wäre, ging es Rimini durch den Kopf, mit dem Beichtvater des Kurfürsten Friedrich August I. Kontakt aufzunehmen. Pater Vota weilte bei ihm in Warschau. Er dürfte am ehesten Bescheid wissen, was der Kurfürst in Dresden vorhatte. Vielleicht wusste Vota vom beabsichtigten Bau der Kirche und hatte es bereits nach Rom berichtet. Das wäre dann sehr zu meinem Nachteil, dachte Rimini. Er wollte der erste sein, der darüber informierte. Rimini kehrte in die Gesandtschaft zurück. Er diktierte sofort einen Brief an Pater Vota. Er bat dringend um eine geheime Unterredung. Es gebe außerordentlich Wichtiges zu besprechen, deutete er an. Es gelte die Interessen des Heiligen Stuhls zu wahren, fügte er hinzu. „Ich erwarte ihre Antwort. Der Kurier ist vertrauenswürdig." Zwei Stunden später war Georgio nach Warschau unterwegs.

Wackerbarth empfängt Rimini

Rimini war alles vergällt. Selbst der Wein vom Gut seines Onkels, den er gerne trank, schmeckte ihm sauer. Er hatte Pater Votas Antwort bereits mit der Post vor drei Tagen erwartet. Vielleicht hätte er deutlicher werden müssen, warum er ihn aufsuchen wollte. Von Leda gab es kein Lebenszeichen. Sie war ohne Gruß nach Berlin abgereist. Es war lächerlich, wie sie sich das letzte Mal verhalten hatten. Der Gedanke, dass sie die Liaison beenden könnte, war ihm unerträglich. Er traute es ihr zu, so launisch sie war.

Am Nachmittag erhielt Rimini von Graf Wackerbarth eine Nachricht. Er bedauerte, ihm erst jetzt zu antworten. Er sei erst gestern spät abends aus Leipzig zurückgekehrt. Er erwartete ihn übermorgen zu einem kleinen Abendessen in seinem Palais, falls es ihm recht sei. Rimini ließ den Boten warten und antwortete sofort. Endlich, dachte er, kommt das Gespräch zustande. Dennoch sah er mit gemischten Gefühlen dem Treffen entgegen. Würde Wackerbarth bestätigen, dass der Kurfürst die Stadt zum Bau einer protestantischen Kirche ermutige, ihn gar fordere? Leda hatte dies behauptet.

Abends kamen ein paar Leute zu ihm, alles Vertraute, der russische Gesandte, mit dem er etwas befreundet war, zwei Offiziere. Sie spielten, und er verlor. Er hatte Mühe, seinen Gleichmut beizubehalten. Kurz vor Mitternacht bekam er vier gute Spiele. Er setzte das letzte Spiel sehr hoch. Nur drei hielten mit. Er gewann und hatte seinen Verlust etwa zur Hälfte ausgeglichen. Wieder allein, stakte er durch den Salon, öffnete einen Fensterflügel. Die Stadt war vollkommen still. Kein Laut, keine Betrunkenen grölten, nicht einmal ein Hund bellte. Diese Stille war erdrückend. Sein Bruder hatte ihm geschrieben. Er hatte es inzwischen zum Gesandten des spanischen Königs am Hof in Versailles gebracht. „Der große König ist tot", schrieb er. „Kaum zehn Jahre später will sich niemand mehr an

Ludwig erinnern. Sein Nachfolger Ludwig XV. ist ein Knabe und untersteht einem Vormund. Es passiert nicht viel auf diplomatischer Ebene in Paris. Vielleicht wird es wieder Krieg geben. Du in deinem Dresden, vermoderst du dort nicht? Dieses kleine Nest. Hier am Hof herrscht wieder große Mätressenwirtschaft. Das allein scheint von Ludwig XIV. geblieben zu sein. Das Land wird ausgepresst und beginnt zu verarmen. Aber Paris ist lebensfroh, sage ich dir. Die Frauen sind herrlich. Ich hoffe, dass mir das Amt noch lange erhalten bleibt. Dein jüngerer Bruder."
Warum er seine spätere Geburt immer so betonte? Sie waren nur zwei Jahre auseinander. Sie hatten sich meistens gut verstanden. Ihm verdankte er, dass er nicht Pater geworden war und die Priesterweihe erhalten hatte. Er hatte sich auf einem Irrweg befunden. Samt und Gold und Purpur hatten ihn beeindruckt. Man hatte ihn gedrängt. Einer der Söhne aus jeder Rimini-Generation war immer Priester geworden. Er hatte geschwankt. Sein Bruder hatte ihm leidenschaftlich abgeraten. Ihm klangen seine Worte heute noch im Ohr. „Du wirst unglücklich. Weihrauch und Samt und vielleicht Macht über Menschen werden dich nicht zufrieden stellen. Und die Frauen, die schönen Frauen, willst du auf sie verzichten oder es ständig heimlich treiben? Das kannst du doch gar nicht." Das hatte den Ausschlag gegeben. Er hatte sich gegen die kirchliche Laufbahn entschieden. Sein Bruder hatte recht: Allzu viel Weihrauch bekam ihm nicht. Später – als sich die Wellen wegen seiner Verweigerung geglättet hatten – sorgte sein Vater dafür, dass er zum Legaten für besondere Angelegenheiten im vatikanischen Dienst ernannt wurde. Riminis Laune besserte sich allmählich. Er nahm einen Schluck Wein, hielt ihn am Gaumen, ließ ihn von der rechten auf die linke Wangenseite gleiten. Der Wein begann wieder zu schmecken. Er wird zu ihr gehen, wenn sie zurück ist, sie wird ihn aufnehmen. Und wenn nicht, wird er sie teuer erkaufen. Dieses Geschäft wird sie nicht ausschlagen. Es wurde ihm heiß bei dem Gedanken, dass er sie nehmen wird. „Schieb mein Höschen zur Seite, Gottesmann." Gut, morgen Abend bei Graf Wackerbarth. Rimini hoffte, dass ihm das Treffen Gewissheit bringen würde. Wenn doch der Kurier vorher aus Warschau einträfe.

Der Kurier traf nicht ein. Rimini überlegte, wie er das Gespräch beginnen sollte. Graf Wackerbarth sei ein kluger Mann, vielseitig gebildet und ein glänzender Diplomat, hieß es in den Gesandtschaften. Er diene dem Dresdner Hof seit Langem und genieße das Vertrauen des Kurfürsten. Manche behaupteten, dass er mit zunehmendem Alter gern aufschneide und sehr junge Frauen bevorzuge. Er, Rimini, hatte kein scharfes Bild vom Grafen. Er gab nur drei kurze Begegnungen, die wenig Bedeutung besaßen. Eine freilich war nicht ohne Folgen gewesen. Er hatte Leda bei ihm kennen gelernt. Das Beste wird sein, er tastete sich vorsichtig an den Mann heran. Aber die entscheidende Frage wird er ihm stellen. Kein anderer dürfte besser die Bauwünsche des Kurfürsten kennen als der Graf, dem das gesamte Bauen in der Stadt unterstand. Wollte der Kurfürst tatsächlich eine Kirche, dann würde es der Gouverneur wissen. Das musste er in Erfahrung bringen.
Graf von Wackerbarth schickte Rimini seinen Wagen. Das Protokoll gebot es wohl. Die Fahrt war sehr kurz. Als er ausstieg, kam ihm der Graf entgegen. Sein Haar war hell und stark gepudert. Er war elegant gekleidet, trug einen dunkelblauen Rock aus Seide und ockerfarbige Strümpfe. Sehr höflich begrüßte er Rimini. „Es wurde Zeit, dass Sie mich besuchen“, sagte er freundlich. Rimini fiel Wackerbarths kleiner Mund auf. Er verlieh ihm etwas Weibisches. Auffallend waren seine großen blauen Augen, die Rimini aufmerksam betrachteten. Sie betraten schweigend ein kleines Kabinett. Rimini wurde ein Zitronenwasser gereicht. Im Kabinett duftete es nach Zitrone. „Dieser Duft“, sagte Rimini, „erinnert mich an die Zitronengärten vor meines Vaters Haus in Florenz.“ Wackerbarth zeigte ein kleines Lächeln. Sein Mund wirkte noch spitzer. „Die Zitronen sind heute eingetroffen“, sagte er, „nicht aus Florenz, aber aus Venedig. Ich liebe ihr Aroma.“
„Kennen Sie Florenz?“ fragte Rimini. – „Leider nur sehr flüchtig“, bedauerte Wackerbarth. „Rom kenne ich etwas besser, eine prächtige Stadt. Ich glaube, Gott ist in ihr groß geworden.“ Er schaute auf seine langen, feingliedrigen Finger. Zwei Ringe, die mit Rubinen besetzt waren, schmückten sie. Gott ist in Rom groß geworden. Dieser Satz gefiel Rimini. Und er dachte: Er ist ein Künstler und kein

Gouverneur. Während Rimini dem Gedanken nachhing, überfiel ihn Wackerbarth mit einer Frage. Sie klang korrekt und seltsam kühl: „Was führt Sie zu mir, hoch verehrter Legat?“ Wackerbarth hatte das Gespräch eröffnet, und er, Rimini, saß jetzt in der Falle. Aus ihr wollte er heraus. Und er sagte: „Erlauben Sie, meine Neugier zu befriedigen. Sie waren unlängst in Warschau beim König, heißt es. Darf ich fragen, ob die störrischen Polen etwas ruhiger geworden sind?“

Wackerbarth zog sofort den richtigen Schluss. Es ging heute Abend um eine größere Sache. Der Hinweis auf Warschau war nur ein Versuch, seiner Frage auszuweichen. Er antwortete freundlich: „Dem Kurfürsten geht es gut, er erfreut sich wieder bester Gesundheit. Und die Polen begreifen langsam, dass er sich für sie abmüht. Er beabsichtigt demnächst wieder nach Dresden zu kommen.“ Damit hatte er Riminis Frage beantwortet, und Rimini wurde klar, das weitere Ausflüchte nichts einbringen würden. Er hatte nicht um ein Gespräch gebeten, um mit Wackerbarth Konversation zu pflegen. „Ich muss Ihnen etwas anvertrauen“, sagte Rimini, „das den Heiligen Stuhl beunruhigt.“ Ihm sei zu Ohren gekommen, dass der König in Dresden eine neue Kirche auf dem Neumarkt wünsche. Er vermied das Wort protestantisch.

Graf Wackerbarth saß im Sessel, als sei nichts geschehen. Wer hat diesem Menschen das zugetragen? Den Wunsch des Königs kannten nur sehr wenige. Er hatte ihm wie auch dem Obristen Pöppelmann, der zugegen gewesen war, Stillschweigen aufgetragen. Es sei noch zu früh, um die Gans schnattern zu lassen, hatte er lachend gesagt. „Jetzt bestehen wir erst darauf, dass der Friedhof schleunigst aus der Stadt verschwindet. Wir lassen uns nicht mehr hinhalten. Er verpestet nur die Luft.“ Und er hatte ihm, Wackerbarth, aufgetragen, mit den Herren des Stadtrates vertraulich über Einzelheiten zu verhandeln. Dass der König auf dem Neumarkt eine große Kirche haben wollte, das sollte vorerst auch in Dresden im engsten Kreis bleiben. „Ich muss auf meine katholischen Brüder an der Elbe Rücksicht nehmen, nicht nur auf meine lieben Protestanten.“ Er hatte Wackerbarth einen Brief des Papstes gezeigt, der erst vor wenigen Tagen eingetroffen war. Darin drängte man ihn wieder

zum Kirchbau und stellte sein Seelenheil in Frage. „Sie lassen nicht locker", hatte der König gesagt, „sie haben ein langes Gedächtnis." Es reicht von Papst zu Papst, von Jahrhundert zu Jahrhundert." Der König hatte gegrinst und sich fettes Schweinefleisch in den Mund geschoben. „Wir müssen aufpassen, Wackerbarth. Wir sind nicht immer frei in unseren Entscheidungen. Machen Sie den Herren klar. Ich will eine Kirche zur Zierde meiner Stadt. Sie soll sich sehen lassen können." Wackerbarth hatte den König verstanden, auch dass er kein Geld zum Bauen geben konnte. „Vielleicht sind wir später dazu in der Lage. Polen ist wieder einmal ein Fass ohne Boden. Ich muss bestechen, damit es Ruhe gibt." Wackerbarth kannte das Dilemma des Königs. Erfuhr Rom seinen Wunsch, würde es sich getäuscht sehen. Nicht der Hof, nicht der König durften als treibende Kräfte in Erscheinung treten. Das könnte auch im katholischen Polen zu weiteren Schwierigkeiten führen. Der Klerus setzte dem König in Polen wieder kräftig zu, unterstellte ihm gar, dass er kein wahrer Katholik sei. Zwar hielten die großen Adelshäuser ihre Feindschaft gegen den Wettiner zurück, weil sie reichlich beschenkt wurden, aber das konnte sich schnell ändern. Und das durfte es nicht. Er strebte für seinen Sohn die Erbmonarchie an. Ohne die Unterstützung Roms und Habsburgs war das nicht zu erreichen. „Sie können sich auf mich verlassen, Majestät", hatte er gesagt. Und der König hatte festgestellt: „Das weiß ich, mein lieber Graf. Wir werden uns wieder erkenntlich zeigen." Irgendetwas ist dem Legaten bekannt geworden, vermutete Wackerbarth. Die Herren der Stadt hatte er noch nicht in Kenntnis gesetzt. Von ihnen konnte er demnach nichts erfahren haben. Von wem dann?
Er überlegt zu lange, dachte Rimini. Was wägt er ab? Was wird er verschweigen?
Wackerbarth log. „Der König hat nicht die Absicht, eine Kirche bauen zu lassen. Ihn beschäftigt jetzt das Warschauer Schloss. Die Arbeit dort kommt nur stockend voran. Das Geld ist knapp." Er beobachtete Rimini aus seinen großen, hellblauen Augen und setzte schließlich noch eins drauf: „Der König steht zu seiner Zusage, dem Heiligen Vater eine Hofkirche zu errichten. Er wird sein Wort halten, wie er es beim Prinzen getan hat, obwohl sich die

halbe Welt gegen dessen Übertritt zum katholischen Glauben verschworen hatte. Wer hat Ihnen nur so etwas erzählt, hoch verehrter Legat?", fügte er fast heiter hinzu. Natürlich wusste er, dass Rimini den Namen verschweigen würde. Ärgerlich, er hätte allzu gern gewusst, wer geplaudert hatte. Vielleicht der Beichtvater Vota? Aber der war nicht zugegen gewesen, als sie in Warschau über die Kirche sprachen. Und er hielt es für unwahrscheinlich, dass der König ihn in seine Pläne eingeweiht hatte. Und Obrist Pöppelmann, der einen flüchtigen Lageplan zum Neumarkt entworfen hatte, besaß das volle Vertrauen des Königs: Er fiel aus. Wer dann? Hatten die Mauern in Warschau Ohren? Wahrscheinlich. Wackerbarth fand die Lüge angemessen. Der König hat recht. Die Gans darf nicht schnattern, bevor es soweit ist. Und soweit war es noch nicht.

Wackerbarth betrachtete Rimini. Der hielt sich gerade wie ein Stock. Das war ihm recht. Es reizte ihn, sein Spiel fortzusetzen und den Legaten etwas zu beunruhigen. „Wahr ist: Der König wünscht die Einebnung des alten Friedhofs", sagte er. „Er duldet ihn nicht länger. Danach wird es dort eine freie Fläche geben. Dann wird man sehen, was man auf ihr baut. Es bieten sich mehrere Möglichkeiten an." Welche, sagte er nicht.

Rimini war verunsichert, als er Wackerbarth verließ. Er hatte nichts, aber auch nichts erreicht. Dann diese vieldeutige Unverschämtheit. Man wird sehen, was man auf ihr baut. Er fühlte sich respektlos behandelt. Ihm ging Wackerbarths lange Denkpause nicht aus dem Sinn. Offenbar war er überrascht, dass ihm etwas bekannt war. Wenn der Gouverneur log, dann log er dreist. Er musste Leda dazu bringen, ihm ihr Geheimnis anzuvertrauen. Wenn sie ihm nur etwas zugeneigt war, musste sie reden.

Tags darauf traf der Kurier aus Warschau mit Pater Votas Brief ein. Er freue sich auf Riminis Besuch, teilte der Beichtvater mit. „Sie werden wohl mit etwas Wichtigem nach Warschau kommen." Rimini war inzwischen sicher, dass Leda tatsächlich aus berufenem Munde vom Kirchbau erfahren hatte. Bevor er abreiste, musste er Bescheid wissen.

Rimini wusste nicht, ob Leda inzwischen aus Berlin zurückgekehrt war. Er schickte am nächsten Tag Georgio zu ihr. „Lasse uns den letzten Vorfall vergessen", schrieb er. Und er räumte ein, was ihn einige Überwindung kostete. „Wir haben uns beide unkontrolliert verhalten", nahm er einen Teil der Schuld auf sich. Und er fügte ironisch hinzu: „Dein Gottesmann wünscht deinen Mund. Er hat inzwischen einige Taler gespart."

Georgio kehrte mit dem Brief zurück. Er hatte Leda nicht angetroffen. Rimini schickte ihn abends noch einmal zu ihr, am nächsten Tag erneut. Am dritten Tag gab er auf. Offenbar war sie von Berlin nicht zurückgekehrt. Vielleicht kam sie gar nicht mehr nach Dresden. Dieser Gedanke versetzte ihn in so schlechte Stimmung, dass er zu viel Wein trank. Das geschah sehr, sehr selten. Eigentlich konnte er sich nicht erinnern, wann ihm dies das letzte Mal passiert war, in Dresden jedenfalls nicht. Er liebte es, früh einen klaren Kopf zu haben, dem alle Sinne zur Verfügung standen. Er wusste nichts von ihr, er würde sie in Berlin nicht finden, wenn er es wollte. Er kannte nicht einmal ihren Familiennamen. Leda hieß sie ganz bestimmt nicht. Und ihm wurde in aller Deutlichkeit bewusst, dass ihn an Leda nichts anderes als ihr Körper band. Konnte es sein, dass ihr das trotz seines Geldes zu wenig war? Gelegentlich hatte er den Eindruck. Sentimentaler Unsinn, Rimini. Er wünschte sie nach Dresden zurück, damit sie ihm ihr Geheimnis verriet und ihn mit ihrem langen mageren Körper zudeckte. Dieser Gedanke machte ihn heiß. Spät abends besuchte er ein Dirnenhaus. Die Frauen, die sich ihm anboten, widerten ihn an. Nicht einmal das funktionierte mehr. In ihm machte sich eine Wut breit, die schon schmerzte. Schnell verließ er das Haus.

Bähr trifft Pöppelmann

Der März des Jahres 1726 ging zu Ende. Bähr freute sich auf die Baumblüte. Hinter der Stadtmauer gegenüber seinem Haus stand ein prächtiger Birnbaum. Immer wieder aufs Neue konnte er sich an seiner Blütenpracht nicht sattsehen. Aber er musste sich noch etwas gedulden. Graf Wackerbarth hatte inzwischen den Rat und das Konsistorium ziemlich scharf aufgefordert, den stillgelegten Friedhof einzuebnen. Der Rat stellte sich taub. Selbst das zweite Schreiben Wackerbarths blieb unbeantwortet. Der Graf, der großen Wert auf Exaktheit legte, war überaus verärgert. Kürzlich war wieder ein Gewölbe über einer Gruft abgesackt. Bähr gab zu, dass er dies nahezu herbeiwünschte. Sie würden den Stadtrat zum Handeln zwingen. Auf dem Neumarkt musste endlich etwas geschehen. In diesem Fall vertrat er ganz und gar die Meinung des Oberbauamts.

Ein Friedhof gehörte nicht in die Mitte der Stadt. Einst lag er außerhalb der Residenz. Jetzt umgaben ihn Gebäude. Er musste weg. Solchen Veränderungen konnte Dresden nicht aus dem Weg gehen. Andere Städte standen vor ähnlichen Aufgaben. Das hatte Bähr auf seinen Wanderjahren erfahren. Aber ihm waren die Hände gebunden. Auch der junge Fehre gab der alten Kirche kein langes Leben. Darin waren sie sich einig. Allerdings interessierte sich Fehre weniger für den Neumarkt. Er baute Wohnhäuser für Dresdner Bürger. Das wird sich ändern, wenn wir dort die Kirche beginnen, dachte Bähr gut gelaunt. Er wollte keinen anderen als ihn als Maurermeister. Mit seinem Vater war er gut ausgekommen. Sie hatten gemeinsam einige Wohnhäuser gebaut, auch am Neumarkt. War der Sohn nur etwas nach dem Alten geraten, würde es ein gutes Arbeiten werden. Das wünschte Bähr sehr.

Am Kanzleihaus sah Bähr den Oberlandbaumeister Pöppelmann vom Schloss kommen, mehrere Papierrollen unterm Arm. Im

Schloss wurde gebaut, wenn auch nicht mit langem Atem. Der König hatte nach dem großen Brand, der 25 Jahre zurücklag, wieder ein paar Paraderäume herrichten lassen. Den Bau eines neuen Schlosses, hatte Pöppelmann Bähr vor einiger Zeit anvertraut, hatte der Kurfürst endgültig aufgegeben. „Papierträume, nichts als Papierträume", hatte Pöppelmann schlecht gelaunt gebrummt. „Es fehlt an Geld." Und Bähr hatte gedacht: Das ist das Los aller Baumeister. Das Meiste, was sie aufs Papier bringen, wird nie ausgeführt. Bähr hatte einen Mann erlebt, der enttäuscht eingestanden hatte: „Am Hof ist auch nicht alles Gold, was glänzt, lieber Bähr. Was wir auch leisten, wir bleiben die Diener der Fürsten und Herren und ihren Launen ausgesetzt." Der „liebe Bähr" hatte sein Inneres erwärmt. Man sagte dem Oberlandbaumeister hohen Stolz nach, er sei höher als seine Absätze, wurde gespottet. Vieles war mit Sicherheit nur Gerede. Er, Bähr, schätzte den Herforder, der wie er als Fremder in die Stadt gekommen war, allein, mittellos, um hier das täglich Brot zu verdienen. Weder Pöppelmann noch er hatten Gönner besessen. Aus eigner Kraft waren sie langsam hochgekommen. Wir dürften nahezu gleichaltrig sein, überlegte Bähr.

Auch Pöppelmann hatte Bähr entdeckt. Sie gingen aufeinander zu und verbeugten sich respektvoll. Ja, er, Bähr, schätzte Pöppelmann, und er hatte den Eindruck, dass es der Oberlandbaumeister ähnlich mit ihm hielt. Man kam sich nicht in die Quere. Und das war viel wert. Pöppelmann diente dem Hof und er dem Rathaus. Pöppelmann erkundigte sich nach Bährs Familie, nach der Gesundheit der Kinder, sagte, dass es auch ihm leidlich ginge, stöhnte über die viele Arbeit, die ihm aufgebürdet sei. Er komme zu nichts Eigenem mehr. Dann wechselte er das Thema und sagte unvermittelt: „Die Luft ist dick im Amt. Wackerbarth ist ungehalten. Am Friedhof ist noch kein Stein abgetragen, die Gebeine liegen in ihren Gräbern. Und Superintendent Löscher wettert gegen ihre Umbettung. Demnächst wird der König in Dresden erwartet. Und nichts ist geschehen. Das wird Ärger geben. ‚Sie sollen mir nicht mit Wünschen kommen', hat Wackerbarth die Stadtväter beschimpft. Er hat nicht so unrecht." – „Hochverehrter Oberlandbaumeister", erwiderte Bähr, „mir sind die Hände gebunden. Nicht ich, sondern der Rat und das Konsistorium entscheiden. Und wenn das Bier nicht reicht, geht man schlecht gelaunt nach Hause, und alles dauert noch länger. Ich sähe lieber heute als morgen den Friedhof eingeebnet. Mein Drängen hat nicht gefruchtet." Und er fragte: „Sind die Ratsherren über alles ins Bild gesetzt worden?" – „Gewiss doch", bestätigte Pöppelmann. Mit einem dreisten Lächeln fuhr Bähr fort: „Wir brauchen neue Gewölbeeinbrüche. Sie könnten förderlich sein." Pöppelmann wippte auf seinen hohen Absätzen und zupfte mit zwei Fingern an seiner lockigen Perücke, die seine Wangen halb bedeckte. „Wie ich die Dinge sehe", fuhr er fort, „hat die alte Frauenkirche ausgedient. Ist überhaupt ein Wunder, dass sie noch steht. Ich war unlängst dort. Es gibt tiefe Risse an Pfeilern und Gewölben, auch am Chor." – „Ist mir bekannt", bestätigte Bähr. „Trotzdem kann es etwas dauern, ehe der Bau vor dem Einsturz steht. Aber gefährdet ist die Kirche in hohem Maße, von Tag zu Tag mehr. Ich muss einige Mauern abstützen."

Sie gingen in Richtung Neumarkt. Pöppelmann roch fein. Das Parfüm war Bähr angenehm. Er ist eben ein bedeutender Herr, dachte er. Dennoch amüsierte er sich über den Oberlandbaumeister. Sein Gang erinnerte an einen Mann, der auf Stelzen zu gehen übte. Die hohen Absätze, die straffen Strümpfe über den dicken Waden, die zwei Schleifen seitlich der Kniekehlen zierten. Zu einem Baumeister, fand Bähr, passte ein solcher Aufzug nicht. Aber Bähr neigte an diesem Tag zur Milde. Pöppelmann war eben ein Mann des Hofes, verkehrte mit den Ministern und stand beim König in hohem Ansehen. Es hieß sogar, dass er jederzeit Zutritt zu ihm habe.

Sie hatten den Neumarkt erreicht. Pöppelmann neigte sich Bähr leicht zu, fasste seinen linken Unterarm und sagte: „Was ich Ihnen jetzt sage, bleibt unter uns. Der König wünscht eine neue Kirche, hier am Neumarkt, einen Zentralbau, wie er ihn in Venedig gesehen hat. Sehr energisch will er ihn. Graf Wackerbarth wird dies dem Rat offiziell mitteilen, wahrscheinlich nach der Ankunft des Königs." Pöppelmann schaute sich um, als müsste er sich vergewissern, dass niemand zugehört habe, dann fuhr er fort: „Ich denke, Sie sollen das wissen. Es könnte für Sie als Ratszimmermeister nützlich sein. Meistens ist es gut, wenn wir Baumeister einiges etwas früher erfahren als andere. Die sauren Gurken wachsen dann zur Genüge." Pöppelmann blieb stehen. Er schien über etwas nachzudenken. Dann sagte er: „Sie sollten auch das wissen, lieber Freund. Knöffel arbeitet an Entwürfen für eine neue Kirche. Er ist von der Arbeit besessen. Wackerbarth hat ihn beauftragt. Man will der Stadt etwas vorsetzen, wenn es soweit ist." Bähr horchte auf, alarmiert, betroffen. Entwürfe aus dem königlichen Bauamt? Von diesem Knöffel? Er mochte den Mann nicht. Der hatte schon an seinen ersten Zeichnungen herumgemäkelt, hatte den Landbaumeister herausgekehrt.

Die beiden Männer sahen sich an. Sie wussten, dass sie sich schätzten und einander vertrauen konnten. Pöppelmann hielt Bährs Arm weiter fest und fuhr leise fort: „Es wird ohnehin viel Lamento geben. Der Legat des Heiligen Stuhls, ein gewisser Lorenzo Rimini, hat Graf Wackerbarth besucht. Er muss vom Wunsch des Königs gehört haben. Wackerbarth ist wütend, dass der Römer das weiß. Die Katholiken kriegen Wind, noch ehe der Wind bläst. Das ist der Sache nicht dienlich."

Pöppelmann blinzelte. Er fror. Seine Nase war rot angelaufen. Er trat von einem Fuß auf den anderen. Russische Stiefel, richtige russische Stiefel, wie sie während des letzten Besuchs des Zaren Peter vor Jahren in Dresden gesehen wurden, wären an diesem kalten Frühlingstag wärmer. Bähr hob seinen schweren kantigen Kopf. Soviel Vertrauen hatte er von Pöppelmann nicht erwartet. Er kannte ihn eher kurz angebunden, sehr bestimmt, wenn auch nicht unfreundlich. Eine fette Freude wuchs in ihm. Vielleicht begann der Bau der neuen Kirche eher, als er dachte. Und was den Knöffel betraf, sollte er entwerfen, soviel er wollte. Er, Bähr, wird die Kirche bauen. Darauf war er vorbereitet. Er wusste, wie man Kirchen baut. „Ich danke Ihnen sehr für Ihr Vertrauen, Oberlandbaumeister Matthäus Daniel Pöppelmann", sagte Bähr. Das klang herzlich. Er hatte die beiden Vornamen bewusst ausgesprochen. Sie gingen einige Schritte schweigend nebeneinander. Dann sagte Bähr: „Die neue Kirche am Neumarkt wird Rom gar nicht gefallen." – „Eben, Bähr, eben. Sie schreckt die Katholiken auf wie der Fuchs den Hühnerstall. Und Rom und Wien werden tönen. Ich denke, es wird den

König dennoch wenig kümmern. Er kann auf beiden Ohren stocktaub sein, wenn er nichts hören will. Er wünscht dort eine neue große Kirche. Hat er eine Idee, bringt ihn kaum jemand davon ab. Es sei denn, anderes wird ihm wichtiger. Leider passiert das nicht selten. Ich hab´s oft erfahren. Rechnen Sie damit, dass demnächst die Herren im Rathaus zu tanzen beginnen, aber nicht vor Freude. Geld kann der Kurfürst nicht geben. Ich bekomme es nicht mal für meinen Zwinger, der seit Jahren unvollendet ist."
Sie umwanderten den Kirchhof, blieben am Maternihospital stehen. Der städtische Bau, der Bedürftige aufnahm, war arg heruntergekommen. Von der Elbe blies ein frischer Wind. Die Höhen begannen sich grün zu färben. Teile der Kirchhofmauer lagen eingestürzt. Kleine Linden und Birken wuchsen aus den Fugen. Hühner scharrten im Boden. Ein Skelett, es musste von einem Schaf sein, lag ausgebleicht neben einem gesprungenen Gruftstein. Es roch scharf nach Katzenpisse. „In der Tat, kein schöner Anblick", sagte Pöppelmann. „Ein Friedhof ist keine Müllgrube. Den Dresdnern fehlt jeder Ordnungssinn." Plötzlich ging eine Veränderung in Pöppelmann vor. Die Vertrautheit erlosch. Er hatte es eilig. Bereute er, was er gesagt hatte?, fragte sich Bähr. Sie wünschten sich das Beste, begleitet von leichten Verbeugungen. Bähr schaute dem Oberlandbaumeister nach, wie er über die unebene Straße stakste. Sie sollen darauf vorbereitet sein! Wie war das gemeint? Sah Pöppelmann ihn als künftigen Baumeister der Kirche? Eines war eindeutig. Er hatte ihm einen Wink gegeben, dass auch andere an ihrer Errichtung interessiert waren, gar aus dem Oberbauamt. Bähr kannte Gerüchte, die besagten, dass Knöffel Pöppelmann den Rang beim Kurfürsten abzulaufen begann. Knöffel, unter Pöppelmanns Obhut groß geworden, sollte den Fassadenschmuck am Zwinger als Strauchwerk bezeichnet haben. Andere behaupteten, dass er vom Ehrgeiz zerfressen sei. Es war gut, dies alles zu bedenken. Er würde mit Knöffel wohl auch künftig nicht allzu viel zu tun haben, hoffte er. Der König wünschte eine neue Kirche. Ja, das zu wissen war gut. Es konnte nur förderlich sein, konnte seinen Vorstellungen mehr Gewicht verleihen. Bauen aber musste die Stadt das Gotteshaus. So lagen nun mal die Dinge. Und dies konnte auch der König nicht

ändern, er war nicht am Kirchbau beteiligt, war nicht ihr Bauherr. Die Stadt aber besaß kein Geld zum Bauen. Das war bekannt. Die Gemeinden im Dresdner Umfeld waren arm. Eine Besserung war nicht in Sicht. Die entscheidende Frage war: Woher das Geld für den Kirchbau nehmen? Er, Bähr, wird vorbereitet sein. Er hatte seinen Traum. Pöppelmann hatte ihn unbewusst darin bestärkt. Dafür war er dem Manne dankbar. Er verspürte Appetit. Die Mittagszeit war fast heran. Er beeilte sich. Es sollte zu Hause Kohlrouladen geben. Die aß er besonders gern.

Im Flur roch es nach Kraut. „Du bist zu früh", tadelte seine Frau. Sie mochte es nicht, wenn er in die Töpfe schaute. – „Keinesfalls, du hast dich verspätet", widersprach er. Er sagte dies freundlich. Die Kinder kamen angerannt. Die Jüngste wollte auf seinen Arm. Später, als sie gegessen hatten und er zufrieden bei seiner Kanne Bier saß und ihn der Kachelofen wärmte, sagte er: „Es gibt Neuigkeiten. Der König will, dass die Stadt eine Kirche am Neumarkt baut. Das geht nur dort, wo die alte Frauenkirche steht. Sie muss abgerissen werden. Ich habe Pöppelmann am Schloss getroffen. Er hat es mir unter dem Siegel der Verschwiegenheit berichtet. Kaum jemand weiß von diesen Wünschen. Jetzt du und ich." – „Bähr", sagte sie, „Bähr, nicht noch eine Kirche. Du hast schon jetzt zu viel zu tun." Aber sie wusste, ihre Einwände würden nichts nützen, selbst wenn sie ihn bedrängte. Das Bauen war für ihn wie Blut und Wasser.

In den letzten Märztagen des Jahres 1726 zog die künftige Kirche mit großer Heftigkeit in Bähr ein. Sie sollte ihn nicht mehr loslassen. Allmählich begann ihre Gestalt in ihm zu wachsen. Er verwarf, setzte neu an, verwarf wieder, zeichnete. Er ließ kein Wort über seine Arbeit fallen, auch zu seiner Frau nicht. Er arbeitete hart und still in seinem Haus, oft bis in den Morgen hinein. Als die Blüten im Birnbaum schäumten, hatte er nur wenige Blicke für sie übrig. Gott, dachte er, hat mich auserwählt, die neue Kirche zu bauen. Er wird mich den Weg führen, den er mir zugedacht hat.

Es hat geknacket

Großer Ratsherrentag. Bähr hatte dringend seine Teilnahme gewünscht. Der Bürgermeister Johann Christian Schwarzbach bat ihn an den langen Tisch. Die Stimmen der Ratsherren schwirrten unter dem dunklen Ziegelgewölbe, das beschädigt war. Die Herren murmelten, redeten, lachten. Sie zeigten ihre Bäuche und Glatzen, ihre hohlen Wangen und trockenen Lippen. Das Fass Bier war angezapft, die Bierkrüge schäumten. Man war guter Laune. Und auf den Tischen stand Geselchtes, frisch aus dem Kochtopf. In den Körben duftete Brot. Die Herren ließen es sich gut gehen.
Das wird sich ändern, dachte Bähr grimmig, er wird ihnen den Appetit gründlich verderben. Er wusste, dass Wackerbarth die Stadt erneut aufgefordert hatte, den Friedhof zu räumen. Der Rat hatte es ihm verschwiegen und nichts unternommen. Das ärgerte Bähr. Eine böse Lust erfasste ihn. Schwarzbach schwenkte die Handglocke. Allmählich verstummten die Herren, setzten sich bequem zurecht, griffen zum fetten Fleisch, kauten, schmatzten, schauten zu Bähr. Es wird ihnen sehr missfallen, was er zu sagen hatte. Ersparen wollte er ihnen nichts. Und er war gespannt, ob sie den Fall wieder vertagen würden, wie so oft. Auf den zunehmenden Verfall der alten Kirche hatte er bereits mehrere Male hingewiesen, aber diesmal war es ernster als jemals zuvor. Ja, sie vertagten gern. Entschlüsse fielen ihnen schwer. Bähr hatte kein Verständnis dafür. Aber er konnte nichts ändern. Sie waren, wie sie waren. Und er war auch, wie er war.
Heute durfte es kein Ausweichen und langes Zögern geben. Das Gemäuer der alten Kirche befand sich in einem katastrophalen Zustand. Jetzt bestand Gefahr für Leib und Leben. Das Wort katastrophal war erst seit einigen Tagen in seinen Sprachgebrauch eingegangen. Es beschrieb das alte Gotteshaus am besten. Es klang fremd, sperrig, bedrohlich. Er hatte es in einem Buch über Pariser

Kirchen entdeckt. Das Wort hatte ihn beeindruckt. Es hatte etwas Hartes, Endgültiges. Er überlegte, ob seine Schilderung auch einen katastrophalen Zustand hinterlassen sollte. Er hatte große Lust darauf. Aber er war nicht sicher, dass jeder der Ratsherren mit dem fremden Wort etwas anfangen konnte. Oder war es besser, den Räten den Verfall der Kirche, das Knacken im Gebälk schonender beizubringen, damit sie das Geselchte genießen und nachts ruhig schlafen können? Bähr, Bähr, bleibe sachlich.
Er schaute in die Gesichter. Viele waren ihm vertraut, eigentlich alle. Die Räte schienen zufrieden. Ihnen mundete das fette Fleisch. Er wird ihnen reinen Wein einschenken. Besser rein und trocken als süß und lau. Es betraf das Haus Gottes. Es verdiente Achtung. Schwarzbach wies mit der Linken auf Bähr. „Der Ratszimmermeister hat das Wort." Bähr ließ seinen Blick wandern, wartete, bis auch der Letzte ihn wahrnahm und das Schmatzen aufhörte, hob das Kinn, sagte knapp: „Es hat gestern in der Kirche geknacket. Die Risse im Kirchraum und im Chorgewölbe sind tiefer und breiter geworden. Einige Mauerflächen neigen sich gefährlich nach außen. Sie müssen schnellstens gestützt, die Glocken vom Turm geholt werden, ihr Läuten erschüttert zu stark das Mauerwerk, der Dachboden ist für den Gottesdienst zu sperren." Und er schloss: „Es besteht Gefahr für Leib und Leben. Wir müssen sofort handeln." Er hielt inne, überlegte, ob er den Abriss der Kirche fordern sollte, unterließ es vorerst. Es war bereits viel, was er den Stadträten zumutete. Sie sollten das Geselchte ohne Magenbeschwerden verdauen.
Die Ratsherren schauten Bähr betreten an. Wieder drohte ihnen die Kirche ihr Mahl zu verderben. Bährs Schilderung wollte ihnen nicht in die Köpfe. Er übertrieb wohl kräftig. Gewiss, die Kirche war schon lange keine Zierde. Seit Jahrzehnten war nichts am Gebäude getan worden. In den Kollekten kam nicht viel zusammen. Immer hatte Geld zum Ausbessern gefehlt. Sie betrachteten Bähr, als sei er ihr Gegner. Die Glocken vom Turm holen, kein Läuten, das zum Gottesdienst rief. Ausgeschlossen! Eine Kirche hatte zu läuten. Das war ihre Pflicht, das machte sie teuer.
Bähr spürte ihre Ablehnung. Reihum sah er in die Gesichter, die ihn unfreundlich anstarrten. Einige schüttelten den Kopf. Andere

hatten vergessen, den Mund zu schließen. Bähr sah ihre Zahnlücken. Er empfand eine gewisse Genugtuung. Das Bier, das so frisch geschäumt hatte, würde weniger munden. Sollte es auch! Das Rathaus war keine Kneipe. Sie hatten zu entscheiden. Was er denn zu tun empfehle, wollte man wissen.

Bähr, der ihre Ratlosigkeit erlebte, war nicht bereit, zu beschwichtigen. Er hatte genug Erfahrungen mit alten Kirchen, wusste, wie Mauern und Gebälke nach einigen hundert Jahren aussahen. Und er sagte bestimmt: „Die Kirche hat ausgedient. Sie ist nicht mehr zu halten. Der Küster hat zum wiederholten Male ein lautes Knacken gehört, auch ich. Vom Dach fallen die Ziegelsteine. Regen dringt ein." Und er dachte: Vielleicht konnte man hier und da noch etwas flicken und die Schließung um einige Monate verzögern. Aber mehr als einen kurzen Aufschub würde es nicht bringen. Er behielt dies für sich, vielmehr reizte es ihn, ihnen ihre Unentschlossenheit vorzuführen. „Meine Herren Räte", sagte er gefasst, „es gibt kein Ausweichen mehr, kein Verzögern. Fassen Sie den Bau einer neuen Kirche ins Auge. Je eher, desto besser. Ich habe – wie gewünscht – Pläne entworfen."

Er ließ seinen Blick über den langen Tisch wandern, an dem die Herren saßen, die rosigen Hände auf die Tafel gelegt, die blassen Gesichter von Sorge gezeichnet. Sie zu vertrösten war Unsinn. „Die Kirche ist uns allen sehr lieb und teuer", fuhr er fort. „Niemand kennt ihr Alter. Die Bauern aus dem Kirchspiel meinen, dass sie sehr alt sei. Ich kenne alte Kirchen. Die Gewölbe und Widerlager sind morsch. Auch Kirchen schlägt die Stunde. Es geht ihnen wie uns. Nur dauert es länger." Das war genug. Nun lag es an ihnen, damit fertig zu werden. Er, Bähr, wollte eine große Kirche bauen, so schnell wie möglich. Aber das verschwieg er. Niemand sollte den Eindruck gewinnen, dass er übertrieb, um einen Baubeginn zu erzwingen. Und er fügte einen Satz hinzu, den er für den Schluss aufgehoben hatte: „Die Kirche muss geschlossen werden. Sie können nichts anderes verantworten und ich auch nicht."

Gleich mehrere Stimmen hoben an. Sie klangen wie ein Schnarren. „Nur das nicht", hörte Bähr. Es dauerte, ehe die Ratsherren das Gewicht der Bährschen Forderungen vollends erfassten. Ob denn gar nichts zu machen sei, wollten einige wissen. Bähr blieb dabei: „Nichts, was wirklich Abhilfe schafft", behauptete er entschieden und hielt ihnen seine Stirn hin. Ratsmaurermeister Johann Gottfried Fehre, der ebenfalls zugegen war, wurde um seine Meinung gebeten. Er machte es kurz, stimmte Bähr ohne jede Einschränkung zu, verschärfte sogar dessen Aussage. Ginge es nach ihm, würde er die Kirche heute sperren lassen. Bähr dankte ihm mit einem kurzen Nicken.

Die Herren redeten miteinander und gegeneinander. Was sie vorbrachten, hatte weder Hand noch Fuß. Schwarzbach bewegte wieder die Handglocke. „Ein Tag der Hiobsbotschaft", sagte er. Er erinnerte sich an das letzte Gespräch mit Bähr. Schon damals hatte dieser die Gefahr heraufbeschworen. Und er hatte nichts veranlasst. Bähr flunkerte nicht. „Ihre Worte sind wie Blei, Bähr, sie erdrücken uns, die Stadt", sagte er. „Diese Last ist schwer zu tragen. Was fehlt, ist Geld für den Bau einer Kirche. Oder sehen Sie das anders, meine Herren Räte?" Schwarzbach sah zustimmendes Nicken. „Gut", ließ er seine Rede weiterlaufen, „die Glocken werden vom Turm genommen, der Dachboden wird gesperrt. Aber die Kirche bleibt geöffnet. Bähr, Fehre, verfassen Sie ein Gutachten. Bedenken Sie, dass eine Abschrift an den Hof geht, an den König, ans Oberbauamt, an den Grafen Wackerbarth, an das Konsistorium. Und wir, meine Herren, sehen uns um, wer uns eine neue Kirche bauen könnte, wenn es denn unvermeidlich sein sollte."

Bähr und Fehre wurde bedeutet, den Ratssaal zu verlassen. Ostwind blies ins Tal. Der Junitag war außergewöhnlich kalt. Bähr stellte den Kragen der Jacke hoch. Fehre sagte: „Auf Geselchtes und eine Kanne Bier hätte ich auch Appetit gehabt. Sie fühlen sich, als seien sie auserwählt. Wir sollten ihnen nichts schenken, nichts. Sie müssen endlich handeln, diese Biersäufer." Fehres Ärger überraschte Bähr. Er hatte ihn bisher gelassen erlebt. Seine Worte taten ihm gut. Aber in ihm bohrte etwas anderes, etwas Ungeheueres. Er hätte niemals für möglich gehalten, dass ihn Schwarzbach so abtun könnte. Er verstand ihn so, dass er ihm den Bau der neuen Kirche nicht zutraute und sich um einen anderen Baumeister bemühen wolle. Groll stieg in ihm hoch. Er, Bähr, war der Ratszimmermeister der Stadt, er wollte die Kirche bauen, nicht ein anderer, womöglich ein Hergelaufener oder ein Klugfurzer wie dieser Knöffel. Lächerlich, wie der mit dem Degen an der Hüfte durch die Stadt spazierte, wie ein Pfau. Knöffels freche Stimme klang ihm wieder in den Ohren. Das lag nun gut zwei Jahre zurück. Er, Bähr, hatte die ersten Vorstellungen zu einer neuen Kirche entworfen. „So Bähr, so geht das nicht." Und er hatte mit seinen dünnen rosaroten Fingern auf die Zeichnungen gewiesen. Bähr hatte bemerkt, dass auf seinen Fingern braun-rote Härchen wuchsen, kurze dünne Härchen, die sich krümmten. „Wir bauen hier keine Dorfkirche für Bauern, sondern eine Residenzkirche. Begreifen Sie das, Herr Bähr?" Er hatte ihn verächtlich taxiert, die Augenbrauen gewölbt wie eine Kokotte. Pöppelmann hatte recht. Er, Bähr, muss aufpassen, dass ihm keiner zuvorkommt. Weder dieser Knöffel noch ein anderer Gernegroß. Er hat Jahrzehnte für die Stadt geschuftet, hat weder seine Gesundheit geschont noch Zeit gespart, hat manchen gut bezahlten Auftrag ausgeschlagen. Schon der Gedanke Schwarzbachs, sich nach einem anderen Baumeister umzusehen, war eine Erniedrigung, war eine Dreistigkeit ohne Ehr und Gefühl. Das wird er, Bähr, nicht hinnehmen. Das wird er sich nicht bieten lassen. Sollte man ihm einen anderen vorziehen, dann wusste er, was er zu tun hat. Er würde dem Rat seinen Abschied aus städtischem Dienst auf den Tisch legen. Sofort und unwiderruflich. Sollten sie zusehen, wie sie klar kamen. In der Stadt und ihrer Umgebung wurde viel gebaut. Er wurde geschätzt. Ihm war nicht bange, genug Arbeit zu finden. Allein die Errichtung des Schlosses für die Familie von Bünau in Seußlitz konnte ihn ernähren. Er kam dort zu langsam voran, weil er zu wenig Zeit dafür hatte.

Bähr dankte Fehre, dass er ihm beigestanden hatte. Und es drängte ihm zu sagen: „Wird die Kirche gebaut, dann bauen wir sie gemeinsam. Habe ich dein Wort?" – „Du hast es", sagte Fehre. Sie verabschiedeten sich. Bähr trat hart auf. Nein, wegwischen ließ er sich nicht. Es gab in der Stadt keinen, der eine solche Kirche bauen konnte. Ihre Konturen begannen sich in seiner Vorstellung auszuprägen, die Kirche erhielt langsam Gestalt. Und was für eine Gestalt. Sie werden wie die Hähne krähen. Es wird kein Kirchlein, kein bescheidener Bau. Seine Kirche wird die Stadt krönen. Er ist vorbereitet. Er war immer vorbereitet, wenn er etwas anpackte, seit den frühesten Jahren in der Residenz hat er es so gehalten. Er wird nun doch den teuren Band mit den kostbaren Kupferstichen über Roms Kirchen kaufen. Es wird wichtig sein zu sehen, wie andere an anderen Orten gebaut haben. Sein Ärger ebbte ab. Er war Bähr, George Bähr. Seine Schritte wurden milder, der ganze Mann wurde milder. Nein, er wird sich nicht zur Seite schieben lassen. Er hat auch ein paar Freunde von Einfluss im Rat. Und er hatte den Eindruck, Gouverneur Graf Wackerbarth schätzte ihn als Baumeister, wenn er auch hier und da an seinen Bauten mäkelte. Der Mann verstand sein Fach. Die Bährs lassen sich nicht unterbuttern. Er erinnerte sich an die ersten Jahre in Dresden. Er war ein Fremder, das feine Gehabe der Residenz verunsicherte ihn. Er hatte sich zur Verwunderung vieler als Künstler in mechanicis eingeführt, hatte bald Orgelwerke gebaut, die ins ferne Florenz geliefert wurden. Das hatte ihm Ansehen und Geld eingebracht. Einige waren ins Staunen geraten. Er hatte seine erste Liebe gefunden, die ihm so früh und so jung entrissen wurde. Er hielt, da er jetzt durch die Stadt ging, seinen kantigen Kopf steif, setzte Schritt für Schritt, war nicht ohne Hochmut, nicht ohne Trotz. George Bähr aus Fürstenwalde, in gelben Stiefeln ging er durch die Stadt. Man wird erfahren, was er kann.

Der König besucht seine Residenz

Der König kam nach Mitternacht in Dresden an. Solche Überraschungen liebte er. Das Schloss lag im Dunkeln. Die Wächter der Schweizer Garde schliefen. Friedrich August I. ließ sich vom Kutscher die Peitsche geben und zog einigen eins drüber. „Bezahle ich euch dafür, dass ihr die Ankunft des Königs verpasst, ihr Schlafmützen." Er lachte, er war nicht wirklich verärgert. Den Kommandanten würde er morgen bestrafen lassen. Zehn Tage Wasser und Brot. Danach würde er aufmerksamer sein.
Am nächsten Tag sprach es sich schnell in der Stadt herum, dass der König in seiner Residenz eingetroffen sei. Mit ihm gereist waren polnische Adlige und Offiziere. Seine Tochter Orzelska war ihm in einem zweiten Wagen gefolgt. Dresden wurde wieder lebendig. Landadel stellte sich ein. Die Marktleute und Krämer, Wirte und Händler, Bäcker und Fleischer freuten sich: Die Geschäfte würden besser laufen. Es würde Bälle und Feste geben. Gesandte würden eintreffen.
Obschon Friedrich August kaum vier Stunden geschlafen hatte, rief er in aller Herrgottsfrühe seine wichtigsten Minister zusammen. Die Herren sahen etwas blass aus, sie hatten den Abend zuvor gefeiert. Selbst der dick aufgetragene Puder vermochte das nicht zu verdecken. Friedrich August war gut gelaunt, trank Schokolade, bohrte seine Finger in eine frisch gebratene Hähnchenkeule. Einer nach dem anderen berichtete. „Kurz, meine Herren, kurz. Wir haben heute noch viel vor." Er wollte den Zwinger sehen, das Japanische Palais, sein Porzellanschloss, das erweitert wurde. Pöppelmann solle kommen. Er wollte mit ihm nach Pillnitz hinausfahren. Er schlürfte die Schokolade. Dann fragte er unvermittelt: „Was ist mit dem Friedhof auf dem Neumarkt? Alles weggeräumt?"
Wackerbarth hatte mit der Frage gerechnet. Er trat zwei Schritte vor. „Der Rat verweigert den Abbruch, verlangt Geld von den Ei-

gentümern der Grüfte, Majestät. Und Superintendent Löscher wettert gegen die Verbringung der Gräber. Eine unangenehme Situation." Wackerbarth rechnete damit, dass der König aufbraust. Aber er blieb gelassen, schüttelte nur den Kopf. „Diese Dresdner. Sie wollen immer nur haben, haben, haben, aber dafür geben wollen sie nichts. Nun sind wir hier. Wir erwarten den Beginn der Abrisse, sofort, sonst schicke ich ein paar Soldaten auf den Neumarkt. Die erledigen schnell, was zu erledigen ist. Oder haben Sie einen anderen Vorschlag, Graf Wackerbarth?"

Wackerbarth war dieses Vorgehen zu forsch. Und er scheute sich nicht, es auszusprechen. „Ich schlage ein Schreiben vor, das den Wunsch des Königs nachhaltig ausdrückt. Es wird seine Wirkung nicht verfehlen, wenn man weiß, dass Sie hier sind, Majestät. Ich bestelle den Bürgermeister ins Oberbauamt." Friedrich August winkte ab. „Schreiben, schreiben. Wir schreiben schon zu viel. Jetzt ist Schluss." Flemming, der Kabinettsminister, sprang Wackerbarth bei. „Die Hinterbliebenen der Begrabenen weigern sich, die Grüfte zu leeren und die Gebeine der Toten auf den neuen Friedhof zu schaffen. Darunter sind angesehene Familien der Stadt. Sie wollen die Ruhe der Toten nicht stören. Auch ist ihnen die Umbettung zu teuer."

Friedrich August trank die Schokolade aus, schob den Teller mit den Hähnchenkeulen beiseite. Er hatte davon nur wenig gegessen. Zur Überraschung der Herren sagte er milde: „Wir wollen keinen Ärger. Tun Sie Ihr Bestes, meine Herren." Er wandte sich wieder an Wackerbarth: „Was gibt es Neues von der Kirche? Obrist Pöppelmann hat mir berichtet, dass die alte Frauenkirche sehr baufällig ist. Sie wird es nicht mehr lange machen, meint er." Wackerbarth stimmte dem König zu, verwies aber darauf, dass Bähr Mauern und Gewölbe abstütze, um ihre Schließung hinauszuzögern. Die Glocken seien abgenommen. „Noch regt sich nichts am Neumarkt. Der Stadt, dem künftigen Bauherrn, fehlt Geld. Das Abstecken des Grundrisses steht auch aus. Ich habe es eingefordert. Sie werden in ein paar Tagen die Pläne sehen, Majestät." Der König unterbrach ihn. „Wir haben nicht mehr viel Zeit, lieber Wackerbarth, Sie auch nicht. Enttäuschen Sie mich nicht. Der Tod hat schon einmal nach mir gekrallt. Bin ihm gerade noch von der Schippe gesprungen, diesem Mistkerl. Ich will dort endlich eine Kirche haben, eine große, eine mit einer Kuppel, wie in Italien, wie in Venedig. Räumen wir den Friedhof weg, dann ist dort Platz für sie. Teilen Sie dem Rat mit, dass sie Holz und Steine zur Hoftaxe erhalten. Das wird Geld sparen helfen. Wir haben auf ein neues Schloss verzichtet. Jetzt wollen wir wenigstens eine neue Kirche."

Die Minister zeigten betretene Gesichter. So nachdrücklich wie jetzt hatte der Kurfürst eine neue Kirche bisher nur im engsten Kreis gewünscht. Friedrich August entging die Reaktion seiner Hofleute nicht. „Ich weiß, ich weiß", fuhr er fort, „mein Pater Vota wird mir ins Gewissen reden. Er wird lamentieren und mir mit dem Fegefeuer drohen. Das kann er gut, das können alle Pfaffen in jedem Erdenwinkel. Er will, dass ich eine Hofkirche baue. Rom zu Ehren. Aber Rom ist weit entfernt, und Rom gibt uns nichts, keinen Taler, kein Holz, keinen Sandstein. Im Gegenteil: Es will auch nur haben. Seit Jahrzehnten." Er hatte sich in Schwung geredet, warf seine Rechte hoch, fuhr fort: „In Sankt Peter stecken Tausende Taler aus Sachsen. Man hat sie hingebracht, damit die Kuppel entstehen konnte. Jetzt sagen wir: Wir wollen auch eine Kirche mit Kuppel haben." Der Gedanke bereitete ihm Vergnügen. Er zog den Teller mit dem Hähnchen heran, biss ins Fleisch, kaute. Und er wandte sich wieder an Wackerbarth. „Wir gehen natürlich vorsichtig zu Werke. Es muss nicht gleich alle Welt wissen, was wir wünschen. Das zu erfahren wird später genug Zeit sein. Es wird wohl einiges Gezeter entstehen." Er biss wieder ins Hähnchen, grinste, fuhr fort: „Aber das gibt es immer in meiner Residenz. Reißt man etwas ab, wird geschimpft, baut man etwas auf, wird gemault. Man kann es den Dresdnern nicht recht machen. Meine lieben Sachsen wünschen ihre Ruhe und ihren guten Schlaf und sind immer gegen etwas. Am besten nichts verändern, damit sie sich gut zurechtfinden in ihrer Stadt." Die letzten Sätze klangen verächtlich.

Wackerbarth dachte an Rimini, den Legaten des Heiligen Stuhls. Er hatte ihm bewusst die Wahrheit verschwiegen, ihn gar belogen. Er sah sich deshalb nicht in Verlegenheit. Im Gegenteil, er hatte richtig gehandelt. Noch war der Baubeginn der Kirche nicht absehbar, noch konnte viel Zeit verstreichen. Schon so mancher Plan war gestrichen worden. Auch wenn der König eine neue Kirche wünschte, erzwingen konnte er sie nicht, es sei denn, er trüge beträchtlich dazu bei. Aber das war so sicher wie das Amen in der Kirche: Er hatte kein Geld für sie. In Moritzburg hatte Pöppelmann mit dem Bauen eines neuen Jagdschlosses begonnen, das Wasserpalais in Pillnitz war erst kürzlich vollendet worden. Rechnungen standen offen. Er wird, was er bisher mehrere Male verschoben hatte, mit dem Bürgermeister reden, mit den Herren vom Rat, um sie für die Idee des Königs aufzuschließen. Wackerbarth teilte die Meinung des Königs: Mitten in die Stadt eine große Kirche mit einer Kuppel hinzusetzen, das würde Eindruck machen. In Sachsen gab es nirgends eine Kirche mit einer Kuppel. Er sah, wie sie sich aufrichtete, wölbte, sich schloss, wie sie über die Dächer stieg, dem Himmel ein Stück näher rückte. Das war eine großartige Idee, sie könnte von ihm sein. Würden das die Räte erkennen? Würden sie sich auf diese Straße führen lassen, die sie mit Tausenden von Talern pflastern müssten? In diesem Augenblick wusste er, dass auch er die Kirche wollte. Der König hatte recht: Auch seine Jahre waren vorgerückt. Sich auf sein Gut in Zabeltitz zurückziehen, wie er es erwogen hatte, kam jetzt nicht in Frage. Es galt, entschieden zu handeln. Hatte er Erfolg, würde sein Ansehen beim König steigen. Und daran war ihm gelegen. Eine Schwäche, er wusste es. Er spitzte seinen kleinen weichen Mund. Samt und Seide trug man, wenn man Erfolg hatte. Und den wollte er für den König, für sich, für die Stadt. „Mein König", sagte er und verbeugte sich tief, „was in meiner Macht steht, werde ich tun. Das verspreche ich. Auch ich will die Kirche." – „Na, na, Wackerbarth", sagte der König, „wir müssen den Rücken nicht so krumm machen."

Friedrich August entließ die Herren. Im Oberbauamt diktierte Wackerbarth sofort einen Brief an den Bürgermeister. „Der König ist in der Nacht angekommen", ließ er ihn wissen. „Er ist überaus erfreut, sein Dresden wiederzusehen. Er grüßt den Rat und wünscht den Hochverehrten beste Gesundheit und Gottes Segen." Die Sätze gefielen Wackerbarth. Zum Friedhof sagte er kein Wort. Dem Rat sollten sich die Haare nicht schon vorher sträuben. Danach machte er es kurz. „Der König“, ließ er weiter schreiben, „hat große Pläne. Ich will sie Ihnen vorstellen.“ Und er bat den Stadtrat ins Oberbauamt. Er schlug einen Zeitpunkt vor, unterschrieb mit Schwung. Er hoffte, die Herren gewinnen zu können, sicher nicht sofort, nein, aber bald. Wenn es notwendig war, würde er Druck ausüben. Wackerbarths Schritte schwebten über den Terrakottaboden. Was der König zu Rom geäußert hatte, war frech. Und er beschloss, den Legaten des Papstes ganz nach hinten zu schieben. Er mochte ihn nicht. Der Mann war ihm zu hochnäsig. Wenn es denn unvermeidlich werden sollte, würde er ihn informieren lassen. Aber das hatte ganz gewiss Zeit. Die Herren im Rathaus würden ihre Argumente haben, sie werden über die Last, die ihnen der Bau der Kirche aufbürden würde, klagen und jammern. Aber letztlich würden sie sich fügen. Der Wunsch des Landesherrn war ein Befehl. Es war ein guter Tag. Der König hatte für Wirbel gesorgt. Er liebte Bewegung. Er dachte an Leda. Sie war endlich nach Dresden zurückgekehrt. Abends würde er mit ihr speisen. Er musste bei passender Gelegenheit mit dem König über sie reden, ihn bitten, sie ihm vorstellen zu dürfen. Dann war sie als seine Geliebte offiziell akzeptiert, und er konnte sich endlich mit ihr in aller Öffentlichkeit und am Hof zeigen. Ein solches Glück verheimlichte man nicht. Er machte einige Kniebeugen, streckte sich zehnmal, fügte zehn Liegestütze hinzu, geriet etwas außer Atem.

Rimini speist mit dem französischen Gesandten

Rimini war schlechter Laune. Pater Vota hatte ihm einen nichtssagenden Brief geschrieben und Geduld angemahnt. „Ich verstehe Ihren heißen Kopf, lieber Bruder. Bleiben Sie gelassen. Wir gelangen zum Ziel, auch wenn es länger dauern sollte, als es uns angenehm ist. Wir haben in Sachsen wieder einen katholischen Kurfürsten, nach 187 Jahren. Wer hätte das jemals gedacht. Sein Sohn Friedrich August wird uns treu bleiben. Es war Gottes Fügung, dass auch er in Roms Schoß zurückgekehrt ist." Rimini ärgerte dieser oberflächliche Brief. Er konnte nicht in den Zeitenläufen der Kirche denken. Er war 31 Jahre alt. Er wollte Erfolg und ihn nicht erst, wenn er grau und alt war. Einen Schluss zog er: Pater Vota wusste nichts von einer neuen protestantischen Kirche. Das war ihm schon bei Votas erster Nachricht aufgefallen. Sonst hätte er nicht so gelassen Ratschläge erteilt. Vielleicht war alles wirklich nur Wind. Eine Kirche zu wünschen und sie zu bauen waren zwei sehr unterschiedliche Seiten. Wünschen konnte man viel, bauen kostete Geld. Habsburgs Gesandter hatte auch nichts in Erfahrung gebracht. Immerhin hatte er etwas unternommen. Er habe Kaiser Karl vorgeschlagen, den polnischen König zu fragen, wie es mit dem Bau einer Hofkirche stünde. Der Kurprinz war mit einer Kaisertochter, einer Habsburgerin, verheiratet. Sie allein dürfte eine große Kirche beanspruchen. Rimini war, wenn er es richtig betrachtete, nach gut anderthalb Jahren keinen Schritt weitergekommen. Und er wusste: Daran maß man ihn in Rom. Und das mit Recht, gestand er sich ein. Aber was ihn am meisten aufbrachte, war Leda und nicht die Kirche.

Georgio hatte sie vor fünf Tagen auf dem Markt gesehen. Sie hatte reichlich eingekauft. Seitdem wartete Rimini auf ein Zeichen von ihr, auf einen Gruß, auf eine Einladung. Rimini setzte sein hochmütiges Gesicht auf und blätterte in einem Buch von Seneca. Was soll dieses Gehabe, biss sich Rimini an. Es sah ihn keiner, den er mit seinem Gesicht beeindrucken könnte. Immerhin, seinen beißenden Spott sich gegenüber hatte er noch nicht völlig verloren. Es war gut so, wie es war.

Das letzte Zusammensein mit Leda hatte unerquicklich geendet. Man sollte es dabei bewenden lassen. In welchen Winkelzügen er dachte. Wer ist man? Ja, ja, ja vielleicht beließ er es, wie es war. Das wäre das Beste, oder wenn schon nicht das Beste, so doch das Vernünftigste. Das Verhältnis hielt ohnehin schon mehr als ein halbes Jahr, länger als alle anderen zuvor. Er sah ihre Augen auf sich gerichtet. Jetzt fand er die Worte: wie die einer Katze, die ihre Beute beobachtete. Der Vergleich amüsierte ihn, er, die Beute einer Geliebten. Wenn er nur wüsste, wer neben ihm bei ihr aus- und einging. Diese Neugier war ihm nicht neu, er hatte sie bisher stets unterdrückt. Er wollte sich die zurückliegenden Monate nicht im Nachhinein verderben.

Die Sonne war hoch gestiegen. Ihr Licht fiel in Riminis Arbeitszimmer, genau auf das Gemälde, eine florentinische Landschaft mit einer langen Zypressenallee, die auf eine Höhe zuführte. Es war ein wundervolles Bild. Er hatte es in Bologna nach seinem Studium gekauft. Sein Großvater, der Weinhändler, hatte etwas Geld dazugegeben. Rimini liebte dieses Ölgemälde. Und einen Augenblick stieg Sehnsucht nach Florenz auf, nach den Hügeln der Toscana, nach diesem Licht, das so überreich floss, dass es blendete und den Gaumen durstig machte.

Morgen war Dienstag. Und sie schwieg. Seine Eitelkeit begann zu rasen. Dieses dürre Weibsstück, diese Deutsche. Dass sie ihn so herablassend behandelte, versetzte ihn in Zorn. Eine Nachricht, dass sie wieder nach Dresden zurückgekehrt war, hätte sich wahrlich gehört. Aus den Händen müsste sie ihm fressen. Sein Wüten erleichterte ihn nicht. Er musste sich eingestehen, dass ihm ihre Umarmungen fehlten, der Anblick ihrer Bewegungen, die Art, wie sie ihm die Schokolade reichte. Er liebte es, wenn sie sich auf die Zehenspitzen stellte, um ihn auf den Mund zu küssen. Das war rührend. Selbst ihren Spott hätte er gern gehört: „Mein lieber Gottesmann." Wie er es auch wendete, wie er sie auch beschimpfte, er musste zugeben: Sie fehlte ihm. Das war das Fatale. Er wollte zu ihr.

Er wird ihr ein Billett schicken, als sei nichts gewesen. Wie sollte er die Woche überstehen, die nichts Aufregendes versprach.
Er überflog die Korrespondenz. Es gab in der Tat nichts Interessantes. Vielleicht sollte er sie doch beobachten lassen. Nur für kurze Zeit. Möglich, dass sie einen anderen Spendablen gefunden hatte, dem sie nicht sagen musste, du bist geizig. Nein, er wird ihr kein Billett schicken, und er wird sie auch nicht beobachten lassen. Das wäre entwürdigend. Wer weiß, was er erfahren würde, und er wollte nichts erfahren, was ihn verletzen könnte.
Zu Mittag speiste Rimini mit dem französischen Gesandten. Er erfuhr, dass der König nachts in Dresden eingetroffen war. „Er ist allein gekommen“, sagte der Gesandte, „ohne polnische Damenbegleitung. Sein Feuer scheint erloschen.“ Er grinste. „Seine Tochter Orzelska ist ihm gefolgt. Es gibt wilde Verdächtigungen“, fuhr der Mann zu schwatzen fort. „Haben Sie von ihnen gehört?“ – „Bin über die Amouren des Königs nicht so gut informiert.“ Es klang spöttisch. Aber der Gesandte bemerkte es nicht. „Sie soll mit dem König ein intimes Verhältnis haben und es auch mit ihrem Halbbruder Rutowski treiben.“ Rimini bemerkte, wie die rosige Zungenspitze des Gesandten dessen Lippen benetzte. Ihn interessierte das alles nicht. Er wollte den Franzosen für ein gemeinsames Vorgehen gewinnen, ihn überzeugen, sich für eine Hofkirche einzusetzen. Frankreich war auf den Wettiner nicht gut zu sprechen. Der sächsische Kurfürst hatte 1697 dem aussichtsreichen Conti, den Versailles als König in Polen wollte, die Krone weggeschnappt. Offene Rechnungen dürften anstehen. Versailles könnte den polnischen König ruhig bedrängen. Es müsste doch mit dem Teufel zugehen, dachte Rimini unchristlich, wenn nicht Rom, Wien und Paris den Kurfürsten dazu brächten, den Kirchbau zu beginnen.
„Ich bin beauftragt“, sagte Rimini verbindlich, „Ihnen mitzuteilen, dass Benedikt XIII. vom Verhalten des polnischen Königs enttäuscht ist, auch Wien, der Kaiser persönlich. Der König hat in Krakau den Bau einer katholischen Hofkirche versprochen. Gehalten hat er sein Wort nicht. Sollten wir ihm nicht gemeinsam das Versprechen abfordern? Ich denke, das wäre auch im Interesse Versailles und der gesamten katholischen Welt.“

Der Gesandte schlürfte heißen schwarzen Kaffee, stellte die Tasse zurück. Dabei verschüttete er Kaffee. „Immer diese Malheure. Ich verstehe, Sie wollen ein Komplott schmieden." Und er lachte breit. „Amüsant, nur befürchte ich, dass es wenig bringt, wenn wir ihn auf seine Versprechen hinweisen. Was sagen wir nicht alles, lieber Legat, wenn wir uns Unangenehmem entledigen wollen. Ihr Rom macht da keine Ausnahme. Ich kenne den Kurfürsten schon sehr lange. Er hat Ihren Machiavelli gut verstanden. Lüge, herrsche, schlage zu, wenn du deine Ziele erreichen willst. Der Zweck heiligt die Mittel." Er legte eine Pause ein, beugte sich über die Tasse, hob sie an, wartete, bis drei Tropfen herunterfielen, führte die Tasse zum Mund. „Ein köstliches Getränk. Es bringt so einen Alten wie mich in Schwung. Sie, verehrter Legat, brauchen dieses Bitterzeug bestimmt nicht." – „Ich ziehe Kakao vor." – „Auch köstlich, sehr köstlich, aber ohne belebende Wirkung. Glauben Sie, Verehrtester, die Religion interessiert den Kurfürsten nicht. Im Grunde genommen ist er gottlos, wie unser seliger Ludwig XIV. Der verwaiste polnische Thron hat den Wettiner in den Schoß des Vatikans zurückgeführt. Die Krone war nur als Katholik zu haben. So nüchtern müssen wir die Lage sehen, bevor wir ihn mit unseren Zangen zwicken."

Rimini war zwar nicht zum Gesandten gekommen, um sich Hochgesänge auf den Kaffee anzuhören. Aber dessen Urteil fand er interessant. Stimmte es, was er behauptete, und er, Rimini, sah keinen Grund zu zweifeln, dann würde tatsächlich alles Mahnen und Wünschen nichts bewirken. Es mussten Umstände her, die den Wettiner zwangen, eine Kirche zu bauen. Nur welche? „Er spielt den braven Katholiken in Polen", hörte Rimini den Gesandten fortfahren, „geht zur Messe, wenn es sein muss, beichtet Vota. Die Polen spüren seine Gleichgültigkeit. Sie misstrauen ihm. Mit Recht, hochverehrter Legat, mein lieber Legat. Also müssen wir uns etwas Gewichtigeres einfallen lassen, als ihn an seine Versprechen zu erinnern." Er richtete sich auf. Seine grauen Augen fassten Rimini hart an. „Es könnte wieder einmal Freude machen, etwas einzurühren, was zu sieden beginnt. Habe Ähnliches schon lange vermisst. Womit könnten wir ihn kriegen, was meinen Sie?"

„Der Wettiner strebt in Polen die erbliche Königskrone für seinen Sohn an. Wir könnten ihm Beistand gegen den polnischen Adel zusichern, wenn…"

Eine schneidende Handbewegung folgte. Rimini begriff sofort, dass ihm ein Fehler unterlaufen war. Die Franzosen hatten im Ringen um die polnische Krone den Kürzeren gezogen. Sie wünschten wahrscheinlich nichts Dringenderes, als künftig einen Mann ihres Vertrauens auf dem polnischen Königsstuhl. Der Wettiner kam dafür ganz und gar nicht in Frage. Das hätte ihm vorher klar sein müssen. Er ärgerte sich über seinen Fehlgriff. Prompt kam die Antwort: „Ein interessanter Gedanke aus Ihrer Sicht, aber nicht aus unserer. Eine zweite sächsische Königszeit ist nicht im französischen Interesse. Damit brauche ich in Versailles gar nicht erst zu kommen. Das Aussichtsreichste wäre, ihn mit Geld zu locken, versprechen wir ihm für ein paar Soldaten, die er uns gegen England stellt, kräftige Subsidien. Das könnte zum Erfolg führen. Ich werde sehen, was man in Versailles davon hält."

„Das ist eine hervorragende Idee. Dafür wäre ich Ihnen sehr verbunden." Rimini verbeugte sich leicht und fuhr fort: „Schieben wir unsere Differenzen beiseite. Eine große Hofkirche im protestantischen Sachsen, zumal in der Hauptstadt, das wäre ein Signal, ein Aufbruch." Der Gesandte belächelte im Stillen den Eifer des Legaten. Nun gut, dachte er, er ist jung, er muss sich auszeichnen. Dennoch fand er die Idee, den Wettiner unter Druck zu setzen, ausgezeichnet. Ja, er würde in Versailles vorfühlen. Vielleicht gelang ihm ein Erfolg, wenn nicht, würde ihm der Wein trotzdem schmecken. Er war aus den Jahren heraus, die ihn für Krone und Klerus flattern ließen. Und es lebte sich gut so. Er verstand den Römer, den es nach Erfolg gierte. In seinem Alter hatte es ihn auch danach getrieben. Daher war ihm der Legat nicht unsympathisch. Er nahm sich vor, die Sache ernsthaft zu betreiben.

Zurückgekehrt, fand Rimini eine Nachricht des Papstes vor. Er prüfte das rote Siegel. Es schien unversehrt zu sein. Er überflog den Brief. Er enthielt einige Ohrfeigen. Benedikt war mit Rimini unzufrieden. „Wir werden zum Gespött der Welt. Ein katholischer König, eine katholische Kaisertochter und kein angemessener Kirchbau. Das ist nicht hinzunehmen. Es kann doch nicht so schwer sein, den König endlich dazu zu bringen, dass er uns die Kirche baut.“ Rimini war erleichtert. Dem Vatikan war nichts über den bevorstehenden protestantischen Kirchbau bekannt. Sonst hätte er anders geheult. Rom, dachte Rimini, Rom begreift schwer. Und ist gelegentlich sehr hochmütig. Die Zeit, da seinen Befehlen entsprochen wurde, war schon lange vorbei, nicht nur in Sachsen. Andere waren zu Macht und Einfluss gelangt, England, Russland, das aufstrebende protestantische Preußen. Selbst das katholische Habsburg ging seine eigenen Wege. Der Heilige Vater wünschte, dass er, Rimini, seine Bemühungen zum Kirchbau verstärke. In dieser Frage sei mit der Unterstützung des Kaiserhauses zu rechnen, schrieb Benedikt. Sie werden weitere Einzelheiten erfahren. An den König von Polen und Kurfürsten von Sachsen war ein Brief Benedikts beigelegt, den Rimini ihm übergeben sollte. Der Auftrag kam ihm entgegen. Er hatte Grund, um eine Audienz zu bitten. Ohne Umschweife würde er den König fragen, was es mit dem Bau einer protestantischen Kirche auf sich habe. Es bewegte sich etwas. Trotz der Ohrfeige, er war nicht unzufrieden.

Die Sache mit Leda wird er in Ordnung bringen. Er schrieb ihr einen kurzen Brief. „Morgen ist Dienstag, ich will dich wieder sehen. Gib mir eine Nachricht.“ Er rief Georgio. „Bring den Brief zu ihr, fordere ihr eine Antwort ab.“ Und er dachte: Sie wird ihm eine Antwort nicht abschlagen. Sie war aufregend, sie war zauberhaft. Wenn sie ihren mageren Körper auf ihn schob, dann stieg seine Lust sehr heftig an. Dafür wollte er auch künftig Geld ausgeben.

Georgio kehrte schnell zurück, zog den Brief aus dem Ärmel. Ihre Handschrift. Er las: „Ich bin nicht in Stimmung, dich zu empfangen. Leda.“ Er zerriss den Brief. Gut, gut, das war es dann. Langsam wich sein Zorn einer Leere, die er nicht kannte.

Leda verweigert Wackerbarths Namen

Rimini war aus Leipzig zurückgekehrt. Er hatte dort der Universität einen Besuch abgestattet. Auf seinem Schreibtisch lag ein Brief. Er erkannte Ledas Handschrift. Er zögerte, ihn zu öffnen. Was teilte sie ihm mit? War es nicht das Beste, ihn ungelesen zurückzuschicken? Er hatte sich damit abgefunden, dass das Verhältnis erledigt sei. Gut, er hätte sie gern gehabt, gern ihr Gurren gehört, aber es ging auch ohne sie. Er hatte eine Polin kennen gelernt. Sie war amüsant, älter als Leda, auch Witwe. In ihrem ersten Leben, hatte sie ihm erzählt, sei sie ein Zirkuspferd gewesen. Die Manege war ihre Welt. Ein wohlhabender Pole, alt wie ein Baum, habe sich in sie verliebt und sie tatsächlich geheiratet. Er habe aber meist nur ihre Hand gehalten. „Ich hatte Glück. Sein Lieblingspferd hat ihn mit einem Huftritt erschlagen." Sie hatte ein dunkles volltönendes Lachen. „Seitdem jage ich junge Männer, keine Perücken." – „Dann bin ich wohl nicht der Richtige", hatte Rimini eingewandt. – Sie hatte ihn kräftig an der Schulter gepackt. „Doch, doch, einen Römer hatte ich noch nicht." Sie waren beide übereinander hergefallen. Er war ziemlich ausgehungert. Das hatte ihr gefallen. Sie wussten: Lange würde es nicht halten. Aber Spaß hatten sie miteinander, weil sie beide auf Befriedigung aus waren und dafür etwas taten. Er hielt Ledas Brief mit spitzen Fingern. Ach, was er auch lesen würde, es würde ihn nicht umwerfen. Vorsichtig öffnete er den versiegelten Brief. „Mein lieber Gottesmann", las er, „ich schaffe es nicht. Du fehlst mir. Ohne dich komme ich nicht in den Himmel. Komm! Ich erwarte dich zur gewohnten Zeit."

Rimini stand sehr gerade, sehr gefasst. Kein Wort zum Zerwürfnis, kein Wort zu ihrem langen Schweigen. Er hatte sie weit zurück geschoben. Das hatte er geglaubt. Er hatte sich geirrt. Es gefiel ihm, dass er sich geirrt hatte. Sein Kopf ruckte hoch. Seine Nase stach ins Zimmer. Sein glatt rasiertes Kinn schimmerte. Sollte er ir-

gendeinem Prinzip leben, einem seichten Stolz? Sie besaß sogar die Unverschämtheit, ihn an sein Geld zu erinnern. „Denk an meine Schale", schrieb sie. Was machte es. Sie kam zu ihm gekrochen. Sie wollte ihn. Ja, er wird auch zu ihr kriechen, und er wird nicht fragen, warum sie ihn so lange hatte warten lassen. „Es gibt Neuigkeiten", las er weiter. „Sie werden dich interessieren." Wie sicher sie war, dass sie etwas hatte, was ihn interessieren wird.
Abends speiste er mit dem Oberlandbaumeister Matthäus Daniel Pöppelmann. Der sollte ihm zwei Etagen im Palais, das der Vatikan gemietet hatte, neu gestalten. Pöppelmann versprach es. Allerdings erbat er etwas Zeit. Rimini erfuhr, dass der Kurfürst Pöppelmann endlich etwas Geld zugewiesen habe, damit er am Zwinger weiter bauen könne. Pöppelmann war sehr froh darüber. Er hatte befürchtet, dass es dort mit dem Bauen gar nicht mehr weiter gehe. „Zu häufig wechselte der König seine Absichten." Der Mann gefiel Rimini. Seine Rede floss ruhig und klangvoll. Und Rimini dachte: Vielleicht wird man so, wenn man ein Leben lang mit Steinen und Bauten zu tun hat. Die werden für die Ewigkeit errichtet. Und diese Ewigkeit strahlt auf ihre Baumeister aus. Dem Zwinger war das Unfertige, die fehlende Symmetrie anzusehen. Dennoch war er bereits im unvollendeten Zustand ein großartiges Bauwerk. Das Kunstvolle erinnerte Rimini an Florenz. Freilich waren die dortigen Bauten in einer anderen Zeit entstanden. Aber eines war ihnen gemeinsam: Sie waren großartige, wundervolle Bauten. Pöppelmanns Pavillons waren wie Musik. Dies sagte Rimini Pöppelmann. Eine leichte Röte flog über das Gesicht des Baumeisters. Ihm schien dieses Kompliment peinlich zu sein. Er sagte: „Ohne den Bildhauer Balthasar Permoser hätten Sie wahrscheinlich nicht diesen Eindruck. In seinen Figuren schwingt Florenz. Er hat dort mehrere Jahre gearbeitet."
Das war Rimini unbekannt. Und er erzählte Pöppelmann, dass er in Florenz geboren sei. Einer seine Onkel habe im Dienst des Vatikans gestanden. Die Riminis haben auch Baumeister hervorgebracht. „Ihre Zwinger-Pavillons, hochverehrter Meister, erinnern mich an meine Kindheit. Sie klingen, sie singen." Rimini begleitete Pöppelmann auf die Straße, wartete, bis sich der Oberlandbau-

meister entfernt hatte. Rimini musste lächeln. Die hohen Schuhe, die Pöppelmann trug, passten nicht zu ihm. Er stakste, als müsse er einen steilen Abhang hinuntergehen. Rimini war zufrieden, den Mann etwas näher kennen gelernt zu haben. Und er hatte das Gefühl, dass ihm Pöppelmann gewogen war. Heute, dachte Rimini, gelingt mir alles. Er schlief gut die Nacht. Er sagte der Polin seinen Besuch ab. Er wartete mit Ungeduld auf den Abend. Viel Post war eingetroffen. Er sah sie flüchtig durch. Es fiel ihm schwer, sich zu konzentrieren. Rimini, Rimini, wir sind doch kein Messknabe. Das war er kurze Zeit gewesen, auf Wunsch seines Vaters. Dann hatte ihm Marcella gefallen und er hatte heimlich ihre Hand gehalten. Sein Bruder hatte ihn mit Hohn überschüttet. „Das darfst du nicht“, hatte er getönt. „Das ist Sünde. Überlege es dir gut, ob du Messknabe bleiben willst und in einem Kloster versauerst und im Rock umherläufst wie ein Weib, milde lächelnd wie Salz.“ Das war der Anfang vom Ende.

Als es dunkel wurde, ging er zu Leda. Er klopfte dreimal. Sie öffnete die Tür. Ganz in Schwarz stand sie vor ihm, eine dunkelrote Rose am Kleidausschnitt. Sie war völlig gegen die Mode gekleidet. Das Kleid reichte ihr bis an die Knöchel. Ihre Augen lachten, sie sprang an ihm hoch, hielt sich an ihm fest. Ihr Sprung war so heftig, dass er umfiel. „Endlich, mein Gottesmann, endlich habe ich dich.“ Spott floss aus ihren Augenwinkeln. „War mein Gottesmann beleidigt, weil ich ihn ans Geld erinnert habe, war er gar in seiner Ehre gekränkt?“

Er verschloss Ledas Mund. „Sei still“, befahl er. Und sie war still. Er trug sie ins Zimmer. Alles fiel von ihm ab. Er empfand eine weite, tiefe Zärtlichkeit für sie. Es kam etwas in ihm hoch, was er lange vermisst hatte, Glücksgefühl. Was soll das, dachte er, werde nicht sentimental, Rimini. Aber er genoss dieses Gefühl und wünschte, dass es anhielt, er versagte es sich, sie schnell zu nehmen, er küsste sie auf den Mund, auf die Stirn, auf beide Wangen, widerstand lange seiner Gier. „So ist es gut“, sagte sie, „so ist es gut, Lorenzo.“ Es war das erste Mal, dass sie ihn mit seinem Vornamen ansprach. Das war nun wahrlich nichts Außergewöhnliches, aber es berührte ihn. Sie sprach das zweite o mehr wie ein u aus, das gab seinem Na-

men einen weichen Klang. Ihre Finger tasteten über seinen Rücken. Er schob seinen Körper über sie. Sie riss die Augen auf, als müsse sie alles aufs Genaueste beobachten.
Später lag er lange schweigend neben ihr. Sie hatte ihren Kopf unter seine linke Achsel geschoben. Er richtete sich auf, stützte sein Gesicht auf seine rechte Handfläche, betrachtete sie. Er liebte diesen schmalen, dünnen Körper, ihren flachen Bauch. „Deine Augen", sagte er, „stehen schief im Gesicht, das linke etwas tiefer und schräger als das rechte." – „Gefällt es dir?" – „Es gefällt mir." Es klang pathetisch. Und dies missfiel ihm. „Amen", sagte sie. Rimini war froh, dass Leda die Situation so heiter auflöste. Aber es entging ihm nicht, dass sie damit sehr bewusst eine gewisse Distanz errichtete, einen kleinen Damm zwischen sich und ihn legte. Und dies war ihm recht, sehr recht. Er war drauf und dran gewesen, zu glauben, dass sie sich sehr tief aufeinander eingelassen hatten. Sie stand auf. „Ich mache uns Schokolade, ich habe gute Schokolade aus Berlin mitgebracht. Mein Bruder hat sie mir geschenkt. Er ist viele Jahre zur See gefahren." Sie hatte einen Bruder. Das hatte er vergessen. Und ihm wurde klar, dass er so gut wie nichts von ihr wusste. Für sie schien das in Ordnung zu sein. Plötzlich reizte es ihn zu fragen, wie sie aus Berlin nach Dresden gekommen war. „Das ist eine lange Geschichte und an ihrem Ende nicht erfreulich", antwortete sie. „André, meinen Mann, hat eine Kanonenkugel erschlagen. Ich glaube nicht, dass dich das interessiert." Es war offensichtlich, sie wollte nicht über ihre Vergangenheit reden. Sie verließ das Zimmer. Er wird sie nicht noch einmal fragen. Es war besser, es blieb alles so, wie es war. Sie bereitete ihm Lust, er zahlte dafür und war ohne jede Verpflichtung. Aber insgeheim wusste er: Es stimmte nicht, was er dachte. Er hätte gern mehr über sie erfahren. Sie war in sein Leben getreten und begann dort Platz einzunehmen.
Der Duft des Kakaos schwebte in dem kleinen Salon. Sie hatte die Tassen und die Kanne auf den niedrigen Nussbaumtisch gestellt und schob ihn zum Bett. Sie schien zu zögern, ob sie sich zu ihm legen sollte. Er streckte seinen Arm aus und zog sie heran. Sie fügte sich mit leichtem Widerstreben. Warum, dachte er, warum? Und er fragte doch: „Dein Bruder ist Seemann?" – „Er war Seemann. Er

ist als Offizier für eine englische Companie gefahren. Jetzt widmet er sich seinem eigenen Geschäft." Es klang fröhlich. „Mein zweiter Bruder ist auch Seemann. Er fährt für den spanischen König über die Meere. Und meine beiden Schwestern sind verheiratet. Und ich, die jüngste, bin missraten. Ich lebe von Männern, die Geld haben." Auch das klang fröhlich. Sie reichte ihm eine Tasse. Rimini verstand, sie hatte ihn wieder an seine Gebepflicht erinnert, diesmal dezent. Selbst wenn sie eine gewisse Zuneigung für ihn besaß, umsonst bekam er sie nicht. Alles andere waren lächerliche Sentiments. Was für ein eitler Narr er war! Wieder einmal hatte die Entzauberung begonnen. Und er bedauerte es.

„Du hattest angedeutet, dass es Neuigkeiten gibt." Sie ließ sich nicht bitten und antwortete sofort, fast nebenbei. „Ich habe etwas gehorcht, wie du gewünscht hast, und war ein bisschen neugierig, mehr als es einer Frau geziemt." Ihr ironischer Ton war unüberhörbar. „Es ist absolut sicher, der König will eine neue Kirche haben. Sie soll dort stehen, wo jetzt die alte steht. Sie soll groß werden und vielen Menschen Platz bieten. Er ist ganz versessen auf sie. Er fordert einen schnellen Baubeginn. Aber die Stadt hat kein Geld. Es wird wohl noch etwas dauern, bevor mit dem Bauen begonnen wird."

Rimini richtete sich auf. Er schob das Kinn vor, als wollte er sie niederstoßen. Sie sah in seinem rechten Mundwinkel ein scharfes Zucken. Seine Zärtlichkeit hatte sie umwoben. Jetzt war er mit seinen Gedanken weit weg. Wie schnell solche Umschwünge passierten. Warum sollten die Dresdner nicht eine neue Kirche errichten, wenn sie notwendig war? Die alte war seit langem baufällig, das hatte sie auch bemerkt. Sie erinnerte sich schwach an den Innenraum. Sie hatte dort zweimal den Gottesdienst besucht, letzte Weihnacht und Pfingsten. Um ihn etwas heiter zu stimmen, sagte sie: „Lorenzo, ich bin nicht der König, ich wünsche die Kirche nicht. Aber eine neue Kirche in der Stadt wäre doch nicht schlecht. Sie wird die Residenz schmücken." Der letzte Satz war ihr herausgerutscht. Er stammte von Wackerbarth.

Sie versteht nichts, dachte Rimini, nichts. Aber dann fasste er sich. Was sollte sie auch verstehen! Sie wusste ebenso wenig von ihm, von seinem Auftrag und seinen Plänen wie er von ihr. Nur einem

Zufall war zu verdanken, dass sie von der Kirche gesprochen hatte. Wahrscheinlich hätte er bis heute nichts davon gewusst. „Von wem hast du das?" fragte er. Es sollte sehr nebensächlich klingen, aber es klang fordernd.
Ledas Gesicht verschloss sich sofort. Sie schwieg.
„Bitte, wie zuverlässig ist diese Nachricht? Von wem hast du sie? Es ist wichtig. Davon könnte abhängen, ob ich nach Rom reisen muss."
„Ich denke, sie ist sehr zuverlässig."
„Sag mir, von wem du das erfahren hast. Ich behalte es für mich."
Sie überlegte eine Weile. Nein, sie sah keinen Grund, ihm Wackerbarths Namen zu nennen. Sie war Rimini nicht rechenschaftsschuldig. Es war schon genug, dass sie für ihn spioniert hatte. Das hatte sie zielgerichtet getan. Und sie sagte: „Lorenzo, was hast du davon, wenn du es weißt. Hättest du es gern, wenn ich posaunte, dass du mich bezahlst?"
„Bitte", sagte Rimini, „ich muss es wissen. Es hängt viel davon ab."
Sie winkelte ihre Schultern zur Brust. Rimini begriff, dass es sinnlos war, sie weiter zu fragen. Sie würde schweigen. Er unternahm trotzdem einen letzten Versuch. Er hatte Wackerbarth in Verdacht. Wenn es einen gab, der über das Bauen in Dresden am besten Bescheid wusste, dann war es der Gouverneur. „Ist es Wackerbarth?", fragte er heftig. Sie ließ die Schulter hängen, als lägen auf ihr schwere Gewichte. Ihr dünner Hals ragte aus ihrem Rumpf heraus wie ein Stiel. „Ich werde dir den Namen nicht sagen, Lorenzo Rimini." Danach blieb ihr Mund verschlossen. „Ich glaube" sagte er, „uns ist der Abend wieder missraten."
Sie war drauf und dran gewesen, sich an den Mann zu hängen, sollte kommen, was wollte, sie hatte gar erwogen, Wackerbarth zu verabschieden. Wie töricht sie war, wie dumm. Sollte die Kirche bauen, wer wollte. Rimini war ein Mann des Vatikans. Ihm musste missfallen, dass die Evangelischen eine Kirche errichteten. Armer Lorenzo, dachte sie. Weder du noch ich werden dies verhindern, wenn es der Wunsch des Königs ist. Sie hätte ihn am liebsten an sich gezogen, hätte seine Arme um ihren Hals gewünscht. Aber er ließ sie nicht heran. Es saß abweisend da. Dann erhob er sich.

Rimini zog seine Kleider an. Leda ließ keinen Blick von ihm. Sie wollte ihn bitten zu bleiben. Sie spürte seine Kälte. Was hatte sie ihm denn getan, einen Namen verweigert, der nichts mit ihr und mit ihm zu tun hatte, nicht wirklich. Rimini warf Geld in die Schale, die immer an der gleichen Stelle stand, wie ein Opferstock. Er wusste nicht, wie viel es war. „Reicht es?“, fragte er verächtlich. Warum macht er das, warum? Sie hätte ihn schlagen können. Er ging.

Im Palais angekommen, versuchte er seine Gedanken zu ordnen. Er öffnete das Fenster. Kühle strömte herein. Er schaute in die Dunkelheit. Die Stadt war vollkommen still. Die Stille war wie ein hoher Bogen, der alles überwölbte. Diesmal war das Zerwürfnis viel tiefer als das letzte Mal. Und er beschloss, Leda aus seinem Leben zu streichen. Endgültig.

Tumulte im Rathaus

Bähr und Fehre überprüften nach der letzten Sitzung im Rathaus noch einmal den Zustand der alten Kirche. Die beiden Baumeister blieben dabei: Von ihr ging Gefahr für Leib und Leben aus. Sie hielten es in ihrem Gutachten fest. Bähr sah davon ab, die Kirchenlängsmauer von den Nachbargrundstücken aus mit Balken abzustützen. Die Eigentümer der Gebäude lehnten dies ohnehin ab. Bähr war zufrieden. Das Geflicke musste ein Ende haben. Es würde den Baubeginn der Kirche nur herauszögern und ungenutzte Zeit verstreichen lassen. Und Zeit hatte er nicht. Er fühlte in der Herzgegend öfter ein Ziehen, das ihn beunruhigte. Sein Puls flatterte. Besonders morgens, wenn er aufstand und sich mit kaltem Wasser wusch. Das tat er seit der Kindheit. In Fürstenwalde hatten sich alle früh mit kaltem Wasser gewaschen, winters wie sommers, sein Vater, seine Brüder, selbst seine Mutter, die Gicht plagte. Hatte er Glück, lief seine Lebensuhr langsamer ab. Immer heftiger verlangte es ihn, die Kirche zu bauen. Er wollte sie Stein für Stein, Fuge für Fuge wachsen sehen. Aber Bähr war beunruhigt.

Syndikus Behrisch, ein Freund der Familie und als Rechtssprecher im Dienste der Stadt, teilte ihm vertraulich mit, dass einige Stadträte Baumeister Schatz aus Leipzig für einen künftigen Kirchbau gewinnen wollten. Schatz sei ein berühmter Mann und in Leipzig hoch geschätzt. Der Bürgermeister hingegen scheine einen anderen im Sinn zu haben. Also doch, dachte Bähr. Die Andeutung, sich nach einem anderen Baumeister umzusehen, war kein Zufall gewesen. Bährs Hoffnung, die neue Kirche zu bauen, sank. „Diese gepuderten Eiersemmeln“, schimpfte er, „fressen Geselchtes und saufen Bier, bis sie stinken.“ Behrisch hatte Bähr nie so aufgebracht und respektlos erlebt, er versuchte ihn zu beruhigen. „Es ist nichts entschieden. Schatz ist zu teuer. Kirchen hat er auch nicht gebaut. Es ist eher unwahrscheinlich, dass er einen solchen Auftrag annehmen würde. Wer die Kirche baut, muss hier zu Hause sein. Du hast ein Anrecht darauf. Schließlich hast du die ersten Entwürfe angefertigt. Viele Räte schätzen dich. Und außerdem bin ich auch noch da. Ich werde niemals einem anderen Baumeister zustimmen." – „Du willst mich nur trösten", sagte Bähr. – „Nein", widersprach Behrisch, „du bist der Ratszimmermeister. Es gibt hier keinen, der eine so große Kirche bauen kann, auch Schatz nicht. Er baut Palais und keine Kirchen."

Während Bähr und Behrisch bei einer Kanne Bier saßen, ritten Riminis Kuriere nach Wien und Rom. Im Gepäck befanden sich Briefe mit wichtigen Nachrichten. Rimini teilte dem Papst und dem Kaiser in der Wiener Hofburg mit, dass in Dresden aller Voraussicht nach eine protestantische Kirche gebaut würde. „Das" – so schrieb er Kaiser Karl VI. – „kann nicht im Sinne Wiens sein. Es ist Zeit, eine Koalition der rechten Christen zu bilden und das Versprechen des polnischen Königs, eine Hofkirche zu bauen, schnellstens einzufordern. Wir müssen sofort handeln, kaiserliche Majestät." Und er bat um eine Audienz in Wien.

Bähr und Fehre gaben das neue Gutachten zu Händen des Bürgermeisters Johann Christian Schwarzbach im Rathaus ab. Obgleich schon länger vorher angekündigt, wurde erst jetzt gehandelt. Der Kirchboden wurde gesperrt. Dies führte zu Verärgerungen. Nicht alle, die am Sonntag in die alte Kirche zum Gottesdienst kamen, fanden Einlass. Auch in der Kreuzkirche gab es nicht genügend Platz für sie. Und in die feine Sophienkirche trauten sich die meisten nicht hinein. Die Kirchgänger aus den umliegenden Dörfern murrten. Nun wurden sie auch noch vom Gottesdienst ausgeschlossen. Bähr, der mit seiner Frau zur Predigt gegangen war, verstand die Enttäuschung der Leute. Er versuchte zu erklären, warum der Kirchboden gesperrt werden musste. Er fand wenig Verständnis. Und als die Glocken abgenommen wurden und die Kirche schwieg, empfand er, dass dem Neumarkt die Seele fehlte. Der Platz versank in Stummheit. Konsistorium und Stadt beeilten sich, neue Glockenstühle in Auftrag zu geben, damit das Geläut zu ebener Erde zum Gottesdienst rufen konnte. Sie wurden neben der Kirche aufgestellt.

Schwarzbach rief die Räte zu ungewöhnlicher Zeit ins Rathaus. Es war ein Sonntag. Er wünschte die Anwesenheit jedes Rates. Ihm läge ein wichtiges Schreiben Wackerbarths vor.
Die Herren kamen missgelaunt zur Sitzung. Der Sonntag war ihnen heilig. Schwarzbach kam gleich zum Anliegen. „Die Lage ist ernst", ließ er die Herren ohne Umschweife wissen. „Wie Ihnen bekannt ist, haben Bähr und Fehre in ihrem jüngsten Gutachten die Schließung der Kirche auf dem Neumarkt erneut gefordert. Ein neuer Kirchbau ist unumgänglich." Im Saal wurde es laut. Schwarzbach rührte die Glocke, wartete, bis wieder Ruhe eintrat. „Es gibt weitere unangenehme Nachrichten", fuhr er fort. „Mir liegt ein Brief des Gouverneurs Graf Wackerbarth vor. Der König befiehlt ultimativ die Aufhebung des Friedhofs. Falls das nicht umgehend passiere, will er Soldaten auf den Gottesacker schicken. Sie würden dann die Arbeit verrichten."
Schwarzbachs Worte verschlugen den Herren die Sprache. Für Augenblicke trat absolute Stille ein. Ratlos saßen sie am Tisch. Bähr, der auch zur Sitzung geladen war, war überrascht, wie forsch der Bürgermeister die Dinge dargestellt hatte. Das ewige Zaudern und Vertagen, das ewige Reden und Abwägen durfte jetzt ein Ende haben. Stadtleute redeten gern. Sie sind ein anderer Menschenschlag als Dorfleute, zumal aus dem Gebirge. Das war ihm früh in der Residenz aufgefallen. Und er dachte nicht ohne Befriedigung: Es geschieht den Ratsleuten recht. Sie fühlen sich als die Ersten dieser Stadt, aber tun wenig für sie. Ihre eigenen Geschäfte sind ihnen weit wichtiger als das Wohlergehen der Stadt. Eine gewisse Verachtung stieg in Bähr auf. Die Zeit, in der er alles in edlem Glanz gesehen hatte, war lange vorbei. Dennoch lebte er gern in dieser Stadt, die ihm Arbeit und Glück gebracht hatte, deren Diener er war. Inzwischen hatten sich einige gefasst. „Unerhört", riefen sie, „Soldaten auf den Gottesacker schicken." Und: „Das wird der König nicht wagen." Und ein Dritter sagte leise: „Wir sind die Herren der Stadt. Wir lassen uns von einem katholischen König nichts befehlen." Tumultartige Szenen folgten. Die Ratsleute ließen ihrem Ärger freien Lauf. Bähr staunte. Meist gaben sie sich dem Schloss gegenüber devot. Was jetzt geschah, grenzte an Aufruhr. Und das beeindruckte

ihn. Alles hätte er den Räten zugetraut, aber nicht, dass sie sich so dreist gegen die Wünsche des Königs stellten und ihm gar widersprachen. In all den vielen Jahren hatte er nichts Ähnliches erlebt. Schwarzbach unterbrach mit einer scharfen Handbewegung das Murren. „Die alte Kirche wird geschlossen. Die Gemeinde hat ein Recht auf ein neues Gotteshaus."

Wieder brach Protest aus, wilder lauter Protest. Einige Herren erbosten sich so heftig, dass ihre Gesichter rot anliefen. Die Kirche zu bauen war ihr heiliges Recht. Und sie bestimmten den Zeitpunkt. Kein König, kein Fürst hatte sich einzumischen. Bähr, der das Geschehen mit wachsendem Interesse beobachtete, imponierte das Aufbäumen. Sie zeigten im vertrauten Kreis Mut. Das war wenigstens etwas. Und er milderte sein hartes Urteil. Schwarzbach, der geschwiegen hatte, ergriff wieder das Wort. „Seien Sie beruhigt, der König wird die Kirche nicht bauen. Aber er wünscht sie ausdrücklich, ja er bittet uns, das Gotteshaus so schnell wie möglich zu beginnen. Er möchte es als Zierde seiner Stadt erleben. Wir sind also angehalten, sofort zu handeln und nach einem Baumeister Ausschau zu halten."

Wieder schwirrten Stimmen. Alle sprachen, alle schimpften. Keiner hörte dem anderen zu. Sie sind wie ein Schwarm Krähen, dachte Bähr, die von ihrem Schlafbaum aufgeschreckt werden. Aber das Gezeter interessierte ihn nicht. Tiefe Enttäuschung drückte ihn. Wie immer, wenn ihn etwas hart traf, wurde sein Gaumen trocken. Das linke Augenlid flatterte. Der Bürgermeister ist dabei geblieben, er will einen anderen Baumeister haben. Kein Blick, keine freundliche Geste hatte ihm, Bähr, gegolten. Behrischs Worte waren schön, aber wenig nützlich. Zorn stieg in ihm auf. Er hatte der Stadt jahrzehntelang gedient, nun missachtete man ihn, warf ihn weg, als sei er nutzlos. Er hörte den Bürgermeister fortfahren. „Wir brauchen Geld. Alles andere wird sich fügen, mit Gottes Beistand. Wir stehen in der Pflicht. Ich habe erfahren, dass Landbaumeister Knöffel an Entwürfen für eine neue Kirche arbeitet. Wackerbarth hat dies angeordnet. Soll er. Das geht uns nichts an. Wir werden die Kirche nach unseren Vorstellungen bauen. Aber verbieten können wir dem Oberbauamt nicht, sich Gedanken zu machen. Sie sehen meine Herren, es bleibt uns keine Zeit zu langem Abwägen. Die entscheidende Frage ist: Woher bekommen wir das erste Geld, um mit den Bauvorbereitungen zu beginnen? Ein Baumeister wird sich finden."

Schwarzbach setzte sich. Die Herren schwiegen. Es dauerte eine Weile, ehe sie das Gehörte verdaut hatten. Gespräche sprangen an, schwirrten unter dem Gewölbe wie aufgeschreckte Vögel. Woher das Geld für den Kirchbau nehmen, woher, ja woher? Die Stadtkasse war leer, das Kirchspiel arm. Wenn der König so großen Wert auf eine neue Kirche lege, meinten einige, dann müsse er Geld vorschießen, mit Material helfen, mit Bauholz, Kalk, Kupfer, Blei, mit Ziegelsteinen. Einige stimmten einem neuen Kirchbau zu, andere winkten ab. Es war unmöglich, eine neue Kirche zu bauen. Siebzig, achtzigtausend Taler, vielleicht gar mehr, waren nicht aufzubringen. Es war Unsinn, einen solchen Gedanken überhaupt zu erwägen. Vom Hof war nichts zu erwarten. Der Kurfürst stand ohnehin auf der Schuldnerliste der Stadt. Dieses Geld müsse endlich eingefordert werden.

Syndikus Behrisch meldete sich zu Wort. Er war im Dienst der Stadt alt geworden. Sein Ansehen war groß. Langes gelbes Haar bedeckte sein Haupt. „Eine neue Kirche muss kommen. Es gibt nur einen Ausweg", sagte er, „Stadt und Konsistorium müssen Geld borgen. Die Sophienkirche, die über Vermögen verfügt, wird mit einem Darlehen helfen. Ich habe bereits vorgefühlt. Man wird uns fürs Erste ein paar hundert Taler leihen. Auch die Kreuzkirche ist dazu bereit." Er legte eine kurze Pause ein, blickte in den Raum, sagte: „Und was den Baumeister der Kirche betrifft, hochverehrter Bürgermeister Schwarzbach, meine Herren Räte, gibt es nur einen, der dafür in Frage kommt, es ist der Ratszimmermeister George Bähr. Kein anderer, nur er, meine Herren Räte. Er hat bereits mehrere Kirchen gebaut. Zugegeben, sie waren kleiner. Aber was macht das schon. Er dient der Stadt seit 20 Jahren treu, ergeben und umsichtig. Er ist der fähigste Baumeister, den es weit und breit gibt. Schenken Sie ihm Ihr Vertrauen und dem Ratsmaurermeister Fehre. Sie werden es uns mit einer großartigen Kirche danken. Davon bin ich überzeugt." Schwarzbach fühlte sich von Behrisch überfahren. Er hätte lieber seinen Schwager aus Zwickau, der sich dort als Architekt hervorgetan hatte, in Dresden gesehen. Er ließ nicht erkennen, ob er mit Behrischs Vorschlag einverstanden war, opponierte aber nicht dagegen. Auch er schätzte Bähr. „Überstürzen müssen wir nichts“, meinte er gelassen, „auch nicht die Entscheidung für oder gegen Bähr. Warten wir seine neuen Entwürfe ab.“

Schwarzbachs Worten schloss sich ein langes Palaver an. Über die künftige Größe der neuen Kirche wurde gemutmaßt, über die Kosten, ihr Aussehen. Die Schockwirkung, die Schwarzbach verursacht hatte, legte sich allmählich. Die Herren glitten wieder ins ruhige Fahrwasser. Heiße Grützwürste, die auf die Schnelle zubereitet worden waren, versprachen einen willkommenen Gaumenschmaus. Vor dem Essen ergriff Schwarzbach noch einmal das Wort: „Ich teile dem Gouverneur mit, dass die Stadt eine Kirche zu bauen beabsichtigt und erbitte die gnädigste Unterstützung des Kurfürsten, unseres hochverehrten Landesherrn und Königs.“ Er schlug die Gründung einer Baukommission vor, die schon in den nächsten Tagen das künftige Vorgehen zu beraten habe.

Die Würste dampften, als sie aufgetragen wurden. Das Sauerkraut duftete nach Kümmel. Man machte sich mit Appetit darüber her. Eine Kirche war Gottes Werk. Ihm wollte man vertrauen. Er würde es lenken, wie er es wünschte.

Bähr und Fehre wurden wieder nicht zum Essen eingeladen. Draußen sagte Fehre gallig: „Beim Fressen sind sie lieber unter sich.“ Und er spuckte in den Rinnstein. Bähr hatte nicht zugehört. Schwarzbachs wiederholte Äußerung, sich nach einem anderen Baumeister umzusehen, steckte wie ein Keil in ihm. Überstürzen wir nichts. Es gab nichts zu überstürzen. Er, Bähr, war für den Bau der Kirche ausersehen.

Benedikt befiehlt Rimini nach Rom

Rimini hatte Papst Benedikt XIII. geschrieben, dass mit dem Bau einer protestantischen Kirche in Dresden zu rechnen sei. Der Papst reagierte außergewöhnlich schnell. Der Legat wurde nach Rom befohlen. Unverzüglich solle er die Reise antreten. Damit hatte Rimini nicht gerechnet. Benedikt war ein alter Mann. Man sagte ihm Unentschlossenheit nach. Er hatte sich anfangs gar geweigert, Papst zu werden. Das Schreiben war frostig abgefasst. Rimini blieb keine andere Wahl. Er musste nach Rom reisen.

Allerdings würde er in Wien einen Zwischenaufenthalt einlegen. Er wollte Kaiser Karl über den bevorstehenden Kirchbau in Kenntnis setzen. Er verfasste sofort ein Schreiben. Darin deutete er ein Ereignis von größter Wichtigkeit an. Zwei Stunden später war ein Kurier in die Kaiserstadt unterwegs. Rimini hoffte, dass sich der Karl in Wien aufhielt. Dass er dann eine Audienz erhielt, daran zweifelte er nicht. Die Jesuiten, mit denen er in bestem Kontakt stand, verfügten dort über ausgezeichnete Verbindungen. Und Wien war nach Rom das Zentrum des Katholizismus. Rimini nahm an, dass die Nachricht vom protestantischen Kirchbau noch nicht in der Hofburg bekannt sei, da er vom kaiserlichen Gesandten nichts Neues erfahren hatte. Eine protestantische Kirche wird auch dem Kaiser nicht gefallen. Eine starke Allianz für den Bau der Hofkirche war zu begründen.

Er verpresste die Lippen, zog die Augenlider schmal. Wer war zu gewinnen? Maria Josepha, die Gemahlin des sächsischen Thronfolgers und Kaisertochter, der sächsische Kurprinz. Unbedingt! Mit Sicherheit auch Versailles? Sein Bruder hatte beste Verbindungen zum französischen Hof. Rimini wird ihn in seine Vorstellungen genauer einweihen. Die protestantische Kirche, das gestand er sich inzwischen ein, wird nicht zu verhindern sein. Aber der Druck auf den polnischen König und sächsischen Kurfürsten musste spürbar erhöht werden, damit er die Hofkirche baue. In den polnischen Kirchen sollte wieder kräftig gegen den Sachsen gewettert werden. Vielleicht konnte man sogar den polnischen Reichstag gegen ihn aufwiegeln. Es wäre nicht das erste Mal, dass man dort ein wenig mit Talern nachhalf. Rimini wusste von den Jesuiten, dass mehrere Wechsel des Kurfürsten bei den Prager Juden fällig waren. Sie mussten nicht verlängert werden, so dass er wieder in Geldnöte geriet. Rimini lächelte breit. Das war keine schlechte Idee. Fehlendes Geld macht gefügig. Der König stand in einer Bringschuld. Das Problem war: Nach dem Ende des Nordischen Krieges, den Friedrich August I. für die Polen gegen Schweden geführt hatte, saß der König fester im Sattel als in den Kriegsjahren. Zeitweilig hatte er sogar die polnische Krone verloren. Jetzt besaß er wieder größere Spielräume. Dennoch: Die Polen blieben schwierig. Sie liebten den Wettiner nicht. Sie nutzten jede Gelegenheit, um ihm zu zeigen, wie unerwünscht er war. Der König musste spüren, dass Rom verärgert war.

Rimini war kühl wie Eis. Er wird dem Vatikan eine neue Strategie vorschlagen. Man hatte ihn an die Elbe geschickt, um den Bau der Hofkirche zu befördern. Dass ihm nun eine protestantische Kirche in die Quere kam, war nicht vorauszusehen gewesen. Umso dringlicher wurde die Hofkirche. In einer solchen Situation musste auch mit Geld nachgeholfen werden. Begriff Benedikt die komplizierte Situation nicht – war Rimini sicher – dürfte er mit seiner Abberufung rechnen. Der kaiserliche Gesandte, mit dem er erneut zu Mittag gespeist hatte, schien ahnungslos zu sein. Er hatte gefragt, wann denn mit dem Bau einer katholischen Hofkirche zu rechnen sei. „Der sächsische Kurprinz wünscht sie sehr“, hatte er Rimini wissen lassen. Aber der Thronfolger habe nichts zu sagen. „Im Vertrauen“, hatte der Gesandte gemeint, „der Thronfolger ist ein phlegmatischer Mann, besitzt kein Feuer. Sein Vater ist von anderem Holz. Solche Fürsten sind mir lieber. Da weiß man, wie man sich zu verhalten hat.“ Der Gesandte hatte auch ausgeplaudert, dass Josepha von ihrem Schwiegervater enttäuscht sei. Rimini hatte – was den Baubeginn betraf – ausweichend geantwortet. Es sprach nichts dafür – zog Rimini den Schluss –, dass ihm der Gesandte Neues vorenthalte. Es gab gewiss noch andere Kanäle, die Informationen nach Wien fließen ließen. Aber das war eine Vermutung. Er hoffte, als erster in Wien über den Kirchbau zu berichten. Das würde sein Gewicht erhöhen. Er gab Auftrag, die Reise vorzubereiten. Sofort und ohne Aufsehen. Wenn er weg war, würden die Spekulationen über seine Abreise ohnehin wuchern.

Während er die nächsten Schritte überdachte, schmolz seine Kühle. Sein Vorsatz, sich endgültig von Leda zu trennen, wankte. Er würde lange von Dresden abwesend sein. Er wollte sie sehen, selbst wenn am Ende wieder ein unsinniges Zerwürfnis stünde. Er schickte Georgio zu Leda, bat sie, abends oder morgen Zeit für ihn zu haben. Es sei wichtig. Wie sie ihm zusetzte, langsam, aber stetig. Unbedingt musste er sie sehen. Morgen war Montag. Am Montag hatte er sie noch nie besucht. Wieder sprangen seine Gedanken nach Rom. Die Reise würde ihm nur Ärger bringen. Die deutschen Fürsten waren keine Befehlsempfänger Roms. Sie, die Protestanten, hatten zwar den Schmalkaldischen Krieg gegen Kaiser Karl V. verloren, aber schließlich hatte Rom doch viel eingebüßt, einen großen Teil des Heiligen Römischen Reichs deutscher Nation. Dieser Luther hatte Fürsten und Volk gegen den Heiligen Stuhl aufgewiegelt. Die Deutschen blieben unberechenbar. Das ferne Rom hatte immer wieder Schwierigkeiten, diese Tatsachen zur Kenntnis zu nehmen und sich darauf einzustellen. Sein Aufenthalt in Rom könnte heikel werden.

Rimini ging auf und ab, betrachtete zum wiederholten Male sein Gesicht im Spiegel. Es wirkte streng, die lange steile Nase verlieh ihm etwas Heftiges. Sein Kopf war wohl geformt, hohe Stirn, braunes dichtes Haar, große Augen, die unter der Stirn etwas zu weit hervortraten. Die Frauen liebten dieses Gesicht. Gut, er war Realist: Den Kirchbau wird er nicht verhindern, gestand er sich zum zweiten Mal ein. Es müsste schon ein Wunder geschehen. Und an Wunder glaubt er nicht, zumindest nicht im alltäglichen Leben. Das war etwas für Messknaben. Das Hässliche war, dass angeblich der Kurfürst den Bau wünschte, hatte sein Mann aus dem Rathaus behauptet. Dies stünde sogar in einem Brief Wackerbarths, der dem Rat vorliege. Er habe ihn zwar selbst nicht gelesen, aber da-

von gehört. Noch sei nichts entschieden. Mehrere Ratsherren hätten Bedenken, ob der Ratszimmermeister Bähr einen solchen Bau ausführen könne. Der Bürgermeister scheine einen anderen Architekten zu wünschen. Ein Baubeginn stehe so schnell nicht bevor.
Endlich hatte sein Spion im Rathaus Interessantes erkundet. Er hatte ihn ordentlich belohnt. „Passen Sie weiter gut auf. Jede Einzelheit, auch die geringste, könnte wichtig sein." Aber er teilte die Meinung seines Spähers nicht oder nur zum Teil. Fähigkeiten hin, Fähigkeiten her. Baute die Kirche nicht der Ratszimmermeister, dann eben ein anderer. Daran wird die Kirche auf Dauer nicht scheitern, vielleicht kam es zu Verzögerungen, möglich, mehr aber nicht. Es gab in diesem Land genug gute Baumeister, die immer wieder fortsetzen würden, was begonnen war. Was er über die Protestantenkirche wusste, war mager. Dennoch würde das Bisherige genügen, um Rom in helle Aufregung zu versetzen. Schon das Wenige, was er mitgeteilt hatte, reichte, um ihn nach Rom zu befehlen. Er wird, wenn er zurückkehren sollte, sich etwas mehr für die protestantische Kirche interessieren. Vielleicht gelang es ihm, vor seiner Abreise Pöppelmann zu sprechen. Der wusste bestimmt Genaueres. Und wenn er, Rimini, aus Rom nicht zurückkam, schoss es ihm plötzlich durch den Kopf, wenn man ihn abservierte, weil er in Roms Augen versagt hatte, was dann? Er war lange genug im kirchlichen Dienst, um zu wissen, dass alles möglich war. Hieß es heute Hosianna, konnte es morgen schon „Kreuzige ihn" schallen. Er wandte sich vom Spiegel ab.
Georgio traf Leda an. „Mein Herr", sagte er, „bittet sofort um eine Nachricht." Sie ließ ihn eintreten und brach das Siegel auf. „Ich muss dich sehen, heute oder morgen, zur üblichen Zeit", las sie. Keine Begründung. Sie wollte nicht daran denken, dass es wie die letzten beiden Male wieder schiefgehen könnte. Er wollte zu ihr und er bat darum. Und das war gut so. Morgen war Montag, morgen kam Wackerbarth. „Komme heute", schrieb sie. So lange sie Rimini kannte, hatte sie noch nie eine so dringende Nachricht erhalten. Das beunruhigte sie, ohne dass sie es erklären konnte. Vielleicht muss er verreisen, vielleicht hat er Sehnsucht nach mir. Der letzte Gedanke erheiterte sie.

Rimini wartete mit Ungeduld auf Ledas Antwort. Als er ihre Zeilen las, fiel alle Angespanntheit von ihm. Er schrieb nur drei Worte: „Gut, heute, Lorenzo." Dann schickte er Georgio noch einmal zu ihr. Am Nachmittag erfuhr er, dass Pöppelmann nach Grimma gefahren sei und erst in einer Woche zurückerwartet würde. Schade, er hätte ihn gern vor seiner Abreise gesprochen. Bei Wackerbarth anzufragen hatte keinen Sinn. Sie mochten sich nicht. So kurzfristig würde er ohnehin keinen Termin erhalten. Und wenn, was würde ihm der Gouverneur sagen? Er hatte ihm das letzte Mal alles verheimlicht, ihn gar belogen, war Rimini ziemlich sicher.
Leda hatte wieder das lange schwarze Kleid angezogen. Eine gelbe Rose passte besser zum Schwarz als eine rote, fand sie. Sie betrachtete sich im Spiegel. Frauenlos, dachte sie spöttisch, wir wollen Männern gefallen. Als es dreimal klopfte, eilte sie zur Tür. Groß, ernst, blass stand Rimini auf dem Flur, neigte leicht den schmalen Kopf. Sie war kleiner als er, mehr als eine Kopfhöhe. Sie hatte sich vorgenommen, heiter zu sein. Der Abend durfte nicht misslingen. Von ihm hing vieles ab. Sie erwog wieder, sich von Wackerbarth zu trennen. Sie mochte seine Hände nicht. Sie waren ihr zu weich und von schwarzbraunen Altersflecken überzogen. Die üppigen Perücken, die seine Glatze verdeckten, störten sie zunehmend. Ja, sie wird sich von ihm trennen. Sie hoffte, es ihm schonend beibringen zu können. Selbst solche Verhältnisse waren nicht so einfach zu lösen. Nicht, dass er ihr unangenehm war, aber er war ihr zu entschieden. „Ich will dich nur für mich. Ich dulde keinen anderen Gott neben mir." Er hatte laut gelacht. Und es war ihr unbehaglich gewesen. Vermutete er, dass es noch einen zweiten gab, den sie empfing? Wenn er nicht blind war, musste er. Vielleicht irrte sie sich. Er war zu sehr von seiner Bedeutung überzeugt.
„Mein Gottesmann", sagte sie, „warum will er so schnell zu Leda? Hatte er Sehnsucht?" Sie sah ihn an, fröhlich, herausfordernd. Sie schloss die Tür. Rimini ging auf ihren Ton ein. Er hatte Sehnsucht, bestätigte er. Einen Augenblick legte sie ihren Kopf an seine Brust. Dies berührte ihn in einer Weise, die er nicht kannte. „Komm", sagte sie, „ich möchte mit dir zu Abend essen und Wein trinken und fröhlich sein." Sie stellte sich auf die Zehenspitzen, küsste ihn

auf den Mund. Seine Lippen waren kühl. Sie fasste seine Hand und zog ihn ins Zimmer.
Der Tisch war gedeckt. Weiße Porzellanteller standen auf einer Damastdecke. Die Teller hatte er noch nie bei ihr gesehen. Die Gläser funkelten im Kerzenschein. Es roch nach gebratenem Fleisch. Rotwein duftete. Er kannte den Wein. Er hatte ihr vor längerer Zeit drei Kisten geschenkt. Wein vom Gut seines Onkels Pietro. Sie nahm ihm den Mantel ab und verschwand in der Küche, wenig später kam sie mit Fleisch und Brot heraus. Und er dachte, sie ist wie eine Frau, die ihrem Mann das Abendbrot bereitet. Solche Bilder kannte er aus dem Elternhaus. Es gefiel ihm. „Komm zu mir, komm", sagte er. –„Das Fleisch wird kalt", sagte sie. – „Komm!" Er zog sie heftig an sich, schob ihr das Kleid hoch. Er fiel über sie her, unbeherrscht, gierig. Er hatte sie noch nie so derb genommen. Und sie genoss mit vollen Sinnen.
Später, als sie bei Tisch saßen, sagte er. „Ich muss nach Rom reisen." Leda legte das Messer zur Seite. Ihre ungleichen Augen schienen noch weiter auseinanderzurücken. „Wann?", fragte sie.
„In vier Tagen. Der Papst wünscht meine Gegenwart."
Sie goss Wein nach, obwohl ihr Glas halb voll war. Sie hatte Mühe, ihre Hand ruhig zu halten. Sie versuchte ein Lächeln, hob das Glas. „Auf deine Reise nach Rom", sagte sie. Ihre Augen hatten sich verengt, sahen blicklos ins Zimmer.
„Wann kehrst du zurück?"
„Ich weiß es nicht. Vielleicht in acht, zehn Wochen. Das hängt von den Umständen in Rom ab. Ich werde danach meine Familie in Florenz besuchen."
„Ist es wegen der Kirche?"
„Mit Sicherheit."
Sie sah es klar. Er war nach Rom befohlen worden. Dort war man mit ihm unzufrieden. Warum sonst diese plötzliche Abreise. Dem Vatikan missfiel, was in Dresden geschah. Einmal hatte er ihr angedeutet, dass Rom eine Hofkirche wünsche und er auch. Deshalb sei er nach Dresden geschickt worden. Der Fall war eindeutig. Rom erwartete eine Kirche. Stattdessen entstand eine protestantische. Vielleicht kam die Reise zur rechten Zeit. Sie war wieder drauf und

dran gewesen, sich in diesen Mann fallen zu lassen. Wie töricht sie war. André hatte sie mit nach Warschau genommen. Knapp ein Jahr später war er tot, umgekommen für den Polenkönig August. Ihm hatte André im Nordischen Krieg das Leben gerettet. Der König hatte es ihm großzügig vergolten und ihn zum Hauptmann befördert. Zum Glück hatte ihr André etwas Geld hinterlassen und diese Wohnung in Dresden. Später hatte sie Lech, einen jungen Offizier, im Dresdner Faschingstreiben kennen gelernt. Sie hatte sich in ihn verliebt, zum zweiten Mal in ihrem Leben, wie eine dumme Gans. Knapp ein halbes Jahr hatte es gehalten, dann war ihr Lech vor den Spielschulden davongerannt. Nein, sie hatte kein Glück mit Männern. Sie starben, liefen weg oder reisten nach Rom.
„Kommst du wieder nach Dresden zurück?"
„Ich möchte es."
„Aber es ist nicht sicher."
„Nein, sicher ist es nicht."
„Dann lasse uns fröhlich sein, bis die Sonne aufgeht."
Als es zu dämmern begann, sagte sie: „Wasser fließt, Leben fließt. Glück fließt – wohin?"
Merkwürdige Worte, dachte Rimini. Und in diesem Augenblick wünschte er sehr, dass er in diese Stadt zurückkehren möge, zu dieser Frau, die er bezahlte wie eine Hure, und die ihn anzog. Auch Glück ist bezahlbar. Er schüttelte den Kopf. Was war ihm nur passiert? Leda sah sein Kopfschütteln. Aber er erklärte sich nicht. Er stand auf und zog Jacke und Mantel an. Sie beobachtete jede seiner Bewegungen, dieses kurze schnelle Zufassen. Er ist schon fort, dachte sie, als er einen Augenblick am Fenster stand und in den Morgen hinausschaute. Orange-grün stieg die Dämmerung auf. Sie trat zu ihm, lehnte sich an ihn. Hätte sie es gekonnt, sie hätte ihn festgehalten. Bevor er sie verließ, legte er viel Geld auf den Tisch. Er ging schnell, ohne zu zögern. Als die Tür ins Schloss fiel, war sie nur noch müde. Aber das Geld zählte sie noch. Es waren über 50 Taler. Davon konnte sie gut zwei, drei Monate leben. Würde er solange fortbleiben?

Bähr zeichnet einen Fisch

George Bähr trat erlöst aus dem Rathaus. Die Marterwochen waren beendet. Der Stadtrat hatte sich entschieden. Er sollte die neue Kirche bauen. Es regnete. Der Wind peitschte den Regen, wirbelte ihn, drückte ihn schräg zu Boden. Bähr, den Kopf hochhaltend, die Augen weit geöffnet, setzte große Schritte. Ihm gefiel, dass die Regentropfen wie in Wellen in sein Gesicht stießen. Fest trat er mit seinen gelben Stiefeln auf. Er hatte die Räte seinen inneren Jubel nicht anmerken lassen. Äußerlich gelassen hatte er ihren Auftrag entgegengenommen. „Dies ist beschlossen und besiegelt", hatte Schwarzbach etwas dünn gesagt. „Wir setzen auf Sie, Ratszimmermeister, wir vertrauen Ihnen. Die Herren haben mich überzeugt. Es gibt in der Stadt keinen Baumeister, der uns eine solche Kirche bauen kann. Wir ernennen Sie zum Baudirektor. Gottes Segen sei mit Ihnen und mit uns." Und Behrisch, der Syndikus und Freund, hatte gelächelt.

Es hatte pathetisch geklungen, vielleicht auch feierlich. Die Ratsherren hatten ihn eindringlich betrachtet und ihre gepuderten Köpfe wackeln lassen. Ihm fiel ein Wort seines Vaters ein, das dieser gern verwendete, wenn es um die Herrschaft im Lauensteiner Schloss ging. „Sie sind wie alte Hennen, die gackern, obwohl sie kein Ei gelegt haben. Denke daran: Gackere nie zu früh." Bähr amüsierte der Vergleich, der sich ihm plötzlich eingestellt hatte. Er war, das gab er zu, etwas respektlos. Aber es war ihm nicht gegeben, nur sanftmütig zu dienen und treu wie ein Lamm drein zu schauen. Dennoch war er stets bereit, den Herren jene Achtung zu erweisen, die ihnen gebührte. Sie lenkten die Stadt, sie kümmerten sich um ihr Wohl, wenn auch nicht immer uneigennützig. Heute, an diesem Regentag unter den tiefen Wolken, die wie Blei über der Stadt standen, begann ein neues, großes Lebensziel. Vielleicht würde es das letzte sein. Immerhin war er 60 Jahre alt. Er musste sich beei-

len. In vier, fünf Jahren sollte die Kirche vollendet sein, wenn zügig gebaut würde. Er wird alles zurückstellen, was ihn daran hindern könnte, andere Bauten, andere Aufträge. Er wäre dann 65 Jahre alt. Es starben viele vorher.
Der Wunsch, eine große Kirche in Dresden zu bauen, war lange in ihm. Anfangs leise, dann langsam auftauchend, bald drängend und fordernd. Er hatte mehrere Kirchen im Kurfürstentum gebaut und umgebaut. Er hatte in sie Licht fließen lassen, damit die Altäre funkelten. Es waren meist kleinere Stadt- und Dorfkirchen gewesen für Bauern, Handwerker, einfaches Volk, die den Herren ohne viel Aufsehen lobten und ihn am Morgen an ihre Tische baten. „Komm, Herr Jesus, sei unser Gast." Er kannte dieses Gebet seit frühester Kindheit. Und er liebte die Worte. Sie waren schlicht. Er hat es später auf seine Weise erfahren. Es war schön, jemanden zu Gast zu haben. Die Kirche in Dresden würde all seine Kirchen an Größe und Schwung übertreffen. Und er dachte wieder etwas Maßloses: Gott hat mich auserwählt. Jetzt hatte er diese Gewissheit. Er durfte den Schöpfer nicht enttäuschen. Wer auserwählt war, musste sich mühen, schinden, auch quälen. Vor dem Erfolg stand der Schweiß. Und der konnte salzig und bitter sein. Er hatte ihn öfter geschmeckt.
Bähr bog in die Schlossstraße ein und ging auf den Neumarkt zu, schaute auf die alte Kirche. Der König hatte recht. Die Mauer, die den Friedhof umgab, war hässlich, der Friedhof ungepflegt. Schon seit langem wurde dort nicht mehr beerdigt. Er verkam zu einem Müllplatz, auf dem Schweine wühlten. Endlich war mit der Verlegung der Grabstätten begonnen worden. Zwar kam die Arbeit nur langsam voran, aber der Anfang war gemacht. Bähr hatte angewiesen, verwendbare Steine aufzubewahren. Er würde sie für die Kirche brauchen können. Die Mittagszeit war herangerückt. Er freute sich auf das warme Essen zu Hause. Das ließ er sich nur sehr selten nehmen.
Es war Freitag. Es gab Fisch. Die Kinder mäkelten über die vielen Gräten. Er nahm die Jüngste auf den Schoß. Seine Frau missbilligte dies. „Du verwöhnst sie zu sehr", warf sie ihm vor. Bähr überhörte es, entgrätete ein Stück Fisch, schob es dem Kind in den Mund.

Plötzlich schoss ihm ein Gedanke durch den Kopf. Das Fleisch des Fisches hielten viele feine Gräten zusammen, die von der Hauptgräte hinausstachen. Eine innere Kuppel sollte den Kirchraum überwölben, eine Kuppel aus Sandstein das Gotteshaus krönen. Dieses Bild hatte sich schon sehr früh in seinem Kopf festgesetzt. Zwar waren seine Vorstellungen von der Gestalt der Kirche noch ungeordnet, unfertig, nicht genau konturiert, aber er trug ihre innere und äußere Gestalt vage in sich. Er hatte seine Pläne niemandem anvertraut. Er musste erst selbst völlige Klarheit haben. Der Rat würde jetzt einer steinernen Hauptkuppel nicht zustimmen. Stein auf Stein wollte er setzen, in die senkrechten Mauern, in den Kuppelanlauf, in die große Kuppel, in die Laterne über ihr. Viel zu schwer, hörte er in Gedanken die Gegner und Übervorsichtigen tönen, die großen Herren im Oberbauamt, vielleicht Pöppelmann ausgeschlossen, die unentschlossenen Räte, die sich alles dreimal von Wackerbarth bestätigen ließen. Die Idee, die sich in ihm formte, war aufregend. Zwar wusste er jetzt noch nicht genau, wie er seine Fischgräten anordnen wird, aber vom Grund bis zur Spitze wollte er die Kirche aus Sandstein fügen, sie sollte gleichsam aus einem einzigen Sandstein bestehen. Bei dieser Vorstellung wurde ihm heiß. In seinem Kopf wirbelten die Gedanken. Er wiederholte die beiden Worte steinerne Kuppel, sprach sie zwei-, dreimal aus. Sie klangen hart und eckig. Das lag an den beiden P und dem Wort steinern. In Wirklichkeit drückten sie eine fließende weiche Rundung aus. Seine Gedanken eilten weiter, wurden schneller, überschlugen sich fast. Stellte er die Kuppel auf Innenpfeiler, wie er es vorhatte, und wölbte er von Pfeiler zu Pfeiler Bögen und verband sie zusätzlich mit der Außenmauer, seinen Gräten, dann hatte die Kuppel Halt, dann konnte die schwere Last in das Fundament und in die Außenmauern gleiten, weich und federnd. Er betrachtete den entgräteten Fisch. Welch ein Meisterwerk der Schöpfung! Die Gräten hielten das Fleisch zusammen, hielten den Fisch geschmeidig, dies würden sie auch in seiner Kirche tun.
„Was gab es im Rathaus?“, fragte seine Frau.
„Es ist endlich entschieden. Ich baue die neue Frauenkirche.“ Er hoffte, dass sie sich mit ihm freute, dass sie begriff, was dies für ihn

bedeutete. Sie beugte sich vor, die Tischplatte nahm ihre schweren Brüste auf. „Nur das nicht, Bähr", sagte sie. „Was soll aus uns werden. Dieses Übermaß an Arbeit. Du bist doch bereits jetzt ein gehetzter Mann. Straßen, Brücken, Häuser, Kirchen, alles ruht auf deinen Schultern. Übernimm dich nicht! Und die Stadt bezahlt dich schlecht. Du solltest energischer einige Taler mehr fordern. Alles wird teurer, Brot, Mehl, Fleisch, Eier, Kleidung." Sie richtete ihre Augen auf ihn. Sie verharrten ruhig auf seinem Gesicht. Er merkte es nicht, hörte nichts, betrachtete die Gräten, die hell auf dem Teller schimmerten.

„Ich habe eine Entdeckung gemacht", sagte er und deutete auf den Teller. Und er erklärte: „Lasse es gut sein. Ich habe auf diesen Tag lange gewartet, nicht erst seit von der neuen Kirche geredet wird. Alles, was ich bisher gebaut habe, war Vorarbeit. Die Kirche wird ein Bauwerk, das Gott gefallen wird. Er hat mich als Baumeister ausersehen." – „Bähr, Bähr", sagte sie. Und sie dachte: Er ist anmaßend. Schon als sie ihn kennen gelernt hatte, wusste sie, dass er anmaßend war. Wie hemmungslos er ihr gezeigt hatte, dass er sie zur Frau wollte. Diese großen dunklen Augen, die jetzt so wach waren, hatten sie gezwungen, ihm ihre Hand zu überlassen. Er war ihr nicht mehr aus dem Sinn gegangen. Manchmal erschien ihr seine Maßlosigkeit wie Sünde, sein Bauen wie ein Fluch. Wie oft hatte sie vergeblich auf seine Rückkehr gewartet, wenn er zu seinen Kirchen in den Dörfern aufgebrochen war. Bähr verzichtete auf weitere Erklärungen. Er wusste: Bevor er mit dem Bauen beginnen konnte, war viel zermürbende Kleinarbeit zu bewältigen. Ganz tief versenkte er das Bild von der künftigen Gestalt seiner Kirche. Noch war die Zeit nicht gekommen, darüber zu reden. Erst musste die alte Kirche abgerissen werden. Das alles würde eine Menge Ärger bereiten, ihm, den Räten. Vor allem musste eines her: Geld. Daran konnte alles scheitern oder sich ins Endlose strecken. Die Leute, die die alte Frauenkirche besuchten, kamen vom Land, von den Dörfern nahe der Stadt, aus Dresdens Vororten. Es waren meist Bauern und Handwerker, kleine Leute. Sie hatten ganz gewiss kein Geld für eine neue Kirche übrig. Das stand für ihn fest. Noch war er lange nicht am Ziel. Pöppelmann hatte recht. Vieles bleibt ein Papiertraum. Aber er tröstete sich: Wenn es Gottes Wille war, dass er, George Bähr aus Fürstenwalde im Erzgebirge, mit dem Kirchbau den Herrn preisen sollte, dann würde sich eine Lösung für alles finden.

Er stieg in seine Arbeitswerkstatt im zweiten Stock hoch. Auf dem langen Tisch vor dem Fenster breitete er Zeichenpapier aus. Dann nahm er schwarze und gelbe Kreide und begann einen Fisch zu zeichnen. Er schnitt seinen Bauch auf und stellte ihn auf die Seitenflossen. Er gab dem Fisch die Gestalt eines Hechts. Das Fleisch zeichnete er gelb, die Hauptgräte schwarz, die dünnen, geschmeidigen Gräten rot. Er zeichnete mit wachsender Lust und Atemlosigkeit. Ihm gefiel der bunte Fisch. In dessen kräftigen Kopf setzte er gelbe, sehr lange Augen, die ein halbrunder Bogen überwölbte. Er gab der Zeichnung einen Namen: „Die Kirche". Der Einfall bereitete ihm ein solches Vergnügen, dass ihm aus tiefster Brust ein Lachen aufstieg, ein lautes, gewaltiges Lachen. „Fisch, Fisch", rief er, „du hast mir die Augen geöffnet. Da die Fenster seines Zimmers geöffnet waren, schallte sein Lachen in der schmalen Seestraße wider, wurde von Vorübergehenden gehört. Einige schüttelten den Kopf. Eine ältere Dame, die hinkte, blieb stehen und horchte. Das Lachen schien nicht enden zu wollen. Ein Verrückter, dachte sie. Aber das Lachen war so ansteckend, dass sie ebenfalls zu lachen begann, obwohl sie nicht wusste, warum. Zwei, drei Leute blieben stehen. Einer war ein feiner Herr, mit gepuderter Perücke und einem Degen an der Seite. „Was ist hier los?", fragte er die Frau, die verstummte. Sie wies zum offenen Fenster. „Dort oben lacht ein Verrückter." So kam es, dass vor Baubeginn der Kirche ein großes Lachen stand.

Rimini gewinnt Kaiser Karl

Rimini verließ Mitte Juni Dresden. Es regnete. Er wählte den Weg über Prag nach Wien. Aus den Tälern des Erzgebirges stieg Nebel. Er hatte Glück. Bei seiner Ankunft in Prag besserte sich das Wetter, aber es blieb kühl. Er sah über der Stadt die Hradschin-Burg und den St.-Veits-Dom im hellen Sonnenschein. Abends spazierte er über die Karlsbrücke. Die Heiligen auf der Brückenbrüstung schauten versunken auf die Stadt und die Moldau. Wozu Künstler fähig sind, wenn sie glauben, dachte er. Er bewunderte die Bildhauer, die diese steinernen Statuen geschaffen hatten. Das waren großartige Werke, die Wunder und Begebenheiten priesen. Er kehrte in eine Weinstube auf der Prager Kleinseite ein. Der Raum war voller Frauen und Männer. Sie sangen Lieder. Er bestellte einen Krug böhmischen Wein. Man nahm ihn kaum zur Kenntnis. Und das gefiel ihm. Das Essen schmeckte nicht. Die Sauerkrautsuppe, die ihm bei seinem ersten Besuch in Prag gemundet hatte, war zu salzig und das Brot zu sauer. Er aß wenig. Die Lieder wurden mit großer Inbrunst gesungen. Es wurde ihm zu laut. Eine Frau ohrfeigte einen Mann, die anderen Männer grölten. Er ließ den Krug unausgetrunken stehen und verließ die Wirtschaft.

Unterwegs stellten sich ihm drei Männer in den Weg. Sie verlangten Geld. Kein Mensch war zu sehen, der ihm hätte helfen können. Selbst wenn, es hätte sich wohl keiner den Räubern entgegengestellt. Der kleinste der drei Männer packte Rimini am Kragen. Er redete auf ihn ein. Rimini verstand ihn nicht. Er hob die Arme und bedeutete ihm, zu nehmen, was vorhanden war. Er hatte nur einige Taler bei sich. Die Männer begriffen. Sie zogen ihm den Mantel und die Jacke aus, durchsuchten seine Hosentaschen und entfernten sich. Wie schnell so etwas geht. Er fror. Er beeilte sich, in die Herberge zu gelangen.

Angekommen, vor einem heißen Tee sitzend, durchlebte er den Überfall. Er war noch nie ausgeraubt worden. Er hatte Glück. Man

hatte nur sein Geld und den Mantel gewollt. Und er dachte sarkastisch: Hätten sie ihn erschlagen, könnte er sich nicht um die Kirche kümmern. Er fand lange keinen Schlaf, dachte an Leda. Hätte er sie gebeten, mitzukommen, wäre die Reise erträglicher geworden. Ob sie mitgekommen wäre? Unsinn! Was wollte er mit ihr in Rom, was in Florenz bei seinen Eltern. Aber sie hätte ihn bis Wien begleiten können.
Am Morgen suchte er einen Schneider auf. Er gab einen neuen Mantel in Auftrag. Er beschrieb genau, wie er ihn haben wollte. Danach besuchte er den Prager Bischof. Rimini erlebte, dass man einem Legaten des Heiligen Stuhls Respekt entgegenbrachte. Das spannte seine Brust. Er war für solche Aufmerksamkeiten anfällig. Es wurde ein freundliches, unverbindliches Gespräch. Nur einmal deutete der Bischof an, dass Rom zu hohe Abgaben erwarte. Klöster und Gemeinden murrten. Es sei wenig Geld unter den Leuten. Die Opferstöcke füllten sich nur sehr langsam. Rimini deutete ein leichtes Nicken an, das sein Verstehen unterstreichen sollte. Was sollte er darauf erwidern. Er wusste von den Problemen. Aber Rom musste leben. Ohne das Geld, das aus allen Himmelsrichtungen in Rom ankam, könnte der Heilige Stuhl als Kirchenmacht nicht existieren. Es war schon ein Glanzstück, wie es der Vatikan über die Jahrhunderte fertigbrachte, dass die Welt nördlich der Alpen opferte. Er nahm die besten Wünsche für Benedikt entgegen und versprach, sie dem Heiligen Vater zu übermitteln.
Drei Tage später reiste Rimini in aller Frühe nach Wien. Er freute sich auf die Stadt, die er kannte. Er war überzeugt, dass ihn Kaiser Karl empfangen wird. Es musste ihn reizen, den polnischen König unter Druck zu setzen. Es gab einiges, was dem Kaiser nicht schmecken konnte. Rimini hoffte, Karl für seine Pläne zu gewinnen. Eine römische Kathedrale musste an der Elbe entstehen.
Karl empfing Rimini einen Tag nach seiner Ankunft. „Hatten Sie eine gute Reise?“, fragte Karl freundlich. „Von Dresden nach Wien, das ist ein Stück Weg, da wird man durchgeschüttelt, dass die Gedärme drücken und der Hintern Falten kriegt.“ Karl lachte. Offenbar bereitete ihm die Vorstellung von Riminis Falten Vergnügen. „Wir sind noch nicht nach Dresden gereist, obwohl oft eingeladen,

auch nicht nach Warschau. Aber bis Prag sind wir schon gekommen." Karl zerrte an seinen Fingern, bis sie knackten. Dann fragte er unvermittelt: „Was führt Rom nach Wien? Hoffentlich nicht allzu Dringendes?" – „Majestät, es ist immer dringend, wenn man vom Kaiser empfangen wird." Und Rimini fragte sich: Kennt er meine Depesche nicht. Sie war deutlich genug. Er sagte: „In Dresden passiert Unerfreuliches, kaiserliche Majestät. Wir müssen damit rechnen, dass eine protestantische Kirche entsteht, mitten in der Stadt und nahe am Schloss. Es soll ein großes Bauwerk werden."
Karl richtete sich auf, hielt Rimini mit seinen Augen fest. „Das ist in der Tat unerfreulich. Immer diese Sachsen! Sie krabbeln emsig wie die Ameisen und bereiten Scherereien. Und was sagt der polnische König dazu? Ihm kann das nicht schmecken?"
Rimini war mit dem Beginn des Gesprächs sehr zufrieden. Karl begann sich für die Sache zu interessieren. „Es scheint, Majestät, dass er daran keinen Anstoß nimmt. Im Gegenteil. Er will, dass die Protestantenkirche seine Stadt erhöht." – „Ja dös ist ein Bursche", bemerkte Karl. „Tritt hier in Wien zu uns über und lässt die Protestanten eine Kirche bauen. Wir gaben seinem Sohn eine Tochter. Das ist unfreundlich, sehr unfreundlich. Wir sollten Einhalt gebieten." – „Das dürfte schwierig werden", warf Rimini ein, „wenn nicht unmöglich. Aber wir sollten den König beim Wort nehmen, ihn packen, dass er uns endlich die versprochene Hofkirche baut."
– „Hat er dös?"
„Mehrere Male. Er macht uns zum Gespött. Wir müssen ihm die Kirche jetzt abverlangen und keine Ausflüchte gelten lassen. Und Habsburg, Majestät, sollte sich, erlauben Sie mir dies zu sagen, an die Spitze stellen." Karl fasste Rimini wieder scharf mit seinem Blick an. Nicht ungeschickt, dieser Legat, dachte er, will Rom an der Elbe strahlen lassen, und wir sollen ihm die Arbeit machen. Der Kirchbau der Protestanten war wirklich eine Frechheit. Da werden wir wohl eingreifen müssen. Wenn schon diese Kirche, dann auch die zweite. Das durfte man erwarten.
Ärger senkte sich in Karl. Warum musste er dies von dem Römer erfahren. Saß sein Gesandter in Dresden auf den Ohren? Sachsens Kurfürst blieb schwierig. Er hatte sogar an Österreich Erbansprü-

che gestellt, hatte Lande beansprucht, weil sein Sohn ins Haus eingeheiratet hatte. Das hatte man dem Wettiner gründlich versalzen. Die österreichischen Erblande bleiben unantastbar. Das hatte der Kurfürst schließlich begreifen müssen, auch die anderen europäischen Höfe, auch der Zar. Da er keinen männlichen Nachfolger hatte, wird seine älteste Tochter Maria Theresia die künftige Kaiserin und Erbin sein. Da konnten sie krächzen wie die Raben, wenn sie hungrig sind. Oh, er neigte heute zu dichterischen Vergleichen.

„Es ist in der Tat unerfreulich, was Sie berichten", sagte Karl. „Ohne uns säße der Kurfürst nicht auf dem polnischen Thron. Wir haben damals stark nachgeholfen. Die Kirche ist ein böser Bubenstreich." Karl lächelte milde. „Was lassen wir uns einfallen, verehrter Legat?"

Etwas einfallen lassen war Rimini zu wenig. Er wollte Karl weiter herauslocken, wollte mit Erfolg in Rom glänzen. Er musste ihn in die Pflicht nehmen, deutlicher zu werden. „Die Polen bereiten dem Wettiner wieder einige Schwierigkeiten. Könnte man das etwas forcieren?"

Karl griff sich ans Kinn, drückte es. Plötzlich verfinsterte sich sein Gesicht. „Der Sachse bedrängt uns, will eine direkte Landverbindung über unser Schlesien nach Polen." Karl grinste, betastete sein Kinn. Etwas schien ihn zu erheitern. Er schob Rimini eine Schale mit Konfekt zu. „Kommt aus Böhmen, Geschenk von meinen lieben Untertanen. Probieren Sie. Scheint nicht vergiftet zu sein."

Rimini wartete. Karl kam in Fahrt. „Ha, die Landverbindung. Er will nur einen lächerlich schmalen Streifen durch Schlesien, damit er ungehindert nach Polen reisen kann. Ist ja auch ärgerlich, die Zölle, die Pässe, die Kontrollen, die bösen Beanstandungen. Die Preußen machen es ihm auch nicht leicht, wenn er durch ihr Land will. Und wir auch nicht. Lassen ihn schon mal an der Grenze zappeln und untersuchen gründlich die Wagen. Werden wir wieder veranlassen, sofort." Er betrachtete seine Fingernägel. Rimini bemerkte, dass an den Nägeln geknaupelt wurde. „Als Ausgleich für die Verbindung", fuhr Karl fort, „bietet er ein Stück Land, das an Böhmen grenzt. Wir haben genug Land, wir wollen keine Landverbindung. Aber wir können ja so tun."

Karl feixte: „Wir könnten ihm sagen, erst die Kirche, dann die Landverbindung. Vielleicht nicht ganz so deutlich. Richtig, Dresden braucht ein großes Gotteshaus. Dorthin soll die katholische Welt schauen. Zur Weihe fahren wir dann vielleicht an die Elbe und holen uns ein paar Falten mehr. Was halten Sie davon?"
„Ausgezeichnet." Eine schmale Landverbindung für eine Kirche. Das war tatsächlich eine gute Idee. Aber Rimini hütete sich, dies zu kommentieren. Der Kaiser sollte sich ungestört in dieser Vorstellung baden. Er hatte mehr erreicht, als erwartet. „Majestät, darf ich dem Heiligen Vater mitteilen, dass auch das Haus Habsburg auf einen Kirchbau drängen wird?" – „Dürfen Sie, dürfen Sie, verehrter Legat, die Kirche ist unser Herzenswunsch. Wir werden etwas Feuer entfachen. Wir werden es aufschreiben und Ihnen mitgeben." Karl straffte sich, hob sein Kinn, das etwas abgesackt war: „Nein, wir lassen uns nicht auf der Nase herumtanzen. Das würden wir als sehr unangenehm empfinden." Er nieste. „Sehen Sie, kaum denkt man an die Nase, und schon muss man niesen." Im Stillen aber freute sich Karl, dass dieses eitle Rom bisher leer ausgegangen war und ihn nun um Hilfe bat. Und er dachte zufrieden. Wir sind die Hofburg im Römischen Reich deutscher Nation, nicht Rom. Wir lassen uns bitten, Wien lässt die Fürsten tanzen, wenn sie etwas wollen. Der Bau der Protestantenkirche war eine Hundsfötterei. Der Legat hatte recht: Dagegen musste etwas unternommen werden. Der Wettiner musste gezwungen werden, sein Versprechen zu erfüllen. Er beschloss, sofort Berichte über Polen anzufordern. Mit einigen polnischen Adelshäusern stand Habsburg in bestem Einvernehmen. Die werden dem König nur allzu gern einheizen. Dann wird man weiter sehen. Karl erhob sich zu voller Körpergröße. Rimini roch den Kaiserschweiß. Er hat hart gearbeitet, dachte Rimini, deshalb darf er auch scharf riechen. „Grüßen Sie mir den Heiligen Vater und erbitten Sie seinen Segen für mich", sagte der Kaiser. Zu dumm, dass ihm der Name des Papstes nicht einfiel. Er hoffte, dass Rimini es nicht bemerke. Die Päpste wechselten zu häufig in Rom. Der Vorgänger hatte Innozenz geheißen, erinnerte er sich.
Rimini verließ die Hofburg. Er überschätzte das Gespräch nicht. Karl würde Rom nicht unterstützen, weil es ihm eine Glaubenssa-

che war, er würde Rom vielmehr seine Bedeutung und seinen Einfluss vorführen. Das ist gut, dachte Rimini, das kann antreiben, das befriedigt Ehrgeiz und Eitelkeit, die Urstoffe allen Handelns. Er sah Rom jetzt gelassen entgegen. Er kam nicht mit leeren Händen. Man wird den König wissen lassen, dass Rom den Wunsch nach einem Landkorridor unterstützen wolle. Unter gewissen Bedingungen natürlich. Ohne Entgegenkommen gab es nichts. Diese Sprache würde der polnische König verstehen. Sie war üblich. Rimini war bester Laune, aber im Inneren kühl wie ein Feldherr. Ein kleines Doppelspiel war zu arrangieren. Vom Stephansdom schlug es zwölf. Er betrat den Dom. Es dauerte, ehe sich seine Augen an das Halbdunkel gewöhnten. Es war kalt und der Dom fast menschenleer. Rimini kniete nieder und dankte Gott für das glückliche Gespräch. Aber sein Dank war ohne Tiefe und Demut. Spielte Wien seinen Trumpf aus, entstand Bewegung. Davon war Rimini überzeugt. Die Protestanten werden mit dem Bau ihrer Kirche einen Sieg erringen und ihren Glauben feiern. Ihr Erwachen wird schmerzlich sein. Eine Hofkirche wird an der Elbe entstehen, vielleicht eine große, prächtige. Das wird der eigentliche Sieg sein, ein später, aber ein großer Sieg über diesen Luther, den man zu verbrennen versäumt hatte.

Bähr gerät in Zorn

Knöffel kehrte den Landbaumeister heraus. Bährs Zorn stieg. Dieser Tintenfisch, glatt und kalt. Wie ein Pfau stolzierte er um die Zeichnungen und Entwürfe herum, die Bähr vor ihm ausgebreitet hatte. „Herr Bähr", sagte er, „das befriedigt nicht, was Sie mir vorlegen." Er zog Bährs Namen lang, als sei er ein Gummiband. „Bääähr, Bääähr" sagte er, schüttelte den Kopf wie ein empörter Schulmeister. „Zu wenig Licht fällt in Ihre Kirche, Bäähr. Die Eingänge sind zu niedrig, die Treppenführung ist zu eng, der Kuppelanlauf zu gedrückt. Und ihr dürres Türmchen über dem Chor, das ist doch nichts, Bääähr. Das wird Graf Wackerbarth nicht genehmigen. Zwei Türme müssen her, zwei." Knöffel wedelte sich mit einem feinen Taschentuch, das nach Zitrone duftete, frische Luft zu.
Bähr sah mit großer Befriedigung, dass Knöffel schwitzte. Soll er schwitzen, bis ihm die Hosen nass werden. Knöffel bückte sich und wies auf eine Fassadenansicht. „Wozu die steinernen Sonnenrosen? Wozu die Akanthusblüten am Sims? Und diese überladenen Kapitelle! So baut man heute nicht mehr. Das hat sich erledigt. Es fehlt an Eleganz, an Klarheit, Einfachheit." Das reichte Bähr und er erwiderte: „Sie sollen die Kirche nicht bauen, Herr Knöffel. Ich baue sie. Und sie wird, wie ich es will."
Er hatte bewusst den Landbaumeister weggelassen. Knöffel krauste seine Augenbrauen. Bähr war zufrieden. Und er sagte – nun sehr gelassen: „Ein, zwei oder drei Türme, das ist eine Frage der Kosten. Ich bin von der Stadt gehalten, sehr sparsam zu bauen. Oder gedenkt das Oberbauamt für Ihre beiden Türme Geld zuzuschießen? Die Stadt würde es danken." Ach, tat es gut, dies zu sagen. So eine Puderdose. Würde wohl selbst allzu gern eine Kirche bauen. Knöffel runzelte die Stirn, hob ein Blatt auf. „Wenn die Stadt kein Geld hat, muss sie es sich leihen", sagte er lächelnd. „Kein Kirchbau entsteht ohne Schulden." Er sah Bähr frech ins Gesicht und sagte:

„Diesen Entwurf wird Graf Wackerbarth ganz gewiss nicht genehmigen. Ich werde ihn auch nicht empfehlen.“ Bähr fiel es schwer, sich zurückzuhalten. Zum Glück gelang es ihm. Und er sagte sehr ruhig: „Sie mäkeln von Anfang an an meiner Kirche herum. Sie sind neidisch, würden wohl am liebsten selbst die Kirche bauen.“ Knöffel wedelte wieder sein Tüchlein, tupfte gar seine Stirn ab. Er, Bähr, hielt es mit dem alten Testament. Bekam er eins auf die Backe, dann sorgte er dafür, dass der andere auch eins draufbekam. Knöffel ließ nicht erkennen, dass er sich ärgerte. Aber Bähr war sicher, dass er kochte. War es wohl nicht gewöhnt, dass man ihm mit gleicher Münze zurückzahlte. Er hörte Knöffel sagen: „Ich kann Ihnen nur raten, Ihren Entwurf zu überarbeiten.“ Er drückte Bähr drei Rollen in die Hand. „Sie finden dort meine Vorstellungen zum Kirchbau. Wenn Sie sich wieder beruhigt haben, werfen Sie einen Blick drauf.“ Er nickte Bähr knapp zu.

Bähr schob die Rollen unter den linken Arm und verließ das Oberbauamt. Knöffel – davon war Bähr überzeugt – hatte vom Bauen einer Kirche keine Ahnung. Er, Bähr, hatte ein halbes Leben lang Kirchen gebaut. Er wusste, wie es sein muss, dass die Gemeinde gut darin sitzen kann, dass genug Licht auf die Seiten der Gesangbücher fällt, dass die Predigt von jedem Platz aus deutlich zu hören ist. Zu Hause rollte er Knöffels Zeichnungen aus. Knöffel hatte seinen Turm über dem Chor gestrichen, dafür zwei neue hinzugefügt, links und rechts neben dem Hauptportal. Das mochte angehen. Aber seine Fassade, die er als elegant bezeichnete hatte, war schauderhaft. Sie war glatt wie ein Schweinebauch. Nie und nimmer würde er sich darauf einlassen. Aber Bähr musste sich eingestehen, auch wenn es an ihm fraß, dass nicht alles, was der Mann vorschlug, abzulehnen war. Er wird seinen Entwurf überarbeiten, die Treppenhäuser größer anlegen, vielleicht die Fenster strecken. Er gab zu: Knöffel, dieser Pfau, war nicht zu unterschätzen. Möglich, dass Graf Wackerbarth hinter ihm stand. Ohne dessen Zustimmung durfte die Stadt die Kirche nicht bauen. Möglich auch, dass Knöffel damit nur geprahlt hat.

Am nächsten Tag teilte Bähr der Baukommission mit, dass Knöffel seinen Entwurf abgelehnt und einen neuen angefordert habe. Er

machte sich wieder an die Arbeit, mit neuem Schwung. Er erhöhte die Fenster, verbreiterte auch die Treppenaufgänge zu den Emporen. Bähr wischte Knöffel eins aus. Nicht zwei, sondern vier Türme sollten seine Kirche schmücken. Er stellte sie Übereck. Der neue Entwurf wurde dem Oberbauamt zugestellt.
Bähr glaubte, dass nun alles in Ordnung sei. Abends besuchte er den Stadtkeller. Im Raum brannten nur wenige Öllichter. Es roch nach gebratenem Fleisch und salzigem Fisch. Ein paar Marktleute lärmten. Sie hatten zu viel getrunken. Einer begann am Tisch zu kotzen. Der Rinnsteinkehrer, den Bähr kannte, versetzte dem Mann eine schallende Ohrfeige. „Hau ab", schrie er, „kotz dich draußen aus." Der Alte, der sein zahnloses Maul weit aufsperrte, grunzte: „Hat Kraft wie ein Schmied, dabei ist er dürr wie ein Hering." Die anderen lachten. Freiberger Fuhrleute, die am Nebentisch saßen, begannen ein altes Räuberlied zu singen. „Hopp, hopp, her mit dem Taler und ohne Schluchzen..." Bähr missfiel das Kotzen. Aber er liebte solche Szenen. Ihm war das Lied unbekannt. „Hopp, hopp", wiederholte er. Für diese Leute baute er die Kirche und nicht für die Wohlhabenden, die seine Betstübchen kaufen sollten, damit etwas Geld in die Baukasse kam. Er war gespannt, was Knöffel zu seinen vier Türmen sagen würde. Seine waren nicht glatt, trugen schwungvolle Aufsätze und Zierrat. Bähr hörte in Gedanken das Stöhnen des Rates. Wie soll das bezahlt werden? Dieses Jammern ödete ihn an. Man musste Mitgefühl und Einsicht zeigen, um die Herren nicht zu vergrämen, und doch bauen, wie man will. Der Rinnsteinkehrer wandte sich an Bähr. „Herr Ratszimmermeister", sagte er nicht ohne Ehrfurcht, „ich würde Ihnen gern meinen Ältesten vorstellen. Vielleicht können Sie ihn als Gehilfen gebrauchen. Er ist schnell und gelehrig. Und in der Stadtschule fällt er den Lehrern auf." – „Reden wir ein andermal darüber", sagte Bähr. Es wurde ihm zu laut. Er bezahlte und verließ den Stadtkeller.
Zu Hause wartete das Abendbrot. Seine Frau murrte, dass er das Essen herunterschlang. Er nahm sich nicht einmal Zeit für seine Jüngste, stieg gleich ins Arbeitszimmer hoch. Er begann zu zeichnen, formte Einzelheiten in den Turmspitzen aus, entwarf mehrere

Flammenvasen, kleine und größere. Die wollte er über die Portale stellen. Es wurde spät. Der Kerzenschein verbreitete nur wenig Licht. Bährs Augen schmerzten. Er hatte mehr als die halbe Nacht gezeichnet, entworfen, verworfen. Drei Emporen wollte er in den Kirchraum fügen. Sie sollten den Raum kreisförmig umlaufen, acht Pfeiler sollten die innere Kuppel tragen, große Bögen sie miteinander verbinden. Seine Gräten ließ er zur Außenmauer schwingen, von Empore zu Empore. Er hatte inzwischen das richtige Wort für seine Gräten gefunden. Spieramen wird er sie nennen.
Bähr setzte sich in den hohen Sessel, betrachtete die neuen Zeichnungen, verglich sie mit Knöffels Entwurf. Der Lackaffe verstand seinen Riss zu führen. Dies änderte nichts daran, dass er den Mann nicht mochte. Dieser Aufschneider mit der aufgeplusterten Perücke, mit seinem Stöckchen, das ein vergoldeter Knauf zierte. Damit hatte er ihm auf die Brust getippt. Er hörte in Gedanken noch einmal seine Sätze: „Zu wenig Licht, Bäähr, zu wenig Licht. Lassen Sie doch mehr Licht in die Kirche. Die Leute wollen das Gesangbuch lesen können. Eine Kirche ist keine Gruft." Wieder stieg in Bähr Ärger auf. Ein Aufsteiger, ein Aufschneider. „So geht es nicht, Bäähr." Knöffel hatte seine Lippen genussvoll vorgeschoben und sie mit seiner rosa Zunge bestrichen. Wie eine Kokotte hatte er ausgesehen. Die Kuppel hatte Knöffel wie er in Holz ausgeführt, wie in aller Welt üblich. Auf die Idee, sie aus Stein zu bauen, war er nicht gekommen. Das überstieg seine Vorstellungskraft. Bähr freute sich auf den Tag, an dem er den Ratsherren leise, aber unmissverständlich sagen würde: Bauen wir die Kirche ganz aus Stein, hochverehrte Räte. Er konnte sich bereits jetzt ausmalen, wie ihnen das Herz in die Hosen fallen würde.
Bähr öffnete das Fenster. Kühle Nachtluft strömte ins Zimmer. Vom Seetor her klang das Wiehern eines Pferdes. Es stank nach Kot und Urin. Er schloss das Fenster. Er musste etwas unternehmen, damit es mit dem Bau der Kirche schneller vorwärtsging. Hoffentlich würde es nicht wieder Wochen dauern, ehe sich das Oberbauamt zu Wort meldete.
Bähr wartete mit wachsender Ungeduld. Mehr als zwei Wochen vergingen. Das Oberbauamt schwieg zu seinen Entwürfen.

Bähr suchte den Syndikus Behrisch auf. Er behauptete, dass das Oberbauamt die Genehmigung zum Kirchbau bewusst verzögere. Er schilderte Knöffels Verhalten. „Vielleicht sind dort die Katholischen am Werk", sagte Bähr. „Ihnen dürfte unsere Kirche ein Gräuel sein." Behrisch versuchte, Bähr zu beruhigen. Vergeblich. Er redete sich in Zorn. „Ich werde geprügelt wie ein alter Hund, von beiden Seiten, vom Hof, vom Rat. Schneller, schneller, noch eine weitere Zeichnung, noch einen weiteren Grundriss, noch ein Modell, noch einen Lageplan. Und dann liegt das Ganze Monate herum. Die Stadt muss sich bei Wackerbarth beschweren. So kann ich nicht arbeiten."

Behrisch hörte geduldig zu. Er hatte sich seinerzeit vehement für Bähr eingesetzt. Er mochte den Ratszimmermeister, seine gerade Art, auch wenn er gelegentlich zu aufbrausend war. Behrisch nahm es als altes Erbübel. Man war, wie man war. Das änderte kein Reden. Auch er sah das Taktieren des Rates, seine Unentschiedenheit mit zunehmendem Missvergnügen. Er versprach Bähr, noch am Abend einen Brief an Wackerbarth zu schreiben. Darin würde er die Genehmigung zum Kirchbau dringend anmahnen. Und er riet Bähr: „Allzu laute Worte, mein lieber Freund, sind nicht förderlich. Man muss auch warten können, bis sich die Dinge fügen. Aber das weißt du ja." Behrisch überfiel ein Hustenanfall, der nicht enden wollte. Er krampfte ihm die Brust zusammen. Er spuckte Blut. Bähr erschrak, erst jetzt bemerkte er, wie schlecht sein Freund aussah, wie tief die Augen in den Höhlen glommen. Offenbar hatte er starkes Fieber. Seine Stirn war rot und voll dunkler Flecke, die Hände zitterten. Bähr entschuldigte sich für die Störung, verließ den Syndikus. Er wird den Brief heute nicht mehr schreiben können, war Bähr sicher.

Am nächsten Vormittag erfuhr Bähr, dass Behrisch in der Nacht gestorben war. Den Brief an Wackerbarth hatte er noch geschrieben. Seine Frau sorgte dafür, dass der Gouverneur das Schreiben erhielt. Bähr bedauerte den Tod dieses aufrechten Mannes. Er war ihm stets ein guter Verbündeter gewesen, ein Freund, der in schweren Tagen zu ihm gehalten hatte. Und er dachte: So schnell kann es gehen, so schnell kann man abberufen werden. Meine

Herren Räte, grollte er im Stillen, es ist höchste Zeit zum Bauen. Es waren fast vier Jahre seit den ersten Entwürfen für die neue Kirche vergangen. Vier Jahre. Wie lange noch sollte er warten, hoffen, sich ärgern. Er ging zum Neumarkt. Dort lagen schon zugehauene Grundsteine, sorgfältig bearbeitet und übereinander gestapelt. Die erste Kalkgrube war angelegt, ein Teil des Baugrunds abgesteckt. Aber noch stand die alte Kirche im Weg. Er schnaufte laut. Seine Brust hob und senkte sich. Er ruckte den Kopf hoch, schob das kräftige Kinn nach vorn, nahm sich vor, ein weiteres Modell nicht zu bauen. Er wusste, was er wollte. Aus, basta. Wenn sein Vater basta gesagt hatte, dann schwiegen alle, die Gesellen, die Mutter, die Kinder. Er würde auch basta sagen. Ein sanftes Grinsen machte sich in Bährs Mundwinkeln breit. Er wird das Wort bei passender Gelegenheit einführen, und er wusste auch wo. Basta.

Behrischs Brief empörte Wackerbarth. Er wies alle Schuld von sich. Bähr trage die Schuld, dass seine Genehmigung ausgeblieben sei, ließ er den Rat wissen. Er habe gewisse Unterlagen, die er, Wackerbarth, seit längerem angefordert habe, nicht erhalten, darunter eine neue Grundrisszeichnung. Und es fehle ein vollständiger Lageplan. Das alte Modell sei auch nicht überarbeitet worden. Solange diese nicht vorliegen, könne er den Bau nicht genehmigen.

Bähr wurde ins Rathaus zitiert, hörte Vorwürfe. Sein Gesicht versperrte sich. Er schwieg. Bevor er ging, sagte er leise: „Ich lasse mich nicht ständig vom Oberbauamt traktieren, meine Herren. Sie sollten Ihrem Ratszimmermeister den Rücken stärken. Jetzt steht die Stadt in der Pflicht ihres Zimmermanns." Er hatte gesagt, was er sagen musste. Er hatte lange genug alles in sich hineingefressen. Jetzt war sein Unmut übergelaufen wie schäumendes Bier. Der Bürgermeister schaute seinen Ratszimmermeister nicht ohne Sympathie an. „Gemach, Bähr, gemach. Wir müssen die Listigeren sein. Sie haben Bedeutendes vor. Das braucht seine Zeit." Bähr versprach, den Lageplan nachzureichen. „Ein neues Modell ist überflüssig", beharrte er. „Es kostet unnützes Geld."

Draußen auf dem Altmarkt wurde ihm wohler, ja, er fühlte sich gut wie schon lange nicht mehr. Er wird dem Fisch, den er gezeichnet

hatte, einen zweiten hinzufügen. Den wird er aufrichten und die Gräten ausfächern wie ein Tannenbaum seine Äste.
Bähr reichte den geforderten Lageplan ein. Am 26. Juni 1726 unterzeichnete Wackerbarth Bährs Entwurf. Genau zwei Monate später, am 26. August, wurde der Grundstein zur Kirche gelegt. Bähr und Fehre waren zugegen, aber sie gehörten nicht zu den Ehrengästen. Sie standen am Rande unter dem gewöhnlichen Volk. Das war zum Fest zahlreich erschienen. Es war ein warmer Tag mit einem hohen Himmel über der Stadt. Zwei große honiggelbe Wolken schwebten über den Neumarkt in Richtung Elbe. Wie gelassen sie gleiten, wie schön sie sind. Bähr wird sich später, als man ihn in die Enge trieb, als man ihn hetzte und verleumdete, als man gar einen Teilabriss seiner Kirche forderte, an diese honiggelben Wolken erinnern. Der gesamte Rat war zur Feier angetreten, das Konsistorium, die Bürgerwehr. Wackerbarth ließ sich feiern, der Kurfürst, der in Warschau weilte, hatte einen Vertreter geschickt. Knöffel war auch gekommen, hielt sich neben Wackerbarth auf. Soll er umherstelzen und bedeutsam den Kopf heben. Seine, Bährs Kirche, wird gebaut, mit den großen steinernen Sonnenblumen, den akanthusreichen Kapitellen, den steinernen Vasen über den Portalen.
Jetzt gilt es, schwor sich Bähr, jetzt stehe ich mit meinen letzten Jahren in der Pflicht. Gott hat mich eingesetzt, die Kirche zu bauen. Er hatte in der zurückliegenden Zeit öfter gezweifelt, ob ihn der Herr für den Kirchbau wirklich ausersehen hatte. Jetzt war er, George Bähr, sein Knecht und sein Baumeister. Später, im Rathaus, saß er mit Fehre an einem Tisch, trank zufrieden das Freiberger Bier, aß mit Appetit die Grütz- und Leberwürste, das Sauerkraut. Sollen die feinen Herren unter sich bleiben. Es drängte ihn nicht zu ihnen. Aber tief in seinem Inneren bohrte es doch. Geböte es nicht der Anstand, dass sie ihn und Fehre an die Festtafel gebeten hätten. Er und Fehre würden die Baumeister eines großen Werkes sein. Er schaute den Jüngeren an, der reichlich Grützwurst nachgelegt hatte.
Der Rat, der kein Geld für den Baubeginn besaß, machte Schulden. Die Kreuzkirche schoss 1 500 und die Sophienkirche 2 000 Taler vor. Reichlich 100 000 Taler hatte Bähr für den Bau des Got-

teshauses errechnet. Er wusste es. Das war viel zu wenig. Für vier Türme und die großen Treppenhäuser würde es keinesfalls reichen. Anfangs hatte er mehr veranschlagt. Aber der Rat hatte auf die Reduzierung der Baukosten gedrängt. Es hatte keinen Sinn, sich dagegenzustellen. Töricht, wer alles ausplaudert, was er weiß, sich gegen etwas stemmt, das nicht aktuell ist. Vieles würde sich im Laufe der Bauzeit ändern. In vier, höchstens fünf Jahren wollte Bähr die Kirche vollenden, vorausgesetzt, er konnte zügig bauen.

Rimini ging das Herz auf, als er in Rom anlangte. Beim Anblick der Stadt wurde ihm bewusst, wie sehr er sie vermisst hatte. Dagegen wirkte die sächsische Residenz bescheiden. „Roma, Roma, Roma.“ Ihm war es, als verwandle sich der Name in ein kostbares Gemälde. Er spazierte am Tiber entlang, sprach das Wort mehrere Male aus, überschritt den Fluss, erblickte die Engelsburg. Er verlangsamte seine Schritte in Erwartung Sankt Peters und der Kolonnaden des Giovanni Lorenzo Bernini. Als er Michelangelos Kuppel erblickte, die sich über den Bau spannte, als wollte sie ihn segnen, schlug sein Puls schneller. Das waren Glanz und Schönheit und Macht in einem. Hier hatten Begnadete gebaut. Sie waren mit Gott verwandt. Lorenzo Rimini schloss die Augen. Er versenkte den Anblick tief in sich. Plötzlich erschien ihm die Möglichkeit, nicht wieder nach Dresden zurückzukehren, gar nicht mehr so bedauerlich. Rom war das Zentrum der Welt. Dagegen verblasste auch die Kaiserstadt Wien. Sollten die Protestanten ihre Kirche bauen. Was ging ihn das an. Und er dachte flüchtig, dass auch die Sachsen ihren Teil zur Errichtung von Sankt Peter beigetragen hatten. Bis dieser Luther kam und die Menschen gegen Rom aufwiegelte und den Ablasshandel verteufelte. Selbst hier in Rom drängte sich dieser Mann ihm auf.

Er betrat den Dom. Der Geruch des Weihrauchs hatte etwas Besänftigendes. Als er die „Pieta“ sah, dieses geliebte Bild Michelangelos aus kostbarem Marmor, hatte er Mühe, Tränen des Glücks zurückzuhalten. Zwei, drei Tropfen glitten über seine blassen, weißen Wangen. Nein, er schämte sich dieser Tränen nicht. Die „Pieta“ war das Vollkommenste, was er in seinem Leben gesehen hatte. Auf den Knien der Jungfrau Maria lag der tote Christus. Er scheint nicht gelitten zu haben, er scheint nur zu schlafen. Es machte Rimini glücklich, dass Michelangelo seine erste große Lehre in Flo-

renz, seiner Vaterstadt, erhalten hatte. Dieser Mann hatte Florenz geliebt. Immer wieder war er in die Stadt zurückgekehrt, um dort zu arbeiten, hatte sich gegen den Papst Julius II. aufgelehnt, der ihn verfolgen ließ. Hier hatte Michelangelo den „David“ geschaffen, aus einem einzigen Stück Marmor, überlebensgroß, ein Meisterwerk der Bildhauerei.
Rimini trat aus dem Dom, schritt über den lichtüberfluteten Platz. Er hatte noch etwas Zeit, bevor ihn Benedikt empfing. Seine Strategie würde den Papst überzeugen. Er musste begreifen, dass die protestantische Kirche in Dresden nicht zu verhindern sei. Jetzt galt es, alle Kräfte zu sammeln, damit an der Elbe eine Hofkirche entstand. Ausführlich würde er seine Begegnung mit dem Kaiser schildern, seine Treffen mit den Gesandten. Er betrat den Vatikan. Kardinal Cosia teilte ihm mit, dass ihn Benedikt nicht empfangen könne. Der Heilige Vater sei plötzlich erkrankt. Man werde ihm einen neuen Termin zukommen lassen, sobald sich Benedikt erholt habe. Wann das sei, könne niemand sagen. In den nächsten sieben bis zehn Tagen gewiss nicht. Es bleibt mir auch nichts erspart, dachte Rimini, zuerst die überstürzte Abreise und nun musste er warten. Einen Augenblick überlegte er, für ein paar Tage zu seinen Eltern zu reisen. Darum zu bitten, wagte er nicht. Er solle sich zur Verfügung halten, hatte ihm von Cosia frostig bedeutet.
Zehn Tage vergingen ohne Nachricht aus dem Vatikan. Der Juli war sehr heiß in Rom. Der Tiber verkam zu einem Rinnsal. Die Straßen stanken. Seine Reise nach Rom schien nicht gelingen zu wollen. Sechs Wochen vergingen. Wer weiß, was inzwischen in Dresden passiert war. Flüchtig dachte er an Leda. Deutlich sah er ihre grünen, schiefstehenden Augen. Einmal hatte sie ihn mit einem Porträt überrascht. Sie hatte seine steile Nase sehr lang gezogen, sodass die Zeichnung einer respektlosen Karikatur glich. Er hatte überlegt, ob er beleidigt sein sollte. „Du siehst so aus, wenn du Ärger hast“, hatte sie behauptet. Wie würde sie ihn jetzt zeichnen, verkniffen, die Lippen blutleer gepresst, sehr unzufrieden? Er gab im Vatikan Bescheid und fuhr ans Meer. Vier, fünf Tage wollte er bleiben. Man hatte nichts dagegen. Das Meer brachte nur wenig Abkühlung. Es war vollkommen windstill. Das Warten war unangenehm.

Am zweiten Abend ließ er ein Mädchen kommen. Sie war sehr ungeschickt. Er schickte sie weg. Alles misslang. Er trank zu viel Wein, aß zu üppig. Köstlich waren die schwarzen Oliven, sehr gut der Ziegenkäse. Ob Leda Oliven schmecken würden? Wie mochte es ihr ergehen? Vermisste sie ihn? Er war überzeugt, dass sie einen Zweiten regelmäßig empfing. Er vermutete Wackerbarth.
Aber dann zweifelte er doch. Der Gouverneur war zu alt, sich eine Geliebte zu halten. Er dürfte über die sechzig sein. Rimini hatte überlegt, Leda beobachten zu lassen. Was hätte es ihm gebracht? Nichts als verletzte Eitelkeit. Nach drei Tagen kehrte er nach Rom zurück, lustlos, ohne Schwung. Keine Nachricht, kein Termin.
Er vergrub sich in der Bibliothek des Vatikans, las alte Dokumente aus der Zeit der Abspaltung, ließ sich die Bannbulle gegen Luther bringen. Es war schon ein starkes Stück, dass der Wittenberger sie in aller Öffentlichkeit verbrannt hatte, in diesem unbedeutenden Nest Wittenberg das Feuer gegen Rom entfacht hatte. Sie waren mit ihm nicht fertig geworden. Deshalb musste er hier sitzen und warten. Es gab in der Bibliothek sogar einen Kupferstich von diesem Dominikanermönch. Er war klein und von gedrungener Gestalt, das Gesicht war rund. Er sah eher wie ein Bauer aus und nicht wie ein streitsüchtiger Gelehrter. Lange beschaute Rimini den Stich. Man sieht es einem Menschen nicht an, was in einem steckt. Dieser Mann, dachte er, hat die Kirche gespalten. Nein, mit Macht und Druck allein war diesen Abtrünnigen, diesen Protestanten nicht beizukommen. Damals nicht und heute schon gar nicht. Sie waren ihrem Luther ergeben. Ihr Geschrei war unüberhörbar: kein Purpur, kein Gold, keine Prozessionen, keine Heiligenverehrung. Eine nüchterne Religion ohne jede Würze, ohne Farbe. Sie blieb ihm fremd, karg, sie hatte keinen Glanz.
Der September begann. Endlich wurde Rimini mitgeteilt, dass Benedikt ihn erwarte. Der Papst empfing ihn in seinem privaten Kabinett. „Der Herr wollte mich noch nicht“, krächzte er und zupfte seine fette Nase, hustete. „ Ich habe Sie ungebührlich lange warten lassen, verehrter Legat. Sehen Sie es mir nach.“ Benedikt sprach plötzlich sehr leise, ja sanft. Seine Zunge schob seine Oberlippe hoch. Rimini sah die verfaulten Zähne. Benedikt saß auf einem

schmalen, unbequemen Stuhl, mager, vornüber gebeugt, er hatte auf alle äußeren Zeichen seiner Würde verzichtet. Ein schlichter rotbrauner Rock bedeckte seinen dürren Körper, die langen Finger hingen schlaff. Er zog den Rock fester um sich. „Es ist warm und ich friere. Das Blut ist dick, die Knochen sind alt." Er trank einen Schluck Wein. „Ich muss ihn jetzt angewärmt zu mir nehmen. Kalt bekommt er meinem Magen nicht." Er verzog säuerlich seinen Mund. „Warm werden Sie ihn nicht trinken wollen, vermute ich."

Rimini konnte nachvollziehen, dass der Mann nicht hatte Papst werden wollen. 70 Tage hatte das Konklave gedauert. Man hatte ihn dazu genötigt, und er hatte schließlich nachgegeben. Nun musste er mit seinem Gott und seinem alten Körper auskommen.

„Was bringen Sie aus Sachsen mit, mein lieber Rimini? Kardinal Cosia meint, Sie haben keinen Erfolg."

Cosia war Rimini zuwider. Wann immer es ging, mied er den Kardinal. Der war verschlagen und korrupt. Rimini verstand nicht, warum ihm Benedikt sein Vertrauen schenkte, zumal er gerade das tat, wogegen er, Benedikt, ankämpfte, gegen den Luxus in den Kirchen, gegen die Üppigkeit im Vatikan, gegen die Völlerei der Geistlichen. Dass ihn Benedikt so direkt angriff, hatte er nicht erwartet. Aber so schnell wird er sich nicht aus dem Konzept bringen lassen. Offenbar war man in Rom noch immer der Meinung, dass die deutschen Fürsten vor den Wünschen Roms erstarrten. Es hieß, Benedikt sei ein ruhiger und ausgeglichener Mann, der das Herrschen nicht allzu sehr liebte. Cosia dürfte ihn, Rimini, in Misskredit gebracht haben. Das war gefährlich, weil die wichtigsten Geschäfte in seiner Hand lagen und er großen Einfluss auf den Papst ausübte. Er überhörte Benedikts Rüge und sagte: „Sachsen ist schwierig, Heiliger Vater." Und er erläuterte eingehend die Verhältnisse. Benedikt hörte zu, ohne ihn zu unterbrechen. Als Rimini schloss, fragte der Papst: „Und Sie glauben, dass der Kirchbau nicht zu verhindern ist?" Er rutschte auf dem unbequemen Stuhl hin und her, fuhr fort: „Das schadet unserem Ansehen." Er rieb seine Nase, die an der Spitze knollenartig ausgebildet war. „Ist denn der Bau schon begonnen worden? Vielleicht könnten wir noch intervenieren." Seine blasse kränkliche Haut rötete sich. – „Begonnen wohl noch nicht, aber die Kirche ist beschlossen." – „Der sächsische Kurfürst ist doch einer der unseren. Warum duldet er das?" Rimini antwortete leise: „Die Stadt Dresden ist der Bauherr, Heiliger Vater. Sie gibt die Kirche in Auftrag. Einen solchen Kirchbau kann selbst der Kurfürst nicht verhindern." Rimini überlegte, ob er Benedikt die ganze Wahrheit sagen sollte und entschied sich dazu. Vielleicht würde es helfen zu begreifen, dass sich Sachsen nicht allzu viel um Rom kümmerte. „Mir liegen Berichte vor, dass der Kurfürst das auch nicht will. Im Gegenteil, er drängt auf einen schnellen Baubeginn. Die neue Kirche soll seine Stadt zieren. Er ist ein großer Liebhaber des Bauens."

„Hatte uns dieser Mann nicht eine Hofkirche versprochen?"

„Mehrere Male, schon den Heiligen Vätern Innozenz und Klemens."

„Haben wir ihm nicht zur polnischen Krone verholfen?"

„So ist es."

„Dann müssen wir ihn daran kräftig erinnern."

„Das wird nicht viel nützen", entgegnete Rimini kühl. „Wir müssen ihn mit etwas locken und ihm den Preis dafür klarmachen."

„Und der wäre?"

Jetzt zog Rimini seine Trümpfe. Er berichtete vom Besuch in Wien beim Kaiser. „Seine besten Grüße gelten Ihnen." Er übergab Benedikt einen versiegelten Brief. „Der Kaiser hat eine Idee, die ich Ihnen mitteilen darf. Der polnische König wünscht eine direkte Landverbindung von Sachsen über Schlesien nach Polen. Schlesien ist im Besitz Habsburgs. Kaiser Karl könnte mit einem Weg durch Schlesien winken, dafür aber die Hofkirche einfordern. Er hat es vor." Und er ließ sich hinreißen zu sagen: „Das ist eine großartige Idee, Heiliger Vater. Unsere Kirche muss gebaut werden. Ich will sie, wir wollen sie. Rom muss an der Elbe strahlen, im Lande dieses Luthers, dieses Ketzers, in der Hauptstadt des Kurfürstentums. Etwas Geld dafür zu spenden, sollte uns nicht zu schade sein."

Rimini hatte sich in Eifer geredet. Meist dachte sein kühler Kopf, ehe er sprach. Aber hier in Rom, den alten Benedikt vor sich, der ständig an seinen bläulichen dürren Fingern rieb, empfand er es als

anmaßend, dass sich dieser Wettiner über Roms Wünsche hinwegsetzte. Er musste endlich die Kirche bauen. Dazu musste man ihn zwingen. „Ich bin dabei, eine Allianz zu schmieden aus Frankreich, Wien und uns, dem Heiligen Stuhl", sagte er.
Benedikt betrachtete Rimini. Cosia sah den Legaten falsch. Er war voller Eifer und Leidenschaft und Rom vollkommen ergeben. Es wäre ein Fehler, einen anderen nach Dresden zu schicken, wie es Cosia vorgeschlagen hatte. Er wird es Cosia abschlagen.
„Heißt es nicht", fragte Benedikt, „dass die Polen dem König ständig Schwierigkeiten bereiten? Sollten wir nicht etwas nachhelfen, dass sich die Probleme mehren? Dann kommt er und bittet um Hilfe, die wir ihm frohen Herzens erteilen werden. Wenn er die Kirche baut."
Rimini atmete stark. Er hatte Benedikt gewonnen. Es gab offenbar immer zwei Wahrheiten. Benedikt war nicht nur der Gelehrte, der Mönch auf dem Heiligen Stuhl, er war auch ein Mann, der seine Macht nutzen wollte.
Benedikt fror. Er legte sich eine Decke auf die blutarmen Knie, zog am Klingelband. Er ließ zwei Gläser heiße Zitrone kommen, beschaute wieder Rimini. „Sie werden noch einmal nach Wien reisen und den Kaiser in seinen Plänen bestärken. In meinem persönlichen Auftrag. Und zu keinem ein Wort über Ihre Mission, zu keinem, auch hier, im Vatikan, nicht. Die Sache ist zu delikat. Setzen wir den polnischen König unter Druck. Diesmal mit aller Entschiedenheit. Teilen Sie ihm unmissverständlich mit, dass wir die Einlösung seines Versprechens erwarten, nicht irgendwann, sondern jetzt. Sagen Sie ihm: Mit Rom tanzt man nicht."
Benedikt schlürfte die heiße Zitrone. Er heftete seine kleinen runden Augen, die böse dreinschauten, auf Rimini. „Ermutigen Sie seine Gegner, notfalls helfen wir mit etwas Geld nach, aber sparsam, sehr sparsam. Spornen Sie die Polen an, wenn es Erfolg verspricht. Polen hat viele Kirchen. Man erreicht viel Volk darin. Wir müssen ihn gefügigdrücken. Wir können nicht zulassen, dass man ungestraft gegen uns handelt. Sie sind das Werkzeug, Lorenzo Rimini, das Gott benutzt. Wann reisen Sie nach Dresden zurück?"

„Wenn Sie erlauben, besuche ich noch ein paar Tage meine Familie in Florenz. Es ist mehr als anderthalb Jahre her, als ich sie das letzte Mal sah."
„Gut. Rom läuft nichts so schnell davon. In zwei Tagen liegen die Briefe für Sie bereit." Benedikt erhob sich. Rimini küsste ihm die harte, trockene Hand. Sehr zufrieden verließ er den Vatikan. Er hatte mehr Tadel erwartet, gar seine Abberufung für möglich gehalten. Das unfreundliche Schreiben, das ihn nach Rom zitiert hatte, stammte mit Sicherheit von Kardinal Cosia.
Zwei Tage später wurden ihm die Briefe übergeben. Rimini reiste nach Florenz. Als die Silhouette der Stadt auftauchte, in der sich der Dom unter dem reinen Blau abzeichnete, kehrte eine große, heftige Freude in ihn ein. Sie hob ihn hoch, ließ ihn der Stadt entgegenschweben. Leider wurde sein Aufenthalt getrübt. Sein Vater erlitt tags darauf einen Schlaganfall. Vier Tage später starb er. Die Familie war dankbar, dass er so schnell erlöst worden war.
Seine Familie drängte ihn, den Dienst zu quittieren und nach Florenz zurückzukehren. Er war der älteste Sohn, er hatte für die Riminis zu sorgen, war zu ihrem Oberhaupt aufgestiegen. Und außerdem wuchs das Mädchen Emilia heran. „Das hat noch etwas Zeit", sagte er. Er musste nach Dresden zurück. Er wollte nicht eher ruhen, bis die Kirche, seine Kirche, an der Elbe entstand. Dafür wollte er alles nutzen, seine Geschmeidigkeit, sein Geschick, seine Allianzen. Und wenn es sein musste, würde er vor nichts zurückschrecken. Der Zweck heiligte die Mittel. Auch er hatte seinen Machiavelli studiert.
Ende Oktober verließ Rimini Florenz. Diesmal musste er in Wien zehn Tage warten, weil der Kaiser zur Kur weilte. Den Brief zu hinterlegen kam nicht in Frage. Benedikt hatte ausdrücklich verlangt, dass er ihn nur Karl übergebe. Der Inhalt sei für kein anderes Auge bestimmt. Nach der Rückkehr des Kaisers wurde Rimini sofort empfangen. Karl las in Riminis Gegenwart den Brief des Papstes.
„Ja doo", sagte der Kaiser hoch gestimmt. „Dann müssen wir den Burschen etwas jagen und den Schinken zum Schnuppern hochhängen. Die Landverbindung will er, das ist gut, da haben wir was in der Hand, mit dem wir ihn locken werden. Es wird ein harter

Knochen werden. Ich glaube, er wird sich die Zähne ausbeißen." Er sah Rimini schräg an. „Fangen wir an, Legat, fangen wir an."
Die derbe respektlose Art des Kaisers missfiel Rimini. Er liebte das Florett und nicht den Säbel. Tags darauf verließ er Wien. Er notierte in seinem Kalender den 4. Dezember 1726.

Leda soll nach Berlin zurückkehren

Unerwartet stand Ledas Bruder Holger in der Tür. Groß, sein Gesicht braun, strahlend. „Liebste Schwester", rief er übermütig und schloss sie in seine Arme. Dann schob er sie so weit von sich, wie seine Arme reichten. „Schwesterchen, Schwesterchen", sagte er, „du siehst blass aus. Und blaue Augenringe und leicht gerötete Lider. Und zu viel Puder auf den Wangen. Was ist mit dir los?" Sie genoss es, dass er sie wieder an seine Brust zog, der große, starke Bruder, der wilde Eroberer, der Seeoffizier, der über die Meere segelte, mal für die Niederlande, mal für England und zwei Jahre für den russischen Zaren Peter. Der hat es ihm reichlich vergolten und ihm angeboten zu bleiben. Aber ihr Bruder hatte es vorgezogen, Petersburg zu verlassen. Ihre beste Freundin hatte sich in ihn verliebt, mit sechzehn. Ach, was hatte Luise geheult, dass er sie nicht beachtete. Sie, Leda, hatte ihn beschimpft. Du herzloser Mann, du Herzensbrecher. Was hast du angerichtet! Jetzt lehnte sie an seiner Brust wie an einem warmen Kachelofen. „Ich bin nicht allein", sagte er, „ich wollte aber erst die Lage sondieren." Er pfiff durch zwei Finger. Und es erschien ein gut gekleideter Mann, etwas jünger als ihr Bruder, in einem dunkelbraunen, eng geschnittenen Rock und Kniehosen. „Darf er eintreten? Mein Compagnon." Er stellte seinen Freund vor. „Harald Nielsen, Sohn eines Hamburger Kaufmanns. Auch seeerfahren." Nielsen deutete eine Verbeugung an. Er riss die Augen auf, als fürchte er sich. „Er darf", sagte Leda amüsiert.

Leda ging voraus. Eine Riesenfreude war in ihr. Der Bruder in Dresden, bei ihr. Das letzte Mal in Berlin hatte sie ihn nicht angetroffen, er war in Holland gewesen, in Geschäften. Sie war sehr aufgeregt, was sollte sie mit den beiden Männern anstellen? „Setzt euch", sagte sie.

Ihr Bruder stolzierte im Zimmer umher, betrachtete kurz die Stiche an der Wand, sah das Porzellan, das chinesische Lackpult. „Hallo", sagte er, „meinem Schwesterchen scheint es sehr gut zu gehen. Lebt wie eine feine Dame. Das verschlechtert unsere Chancen, Nielsen." Er schaute ihr eindringlich ins Gesicht. Und er blieb bei seiner Vermutung: Sie hat Kummer. Später, allein mit ihr, wird er sie fragen, was los sei. Er hatte André, ihren Mann, nie kennen gelernt, wusste nur, dass er umgekommen war. Nielsen war ans Fenster getreten. „Schön ist es hier", sagte er, wandte sich um und schaute Leda in die Augen, als müsse er dort etwas entdecken. Solch einen Blick hatte sie schon lange nicht mehr gespürt.

„Was führt dich nach Dresden?", fragte Leda. – „Geschäfte. Wir wollen dem sächsischen Landadel die Kartoffel aufschwatzen. Sie ist dabei, in Europa heimisch zu werden, aber hier und in Brandenburg noch nicht. Ich habe sie zum ersten Mal in Spanien gegessen, schmeckt gekocht sehr gut." Sie kannte Kartoffeln nicht und wusste nicht, wie sie aussehen. „Hast du welche mit?" – „Nein, sie kommen morgen in einem Planwagen an. Nielsen kennt sich mit Kartoffeln weit besser aus als ich. Wir betreiben gemeinsam ein Import- und Exportgeschäft. Mit Erfolg. Die Leute entdecken Gewürze und trinken Tee. Wir verdienen ordentlich Geld. "

Leda bot etwas zu trinken an. „Ich schicke nach Bier." Ihr Bruder grinste. „Du und Bier. Seit wann trinkt mein Schwesterchen Bier? Lebst du mit einem Mann zusammen? Bist du wieder verheiratet? Ich weiß so gar nichts von dir."

„Ich trinke kein Bier. Aber ich habe gute Krüge für Bier. Und verheiratet bin ich auch nicht."

Er sagte zu Nielsen: „Einen gewissen Sinn für praktische Dinge hatte Anna schon in Berlin. Darin sind wir uns etwas ähnlich."

Leda verließ sie, um sich um das Bier zu kümmern. Sie wusste nicht, was ihr Bruder vorhatte und welchen Eindruck er von ihr gewinnen würde. Was erzählte sie ihm, wenn er Fragen stellte. Nein, er durfte nicht erfahren, wie sie in Dresden lebte. Sie musste Wackerbarth absagen. Ihr Bruder durfte nicht dahinterkommen, dass sie die Geliebte des Gouverneurs war. Sie hatte nicht die geringste Lust, sich zu rechtfertigen. Wieder zurück, sah sie ihren Bruder in der Küche. Er schlug Eier in die Pfanne. Er kostete das Bier. „Sehr gut. Davon kannst du mehr besorgen. Wir haben Durst." Er spürte, dass sie nervös war. Sie war ihm immer vertraut gewesen. Und es hatte nie Geheimnisse gegeben. Lange Zeit waren sie unzertrennlich, bis jeder seine Wege ging. Sie hatte André geheiratet, völlig überstürzt und ohne elterlichen Segen. Sie hatte ihn bei einer Freundin kennen gelernt, die aus einer mecklenburgischen Offiziersfamilie stammte.

Nielsen, der nicht wusste, was er mit sich anfangen sollte, betrachtete das Porzellan. „Feines Zeug ist das", sagte er. „Kommt es aus der Meißner Manufaktur?", gab er sich gut informiert. „Dürfte teuer sein."

„Mehr als das", bestätigte sie. Gewiss ist er jetzt neugierig, woher sie es hat. Neugierig dürfte auch ihr Bruder sein. Sie hatte Spaß daran, die Köpfe der beiden zu martern. „Ich habe es vom Hof geschenkt bekommen, Herr Nielsen. Es ist nicht erste Güte, die Tassen haben Haarrisse im Boden, aber immerhin Porzellan aus der Manufaktur in der Albrechtsburg, auf das der König sehr stolz ist." Sie nahm eine Tasse aus dem Schrank und zeigte ihm die Haarrisse. „In Brandenburg", sagte er, „versucht man auch Porzellan herzustellen. Aber es gelingt wohl nicht."

„Oho", sagte Holger spöttisch, „meine Schwester hat Beziehungen zum Hof, eine Rechenmeistertochter wird vom Hof beschenkt. Dreiteufelsmädel. Wie hast du das angestellt?"

„Bleibt mein Geheimnis", sagte sie. Wackerbarth hatte ihr die sechs Tassen und Untertassen zum Geburtstag geschenkt, auch die zierliche Kanne, die leider nicht zu den Tassen passte. Die beiden Männer wurden nicht satt. Sie musste die letzten vier Eier in den Tiegel schlagen.

Nach dem Essen verabschiedete sich Nielsen. Sie begleitete ihn zur Tür. Er geht nicht, bemerkte sie, er trippelt. Aber er war ihr nicht unangenehm. Sie gab ihm ihre Hand. Er hielt sie zu lange fest. Sein Gesicht, in dem zwei graue Augen ruhig standen, war hell und freundlich. Sie entzog ihm ihre Hand. Sie verabredeten sich für den Abend im Stadtkeller.

Jetzt hatte sie ihren Bruder für sich und musste keine Rücksicht nehmen. „Du wohnst komfortabel", stellte er fest. „Wie machst du das?" – „André hat mir etwas Geld und die Wohnung hinterlassen. Und ich bin mit einem Mann befreundet, dem es gut geht." – „Komm her", sagte er, „setz dich auf meinen Schoß, wie früher." Sie gehorchte artig und gab wieder ihrem Verlangen nach und legte ihren Kopf an seine Brust und ließ ihn lange dort liegen. „Mein großer, starker Bruder", sagte sie. Er fragte: „Was ist los mit dir? Hast du Kummer? Ich dachte, du würdest dich ganz heftig über meinen Besuch freuen." – „Tu ich auch." – „Dann sag, was los ist." Nein, sie wird ihm nichts sagen. Sie hatte auf eine Nachricht von Rimini gehofft, auf ein winziges Zeichen, dass er lebe und vielleicht an sie denke. Sie war für ihn eine gute Laune gewesen. „Meine gute Laune", hatte er einmal gesagt und sie geküsst. Das hatte sie auch vorher gewusst, aber Wissen und etwas Erfühlen und Erfahren waren doch sehr unterschiedliche Pole. Ihre Absicht, sich von Wackerbarth zu trennen, hatte sie nach Riminis Abreise wieder fallenlassen. Wackerbarth war eitel und laut, manchmal launisch. Zum Neujahrsball wollte er sie als seine Geliebte am Hof einführen. Hielt er sein Wort, war sie dazu bereit, vorausgesetzt, er legte eine Rente für sie an. Sie musste zusehen, dass sie versorgt war. Solange sie begehrt wurde, ging es ihr gut. „Ich freue mich sehr, dass du nach Dresden gekommen bist, zu mir, zu deiner Anna", sagte sie. „Alles andere ist unwichtig. Du bist endlich nicht mehr auf Schiffen, und ich muss keine Angst um dich haben, dass du untergehst." Sie kraulte in seinen, dünnen roten Haaren, zauste sie und rief. „Mein Feuerteufel." Sie lachten. So hatte sie ihn gerufen, wenn sie ihn ärgern wollte. „Ich möchte", sagte er, „dass du nach Berlin zurückkehrst und mit mir und Nielsen arbeitest. Im Kontor. Ich brauche dein Französisch. Du hast eine sehr schöne Schrift, wie unser Vater. Ich werde dich auch gut bezahlen. Und du wirst eine Herrin sein."

Sie glitt von seinem Schoß. Das war eine Wendung, die sie überforderte. Nach Berlin zurückkehren? Nach dem Tode Andrés hatte sie anfangs daran gedacht. Aber er hatte ihr die kleine Wohnung in Dresden noch zu Lebzeiten überschrieben, ohne dass sie es gewusst hatte. „Als Soldat kann ich schon morgen tot sein", las sie. Ein halbes Jahr darauf war er es. „Dein Wunsch kommt überraschend", sagte sie. „Darauf bin ich nicht vorbereitet." Und sie fragte sich: Soll ich das wollen, soll ich zurückkehren und zu einer Frau im Kontor werden, die rechnet und Buch führt? Als sie die Schule besuchte, hatte sie gern ihrem Vater zugeschaut, wie er schrieb. Würde eine Rückkehr gut sein? Sie war außerstande, diese Fragen auch nur im Ansatz zu beantworten. „Ich weiß nicht, ob ich das will", sagte sie. „Wie sollte ich dir helfen können?" – „Das weiß ich schon. Ich brauche eine Vertrauensperson inmitten der Männer." Die Vorstellung, nach Berlin zurückzukehren, hatte etwas Verlockendes, gestand sie sich ein. Sie hatte gern in dieser Stadt gelebt, war dort aufgewachsen. Nachdem sie André geheiratet hatte, war es turbulent zugegangen: ein paar Monate in Warschau, dann in Krakau. „Ich muss überlegen, ob ich will. Es geht mir gut in Dresden. Lasse mir Zeit."

„Ich dränge dich nicht", sagte er, „aber ich wünsche sehr, dass du nach Berlin kommst, bald. Was soll es hier Wichtiges geben, das dich festhält?" – „Großer Bruder, was weißt du schon von deiner Schwester. Du bist Jahre über die Meere gefahren, warst weg." Sie entschuldigte sich.

Sie schrieb eilig eine kurze Nachricht an Wackerbarth, teilte ihm mit, dass ihr Bruder aus Berlin gekommen sei und sie sich um ihn kümmern müsse. Hoffentlich erhielt er den Brief rechtzeitig. Es wäre zu ärgerlich, wenn er käme und sie erklären müsste.

Abends war sie die einzige Frau im Stadtkeller. Sie aßen fettes Fleisch und saure Gurken. Dazu schwarzes Brot. „Kartoffeln", sagte ihr Bruder, „würden gut zu diesem Essen passen." Nielsen erzählte von Hamburg. Er hatte eine Art zu reden, die heiter stimmte. „Dort sind die meisten fetten Fische mit ihren runden Bäuchen versammelt. Wenn man sie anpiekt, rieselt Gold. Wir wollen auch etwas rieseln. Wenn Sie in Berlin sind, müssen Sie auf uns aufpassen, damit wir dem Teufel nicht unsere Seele verkaufen. Er wartet schon auf uns."

Für die beiden steht meine Rückkehr schon fest, dachte sie. Das behagte ihr nicht. Aber sie sagte nichts. Ihr entging nicht, dass Nielsen seinen Blick an sie hing, sobald er annahm, dass sie es nicht bemerke. Und sie ließ ihm diesen Glauben. Es wurde spät. Die beiden

Männer begleiteten sie nach Hause. Am nächsten Tag wollten sie sich am späten Nachmittag wieder bei ihr einstellen. Als sie allein war, warf sie ihre Kleider von sich. Sie spazierte auf Zehenspitzen durchs Zimmer. Dann schloss sie ihre Augen und setzte auf einer vorgestellten Linie einen Fuß vor den anderen. Das gelang schlecht. Sie hatte etwas zu viel Wein getrunken. Es war ein guter Abend gewesen, der schönste, seit Rimini weg war. Sie wird künftig wieder öfter aus dem Haus gehen. Berlin, dachte sie, was fange ich mit Berlin an? Sie beschloss, nichts zu übereilen.

Nach einer Woche reisten die beiden ab. Sie hatten ihre Kartoffeln auf mehreren Gütern vorgestellt und verkauft. „Ich erwarte dich in Berlin, lass uns nicht so lange warten", mahnte ihr Bruder. Und Nielsen hielt ihre Hand bei der Verabschiedung fest, wieder etwas zu lange. „Gnädige Frau, erlauben Sie, dass auch ich auf Sie warte." Und er riss wieder die Augen auf. Gnädige Frau, das klang feierlich. Was würde ihm passieren, wenn er wüsste, dass sie die Geliebte des Gouverneurs war, eines mächtigen Mannes in Sachsen? Würde er sie verachten? Bestimmt! Eine solche Frau war keine gnädige Frau. Und ihr Bruder erst, wie würde er sich verhalten?

Leda blieb unentschieden. Als sie es nicht mehr aushielt, erzählte sie Wackerbarth von ihrem Bruder und dem Kontor. „Er will, dass ich nach Berlin komme." Nielsen verschwieg sie.

Wackerbarth richtete sich auf, hob beide Arme wie ein Priester. Er ist wirklich ein stattlicher Mann, dachte sie. Schade, dass er so alt ist. „Nichts ist. Was willst du in Berlin", sagte er schroff. „Zum Neujahrsball stelle ich dich dem König vor. Er schuldet mir Geld. Er wird es mir nicht abschlagen können. Dann bist du am Hof als meine Geliebte offiziell eingeführt. Ich baue jetzt ein Palais. Darin ist auch für dich Platz. Und Gnade demjenigen, der dich übersieht. Ich drücke ihn aus." Er packte sie, warf sie hoch, fing sie auf, trug sie auf seinen Armen durchs Zimmer, wie eine Beute, dachte sie wieder. Aber seine Kraft und Selbstverständlichkeit gefielen ihr. Ja, er sollte sie bei Hofe einführen. Das Kontor musste warten. Er warf sie aufs Bett.

Wie er sich verwandeln kann, wie er sich ihre Umarmungen wünscht. Und sie fand, dass er darin Rimini glich. Vielleicht ist das die eigentliche Natur der Männer, sich in den Armen einer Geliebten zu verkriechen. Und sie fand, dass das in Ordnung war.

Der polnische König empfängt Rimini

Rimini erwog von Wien über Dresden nach Warschau zu reisen. Hatte er Glück, würde er Leda besuchen können. Es war für ihn etwas ganz Neues: Je länger er von Dresden abwesend war, desto öfter musste er an sie denken. Wenn er sich ihr Gesicht ins Gedächtnis zurückrief, was ihm mühelos gelang, erfüllte es ihn mit Wärme. Aber dann beschloss er doch, den direkten Weg nach Warschau zu nehmen, um keine Zeit zu verlieren. Es ging auf den Dezember zu. Vielleicht erreichte er die Stadt vor den großen Schneefällen. Sein Plan stand fest, er wird dem polnischen König mitteilen, dass Habsburg über eine Landverbindung zu verhandeln bereit sei und er mit jeder Unterstützung des Vatikans rechnen könne. Unter gewissen Bedingungen natürlich. Es war herauszubekommen, ob Friedrich August diese Bedingungen akzeptieren wolle. Land im Tausch für Land und die Kirche dazu.

Die Reise war beschwerlich. Die Unterkünfte waren schlecht, das Essen zu fett. Er verzichtete ungern auf Komfort. Als er in Warschau ankam, begann es zu schneien, aber nur kurz. Er hoffte, nicht allzu lange auf eine Audienz warten zu müssen. Friedrich Augusts Beichtvater Pater Vota versprach, sich zu kümmern, als er erfuhr, dass Rimini mit wichtigen Briefen von Benedikt nach Warschau gekommen sei. Aber Rimini musste sich gedulden. Dem König ging es nicht gut. Rimini gewann den Eindruck, dass Vota nicht viel Eile und Eifer an den Tag legte. Wahrscheinlich war er verärgert, dass der Papst ihn übergangen und einen Sondergesandten geschickt hatte. An Vota war keine Zeile gerichtet. Die Entfernung zwischen Rom und Warschau war beträchtlich, sagte sich Rimini. Sie sorgt wohl dafür, dass man auch hier auf den Heiligen Stuhl mit einer gewissen Distanz blickt. Was in Rom sehr heiß zubereitet wurde, erfuhr selbst im katholischen Polen eine gewisse Abkühlung.

Rimini lehnte Votas Angebot ab, im Kloster zu wohnen. Ihm war nicht nach frühem Aufstehen und kargen Mahlzeiten zumute. Wenn er sich schon in Warschau aufhielt, dann sollte es ihm halbwegs ordentlich ergehen. Er suchte sich ein Hotel an der Weichsel. Es gehörte einem Franzosen, der kaum älter als 30 Jahre war. Von seinem Zimmer, das im zweiten Stock lag, hatte Rimini einen schönen Blick auf den Fluss. Das Hotel war gut besucht, Franzosen, Russen, zwei Deutsche hatten sich eingemietet. Das Haus schien sehr beliebt zu sein. In die zwei großen Wirtsstuben strömten abends junge Polen aus der besseren Gesellschaft, an ihrer Seite junge, schöne Frauen. Rimini gefiel das Hotel. Hier würde er es aushalten. Das Essen war gut, der Wein sauer. Der weiße Schnaps, den sie Wodka nannten, versetzte die jungen Leute schnell in ausgelassene Stimmung. Es wurde viel getrunken. Er probierte auch den Wasserklaren. Es war ein feines Getränk. Aber drei Gläser reichten ihm.

Am zweiten Abend betrat eine hübsche Frau den Kneipenraum. Ein Schwarm junger Männer umringte sie. Sie trug Reithosen, braune Stiefel und eine sehr enge grellrote mit Pelz besetzte Weste, die ihr etwas Knabenhaftes verlieh, weil sich darunter kaum ihre Brüste abzeichneten. Schwarzes Haar quoll unter der Pelzkappe hervor. Der Wirt empfing sie mit großer Aufmerksamkeit. Sofort wurde ein Tisch geräumt, ohne dass es Protest gab. Wein, Bier und Wodka wurden aufgetragen. Rimini war neugierig, was sie trinken würde. Wahrscheinlich Wein. Sie griff zur Bierkanne. Mit dem Handrücken wischte sie sich den Schaum vom Mund. Man kennt sie hier, dachte Rimini. Die Blicke der Männer hingen an ihren Bewegungen.

Sie verschränkte die Arme vor ihrer Brust, neigte sich leicht nach links, stellte ein Bein auf den Stuhl und ließ ihren Blick durch den Raum spazieren. Rimini bemerkte, dass sie ihn anschaute, neugierig, wie es ihm erschien. Er erwiderte ihren Blick, hielt ihn ziemlich lange fest, bis sie ihm auswich, die Augenbrauen hoch gewölbt. Rimini hätte gern gewusst, wer sie war. Aber die Aufmerksamkeit des Wirts galt nur dem Tisch, an dem die Schöne saß. Der Wirt war sehr mit ihr vertraut, denn einmal strich sie mit ihren Fingern durch sein Haar, was ihm sichtlich gefiel. Bald spielte Musik auf. Die jungen Leute begannen zu tanzen. Sie umwarben die Schöne. Sie war gnädig und bedachte einige mit einem Tanz. Bald aber löste sie sich von ihnen, tanzte von Tisch zu Tisch, von Beifall begleitet, tanzte bald allein, holte sich diesen und jenen Jungen, entließ ihn, stand plötzlich vor Rimini, lachte, zog ihn am Arm, bis er aufstand. „Sie sind fremd hier", stellte sie fest. Rimini bestätigte. „Ich bin gestern in Warschau angekommen." – „Wie lange bleiben Sie hier?" – „Das hängt von den Umständen ab." – „Von welchen?" Rimini hatte nicht die Absicht, sich mit seinem Besuch beim König wichtig zu machen. „Ich hoffe, nicht lange", überhörte er ihre Frage. Sie blieb hartnäckig und fragte: „Wohin reisen Sie dann?" – „Ich kehre nach Dresden zurück." Sie sah ihn einen Augenblick so eindringlich an, dass es ihm unangenehm wurde. Danach tanzte sie mit ihm und entließ ihn wie die anderen mit einer flüchtigen Handbewegung. Sie kehrte an ihren Tisch zurück. Bald darauf klatschte sie in die Hände. Der Wirt, der Gerome hieß, eilte zu ihr. Münzen klirrten. Die jungen Herren bezahlten. Sie verließen die Kneipe. Die Männer folgten ihr wie artige Hündchen. Rimini fragte den Wirt, wer die Dame sei. „Sie kennen sie nicht? Die Orzelska, die Lieblingstochter des Königs. Sie besucht oft mein Haus, immer mit einer Schar junger Männer, die sie anbeten." Er schaute zum Tisch hinüber, wo die Orzelska gesessen hatte und fuhr fort: „Sie ist Warschaus aufregendste Frau."

Rimini hatte in den nächsten Tagen zahlreiche Gespräche. Vota hatte für Einladungen in Adelshäuser gesorgt. Rimini erfuhr aus erster Hand: Die Polen liebten den König nicht. Mehrere Adelshäuser waren ihm feindlich gesonnen. Sie wünschten einen König von polnischer Geburt auf dem Thron. Sie wären den Sachsen lieber heute als morgen los. Aber der König saß fest im Sattel. Die Zeiten, wo sich der polnische Reichstag offen gegen ihn aufgelehnt hatte, gehörten der Vergangenheit an. Das würde seine, Riminis, Mission nicht gerade erleichtern. Ein schwacher König wäre ihm lieber. Dennoch hatte er gute Karten in der Rückhand. Der König wollte seinem Sohn die polnische Krone sichern. Dies sollte ihm der Reichstag garantieren. Rimini war klar: Der König wollte die wettinischen Dynastie in Polen begründen. Dagegen sperrten sich die Polen. Sie lehnten eine Erbmonarchie kategorisch ab. Ohne die Unterstützung des Vatikans und Habsburgs, ohne ihren Druck würde daraus nichts, aber auch gar nichts werden, wenn überhaupt. Das würde er dem polnischen König klar machen, freundlich, leise, aber mit Nachdruck. Und dazu die Landverbindung in Aussicht stellen, baute er die Hofkirche in Dresden.

Am vierten Tag nach seiner Ankunft versank Warschau im Schnee. Der Lärm der Stadt wurde leiser. Die Glöckchen der Pferdeschlitten schallten hell in den engen Straßen. Am fünften Tag rief man ihn ins Schloss zum König. Rimini war bestens vorbereitet, glaubte er. Und er hatte etwas zu bieten. Darauf setzte er. Er war kein Bittsteller. Rom war nie Bittsteller. Man führte ihn in einen kleinen Salon. Der König saß in einem hohen Sessel auf Rädern, vor ihm zwei offene Holzkohleöfen. Es war angenehm warm. An seiner Seite stand eine Frau. Rimini erkannte sie sofort. Es war die Orzelska. Und sie erkannte ihn ebenfalls. „Da ist ja mein Tänzer", sagte sie. Der König, der das nicht verstand, fragte mit angehobenem Kopf: „Dein Tänzer? Wer ist dein Tänzer?" – „Der, den du empfängst. Ich habe mit ihm bei Gerome getanzt." Sie sah Rimini ins Gesicht. „Er hat ziemlich ausgelassen getanzt, gar nicht wie ein Diplomat aus Rom. Aber verraten hat er nicht, dass du ihn empfangen wirst." Sie schaute Rimini dreist an. „So, so", sagte Friedrich August, „der Legat kennt meine Tochter." – „Majestät", sagte Rimini, „das ist ein glücklicher Zufall." Er verneigte sich vor dem König, verbeugte sich knapp vor der Orzelska. Sie trug wieder Reitstiefel und Reithose. Unter der Bluse deuteten sich kleine Brüste an. Aus ihren Augen schien der Spott überlaufen zu wollen, als sie sagte: „Rom scheint sehr verschwiegene Diplomaten mit großen heftigen Augen zu haben."

Friedrich August schaute sich Rimini etwas genauer an. Er sah einen geschmeidigen Mann, etwa 30 Jahre alt, sah einen Florentiner aus dem warmen Italien vor sich stehen. Es hatte ihm in Italien sehr gefallen, als er dort unbeschwert umhergereist war. Frei, keine Krone auf dem Haupt, keinen Kurstuhl unterm Hintern, keinen Ärger mit Protestanten und Katholiken. Und die herrlichen Frauen.

Wonne, Lust, Leben, Wein. Das war eine Ewigkeit her. Nun hockte er in diesem kalten Land, in dem zugigen Schloss, das ihm nicht gehörte. Er hatte überlegt, ob er Rimini in seinem Wohngemach empfangen sollte. Aber das wäre zu viel Auszeichnung für den Legaten des Vatikans gewesen. Er war gespannt, was ihm der Mann mitzuteilen hatte. Was Vernünftiges wird es nicht sein. Seit er regierte, war aus Rom nie etwas Vernünftiges gekommen. Sein Blick fasste Rimini kräftig an, suchte zu erkunden, was es sein könnte, das er vorzubringen hatte. Vota hatte ihm dringend den Empfang empfohlen. Das Gesicht des Legaten war glatt, kühl, war beherrscht. Die zupackenden Augen, die hohe Stirn über der scharfen Nase führten Selbstbewusstsein vor. Er beschloss, unverfänglich zu beginnen. Sollte der Gesandte rausrücken, was Rom drückte.
„Es war gewiss eine lange, beschwerliche Reise bis nach Warschau", sagte der König. „Vom schönen, warmen Italien in diesen unwirtlichen kalten Winter. Ich liebe Ihr Land. Ich habe es mehrere Male besucht." – „In der Tat, die Reise war lang, aber sie war notwendig. Von Florenz, meiner Vaterstadt, über Wien zu Ihnen, Majestät, das hat etwas Zeit gekostet. Aber nun ist alles überstanden."
„Auch in Wien lässt es sich gut aushalten", warf der König ein.
„Leider hatte ich nur wenig Zeit. Kaiser Karl bat mich, Ihre Majestät zu grüßen und Ihr beste Gesundheit zu wünschen. Man sollte sich wieder einmal sehen, hat er mir aufgetragen, Ihnen mitzuteilen."
Friedrich August schaute Rimini wieder ins Gesicht. Wie sich der Mann mit seinem Besuch beim Kaiser erhöhte, das war geschickt. Sie haben gute Diplomaten in Rom. Das anerkannte er ohne jeden Neid. Und er beschloss, schnell vorzugehen. Er streckte den rechten Fuß aus, der schmerzte, drückte die Oberschenkel. „Was gibt es aus Rom?", fragte Friedrich August. – „Benedikt XIII. segnet Sie. Er ließ ein Gebet im Petersdom für Sie ansetzen, bevor ich abreiste. In Rom hofft man sehr auf eine Hofkirche in Dresden. Deshalb die Reise zu Ihnen." Er übergab Friedrich August zwei Briefe. Der reichte sie der Orzelska. Rimini war etwas irritiert, dass er die wichtige Post seiner Tochter überließ.
Das alte Lied erklingt wieder, dachte Friedrich August. Er soll ihnen eine Kirche bauen. Sie lassen nicht locker. Sie sind wie Maul-

würfe, wühlen und wühlen. Nun schicken sie mir auch noch diesen Legaten auf den Hals. Er braucht diese Kirche nicht, hat ohnehin kein Geld für sie. Seine Laune verschlechterte sich. Er klatschte in die Hände. Ein Mann trat ein. Die Orzelska übergab ihm die beiden Briefe. Sie wurden geöffnet und Friedrich August gereicht. Er überflog sie. So ist es also. Seine dunklen Augenbrauen wölbten sich. Leichte Röte zog über sein Gesicht. Er merkte es. Und das ärgerte ihn. Seit etwa einem halben Jahr kam diese Röte ins Gesicht, wenn er sich aufregte. Rom hatte Wind von seinem Wunsch bekommen, von Sachsen nach Polen über Schlesien ungestört reisen zu wollen. Benedikt verwandte viele Worte, um ihm mitzuteilen, wie gut er den Ärger des Königs verstehe, wenn ihm und seiner Begleitung an der Grenze Schwierigkeiten bereitet würden. Und er versprach, darüber mit Habsburg zu konferieren. „Mit Sicherheit wird sich eine Lösung finden“, schrieb Benedikt. Nicht schlecht, dachte Friedrich August. Im Versprechen waren sie schon immer groß.

Friedrich August legte die Briefe beiseite, verärgert. Hielten sie ihn für so blöd, dass er sie nicht durchschaute. Sie wollten die Kirche, die er Rom leichtsinnigerweise nach seiner Krönung in Krakau versprochen hatte. Sie drängten ihn und stellten vage Unterstützung in Aussicht. Glatte Erpressung war das. Und wer garantierte ihm, dass sie ihre Zusagen einlösten? Habsburgs Diplomaten waren verschlagen. Sie kannten keine Skrupel, wenn es um ihre Interessen ging. Und der Vatikan hüllte sich in Schweigen, wenn ihm etwas nicht passte. Friedrich August verbarg seinen Unmut, blieb freundlich, ja wurde liebenswürdig.

„Die Hofkirche bauen, nichts lieber als das möchte ich, mein lieber Legat. Aber meine lieben Landsleute sind schwierig. Beim geringsten Anlass krähen sie, sehen in jedem Katholiken einen Erzfeind, der ihren Kindern die Gurgel aufschneiden will. Ich muss auf meine Sachsen Rücksicht nehmen. Erst unlängst ist es in Dresden zu Mord und Totschlag gekommen.“ Er beugte sich über den Sesselrand, drückte wieder seine Oberschenkel. Und er dachte, wenn sie unbedingt die Hofkirche haben wollen, dann sollen sie mir Geld für sie geben. Er hatte jetzt anderes vor. Der Umbau des Japanischen Palais kostete eine Menge Geld, die Polen hielten die Hände auf. Die Schulden stiegen. Nicht mal die Hochzeitskosten seines Sohnes waren beglichen, Wechsel fällig. Und er sagte freundlich: „Wir wollen bauen, gewiss, hochverehrter Legat, aber zurzeit sind unsere Kassen klamm, sehr klamm. Alle Welt will von mir Geld. Und keiner sagt, woher es nehmen. Teilen Sie dem Heiligen Vater mit: Wir sind zum Kirchbau bereit, sofort, aber unter gewissen Zuwendungen." Und er setzte noch eins drauf, damit deutlich wurde, was er meinte: „Einst haben auch die Sachsen für den Bau des Petersdoms gespendet, beträchtliche Summen sogar. Vielleicht sollte man sich in Rom daran erinnern und etwas davon zurückgeben." Und er schloss: „Teilen Sie dem Heiligen Vater mit, verehrter Legat, dass wir sehr dankbar wären, wenn er sich für die Landverbindung einsetzen würde."

Rimini hörte dem König ungerührt zu. Ihm war jetzt endgültig klar: Der Mann hatte nicht die Absicht, in Dresden eine Hofkirche zu bauen, es sei denn, Rom trug kräftig dazu bei. Aber selbst in diesem Falle wäre es nicht sicher. Das Einzige, was ihn zum Bauen veranlassen könnte, wäre die Landverbindung. Sie schien das Wichtigste zu sein, was der König anstrebte. Das könnte der Schlüssel zum Erfolg werden. In einem irrte er sich nicht. Dem König waren der Heilige Stuhl und der katholische Glaube völlig gleichgültig. Bekam er die Landverbindung nicht, floss nicht kräftig Geld nach Dresden, würde nicht ein einziger Stein über den anderen gesetzt. Rom und Wien mussten handeln, gemeinsam, schnell, druckvoll, geschickt. Geschah das nicht, dann musste er warten, bis der König im Sarg lag. Danach musste er es mit seinem Sohn, seinem Nachfolger, versuchen. Vielleicht war der eher zu gewinnen. Aber wann würde das sein?

„Wir werden dem Heiligen Vater unsere Entscheidung mitteilen", hörte Rimini den König sagen. „Dessen seien Sie gewiss: Es ist uns wärmstens daran gelegen, ihn nicht zu enttäuschen. Werben Sie für uns, lieber Legat. Sie verstehen uns und unsere Lage. Ich setze auf Sie." Er schaute Rimini eine Weile an. Rimini wusste, dass er es mit einem gewieften Mann zu tun hatte: Wie er ihn als Verbündeten ins Boot holen wollte. „Wir wollen beide den Erfolg, nicht wahr?

Sie für Rom, ich in Dresden. Sie kehren doch wieder nach Dresden zurück – oder?" Rimini bestätigte. Und er dachte: Er ist schlau, schlau und verschlagen. Der König klatschte in die Hände. Die Flügeltür wurde geöffnet. Rimini verbeugte sich, zuerst vor dem König, dann leichter vor der Orzelska. Er hörte sie sagen: „Dann werden wir dem Legaten wohl in Dresden begegnen, in unserem Schloss zum Neujahrsball." – „Es wäre mir ein großes Vergnügen", sagte Rimini und schaute ihr in die Augen, die sie halb geöffnet hielt. Rimini verließ das Kabinett. Abends hoffte er, dass die Orzelska zu Gerome kam. Vergeblich. Sie erschien auch am nächsten Abend nicht. Er hätte gern ihren spöttischen Blick nach Dresden mitgenommen.

Bevor er abreiste, kaufte er Leda einen Mantel aus Zobelfell. Er freute sich, sie wiederzusehen. Dass sie ihn abweisen könnte, auf diesen Gedanken kam er nicht. Erreicht hatte er in Warschau nicht allzu viel. Aber er wusste, wie er die nächsten Monate anzugehen hatte. Das allein war die Reise wert. Und die Bekanntschaft mit der Orzelska. Diese Frau hatte etwas an sich, was ihm sehr gefiel: Sie war aufregend.

Der Rat streitet um Geld

Bähr wurde ins Rathaus bestellt. Im Saal roch es nach Sauerkraut. Die Herren waren erregt. Einige hatten sogar das Geselchte nicht angerührt. Bährs Kirchenmodell stand auf dem Tisch. Vier Türme, eine Kuppel, darüber die Laterne mit dem Kreuz. Das Modell war nicht mehr aktuell. Bähr hatte inzwischen die vier Ecktürme erhöht, den Anlauf zur Kuppel gestreckt, die Kuppel höhergezogen. Er hütete sich, darauf hinzuweisen. Auf dem Tisch lag sein und Fehres neuer Kostenvoranschlag. Über hunderttausend Taler hatten sie für die Kirche veranschlagt. Das war den Herren zuviel. Die Bitte der Stadt um billigeren Holzeinschlag in den kurfürstlichen Wäldern hatte das Oberbauamt abgelehnt. Die Rückzahlung der Schulden, die der Kurfürst seit Jahren bei der Stadt hatte, war auch nicht erfolgt. Man stand wieder einmal auf dem Trockenen. Schwarzbach wandte sich an Bähr: „Der Kirchbau ist zu groß und zu teuer. Es hilft nichts, wir müssen abspecken. Es muss auch kleiner gehen. Ich sehe keine andere Möglichkeit." Zustimmendes Gemurmel, laute Zwischenrufe folgten:
„Entschieden kleiner!"
„Müssen es vier Türme sein? Es reichen auch zwei oder einer, wie ursprünglich vorgesehen."
„Die hohe fette Kuppel – warum?"
Fehre war erschienen. Er hatte die letzten Sätze gehört. Bähr schwieg. Er kannte die Herren gut. Widersprach er, würden sie auf ihn losgehen, als sei er ihr Feind. Selbst die hunderttausend Taler waren zu wenig. Zwanzig-, dreißigtausend Taler würden gewiss hinzukommen müssen. Sagte er es ihnen, würden sie ihn für anmaßend halten. Nicht immer ist die Wahrheit nützlich. Manchmal muss sie geteilt, geviertelt, geachtelt werden. Diese Erfahrung hatte er Fehre voraus. Der Ratsmaurermeister war jünger als er. In seinen Adern brauste der Most. Ihm, Bähr, ging es ums Werk, um

seine Kirche. „Einen Sankt Peter“, sagte der Bürgermeister, „kann sich die Stadt nicht leisten.“ Er meinte die imposante Kuppel, die Bähr auf mehreren Blättern sorgfältig gezeichnet hatte. „Wir werden Gott nicht ungefälliger, wenn wir ihm einen kleineren Tempel bauen.“ Er nahm eine Zeichnung zur Hand. „Die Stadtkassen sind leer. Und erst ein niedriges Stück Mauer schaut aus der Grube heraus. Wohin soll das führen?“ Heftige Gespräche schwirrten. Die Ratsherren blieben bei der Meinung: Bähr und Fehre bauten zu teuer.

Fehre ergriff als erster das Wort. „Eine kleinere Kirche ist immer möglich“, bestätigte er freundlich. „Ob es sinnvoll ist, das bezweifle ich. Die Gemeinden in Dresdens Umgebung wachsen, in den Vorstädten nimmt das Volk kräftig zu. Wo sollen die einfachen Leute ihren Gott preisen, zu ihm beten?“ Er sprach ruhig, fest. Seine angenehme dunkle Stimme weckte Vertrauen. Bähr bewunderte das Geschick des Jüngeren. Er war geschmeidiger, umgänglicher als er, war eben ein Stadtmensch, kein Erzgebirgler. Die Aufgeregtheit ließ langsam nach. Die Herren widmeten sich wieder dem fetten Fleisch. „Man sollte die künftigen Kirchbesucher zu Diensten verpflichten“, schlug Fehre vor, „zu Fuhrleistungen, gar zu einfachen Handlangerdiensten. Das würde die Kosten mindern. Der Rat sollte ein, zwei Pferdegespanne für den Transport der Steine kaufen. Auch das würde sich günstig auswirken.“

Fehre sprach Bähr aus dem Herzen. Dennoch hielt er es für vernünftiger, den Herren ein Stück entgegenzukommen. Noch wurde nicht wirklich gebaut, noch steckte man im Kellergeschoss, noch konnte sich alles ins Endlose strecken. Die Herren durften nicht gleich am Anfang verprellt werden. Bewilligten sie kein Geld, lief ihm wieder Zeit davon. Seit der Grundsteinlegung im August waren fast vier Monate vergangen. Der Bürgermeister unterbrach Fehre. „Mehr als neunzigtausend Taler darf die Kirche nicht kosten. Schon das ist zu viel.“ Er wandte sich an Bähr: „Was meinen Sie?“

Bähr ging zum Modell, deutete mit dem Zeigefinger darauf. „Verkleinern wir die Kirche, dann weichen wir vom genehmigten Bau ab. Wollen Sie das riskieren?“, fragte er sanft. „Die vier Türme sind der ausdrückliche Wunsch des Königs und Wackerbarths“, log er.

„Lassen wir sie weg, gibt es viel Ärger. Die Folgen sind nicht absehbar.“ Er schaute lange in den Saal. Das Geklapper auf den Tellern hörte auf. Eine große Stille trat ein. Er sah den Männern in die Augen, nickte dem einen und dem anderen, mit dem er etwas vertrauter war, freundlich zu und sagte leise: „Im Oberbauamt sind uns gewisse Herren nicht gewogen, auch gewisse Minister nicht. Mir ist zu Ohren gekommen, dass es im Umkreis des Schlosses Personen gibt, die unseren Kirchbau verhindern wollen. Dazu gehört auch das Thronfolgerpaar. Das weiß ich aus bester Quelle. Die Katholischen, meine Herren Räte, sind voller Eifer. Die Jesuiten schwärzen unsere Stadt in Rom an.“ Er schwieg, schaute in den Saal, sprach seinen wichtigsten Satz aus. „Ich sehe Möglichkeiten, meine Herren, zur Einsparung. Seien Sie gewiss, dass wir uns darum redlich bemühen werden, wie immer.“

Bährs Worte lösten Betroffenheit aus. Und er war zufrieden, sehr zufrieden. Viele erinnerten sich plötzlich an jüngere Ereignisse. Der König hatte ihren Glauben einer schnöden Krone wegen verraten. Einige Minister waren katholisch. Der Kurprinz war Jahre von Sachsen ferngehalten und zum Katholizismus genötigt worden. Der Zustrom der Katholiken in die Stadt hielt an. Im Jagdschloss Moritzburg war die evangelische Kapelle in eine katholische umgewandelt worden. Die Katholiken wurden immer frecher, stellten sich zur Schau, forderten öffentliche Prozessionen.

Bähr spürte ihren Zwiespalt. Das Schweigen hielt an. Sie dachten an das schauderhafte Ereignis des letzten Sommers. Laubler, ein Katholik, hatte den protestantischen Diakon der Kreuzkirche Hahn erstochen. Es kam zu Tumulten. Laubler wurde hingerichtet. Der König sah sich genötigt, öffentliche Feiern der Katholiken zu verbieten. Bährs Behauptung, dass Katholiken am Hof aktiv seien, versetzte die Räte in starke Unruhe. Mit einem katholischen Fürsten hatte Rom einen starken Hinterhalt in Sachsen. Einigen Räten fiel es wie Schuppen von den Augen. Deshalb war die Genehmigung zum Kirchbau immer wieder mit neuen Vorwänden hinausgeschoben worden. Einige witterten Verschwörung. Bähr hatte recht: Es war besser, man baute wie genehmigt, um nicht Einwände zu riskieren. War der Wille zum Kostensparen vorhanden, würde sich das auch machen lassen. Der Bürgermeister behielt klaren Kopf und schloss: „Prüfen wir eine kleinere Kirche. Dann sehen wir weiter. Schließlich sind wir die Bauherren und entscheiden." Bähr und Fehre verließen das Rathaus. Fehre fand, dass Bähr überzogen hatte. Er schürte Ängste, um den Rat gefügig zu machen. Dies erschien ihm unlauter. Aber er schwieg. Die Kirche musste den Katholiken missfallen. Das sah er auch so. Dass sie an den Bau einer eigenen Kirche dachten, war ihm nicht bekannt. Wo sollte sie entstehen? Es gab keinen freien Platz für sie in der Stadt. Sollte es dennoch geschehen, wäre dies auch ihm ein Grauen. Darin stimmte er mit Bähr überein. Insofern war es vielleicht gut, dass Bähr den Herren etwas Angst eingejagt hatte. Ihm war klar: Bähr zog alle Register, um endlich zügig bauen zu können. Und daran war ihm auch gelegen. „Ich glaube", sagte er, „du hast sie sehr verschreckt." – „Wenn es hilft", sagte Bähr. Und Fehre sah ein feines Lächeln in Bährs Augenwinkeln. „Eine kleinere Kirche, das ist zu kurz gedacht", beharrte Fehre. „Kirchen werden für Jahrhunderte errichtet." – Bähr erwiderte salomonisch: „Prüfen wir einen kleineren Bau, um die Herren zu beruhigen." – „Nur prüfen?" – „Gewiss. Wenn die Mauern ein Stück gewachsen sind, dann hält uns niemand so leicht auf." Bähr sah dem Jüngeren ins Gesicht. „Wir wissen doch beide, dass die Kirche mehr kosten wird als hunderttausend Taler, viel mehr." Fehre legte den Kopf schief, sah Bähr ebenso in die Augen und sagte: „Hoffen wir, dass die Angst vor den Katholiken anhält. Es könnte förderlich sein." Bähr überlegte, ob er Fehre seine neuen Entwürfe zeigen sollte und entschied, es nicht zu tun. Alles zur rechten Zeit.

Leda wird Wackerbarths offizielle Geliebte

Dresden erwartete den König. Der Rat befahl, den Dreck von den Straßen und Plätzen zu räumen. Die Schweine, die durch die Straßen strichen, sollten in den Haushöfen eingesperrt werden. Andernfalls würden sie gefangen und geschlachtet. Die Stadt lebte auf. Die Konditoren witterten gute Geschäfte, die Fleischer hielten Vieh zum Schlachten bereit. Der Adel kehrte in seine Palais und Hotels zurück. Es hieß, der König werde rechtzeitig zum Neujahrsball eintreffen und ihn eröffnen.

Wackerbarth, der bereits mehrere Male in der Öffentlichkeit mit Leda gespeist hatte, suchte sie zu Mittag auf, zu einer völlig ungewohnten Zeit. Drei Pagen begleiteten ihn, in ihren Armen zahlreiche Pakete. Er war in bester Laune. Er küsste Leda die Hand, etwas zu nass, fand sie. „Ich habe eingekauft, falls du noch etwas brauchst." Er warf Geld in die Schale, stolzierte im Zimmer auf und ab. „Es ist soweit", sagte er, „zum Neujahrsball stelle ich dich dem König vor, ich habe ihn darum gebeten." Sie hatte eingewilligt, seine Geliebte zu werden. Jetzt, da dieses Ereignis bevorstand, wurde sie etwas kopflos. „Endlich hat die Zurückhaltung ein Ende", sagte Wackerbarth. „Du wirst meine offizielle Geliebte." Und er schaute sie an. Auf seinem gleichmäßigen, nur von wenigen Falten gezeichneten Gesicht stand eine ruhige Zufriedenheit. „Wie schön du bist, wie jung", sagte er. Er lachte, laut, fasste sie am Arm, drängte sie aufs Bett, warf seine Perücke vom Kopf. Warum muss er bloß immer so laut sein, fragte sich Leda, obwohl er doch eher ein leiser, feinfühliger Mann ist.

Als Wackerbarth gegangen war, stand sie sehr lange am Fenster. Ein starker Wind jagte tiefhängende Wolken über die Stadt. War es ihr recht? Ihr wollte keine Freude aufkommen. Die Heimlichkeit hatte Vorteile. Sie konnte über sich verfügen, wie sie es wollte. Als Geliebte hatte sie ihm zu dienen, gewisse Pflichten zu erfüllen. Auf

einem wollte sie bestehen, in ihrer Wohnung weiterleben zu dürfen. Sie wollte ihm folgen, wohin er wollte, aber sie würde immer wieder in dieses Haus zurückkehren wollen. Dort war ihre kleine Feste. Hier war sie, wenn sie es wollte, Anna. Sie öffnete die Pakete. Zwei Ballkleider kamen zum Vorschein, ein cremégelbes und ein hellblaues. Sie probierte beide an, sie passten wie angegossen. Er hat einen Blick dafür, stellte sie fest. Ein Mann, der Städte plant, kann das eben. In einem Kästchen aus Nussbaumholz lag eine goldene Halskette auf schwarzem Samt, an der drei dunkelrote Steine hingen. Sie wusste nicht, was das für Steine waren. Sie legte die Kette um ihren Hals, betrachtete sich im Spiegel. Er hat mich ausgestattet, dachte sie nicht ohne Spott, damit ich seiner würdig bin. Sie beschaute die Steine. Die bin ich ihm wert. Leda, du machst Karriere. Er ist wohl nie auf die Idee gekommen, dass er nicht der einzige ist, der mich besucht. Rimini hingegen hatte früh vermutet, dass sie auch andere empfing. Aber es schien ihn nicht gestört zu haben. Und sie wusste: Er, Wackerbarth, würde einen zweiten Mann nicht dulden. Dafür war er zu alt und zu eitel. Käme er dahinter, würde er rasen, vielleicht gar verletzt sein. Die Sache hatte sich erledigt. Seit Riminis Abreise nach Rom hatte sie kein Wort von ihm erhalten. Er war ihr abhandengekommen. Sie war dabei, ihn völlig loszuwerden.
Der König traf rechtzeitig ein. Allein, ohne eine Geliebte. Das fiel auf. Auf den Straßen spotteten die Halbwüchsigen. Zu alt für eine Geliebte, zu dünn die Lenden, zu dick der Wanst. In den Kneipen floss reichlich Bier. Streitsüchtige schlugen sich die Köpfe blutig. Noch am Tag seiner Ankunft besuchte Friedrich August das Japanische Palais, das seine Porzellansammlung aufnehmen sollte. Er mäkelte am Bau herum. Es ging ihm zu langsam vorwärts. Wackerbarth verkniff sich eine Erwiderung. Aber dann wurde es ihm doch zu viel. „Für die Bauverzögerungen, Majestät, gibt es einen einfachen Grund. Es fehlt Geld.“ Friedrich August reagierte unwillig. „Geld, Geld, überall höre ich nur, gib Geld. Ein König muss auch ohne Geld bauen können.“ Später zeigte er sich versöhnlich. „Mein lieber Wackerbarth, ich weiß, was ich an Ihnen habe.“ Als sie über die Brücke gingen, fragte er: „Und Sie wollen mir ihre Mä-

tresse auf dem Ball vorstellen? Ist sie schön und jung? Kenne ich sie?" – Wackerbarth antwortete: „Sie ist ein zauberhaftes junges Geschöpf. Wir sind sehr zufrieden." – „Das wollen wir erleben, Gouverneur. Ich werde den Neujahrstanz mit ihr eröffnen. Dann hat alles seine Richtigkeit und seinen Rahmen." Wackerbarth bemerkte, dass dem König das Gehen schwerfiel. Umso mehr fühlte er sich geehrt, dass er mit Leda den Ball eröffnen wollte.

Rimini kam erst einen Tag vor Ballbeginn in Dresden an. Er hatte noch einen Abstecher nach Wien gemacht, um Kaiser Karl über sein Treffen mit dem polnischen König zu informieren. Er war ziemlich ramponiert. Aber es war Pflicht, zum Ball zu erscheinen. Die Reisestrapazen ließen seine steile Nase noch heftiger erscheinen. Er machte sich auf den Weg ins Schloss.

Wackerbarth holte Leda mit einer Kutsche ab. Das Schloss war erleuchtet. Auf der Schlossstraße gaffte eine Menge Volk. Leda war nervös, als sie mit Wackerbarth die Treppe zum Riesensaal hochstieg. Sie klammerte sich an seinen Arm. Er merkte es: „Du wirst dich daran gewöhnen. Vielleicht findest du Gefallen daran. Ich bin nicht allzu gern auf solchen Festen. Sie sind anstrengend. Aber das hier ist große Pflicht. "

Hunderte Kerzen erhellten den Riesensaal. Ihr Schein fiel auf die zahlreichen Gemälde an den Wänden. Der König war noch nicht erschienen. Musik erklang. Niemand tanzte. Man wartete auf den Hausherrn. Ihm stand es zu, den Ball zu eröffnen. Als der König erschien, ging ein Raunen durch den Saal. Alle verbeugten sich. Wackerbarth ging ihm sofort entgegen. Er stellte Leda Friedrich August vor. Sie knickste tief und war sehr aufgeregt. Friedrich August fasste ihre Hand und schaute sie an. „Mein Gouverneur hat gut gewählt", stellte er fest. „Mein Kompliment, Fräulein ..." – „Leda", sagte Wackerbarth, „sie heißt Leda." – „Ein reizvoller Name." Der König lächelte. Sie merkte, dass sein Blick auf ihr ruhte. Ihre Befangenheit nahm ab. Sie hatte einiges von diesem König gehört. Er liebte die Frauen. Darin schien er vielen Männern ähnlich zu sein. „Wenn Sie erlauben", sagte der König, „dann eröffnen wir jetzt den Ball." Sie legte ihre Hand in die seine, die er offen hielt. Er führte sie in den freien Raum, den Damen und Herren umstanden. Leda bemerkte, dass der König nur mit Mühe tanzte. Er tanzte nur kurz. Dann übergab er sie Wackerbarth. Der nahm sie mit großem Ernst entgegen. „Komm", sagte er, „jetzt sollen alle sehen, dass du meine Favoritin bist." Er war stolz auf sie. Und das stimmte sie heiter. Sie tanzte ausgelassen.

Rimini hatte alles beobachtet. Sein Gesicht erblasste. Also doch Wackerbarth. Von ihm hatte sie das Neueste zum Kirchbau erfahren. Was ging ihn das jetzt noch an! Die paar Monate seiner Abwesenheit hatten Leda genügt, ihn abzuhaken. Frauen dieser Art sind nur darauf bedacht, ihren Vorteil zu wahren. Er hätte dies wissen müssen. Er ließ Leda nicht aus den Augen. Sie hatte ihn nicht bemerkt. Vielleicht war es besser, er verließ den Ball. Er zögerte. Er beobachtete, wie Wackerbarth Leda Knöffel vorstellte. Sie tanzte auch mit ihm. Rimini sah, dass Knöffel ihr etwas ins Ohr flüsterte. Das war dreist. Sie lachte, etwas zu laut. Rimini sah mit Neid, dass Leda sich völlig ungezwungen gab, als sei es selbstverständlich, auf dem Ball des Königs zu sein. Und er musste mit Widerwillen feststellen: Sie will nichts anderes als Frau sein, begehrt und bewundert. Ganz offensichtlich genoss sie den Tanz mit Knöffel. Ihre Frische zog die Männer an. Rimini erlebte es mit wachsender Gier und kaltem Zorn.

Als Knöffel mit Leda zu Wackerbarth zurückkehrte, bemerkte sie Rimini, der an der Wand lehnte. Ihre Schritte stockten. Wieso ist er hier, wieso ist er wieder in Dresden, ohne dass ich es weiß? Warum hatte er ihr keine Nachricht geschickt? Sie wandte sich ab. Knöffel war ihr kurzes Zögern aufgefallen. Rimini war sicher, dass sie ihn entdeckt hatte. Leda an der Seite Wackerbarths, diesen Anblick konnte er nicht ertragen, er fraß an ihm. Als Ledas Augen Rimini etwas später suchten, hatte er den Ball verlassen.

Sie war sehr müde, als sie das Schloss mit Wackerbarth verließ. Sie bat ihn, sie allein zu lassen. Ihm war es recht. Der Abend hatte auch ihn erschöpft. „Wir speisen morgen gemeinsam zu Mittag", sagte er. „Ich lasse dich abholen. Schlaf gut." Er küsste sie auf die Wange, zärtlich, als sei sie ein Kind und half ihr in den Wagen. Es gibt so vieles, was man erfahren kann, wenn man Glück hat, dachte sie. In ihrer Wohnung angekommen, hatte sie nur ein Bedürfnis: zu schlafen. Sie hatte etwas zuviel Tokajer getrunken. Aber der Schlaf stellte sich nicht ein. Die Bilder des Abends überzogen sie wie ein Netz und schnürten sie ein. Wackerbarth hatte sich rührend an ihrer Seite gehalten. Er hatte keinen Hehl daraus gemacht, dass er stolz war, sie zu besitzen. Immer wieder aber tauchte Riminis Bild vor ihr auf, wie er an der Wand lehnte: streng, in zugeknöpfter langer, schwarzer Jacke, die ihm wie eine zweite Haut angelegt war, blass, hochmütig, allein.

Leda schickt Rimini fort

Wackerbarth war einverstanden, dass Leda in ihrer Wohnung blieb. Es war ihm sogar recht. Sie war seine Geliebte und nicht seine Frau. Er wollte sich das Vergnügen bewahren, zu ihr zu gehen und von ihr empfangen zu werden. Auf seinem Landgut in Zabeltitz, das ihm Kurfürst Friedrich August geschenkt hatte, wollte er sie aber bei sich haben. Dort wurde Leda aufgenommen wie eine Herrin. Die Stille der Abende war wundervoll. Wackerbarth vertiefte sich in Stichwerke und Baupläne. In Zabeltitz lernte sie reiten. Der Umgang mit Pferden bereitete ihr Freude. Sie liebte ihr Schnauben, das plötzliche Schütteln ihrer Köpfe, ihre warmen Augen, die so verstehend schauen konnten. Wackerbarth weihte sie in seine Pläne zum Zabeltitzer Schlossumbau ein. Er entwarf vor ihren Augen einen Park, baute mit einer Zeichnung das alte Landhaus um. Sie sah ihm gern zu, wenn er zeichnete. Wie er sich seiner Arbeit hingab. Sie begann den Park, den er anlegen wollte, mit seinen Augen zu betrachten.

Als Wackerbarth die Rückkehr nach Dresden vorbereitete, bat sie, in Zabeltitz länger bleiben zu dürfen. Er stimmte zu. „Eine Woche, nicht länger." Am Abreisetag ließ sie sich früh wecken und überraschte ihn mit ihrer Gegenwart. Das gefiel ihm. Sie begleitete ihn zur Kutsche. Als der Wagen anfuhr, winkte sie und kehrte ins Haus zurück. Es war kalt. Die Fensterscheiben waren gefroren. Eisblumen glitzerten. Es war zu früh, um aufzubleiben. Sie schlüpfte unter das dicke Daunenbett. Sie war zufrieden. Niemand würde sie stören. Alle Zeit, die sie hatte, war ihre Zeit. Was ihr so alles passierte. Sie fand ihr Leben aufregend. Nein, sie war keine brave Frau, die Haus und Tiere liebte. In den Bernstorfs steckte eine Menge Unruhe und Neugier. Das hatte ihre beiden Brüder in die Welt getrieben. Und ihr Vater hatte in Leiden an der Universität studiert, ehe er im Berliner Schloss Rechenmeister wurde.

Der kleine Ort gefiel ihr. Auf den Spaziergängen, die sie weit aus dem Dorf in die Auen führten, gingen ihr viele Gedanken durch den Kopf. Es war richtig gewesen, dass sie Rimini Wackerbarths Namen verweigert hatte. Er hätte ihr wenigstens aus Rom ein Lebenszeichen schicken sollen. Man blieb nicht stumm, als gebe es sie nicht. Es war seine Schuld, dass sie die Geliebte Wackerbarths geblieben war. Wackerbarth wollte sie, und Wackerbarth war großzügig. Zwar hatte er ihr noch keine Rente ausgesetzt, aber er hatte es versprochen. Sie wird ihn in Dresden daran erinnern. Verhältnisse dieser Art hielten nicht lange. Solange er sie begehrte, wollte sie nichts gefährden. Ihr Kopf war klüger als ihr Körper. Darauf war sie stolz. Stünde Rimini plötzlich hier und richtete seine trockenen gierigen Augen auf sie. Oh je, was würde ihr passieren. Leda, Leda. Es war gut so, wie es war, es gab keine Komplikationen.
Die Teiche froren zu. Sie lief Schlittschuh, bis sie außer Atem geriet. Schlittschuh war sie schon als Mädchen mit ihren Brüdern in Berlin gelaufen. Die Schlittschuhe hatte ihr Onkel, ein Kaufmann aus Holland, mitgebracht. Es war aufregend, sich auf dem glatten Eis geradezuhalten und nicht hinzufallen. Sie hatte das Schlittschuhlaufen schnell gelernt. In Zabeltitz entdeckte sie etwas, was sie nicht kannte. Sich körperlich so anzustrengen, bis sie völlig erschöpft war, bereitete ihr Befriedigung. Abends saß sie am Kaminfeuer und las. Wackerbarth hatte ihr ein paar Bücher auf den Tisch gelegt. Es fehlte ihr nichts, sie vermisste auch Wackerbarth nicht. Es gelang ihr, sich in eine ganz eigene Welt einzuspinnen. Die Dienerschaft war leise und unaufdringlich. Sie war wunschlos zufrieden. Zehn Tage später ließ ihr Wackerbarth zukommen, dass er ihr einen Wagen schicken werde. Er bereite einen Empfang in seinem Palais vor. Sie hatte noch vier Tage. Sie wäre gern länger geblieben. Aber das war unmöglich. Und sie dachte: Ich brauche Dresden nicht. Aber vielleicht irrte sie sich, weil sie wusste, dass sie jeder Zeit Zabeltitz verlassen konnte.
Sie war vierzehn Tage allein auf Gut Zabeltitz gewesen, als der Schlitten eintraf. Es war viel Schnee gefallen. Das Land war von weißer Stille bedeckt. Die Raubvögel, die Nahrung suchten, flogen tief. Eine schwere Zeit brach für sie an.

Zu Hause fand sie einen Brief ihres Bruders vor, dem ein zweiter von Nielsen beigelegt war, verschlossen. Ihr Bruder drängte sie, nach Berlin zu kommen. „Lass uns nicht länger warten. Wir brauchen dich. Wann sollen wir dich abholen?" Und Nielsen schrieb: „Sehr verehrte Anna, Schwester meines Compagnons, ich möchte Ihnen in Berlin einen Heiratsantrag machen." Seine Hand, die er aus ihrer zurückzuziehen vergessen hatte, hatte ihn schon in Dresden verraten. Zabeltitz rückte in weite Ferne. Alles war plötzlich so kompliziert, so ungeordnet, so unübersichtlich. Wackerbarth kam noch am Tag ihrer Rückkehr spät abends zu ihr. Er war von einer Heftigkeit, die sie an ihm nicht kannte. Konnte es sein, dass sie ihm mehr bedeutete als pure Lust? Sie wird ihrem Bruder und Nielsen mitteilen, dass sie Dresden zurzeit nicht verlassen wolle. Persönliche Umstände hielten sie fest. Sie würde sich aber bald entscheiden.

Riminis Hochmut hielt. Blass, abweisend saß er in seinem kalten Palais. Aber zufrieden machte ihn das nicht. Er hatte sich die Baustelle der neuen Kirche angesehen. Die Baugrube für den Keller, Fundamente und Umfassungsmauern waren ausgehoben. Das Mauerwerk begann zu wachsen. Es musste eine kolossale Kirche werden, wenn er den Grubenmaßen trauen durfte. Über seine Audienz beim polnischen König hatte er nach Rom nicht ganz wahrheitsgemäß berichtet. Er hatte das Interesse des Königs an einer Landverbindung kräftig hervorgehoben. „Heiliger Vater", hatte er geschrieben, „wir sollten nicht zögern, dem König einen Wink zu geben, damit wir ihn verpflichten und an uns binden. Den Protestanten fehlt Geld. Es kann sein, dass sie mit dem Bau der Kirche nur sehr langsam vorankommen werden. Beginnen wir unsere Hofkirche schnell. Dann könnte es sein, dass wir aufholen. Aber wir müssen sofort handeln. So bekommen wir unsere Kirche." Dass er dafür keine Zusage hatte, verschwieg er. Alles zur passenden Zeit.

Auf Wackerbarths Empfang sah Rimini Leda wieder. Er presste die Lippen, als Wackerbarth sie ihm vorstellte. Rimini verneigte sich steif und sie schaute ihm ins Gesicht, als suche sie dort etwas. Er ging ihr den weiteren Abend aus dem Weg, wechselte mit ihr kein einziges Wort. Es war ihr recht. Er wird noch an seinem Hochmut erfrieren. Sie übersah ihn ebenfalls gründlich. Als er sich verabschiedete, richtete sie ihre Augen auf ihn. Dass sie ihren Hals steif hielt wie eine Gans und mit der Zunge ihre Oberlippe leicht nach oben schob, wurde ihr nicht bewusst.

Rimini legte ein paar Umwege ein, ehe er in die Gesandtschaft zurückkehrte. Wie sie ihn übersehen, wie sich dieser Wackerbarth an ihrer Seite gespreizt hatte, als Liebhaber, als Gouverneur, als bedeutender Mann Dresdens, als Kunstkenner. Geschmacklos, widerlich. Bestimmt werden sie jetzt zusammenliegen. Es trieb ihm die Galle ins Gesicht.

Rimini hielt es weitere zwei Tage aus. Dann gab er seinen Widerstand auf. Er musste Leda treffen, er würde ihr alles erklären. Diesmal schickte er keinen Boten. Als er sicher war, dass sie allein war, schlich er sich ins Haus. Er klopfte dreimal an die Tür. Nichts rührte sich. Er wusste, dass sie in der Wohnung war. Er klopfte noch einmal, lauter. Er hörte Schritte. Leda öffnete. Er drängte in den Flur. Seine Hände umfassten ihr Gesicht, hielten es fest. „Du tust mir weh", wehrte sie ihn ab. Er küsste ihren Mund, dass ihre Lippen schmerzten. Dann nahm er sie mit einer Gewalt, dass alles in ihr jubelte. Sie schrie vor Lust, bis sie erschöpft war. Dann lagen sie still im Flur. Er hielt ihre Hand. Herr Gott, was habe ich angestellt, dachte sie. Wackerbarth hat das nicht verdient. Aber alles an ihr und in ihr drängte sich an Rimini, der langsam ruhiger zu atmen begann. „Ich will nicht, dass du seine Geliebte bist", sagte er heftig und stieß sie von sich.

Sie befürchtete, dass er sie schlagen würde. Sie stand auf und sagte: „Du bist schuld daran. Du hast zu lange geschwiegen. Ich gehe nicht weg von ihm. Er ist ein großartiger Mann. Und er ist gütig. Manchmal schlafe ich mit ihm. Das alles geht dich nichts an."

Es war ihm, als überschütte ihn Leda mit heißem Wasser. Sie hatten sich doch soeben ineinander fallenlassen. Er gab zu, dass sie ihm in Rom und Florenz weit entrückt war. Er wollte ihr sagen, dass er gern an sie gedacht hatte. Er war ein Mann, der den Augenblick, den Tag lebte, der Lust auskostete, bis sie verflog. Er gab seiner Stimme einen ganz leisen, weichen Klang: „Ich wollte dich nicht verletzen. Geh von ihm weg. Ich will dich allein für mich.

Lass diesen Wackerbarth. Es ist grauenhaft, sich vorzustellen, dass du zu diesem Mann zärtlich bist. Alles wird gut."
„Was wird gut?", fragte sie. Er schöpfte Hoffnung, wusste aber nicht, wie er sich erklären sollte.
„Was wird gut?", fragte sie ein zweites Mal.
Er schwieg. Und sie sagte: „Ich gehe von Wackerbarth nicht weg. Du hast kein Recht, dies zu verlangen. Geh!"
Er gehorchte. Sein Stolz raste. Er wich einer spitzen Kälte, die sich gegen ihn richtete und in Selbstverachtung umschlug. Er hatte es sehr früh vermutet, dass sie noch andere empfing. Und wenn er ehrlich war, hatte ihn das nicht allzu sehr gestört. Es hatte ihm genügt, dass er sie hatte, dass sie ihre grünen Augen auf ihn richtete. Jetzt konnte er es nicht mehr ertragen. Vielleicht, weil es Wackerbarth war. Der Mann war ihm widerlich. Rimini schwor, das Verhältnis zu beenden. Sie hatte ihn weggeschickt wie einen, der ihr lästig ist.

Dresden feiert Karneval

Der große Karnevalsball fand im Dresdner Schloss statt. Rimini lag an solchen Vergnügungen nicht viel. Es bestand Maskenzwang. Seine Abwesenheit wäre nicht aufgefallen. Aber dann gab eine Vermutung den Ausschlag. Leda würde mit Sicherheit auf dem Ball sein. Er hatte all seine Vorsätze, nicht zu ihr zu gehen, wieder fallengelassen. Dreimal bat er, sie besuchen zu dürfen. Sie antwortete ihm nicht. Vielleicht würde er sie auf dem Maskenball erkennen. Die Aussicht, sie zu sehen, vielleicht gar mit ihr zu sprechen, gab den Ausschlag. Er ging als Chinese. Seine Verkleidung und seine Maske waren perfekt. Niemand würde ihn erkennen, auch Leda nicht, falls er sie überhaupt entdeckte.

Dresdens Karneval war berühmt. Man kam von weit her, um daran teilzunehmen. Die Herbergen waren überfüllt. Sogar Russen und Polen reisten an, Brandenburger, Bayern. Der sächsische Landadel, sonst eher zurückhaltend gegenüber dem kurfürstlichen Hof, war stark vertreten. Und meistens war auch der König zugegen. Die Stadt war voller Menschen. Wer wollte, konnte an den Vergnügungen und Umzügen teilnehmen. Die beiden Schlosshöfe, abends von Fackeln erleuchtet, boten vielen Platz. Die Schönen der Stadt ließen sich dieses Vergnügen nicht nehmen. Nur im Riesensaal gab es strenge Aufsicht. Nur wer geladen war, fand dort Einlass.

Rimini gehörte zu jenen, die in den Festsaal hinein durften. Böhmische Musikanten spielten. Er war an diesem Abend nicht der einzige Chinese. So fiel sein Kostüm nicht sonderlich auf. Der Saal war überfüllt. Masken kicherten, Masken lachten, Masken wieherten. Ein zielgerichtetes Suchen war kaum möglich. Rimini drängte durch die ganze Länge des Saales, um auf der anderen Seite wieder zurückzukehren. Hier Leda zu entdecken war nahezu unmöglich. Nur der Zufall konnte behilflich sein. Rimini fasste eine kleine, schlanke Person ins Auge. Sie trug die Maske eines Sperbers. Statur

und Größe passten zu Leda. Er versuchte, sich der Person zu nähern. Er kam nur mühsam vorwärts. Bevor er sie erreichte, fasste sie ein Mann am Arm und zog sie mit sich. War das Wackerbarth? Nein, er war größer. Was war das für ein Unsinn, den er hier trieb. Sollte er sie wirklich entdecken und sich ihr nähern können, was sollte er ihr sagen. Er riskierte erneut, dass sie ihn abwies. „Geh!“ Er benahm sich unmöglich. Was war sie denn? Sie ließ sich aushalten, kroch mit Wackerbarth ins Bett. Irgendjemand kniff kräftig in seinen Hintern. Als sich Rimini umdrehte, sah er in eine Mondmaske. „Hallo, Süße“, sagte die Mondstimme. Rimini verzog den Mund. Nun war er zu einer süßen Chinesin mutiert. Die Mondstimme bot ihm den Arm. Das war ihm dann doch zu grotesk. „Ich bin keine Süße“, sagte er. Die Mondstimme korrigierte. „Schade, mein Süßer.“
Rimini konzentrierte sich wieder auf die Masken und Körper. Die Sperbermaske war unauffindbar. Durch den Saal ging ein Raunen. Der König – als Sultan verkleidet – hatte den Saal betreten. Es war leicht, ihn zu erkennen. Und das war gewollt. Sofort wurde er umringt. Damen und Herren buhlten um ein leichtes Neigen seines Kopfes. Als sich der Kreis öffnete, entdeckte Rimini die Sperbermaske. Sie war in Begleitung zweier Männer. Er versuchte, sich ihr zu nähern. Er musste die Stimme hören. Er selbst wollte nicht reden, wollte sich nicht zu erkennen geben. Hatte er Gewissheit, dass es Leda war, würde er sie beobachten. Er schaffte es in die Nähe der Sperberin. Der Vogelkopf beachtete ihn nicht. Sie ist es, vermutete er, sie ist es. Er hörte die Stimme des Vogelkopfes – es war nicht Leda. Er war erleichtert und enttäuscht zugleich. Er gab das Suchen auf. Vielleicht war sie gar nicht auf dem Ball.
Weit nach Mitternacht, begann sich der Riesensaal zu lichten. Der König war gegangen. Einige waren ihm gefolgt. Rimini schickte sich an, den Ball zu verlassen. Da bemerkte er, dass ihn eine Maske beobachtete. Er tat so, als übersehe er sie. Er spazierte ein Stück an der Wand entlang, verharrte vor einem Gemälde. Die Maske ging an ihm vorbei, ohne ihn anzuschauen. Rimini folgte ihr, befand sich wieder im Gewühl der Körper. Das musste Leda sein. Er ergriff ihre Hand. Sie trug den Ring mit dem hellblauen Topas, ein Geschenk von ihm. „Bleib stehen, sag ein Wort, ich bitte dich.“

Sie schwieg.
„Ich muss dich sehen."
„Du siehst mich doch."
„Nicht hier."
Sie hob ihr Kinn in ihrer einzigartigen Art. Ihre Augen blieben hinter der Maske verborgen. Er wusste, dass sie ihn anschaute. Er kam sich wie ein Bittsteller vor. Alles, was sich in ihm angestaut hatte, warf sich nun gegen ihn. Was war er nur für ein Jammerlappen, dass er sie anflehte.
Sie trat einen Schritt auf ihn zu und sagte leise: „Ich will nicht, Lorenzo Rimini, dass du zu mir kommst. Ich bin Wackerbarth verpflichtet. Du weißt, dass es Spielregeln gibt." Sie ließ ihn stehen. Wer sich so erniedrigte wie er, hatte nichts anderes verdient. Er verließ das Schloss, hörte nichts, sah nichts. Er war voll Zorn.

Bähr fordert sein Geld zurück

Bähr war niedergeschlagen. Im August 1726 war der Grundstein zum Bau der Frauenkirche mit großem Pomp gelegt worden. Er hatte mit schnellen Baufortschritten gerechnet. Inzwischen war seine Vorfreude verdorrt. Alle Baupläne gerieten in Unordnung, alle seine Forderungen blieben unerfüllt. So ging es nicht weiter. Die alte Kirche stand unverändert an ihrem Platz und verhinderte den vollständigen Aushub für das Kellergewölbe. Nur ein Teil der Ringmauer war ausgeführt. Schon nach kurzer Zeit fehlte Geld zum Weiterbauen. Er schoss aus eigener Tasche 200 Taler vor, um Handwerker und Material zu bezahlen. Dieses Geld wollte er endlich von der Stadt zurückhaben. Seine Frau drängte ihn, energischer zu werden. Sie hatte recht. Er gab sein Zögern auf und meldete sich im Rathaus an.

Der Bürgermeister Schwarzbach erwartete Bähr im Amtszimmer. Diesmal stand er auf, als Bähr eintrat. Bähr nahm es befriedigt zur Kenntnis. „Was führt Sie zu mir, lieber Ratszimmermeister, gewiss dringende Geschäfte?“ Bähr entschied, seine Geldforderungen am Schluss des Gespräches vorzubringen, um den Mann nicht gleich zu verstimmen. „Der Winter ist zu Ende. Der Frühling steht vor der Tür. Und das Bauen stockt. Die Zimmerer und Maurer murren. Sie hatten mit Löhnen gerechnet. Und mir läuft die Zeit davon.“

Schwarzbach zog seinen Schnupfen hoch, atmete laut. „Hässliches Wetter, regnerisch und windig. Es malträtiert mich. Werde den Schnupfen nicht los.“ Bähr interessierte der Schnupfen nicht, aber er setzte ein aufmerksames Gesicht auf. Er riet ihm, die Nase mit Salzwasser zu spülen. „Das wird helfen“, sagte er. Schwarzbach wirkte schlaff. Etwas mehr Elan könnte ein solcher Mann an den Tag legen, dachte Bähr. „Ihre Leute drängen“, fuhr Schwarzbach fort, „und die Taschen der Stadt sind leer.“ Missvergnügt schaute er Bähr an. Zurzeit sei nicht absehbar, wie die Stadt zu Geld kommen

könne. Bähr müsse sich gedulden. „Wir alle müssen uns gedulden." Er blieb vor Bähr stehen. Bähr roch den Schweiß, den die Perücke des Bürgermeisters ausströmte. Er bemerkte, dass dem Manne einige Zähne fehlten. Das war ihm bisher nicht aufgefallen. „Notfalls muss die alte Kirche länger stehenbleiben", sagte Schwarzbach. „Vielleicht kann man die Gefahr, die von ihr ausgeht, mindern, indem man das Gemäuer stärker abstützt. Was meinen Sie?"
Einen solchen Rückfall hatte Bähr nicht erwartet. Es gab den Beschluss, die Kirche zu schließen und abzureißen. Auf ein erneutes Flicken ließ er sich nicht ein, nein, das kam nicht in Frage. Es wäre unverantwortlich. Bährs linke Hand begann zu zittern, wie immer, wenn er aufs Äußerste erregt war. Der Gaumen wurde ihm trocken. „Wir, Fehre und ich, haben im Gutachten festgestellt, dass der Bau nicht mehr zu halten ist. Daran hat sich nichts geändert." Die Sätze waren ihm sehr schroff herausgerutscht. Schwarzbach legte seine Rechte versöhnlich auf Bährs Schulter und ging mit ihm einige Schritte auf und ab. „Ich verstehe Sie, lieber Bähr", sagte er, „auch ich möchte das Bauen so schnell wie möglich fortsetzen, lieber heute als morgen. Die Gemeinde erwartet dies von uns. Aber mit dem Geld sieht es wirklich sehr böse aus, glauben Sie mir. Die Kreuzkirche will nicht wieder Geld leihen. Dass wir weiter bauen werden, steht außer Frage. Nur wann? Ich weiß es nicht. Wir müssen warten, bis die neue Kirche in Gottes Kalender eingetragen ist."
Gott hat keinen Kalender nötig, dachte Bähr. Die Stadt machte es sich sehr leicht: kein Geld, keine Kirche. Sein Inneres brodelte: weiterer Stillstand auf der Baustelle, in den Steinbrüchen, bei den Steinmetzen. Er musste sein Geld zurückverlangen, sonst erhielt er es womöglich nie. Dem Bürgermeister war bekannt, dass er Geld vorgeschossen hatte. Dem Menschen schien seine Bringeschuld nicht einzufallen. Nie wieder wird er Geld auslegen, nie, komme was wolle. Maria Magdalena, seine Frau, hatte ihn gewarnt. „Bähr, Bähr", hatte sie lamentiert, „denk an deine Kinder, vielleicht auch an mich. Vertraue dem Rat nicht zu sehr, er wird es dir nicht vergelten." Sie hatte recht. „Ich darf Sie erinnern", sagte er kühl, „dass mir die Stadt eine Menge Geld schuldet. Ich benötige es dringend

zurück." Und er legte neue Rechnungen auf den Tisch. „Die sind nicht bezahlt. Die Leute erwarten ihren Lohn, den sie schwer genug verdienen. Ich kann sie nicht länger hinhalten. Mein Geld und die neuen Forderungen machen 321 Taler, fünf Groschen und zwei Pfennige aus." Schwarzbach warf einen flüchtigen Blick auf die Rechnungen. „Gut, Bähr, gut, ich werde dafür sorgen, dass Sie Ihr Geld umgehend erhalten. Aber das nächste Mal warten Sie lieber mit weiteren Bauaufträgen, bis wir flüssig sind."

Diese Bemerkung empörte Bähr. Er stieß sein Kinn heftig vor. „Wann darf ich mit dem Geld rechnen", fragte er, „wann mit dem Abbruch der alten Kirche beginnen? Es drängt." Er war nicht länger bereit zu warten. Er sah es voraus: Würde sich die Bauzeit der Kirche ungebührlich lange verzögern, dann war er schuld. Solche Vorwürfe kannte er zur Genüge.

„Geduld, Geduld, lieber Bähr, wir erwarten etwas Geld vom Hof und wenn schon nicht vom Hof, dann vom Kurfürsten, der bei der Stadt Schulden hat." Bähr wandte kühl ein: „Ich glaube nicht, dass sich der Hof am Kirchbau beteiligt. Dort sind die Katholiken in der Übermacht. Sie wissen doch, diese Leute möchten unseren Kirchbau am liebsten verhindern."

„Sie übertreiben, Bähr. Sie kennen den Brief Wackerbarths. Der Kurfürst wünscht die neue Kirche" – „Mag sein", erwiderte Bähr, „aber Geld für sie hat er ganz gewiss nicht übrig. Das sollten Sie zur Kenntnis nehmen." Und er dachte: Wie kann man nur so verbohrt sein und auf den Hof setzen. Pöppelmann hatte ihm verraten, dass für die eigenen kurfürstlichen Bauten Geld fehlte. Der Bürgermeister maß seinen Ratszimmermeister scharf und höchst ungnädig. Offenbar empfand er, dass sich Bähr im Ton vergriffen hatte. Das war Bähr in diesem Augenblick gleichgültig. Er zeigte Schwarzbach sein Gesicht in voller Breite, sein eckiges Kinn, seine hohe kantige Stirn, hielt dessen Blick stand, roch wieder den Perückenschweiß, der ihn an Katzenpisse erinnerte. „Glauben Sie wirklich", fragte Schwarzbach, „dass das Oberbauamt die neue Kirche verhindern will?" Er schaute Bähr zweifelnd an. Sein Blick blieb an Bährs gelben Stiefeln hängen. Er fand es unpassend, dass er mit ihnen ins Rathaus gekommen war. Der Ratszimmermeister hat einen gewissen Hang zum Künstler. Er seufzte. Seinen Schwager hätte er lieber in Dresden gehabt. Aber das hatten ihm die Herren des Rates vermasselt.

Bähr bemerkte Schwarzbachs kritischen Blick. Sehr liebenswürdig sagte er: „Sie sind ein Geschenk meines Schwiegervaters. Anfangs waren sie mir zu auffällig. Aber jetzt gefallen sie mir. Sie sind weich und bequem. Bestes Ziegenleder. Man kann sie zu jeder Jahreszeit tragen.“ Dann kehrte er zu Schwarzbachs Frage zurück. „Die Habsburgerin soll außerordentlich erregt gewesen sein, als sie vom Bau unserer Kirche erfahren hat. Die Jesuiten gehen in der Stadt ein und aus, als wollten sie Konferenzia halten. Ein gewisser Rimini, Gesandter des Papstes, wurde mehrere Male auf dem Neumarkt bemerkt. Der Römer ist sehr neugierig, fragt dies und das. Wir gehen in der Annahme nicht fehl“, sagte Bähr versöhnlich, „dass den Katholiken unsere Kirche sehr missfällt. Sie ist ihnen ein Dorn im Auge, ist ihnen ein Bubenstück. Wir sollten wirklich schnell Tatsachen schaffen, die nicht rückgängig zu machen sind. Dann hat alles Schreien ein Ende.“ Er trat näher an den Bürgermeister heran, sagte sehr leise, aber mit großer Bestimmtheit. „Ich will eine Kirche bauen, auf die man von weither schauen wird. Sie wird Gott preisen und unsere geliebte Stadt über Flüsse und Berge bekanntmachen.“

Schwarzbach nahm seine Wanderung wieder auf, diesmal ohne Bähr. Er wusste es: Dieser Mann brannte im Inneren. Und er war nicht ohne Hochmut. Vielleicht musste man so beschaffen sein, wenn man ein solches Werk verwirklichen wollte. Bährs Worte zur katholischen Bedrohung leuchteten ihm ein. Er hatte sich vor nicht allzu langer Zeit schon einmal ähnlich geäußert. Aber er, Schwarzbach, hatte seinen Worten kein allzu großes Gewicht beigelegt. Bähr dürfte recht haben: Die Kirche musste den Katholiken missfallen. Aber verhindern konnten sie diesen Bau nicht. Selbst der König würde es nicht wagen. Er hatte wiederholt versichert, dass er den lutherischen Glauben toleriere. Dresden war eine protestantische Hochburg, vielleicht mehr als jede andere Stadt im Kurfürstentum. Hier musste man sich gegen einen katholischen Fürsten und einen katholischen Kurprinzen behaupten. Und mit der Habs-

burgerin hatte man eine gefährliche Eiferin in der Stadt. Dennoch galt es, Kühle und Vernunft zu bewahren. „Haben Sie für all das begründete Anhaltspunkte, Bähr?"
Jetzt habe ich ihn, dachte Bähr, jetzt beginnt er zu begreifen, und er war dankbar und sehr zufrieden. „Ganz sicher, hochverehrter Bürgermeister, sonst würde ich hier nicht posaunen", antwortete er wieder leise, wieder sehr verbindlich. Er hatte in all den Jahren doch einiges dazugelernt, war ein geschmeidiger Städter geworden, wenn es sein musste.
„Darf ich erfahren, von wem?"
„Erlauben Sie, dass ich dies für mich behalte. Ich habe es zugesagt."
„Dann wäre ja vom Kurfürsten wirklich kein Taler zu erwarten", resümierte Schwarzbach. Er kehrte zum Schreibtisch zurück, setzte sich, schwieg. Sein Schweigen war Bähr unangenehm. Aber er konnte ihm seine Bedenken nicht ersparen. Er musste die Herren etwas in die Enge treiben, weil sie alles zu lax nahmen. Die Katholischen machten sich tatsächlich in der Stadt breit. Den Stadtvätern saß die Zeit nicht so stark im Nacken. Das Geselchte – hatte er gelegentlich den Eindruck – interessierte sie oft mehr als der Kirchbau. Er fuhr fort: „Die Römer sind sehr rege. Sie wünschen eine Hofkirche in Dresden. Wackerbarth soll einen Bauplatz für sie suchen. Der Vatikan will sich sogar an den Kosten beteiligen, heißt es."
Schwarzbachs Schultern ruckten hoch. Davon hörte er zum ersten Mal. „Das ist ja ungeheuer", sagte er. „Eine katholische Hofkirche in der Stadt, nein, das wollen wir nicht. Das ist ein antilutherisches Gefecht. Nein, nein. Das ist wirklich ein neuer Kasus, Bähr. Sie haben recht, wir müssen bauen, vollendete Tatsachen schaffen. Schnell. Sie hätten eher mit so schlechten Nachrichten zu mir kommen müssen." Bähr entgegnete ruhig: „Was hätte es gebracht, wenn Stadt und Kirche kein Geld haben." Und er ließ seinem Ärger freien Lauf. „Es wird zuviel geredet, es gibt zuviel Auf und Ab, selten wird entschieden. Rom wird gewiss nicht um jeden Taler betteln müssen. Die Katholiken haben doch schon damals, als das Opernhaus Kirche wurde, kräftig zugeschossen."

Schwarzbach kniff die Augen zusammen, schob seine Perücke aus der Stirn, nahm sie schließlich ab. Bähr sah seine Glatze. Sie war gewellt wie ein Waschbrett. Die Haut sah ungesund rosa aus. Unter dem Gewicht der Perücke sind die Haare erstickt, dachte Bähr. Er hat selbst nie eine Perücke getragen. Auch nicht auf seiner Hochzeit, als ihn der Schwiegervater gedrängt hatte. Hätten sich fast deshalb zerstritten. „Bähr ist Bähr. Er trägt keine Perücken." Basta. Aber das Wort hat er sich verkniffen.
Schwarzbach fand Bährs Worte gegen sich gerichtet, auch wenn sie eine bedrohliche Situation beschrieben. Dem Ratszimmermeister fehlte es an Respekt. Zur rechten Zeit wird schon entschieden. Er war drauf und dran, ihn zurechtzuweisen. Aber dann besann er sich: Bähr wird sich das alles nicht aus den Fingern gesogen haben. Er ist voller Sorge. Und er fragte zum zweiten Mal: „Wer hat das berichtet?"
Bähr beobachtete, wie der Ärger in dem Mann aufstieg. Er verbeugte sich leicht, um nicht unhöflich zu erscheinen. Schließlich war der Bürgermeister sein Herr und Brotgeber. Er blieb dabei: Ärgern sollte er sich. Bährs Maß an Ärger war weit größer. Er wollte endlich die Kirche zügig bauen. „Ich bin Ihnen sehr verbunden", sagte Bähr. „Was ich erfahren habe, kommt aus bester Quelle. Zahlen Sie mir mein Geld zurück und legen sie noch drei-, vierhundert Taler dazu, damit der Abbruch der alten Kirche beginnen kann. Die Leute stehen bereit. Wir müssen ein Zeichen setzen, dass wir es mit der neuen Kirche ernst meinen." Er kalkulierte scharf: War die alte Kirche abgerissen, entstand am Neumarkt Leere. Dann musste eine neue her, dann befanden sich die Herren unter gewaltigem Druck, dann hatte das Ausweichen und Zögern ein Ende. Durchschaute ihn Schwarzbach?
„Gut", sagte Schwarzbach, „gut, setzen wir ein Zeichen. Ich weise den Kämmerer an, dass er ein paar Taler zusammenkratzt, damit der Meister fortfahren kann. Wie viel es sein wird, kann ich jetzt beim besten Willen nicht sagen."
Nein, dachte Bähr, er durchschaut mich nicht. Und das stimmte ihn zuversichtlich. „Wir müssen das Geld beschaffen, damit die Römer nicht schneller sind als wir", stimmte Bähr zu. Schwarzbach wirkte

müde, wie abwesend. Die Last der Verantwortung schien ihn zu drücken. Bähr empfand Mitgefühl. Aber er brauchte dringend das Geld. Er erkannte es jetzt in aller Schärfe. Er musste die Leute sanft auf seine Straße führen, wenn es sein musste, sie stoßen, drängen, sollte die Kirche zu seinen Lebzeiten vollendet sein. „Den Abriss", sagte er verbindlich, „beginne ich sofort. Ich beauftrage Fehre damit." – „Tun Sie das, es wird wohl nicht die Welt kosten."

Draußen schwoll Bähr die Brust. Ihm war zwar kein Geld zugewiesen worden, aber die Tage der alten Kirche waren gezählt. Er vollführte einen Hopser. Als spiele er „Himmel und Hölle". Der rothaarige Rinnsteinkehrer, der den Altmarkt fegte, wunderte sich. Hatte der Ratszimmermeister einen gehoben? Bähr feixte in sich hinein, reckte sich, hielt seinen Kopf sehr gerade. Die Geschichte mit Wackerbarth hatte er erfunden und auch sonst etwas überzogen. Pöppelmann hatte von regen Katholiken und Gegnern des Kirchbaus gesprochen. Also war es nicht so falsch. Was auch zutraf, es hatte Wirkung erzielt. Ein schlechtes Gewissen hatte er deshalb nicht. Manchmal muss man etwas nachhelfen, manchmal Narr und Diener sein, manchmal aber auch ein Herr. Er machte noch einen Hopser und landete im Himmel. Und der Rinnsteinkehrer staunte über den Ratszimmermeister, wie der in seinen gelben Stiefeln auf der Straße sprang. Nein, einen gehoben hatte er wohl nicht. Es würden ihm sonst nicht so große Sprünge gelingen. Er hätte zu gern gewusst, was in Bähr vor sich ging. Dann hätte er im Stadtkeller etwas Neues zu erzählen. Der Rinnsteinkehrer probierte auch einen Hopser. Da er aber nicht wusste, warum er hopste, geriet ihm der Sprung nicht. Und er landete in der Hölle.

Leda verwirrt Anna

Nielsen brachte sich Leda in Erinnerung. Er teilte ihr seine Ankunft mit. „Wenn Sie etwas Zeit für mich reservieren, sehr verehrte Anna, wäre ich glücklich." Der Satz amüsierte sie. Wie reserviert man Zeit, damit Glück entsteht? Und was versteckte er hinter „sehr verehrte". Er wird also kommen. Und was fing sie mit ihm an? Musste sie die wohlerzogene, tugendhafte Witwe spielen, die Pech im Leben hatte? Und sie dachte boshaft: Was würde Nielsen sagen, wenn er wüsste, dass sie die Geliebte zweier Männer war. Seine rosigen glatten Wangen würden bestimmt erblassen. Ob er Haltung bewahren und sich korrekt verabschieden könnte, gekränkt, weil hingehalten?

Anna konnte Leda nicht verachten. Sollte er ihr wirklich einen Heiratsantrag machen – wie sollte sie sich entscheiden? Sie kannte ihn zu wenig. Dass er der Freund ihres Bruders und sein Geschäftspartner war, was sagte das? Nichts, oder anders ausgedrückt, was sollte sie ermutigen, ihn zu heiraten. Das letzte Mal wollte er ihr beweisen, dass er unkonventionell dachte: „Ich habe keinen langen stolzen Stammbaum. Daher bin ich auch meiner Familie nicht verpflichtet. Mein Vater hat in Hamburg Salzheringe verkauft. Und ich wurde Seemann wie Ihr Bruder. Glückliche Geschäfte mit Gewürzen haben mir etwas Geld gebracht. Es mehrt sich." Diese Selbstsicherheit und der nüchterne Blick auf die Familie hatten ihr gefallen. „Meine Großeltern", erzählte sie, „ waren Bauern in Ostpreußen. Sie besaßen zwei Windmühlen und einige Hektar Land. Auch kein großer Stammbaum." Dass ihr Vater ein angesehener Rechenmeister am Berliner Hof war, wusste er.

Was sollte sie künftig in Dresden? Wackerbarth war alt. Dass er noch lange ihre Hand halten wird, war unwahrscheinlich. Er verheimlichte ihr, dass er mehrere Male krank gewesen war. Aber man hatte es ihr mit Schadenfreude zugeflüstert. Und Rimini? Von

ihm hatte sie nichts zu erwarten, was ihr Halt und Sicherheit geben könnte, selbst wenn es wieder zur Versöhnung kommen sollte. Als Nielsens Frau war ihre Zukunft gesichert. Vielleicht musste sie nicht einmal im Kontor sitzen. Darauf hatte sie überhaupt keine Lust. Sie würde lieber lesen und spazieren gehen. Seit kurzem kleckste sie mit Farben. Wackerbarth hatte ihr die königliche Galerie gezeigt. Sie hatte Gemälde für Gemälde betrachtet. Sie wusste nichts von Bildern. Aber diese Farben, diese Landschaften, diese Himmel waren großartig. Sie fand ein Wort dafür: Sie waren göttlich. Wackerbarth war ungeduldig geworden, weil sie solange vor den Bildern gestanden hatte.
Wieder draußen, erinnerte sie sich an einen Stich, der in Berlin in der guten Stube hing. Er bildete das Berliner Schloss ab. Ihr Vater hatte ihn vom preußischen König Friedrich Wilhelm persönlich zum Geburtstag geschenkt bekommen. Das war eine ungewöhnliche Ehrung. Sie war sehr stolz auf ihren Vater. Ein Bild vom König. Der Vater hatte gelacht. „Es war übrig. Es hat ihn nichts gekostet, es stand auf dem Boden und verstaubte." Sie empfand, dass es respektlos war, wie der Vater über den König sprach. Nein, im Kontor wollte sie nicht sitzen. An ihre Zukunft zu denken, war ihr immer misslungen. Ihre Liebe zu André war heftig und süß. Ihr Vater kam dahinter und stellte sie zur Rede. Er verbot ihr den Mann. „Er kommt mir nicht über die Schwelle. Schlag ihn dir aus dem Kopf." André war doch einmal über die Schwelle getreten, stolz und freundlich. Er hielt offiziell um ihre Hand an. „Ich will Anna zu meiner Frau. Der Krieg ist zu Ende. Ich baue uns ein Haus in Warschau oder in Dresden, dort wo mich der polnische König wünscht." Sie hatte im Nebenzimmer gelauscht. Ihr Vater hatte ohne jede Umschweife abgelehnt. „Sie bekommen meine Tochter nicht. Meine Tochter an der Seite eines Soldaten, nein. Dafür ist sie nicht geboren worden." Erst kurz vor Andrés Tod hatte ihr der Vater verziehen. Wie glücklich war er, als sie ihren Kopf auf seinen Schoß legte. So sehr ihn auch die Zahlen und Taler des Königs umkreisten, er war ein gütiger Mensch. Sie wusste, dass er sie liebte. Oh, war sie froh, dass er wieder gesund geworden ist. Sie hatte seine Genesung in Berlin erlebt. Nielsen rief in ihr die Vorstellung eines

Mannes hervor, der einen Kreis in selbstverständlicher Sicherheit durchmaß, der alles genau bedachte. Welchen Platz wies er ihr in seinem Leben zu? Wenn sie das wüsste. Das letzte Mal in Dresden hatte er sich über die Dresdner lustig gemacht. „Sie gleichen Hamstern. Wenn sie ihre Taschen gefüllt haben, dann finden sie das Leben ‚gemiedlich'. Es fehlt ihnen an Schwung. Der würde sie an den Flug der Vögel erinnern. Fliegen ist anstrengend." In seinen Augen hatte der Spott gestanden. Sie erinnerte sich an ein Gespräch mit ihrem Vater: „Deine Mutter", hatte er ihr gesagt, „ist mir zugewiesen worden. Wir haben uns vorher nicht gekannt. Und was ist daraus geworden? Zwei prächtige Söhne, du und deine Schwester. Liebe entwickelt sich, wenn man ihr Raum lässt und nicht zu ungeduldig ist." Nein, sie besaß nicht die Weisheit ihres Vaters. Sie wird wieder nicht zu einem Entschluss kommen. Aber sie war sich auch im Klaren, dass Nielsen diesmal ihre Entscheidung erwartete. Dass er überhaupt solange ausharrte, war ungewöhnlich. Immerhin war er an die vierzig. In Berlin gab es genug junge Damen, die eine gute Partie wünschten. Sie war keine gute Partie.
Sie verließ die Wohnung. Sie spazierte die Wilsdruffer entlang, hoch bis zum Altmarkt. Sie kannte in der Stadt nur einige Marktfrauen, mit denen sie gern schwatzte, den Taschenmacher Seidlich, der ihre Handtaschen aus feinstem weichem Leder fertigte. Sie war in Dresden eine Fremde, eine Zugezogene. In so einer Stadt musste man Kinder kriegen. Erst die hatten die Chance, aufgenommen zu werden. Es machte ihr nicht viel aus. Sie hatte die Gabe, mit sich allein zurechtzukommen. Sie hatte sich nie sonderlich bemüht, viele Dresdner kennen zu lernen. Die Bekanntschaften, die sie in Wackerbarths Gegenwart machte, waren meist flüchtiger Art. Sie wusste, dass man sie beneidete und böse Geschichten über sie erfand. Solange sie Wackerbarths Geliebte war, brachte man ihr den nötigen Respekt entgegen. Aber all das war nur Schein. Die einzigen, die sie in Wackerbarths Nähe beeindruckten, waren Pöppelmann und Knöffel. Sie wusste, dass sie Knöffel gefiel. Er war ein heller Kopf, formulierte glänzend und machte sich gelegentlich über das Residenzleben lustig. „Die Dresdner haben biegsame Rücken. Sie halten mehr aus als meine Bögen." Einmal verriet er ihr, dass er als

Maurer begonnen habe. In ungebührlicher Art hatte er ihr beim Tanzen ins Ohr geflüstert. „Diese gepuderten Herren verwelken schneller als die Blumen in einer Ballnacht. Und wir müssen Perücken tragen, damit wir vorgelassen werden." Sie verstand, dass ihn Wackerbarth schätzte. „Was er baut", meinte Wackerbarth, „besitzt Eleganz und ist von schlichter Schönheit. Kein Schnörkelzeug, keine Sonnenblumen und Akanthusblätter an Fassaden und Kapitellen. Es ist schade, dass sich meine zwei Besten, Pöppelmann und er, immer weniger verstehen."

Sie kaufte Zwiebeln, Lauch und Brot, Käse und ein Stück Schweinefleisch. Sie übergab einem Jungen ihren Korb. Sie kannte ihn. Er hielt sich meist auf dem Markt auf. Er war der Sohn des Rinnsteinkehrers. „Mein Vater ist ein Säufer, und ich bin sein Sohn." Der Junge, der Christoph hieß, gefiel ihr. Er hatte helle schnelle Augen, denen nichts entging. Sie lernte ihn kennen, als einer sie zu bestehlen versuchte. Er beobachtete es und schrie laut: „Ein Dieb, ein Dieb." Der Mann lief davon. In ihrer Wohnung angelangt, schenkte sie dem Jungen einen Groschen. Dieses Leuchten in seinen Augen. „Wo wohnst du", fragte sie, „und wer ist deine Mutter?" Der Junge hob die Schultern. „Sie ist abgehauen. Und ich wohne beim Rinnsteinkehrer in der Pirnaischen Vorstadt." Er nannte seinen Vater immer Rinnsteinkehrer. „Und der sorgt für dich?" – „Man kann es so sagen, wenn man es freundlich ausdrücken will." – „Und unfreundlich?" – „Ach, ich will nicht schlecht über meinen Vater reden, er kleidet mich und schickt mich in die Stadtschule. Und etwas Brot gibt es abends auch, manchmal sogar Bohnensuppe. Die esse ich gern."

Es war kein Vorwurf in seiner Stimme. Plötzlich kam ihr ein Gedanke: „Was möchtest du werden? Es wird Zeit, dass du etwas lernst." –„Was soll ich schon werden. Ich habe kein Geld, um in die Lehre zu gehen. Manchmal helfe ich Meister Nowak beim Besohlen der Schuhe. Vielleicht nimmt er mich. Mit Lob jedenfalls geizt er nicht." – „Aber es gefällt dir bei ihm nicht." Der Junge lachte. „Wissen Sie, gnädige Frau, alte Schuhe stinken. Und das missfällt meiner Nase." Sie fuhr ihm über das wild gewachsene rötliche Haar, das leicht gekraust war. „Und was würdest du gern tun?" Seine Antwort kam sofort: „Bauen, Häuser, Paläste, Kirchen wie diese auf dem Neumarkt von Meister Bähr. Er hat mich einmal auf die Baustelle mitgenommen und mir Pläne gezeigt. Wie man so etwas bauen kann. Das wird ein steinernes Wunder." Sie entließ ihn und nahm sich vor, Wackerbarth auf den Jungen aufmerksam zu machen. Vielleicht konnte er im Bauamt eine Ausbildung erhalten. Knöffel hatte auch dieses Glück gehabt. Gegen Abend erhielt sie eine Nachricht von Wackerbarth. Er sagte seinen Besuch ab. Keine Begründung. Es geschah jetzt öfter, dass er absagte, ohne es zu begründen. Waren das die ersten Zeichen, dass sein Interesse erlahmte? Oder war er wieder krank?

Nielsen kündigte an. Er werde im „Hotel de Pologne" in der Schlossstraße absteigen. Er lud sie zu einem Essen ein. „Ich würde Sie gern abholen", schrieb er. „Bereiten Sie mir die Freude." Sie wird ihm die Freude bereiten. Es war so ein leichtes Schweben in ihr. Er wird ihr morgen einen Heiratsantrag machen. Sie muss sich entscheiden.

Sie hatte sich nicht entschieden, als sie Nielsen erwartete. Ein letzter Blick in den Spiegel gab ihr Sicherheit. Ihre schief sitzenden Augen, die Rimini so gefielen, schauten ernst. Die zwei scharfen Fältchen waren nicht tiefer geworden. Sie fühlte ihren ganzen Körper, als lehnte er sich an sie. Es war aufregend, umworben zu sein. Vielleicht war sie doch ein Stern, der abends leuchtete. Sie wusste nicht, wo und wann diese Vorstellung in sie Einzug gehalten hatte. Es muss schon sehr früh gewesen sein, vielleicht mit vierzehn oder fünfzehn, als sie ihren Körper zum ersten Mal neugierig betrachtete, als sie ihn zu entdecken begann und in Aufregung geriet, dass er ihr angenehm war. Sollte Nielsen kommen und wieder vergessen, seine Hand aus der ihren zu nehmen.

Nielsen zeigte ihr sein helles offenes Gesicht. Seine Augen nahmen sie auf, als sei sie wirklich ein Stern. Er vergaß tatsächlich, seine Hand aus der ihren zu ziehen. Und sie überließ sie ihm und führte ihn in den kleinen Salon. Sie war sehr ruhig. Sie wusste, er wird ihr diesmal eine Entscheidung abverlangen.

Das tat er drei Tage später, als er sich verabschiedete. Er fasste ihre beiden Hände, legte sie zusammen, umschloss sie und sagte schlicht: „Ich möchte Sie zur Frau haben, Anna. Dann würde es in meinem Leben läuten.“ Nur eine Winzigkeit wurden ihre Finger steif. Er bemerkte es sofort. Als striche ein plötzlicher Wind über sein Gesicht, schloss er beide Augen, und sie sah deutlich seine dünnen hellbraunen Wimpern, die sich senkten und gleich wieder hoben. Er ließ ihre Hände fallen. „Das Haus ist bald fertig“, sagte er, „ich wünschte, Sie zögen ein. Ich will nicht länger darauf warten, Anna.“ Sie begleitete ihn zur Tür. Diesmal vergaß er nicht, die Hand rechtzeitig aus der ihren zu nehmen. Er verabschiedete sich korrekt. Als sie die Tür ins Schloss drückte, war es ihr, als sei sie taub. Sie sah sich in die Mitte eines Kreises gestellt, der sich mit wachsender Geschwindigkeit drehte, bis ihr schwindlig wurde. Und sie sagte laut: „Was hat Leda Anna angetan?“

Der Bürgermeister hielt sein Wort. Bähr erhielt das vorgeschossene Geld zurück, auf den Pfennig genau. Weitere zweihundert Taler wurden für den Abriss der alten Kirche zugesichert. Mehr Geld würde demnächst folgen, hieß es. Ein konkretes Datum allerdings nannte Schwarzbach nicht. Fürs erste hatte Bähr sein Ziel erreicht. Die Genehmigung zum Abriss der alten Frauenkirche lag schriftlich vor. Endlich! Der letzte Gottesdienst sollte am 9. Februar 1727 stattfinden. Er eilte über die Brücke hinüber nach Altendresden. Der Tag war ungewöhnlich mild. Der Schnee, der vor vier Tagen reichlich gefallen war, war weggetaut. Auf der Elbbrücke roch es nach Frühling. Aber noch lagen die Hänge nackt. Die Bäume haben es gut, dachte er, sie werden immer wieder grün. Der Frühling war ihm die liebste Jahreszeit. Bähr war mit Steinmetzmeister Daniel Ebhardt und Johann Gottfried Fehre verabredet. Bähr wurde in Ebhardts Werkstatt in Altendresden erwartet. Was er sah, stimmte ihn zufrieden. Auf dem Platz vor der Werkstatt waren Sandsteinquader sorgfältig gestapelt, mehrere Bogensteine für Portale lagen sauber bearbeitet in den Schauern.

„Gibt es was Neues?", fragte Fehre. Bähr zeigte ihm die Zustimmung zum Abriss. Ebhardt kam dazu. „Endlich", sagte er. „Jetzt hast du sie eingefangen." Er lachte herzlich. „Ist die Kirche erst weg, können die Herren nicht mehr zurück. Legen wir los." Er rieb sich die Hände, sah in die Höhe, als sähe er die Kirche bereits vor sich. „Arbeit für Jahre. Meine Leute werden zufrieden sein." Ebhardts Freude steckte Bähr an. „Ja, Arbeit für Jahre. Und stell' dir vor, wie die Kirche über dem Kellergewölbe aufsteigen wird, zum Sims hoch, über die Höhe der Dächer, über die Stadtmauer, mit großen Augenfenstern. Sie wird ins Land schauen, als sei sie neugierig."

Fehre betrachtete die Zeichnung, die ihm Bähr gereicht hatte. „Du hast die Fundamente verstärkt", stellte er fest. „Sehe ich das richtig?" – „Du siehst es richtig", bestätigte Bähr. – „Um einiges sogar", setzte Fehre nach. Bähr hatte erwartet, dass er es bemerken würde. Dass ihm das gleich auffiel, hätte er nicht gedacht. „Es wird der Kirche nicht schaden, wenn sie auf festeren Füßen steht", entgegnete er. „Die vier Türme erhöhen die Last." Dass noch weitere Lasten hinzukommen würden, verschwieg er. „Ist vielleicht ein Fuß zu viel", warf Fehre ein. Bähr sah den Jüngeren ernst an. „Lassen wir es dabei." – „Gut", sagte Fehre, „gut. Ich muss es abrechnen. Es wird teurer". – „Rechne es bei mir ab", sagte Bähr. „Darum will ich dich bitten. Du übernimmst die Abrechnungen für den gesamten Steinbau und legst sie mir vor." Bähr überlegte, ob er Fehre jetzt in seine Ideen einweihen sollte. Es würde zurechtkommen, wenn er selbst genau wusste, wie der Steinbau auszuführen war. Noch vertraute er seinen Fischgräten nicht vollends. Aber der Entschluss, die Kirche ganz aus Stein auszuführen, hatte sich unwiderruflich in ihm festgesetzt. Eine Kirche ganz aus Stein wollte er bauen, ganz aus Stein die aufgehenden, senkrechten Mauern, ganz aus Stein den Kuppelanlauf, ganz aus Stein die Kuppel, ganz aus Stein auch die Laterne. Immer wieder studierte er die Stichwerke berühmter Gotteshäuser, verglich sie miteinander, verglich sie mit seinen Plänen und Vorstellungen. Eigens deshalb hatte er sich die teuren Bände gekauft. Keine Kirche, die er studiert hatte, war ganz aus Stein ausgeführt, keine. Er wird der erste sein, der eine solche Kirche baut. Hitze stieg ihm ins Gesicht. Alte Zweifel stellten sich ein. Ja, es war besser zu schweigen. Das Ei war noch nicht gelegt. Alles, was er bisher gedacht hatte, konnte sich als falsch erweisen, so dass er – wie ursprünglich entworfen – zur Holzkuppel zurückkehren musste. Dann war eben die Gründung zu aufwendig angelegt.

„Wann beginnen wir mit dem Abriss?", fragte Ebhardt. „Vielleicht kann ich einige Steine des Mauerwerks für die neue Kirche verwenden." – „Nach dem letzten Gottesdienst", antwortete Bähr. „Das Gestühl muss als erstes heraus, dann muss der Altar abgetragen, die Orgel zerlegt werden. Das wird einige Tage dauern. Für Orgel und Altar brauchen wir einen Platz zur Verwahrung."

Fehre faltete die Zeichnung zusammen. Bähr entging nicht, dass er grübelte. Er schien mit der Verbreiterung und der Vertiefung der

Fundamente nicht einverstanden. Aber er schwieg. Und Bähr sah keinen Grund für weitere Erklärungen. Sie verabredeten sich für den nächsten Tag in der alten Kirche. Gut gelaunt kehrte Bähr auf die linke Seite des Flusses zurück. Eine sehr leise, aber sehr große Freude nahm von ihm Besitz, wuchs, wuchs, spannte seine Brust. Jetzt war er endgültig sicher, dass er die Kirche bauen wird. Er wird sich nicht beirren lassen, er wird sie so lange bauen, bis er das Kreuz über der Kuppel in den Händen halten wird. Vielleicht, dachte er, wird es nicht ein Kreuz, sondern ein Obelisk.

Auf dem Altmarkt kaufte er Maria Magdalena einen langen warmen Schal. Der hatte ihr gefallen, als sie das letzte Mal vom Gottesdienst nach Hause gingen. Er übergab ihr das zurückgezahlte Geld. „Damit ich nicht wieder versucht werde", sagte er. „Verstecke es gut vor mir." Er legte ihr den grünen Schal um den Hals. Es war lange her, dass er ihr etwas gekauft hatte. Sie freute sich. Das machte ihn glücklich wie schon lange nicht mehr. „Du alter Stänker", sagte sie. Es war viel Wärme in ihrer Stimme. Ihre Hand strich über sein Haar, das grau zu werden begann. Sie blies ihm ihren Atem ins Ohr. Bähr schob sie gegen die Wand. „Die Kinder", protestierte sie. Aber ihre Augen blitzten.

Die Orgel wurde zerlegt. Bähr, der in jungen Jahren Orgelwerke gebaut hatte, ließ ihr besondere Sorgfalt zukommen. Vielleicht wurde sie woanders benötigt. Das Gestühl, das wurmstichig war, wurde für ein paar Groschen als Feuerholz verkauft. Der abgetragene Altar fand in der Annenkirche außerhalb der Stadtmauer Unterkunft. Bähr ließ die Fundamente um fünf Ellen verstärken, das Kellergewölbe vollenden. Er trieb die Zimmerleute und Maurer an. Ende 1727 war das Gewände des Hauptportals an der Westseite der Kirche aufgerichtet, die anderen Portale folgten, angelegt waren die acht Pfeiler im Inneren der Kirche. Immer wieder dachte er an seine Fischgräten. Würden die Fundamente die Lasten tragen, die Kuppel, die drei Emporen? Würden die Pfeiler dem Druck standhalten? Nicht auszudenken, wenn sie rissen, wegknickten! Obschon er seinen Fischgräten traute, blieb eine letzte leise Angst, die er niemals ganz los wurde, in ihm. Sie überfiel ihn zu jeder Tageszeit. Manchmal wachte er nachts auf. Sein Herz raste, kalter, ekelhafter

Schweiß stand auf der Stirn. An manchen Tagen drohte die Last der Verantwortung ihn zu erdrücken. Und es war niemand da, mit dem er über seine Ängste reden konnte. Seine Frau wollte er nicht beunruhigen. Sie verstand nichts davon. Sich Fehre anzuvertrauen, hatte er keinen Mut. Er schien ohnehin reserviert. Und Ebhardt kannte er zu wenig. Seltsam, dachte er, wenn man nach Vertrauten Ausschau hält, gibt es keine. Er allein wollte die Kirche ganz aus Stein, er allein hatte alles zu verantworten. Fast gewalttätig stieß er das Kinn vor. Seine Kirche würde halten.

Bähr wurde bei dem Gedanken schwindlig, dass die Kirche nach neuester Kalkulation mehr als 140 000 Taler kosten würde. Er hörte schon das Geschrei: "Billiger, Bähr, billiger. So geht es nicht!" Dann, ja dann würde er ruhig entgegnen: „Vier Türme, größere Treppenhäuser, meine Herren, treiben die Kosten in die Höhe." Und er wird sich nicht scheuen hinzuzufügen: „Das leuchtet Ihnen ein, sehr verehrte Stadtväter. Sie haben dem zugestimmt." Aber noch war es nicht soweit. Er hielt die neueste Kalkulation verborgen, auch vor Fehre.

Von der Wiener Hofburg erging ein Befehl an Oberst Alfons Mittermeier an der schlesisch-sächsischen Grenze. Ihm wurde die Reise des polnischen Königs Friedrich August nach Polen über Schlesien, das Habsburg gehörte, angekündigt. Beim Grenzübertritt sollten ihm Schwierigkeiten bereitet werden, nicht ihm direkt, sondern seinem Tross. Alfons Mittermeier wunderte sich sehr. Er hatte schon einiges an der Grenze erlebt und erfahren und einiges auch selbst veranlasst. Einem König Schwierigkeiten zu bereiten war er in seiner langen Dienstzeit nicht aufgefordert worden. Irgendetwas wurde gespielt. Er hatte keine Wahl. Ihm musste etwas einfallen. Meist fanden sich Beanstandungen. Mal war ein Wagen nicht aufgeführt, ein Mann nicht genannt. Und wenn es sein musste, kamen auch Pässe abhanden.

Der polnische König wurde für den nächsten Tag angekündigt. Das Vorkommando erreichte mittags die Grenze. Es gab nichts auszusetzen. Die Pässe waren in Ordnung. Der Wagen des Königs traf zwei Stunden später ein. Mittermeier kannte den König persönlich. Es war schließlich nicht das erste Mal, dass er die Grenze passierte. Er öffnete den Wagen und salutierte vorschriftsgemäß. Friedrich August winkte ihm freundlich zu. „Hat also wieder Dienst, wie immer, wenn ich passiere“, sagte er. Mittermeier erbat einen Augenblick Geduld. Es gebe im Gefolge Beanstandungen. „Wird sofort geregelt, Majestät.“

Friedrich August schwoll der Kamm. Kaum ein Grenzübergang ohne Schikanen. Es war auffällig: Sie nahmen in letzter Zeit kräftig zu. Das musste ein Ende haben. Er wollte endlich die direkte Landverbindung von Sachsen nach Polen. Aber diese Hundsfötte in Wien verweigerten sie. Und Friedrich Wilhelm in Berlin blieb auch stur und wollte keinen Landstreifen herausrücken. Weder für Geld noch über Landtausch. Seine Leute mussten bitten und

betteln. Einmal hatten ihm die Preußen sogar zwei Tage lang das Durchqueren ihres Territoriums untersagt. Mittermeier salutierte zum zweiten Mal. „Gute Weiterreise, Majestät." Er ließ den König in Schlesien einreisen. Er war zufrieden, als die Pferde anzogen. In der Begleitung gab es großes Geschrei. Zwei Offizieren fehlten die Pässe. Sie blieben unauffindbar. Der Wagen mit dem Silberzeug, für den die beiden Offiziere verantwortlich waren, musste an der Grenze zurückbleiben. Ihnen wurde die Einreise verwehrt. Eilboten machten sich in die habsburgische Gesandtschaft nach Dresden auf, um neue Pässe und Visa einzuholen. Mittermeier war die Sache äußerst unangenehm. Als Offizier liebte er korrektes Verhalten, er verstand manche der Winkelzüge nicht, die ihm gelegentlich abverlangt wurden. Er war nicht unbedingt ein Sachsenfreund, aber dies heute hatte krumme Ecken und stank zum Himmel. Er selbst erschien beim Tross und bat um Entschuldigung. „Es wird sich schon einrenken", sagte er im schönsten Wiener Dialekt. An die beiden Offiziere gewandt: „Sie sind meine Gäste."
Rimini erfuhr in Dresden von dem Zwischenfall. Der habsburgische Gesandte schilderte ihm Einzelheiten. Wien hatte zu arbeiten begonnen. Das war gut, sehr gut.
In Warschau wurde Friedrich August Näheres über den Willkürakt berichtet. Sein erster Gedanke war, ein paar Offiziere an die Grenze zu schicken und den Habsburgern eins auf den Schädel zu hauen. Graf Jakob Heinrich von Flemming, sein Kabinettsminister und Vertrauter, riet zur Mäßigung. „Die Folgen", warnte er, „wären nicht kalkulierbar." Allmählich beruhigte sich der König. „Es hilft nichts", sagte er, „wir müssen Wien noch einmal zu Verhandlungen drängen. Ich muss die Landverbindung haben. Man hat sie uns versprochen." Flemming kannte die Wiener Verhältnisse sehr gut. Er hatte dort mehrere Male im sächsischen Auftrag als Diplomat verhandelt. Mit Kaiser Karl verband ihn Freundschaft. Friedrich August bat seinen Minister, die Verhandlungen zu führen. „Koste es was es wolle. Sie haben alle Vollmachten. Informieren Sie mich laufend." Flemming reiste im Februar nach Wien.
Friedrich August wartete mit Ungeduld auf Neuigkeiten. Mitte März 1728 traf eine Eildepesche aus Wien ein. Sein Kabinettsmi-

nister war am 30. April in der Kaiserstadt gestorben, völlig überraschend. Sein Tod berührte den König sehr. So schnell kann es gehen, dachte er. Der Mann war ihm stets ein aufrichtiger Berater gewesen.
Riminis Gesicht hellte sich auf, als ihm der kaiserliche Gesandte von den bevorstehenden Verhandlungen berichtete. Genaues wusste der Wiener allerdings auch nicht. „Es könnte sein, dass wir Erfolg haben, lieber Legat. Feiern wir es mit einem guten Wein." Sie stießen die Gläser an, zeigten die Zufriedenheit von Verschwörern. „So macht das Dasein einigen Spaß", sagte der Gesandte. Und er lachte maßvoll. Er ärgerte sich, dass ihm nichts Näheres bekannt war. Das zeigte er nicht. Den Wein genoss er dennoch.
Eine Woche später übergab Pater Vota Friedrich August einen Brief des Papstes. Der König verspürte wenig Lust, ihn zu öffnen. Er ahnte, was drinstand. Vorhaltungen würde er lesen, bestimmt die wiederholte Mahnung, endlich die Hofkirche zu bauen. Sie sind wie Kletten, schimpfte er im Stillen, sind gierig und aufdringlich. Er mochte die Pfaffen nicht, weder die in Dresden noch die in Polen. Aber er hütete sich, das auch nur anzudeuten. Im katholischen Polen kam ein solcher Gedanke einem Verbrechen gleich. Wir sind König, gewann er der Sache bösen Humor ab, und müssen doch den Mund halten und den Rücken vor den Pfaffen beugen. „Was steht in dem Brief, Vota?" – „Mein Fürst", erwiderte der Beichtvater, „ich weiß es nicht." Und Friedrich August dachte: Er lügt. Mein Pater, der mich lehrt, die Engel singen zu hören, lügt. Und er sagte böse: „Pater, geben Sie es zu. Sie wissen doch sonst bestens Bescheid, was der Heilige Stuhl von mir wünscht." Friedrich August war zum Streit aufgelegt. „Ihr drangsaliert mich mit der Hofkirche. Und ich sage euch: Ich habe kein Geld. Und ohne Geld kann sie nicht gebaut werden. Punkt." Vota schwieg.
Friedrich August schmerzten seine Zehen. Durst plagte ihn. Er ließ sich verdünnten Wein kommen, trank die Karaffe in einem Zug leer. Vota, der die Launen des Königs bestens kannte, blieb unbeeindruckt. „Eine große Hofkirche, ja, mein König, die wollen wir. Die katholische Welt würde es Ihnen danken. Und Sie würden als Kircherbauer in die Annalen eingehen. Ich bin sicher, dass im Pe-

tersdom eine Messe für Sie gelesen würde." Davon habe ich nichts, dachte der König. In die Annalen einzugehen, dagegen hatte er nichts, aber nicht um den Preis neuer Schulden. Sie waren auch so schon hoch genug. Er sagte versöhnlich: „Ich werde den Brief später lesen, lieber Vota. Und Sie stimmen den Vatikan ein, dass er Geld für die Hofkirche spendet." Vota lächelte trocken. „Wenn Sie es wünschen." – „Ja, Vota, ich wünsche es. Zeigen Sie mir den Brief, den Sie abschicken, sonst glaube ich Ihnen nicht, mein Freund und Seelsorger." Sein Einfall mit dem Geld freute ihn. Jetzt konnte auch er Forderungen stellen, wenn er allzu sehr bedrängt wurde.

Friedrich August las, was er erwartet hatte. Und noch etwas mehr: Der Heilige Stuhl versprach, auf die polnischen Bischöfe Einfluss zu nehmen, damit sie ihre Angriffe gegen ihn einstellten. Sie waren in letzter Zeit wieder heftiger geworden. Die Polen hielten ihm Treuebruch und Bevorteilung der Deutschen am Hof vor. Es war offensichtlich, sie wollten ihre Feindschaft wieder mit Geld beruhigt sehen. Das Ende des Briefes überraschte ihn stark. Rom sagte ihm tatsächlich Unterstützung in den Verhandlungen mit Habsburg über eine Landverbindung zu. „Wir haben Wien gebeten", schrieb Benedikt, „Ihnen einen Streifen Land zur Verfügung zu stellen, damit Sie ungestört nach Polen reisen können." Friedrich August hatte nicht damit gerechnet, dass Benedikt hielt, was er im letzten Brief mitgeteilt hatte. Also hatte der Legat sein Versprechen gehalten und seine Wünsche weitergeleitet. Alle Achtung. Dieser Rimini hatte Format. Dennoch beschaute er skeptisch das Schreiben, pfiff durch die Zähne wie ein Gassenjunge. Gab es zwischen Rom und Wien geheime Absprachen? Oder hatte Vota seine Hand im Spiel? Er knurrte böse. Nichts, aber auch nichts blieb an seinen beiden Höfen verborgen. Zu viele Votas, zu viele Diplomaten, zu viele Gesandte, zu viele Jesuiten, zu viele Späher. Vielleicht – überlegte er – konnte Roms Zusicherung tatsächlich von Nutzen sein. Er wird sich darauf einlassen. Er rief sofort seinem Sekretär, schnaufte hörbar, lächelte grimmig, diktierte eine blumenreiche Antwort. Das beherrschte er seit seiner Jugendzeit perfekt.

Fünf Tage später erreichte Friedrich August ein Brief Kaiser Karls. Der Habsburger ließ die Katze aus dem Sack. Er persönlich wünschte den Bau einer Hofkirche. Das vorhandene Gotteshaus sei in keiner Weise der Kaisertochter Josepha angemessen. Das ehemalige Opernhaus, das zur Kirche umgebaut worden war, bezeichnete Karl als mickrig. Friedrich August feixte. So unrecht hatte er nicht. Und er las weiter. „Wien, Österreich, wir Habsburger würden eine neue Hofkirche mit Jubel begrüßen. Ein solcher Bau im Lande des Ketzers würde uns alle ermutigen und die Trommeln rühren lassen." So ein Unsinn, dachte Friedrich August. Es ist besser, die Trommeln schweigen. Am Ende des Briefes schlug Karl Verhandlungen über die gewünschte Landverbindung vor. Er habe seine Kanzlei damit beauftragt. Und er bedauere den Tod Flemmings, „meines hochgeschätzten Freundes". Also hatte Flemming doch etwas erreicht, bevor er gestorben war, vermutete Friedrich August. Dass er sich irrte, konnte er nicht ahnen. Andere Fäden, die Rimini und der kaiserliche Gesandte gesponnen hatten, waren in aller Stille gezogen worden.

Nun drängte ihn auch noch Wien. Misstrauisch, wie Friedrich August war, vermutete er ein abgekartetes Spiel. Dass plötzlich beide – Rom und Wien – so aktiv wurden, war kein Zufall. Vielleicht steckten auch Josepha, seine liebe Schwiegertochter, und sein frommer Sohn dahinter, der so gerne vor den Pfaffen auf den Knien lag, bis sie blau wurden. Gut, meine Herren, wir sind dabei, euch zu durchschauen. „Wir werden sehen, wie ernst eure Angebote zu nehmen sind", sprach er grimmig. Er ließ Wein kommen. Der Ärger hatte ihn wieder durstig gemacht. Sein Gaumen war trocken wie ein altes Stück Leder. Er bat seine Tochter Orzelska zu sich. Sie war die einzige, der er vertraute. Er zeigte ihr den Brief. Sie überflog ihn. „Ich glaube, Vater, sie meinen es nicht aufrichtig. Irgendjemand steckt dahinter. Rom und Wien lieben sich nicht. Und nun plötzlich wollen sie dir gemeinsam helfen." Sie überlegte eine Weile, schlug mehrere Male mit der Reitpeitsche gegen ihre Stiefel, sagte: „Wenn nicht der Legat dahintersteckt. Hast du bemerkt, wie hart seine Augen wurden, als er von der Hofkirche sprach, wie beherrscht er seine Leidenschaft verbarg. Ich sehe ihn vor mir, wie er vor dir stand, kühl, glatt, gefährlich. Sein Ehrgeiz treibt ihn. Er will die Hofkirche."

„Komm her!“, bat Friedrich August. Er zog sie auf seinen Schoß. Sie hatte wieder das arabische Parfüm genommen, das nach Feigen duftete. Es war betörend. Er liebte diesen Duft. Seine Hand strich über ihr Haar. Sie wurde feucht. Sie entzog sich ihm mit einem frechen Lächeln. „Du solltest den Legaten für dich nutzen. Ehrgeiz ist verwertbar.“ Sie entschuldigte sich. Die Pferde stünden zu einem Ausritt bereit.

Friedrich August lehnte sich zufrieden zurück. Sie hatte recht. Rom und Wien inszenierten ein Spiel. Gut, er wird auch sein Spiel aufführen. Er wird ihnen mit der Kirche winken, aber dafür die Landverbindung fordern. Und er will, dass Geld für die Hofkirche fließt. Dann sollten sie jubeln, bis sie heiser wurden. Er wird auch in ihren Jubel einstimmen. Ein zweiter Kirchbau würde seine Stadt schmücken. Er verlangte Käse und Wein, verlangte nach einer Polin, die ihn bedienen sollte. Er bedauerte, dass die Orzelska gegangen war. Er wird seine Überlegungen Vota vertraulich mitteilen. Dann war er sicher, dass sie exakt nach Rom gelangten. Eine dunkelhaarige, sehr junge Polin brachte Wein und Käse. Sie schaute den König mit großen Augen an. Er lächelte. „Stell den Käse auf den Tisch, komm her“, verlangte er.

Rimini war sehr unzufrieden. Rom und Wien hatten ihn nicht über ihr weiteres Vorgehen informiert. Die Mitteilung des kaiserlichen Gesandten war eher einem Zufall zu verdanken. Was im Einzelnen geschah, blieb beiden unbekannt. Offenbar hielt man es weder im Vatikan noch in der Hofburg für notwendig, sie einzuweihen. Oder es geschah nichts, was tatsächlich einen Bericht gelohnt hätte. Mindestens einmal in der Woche hielt sich Rimini auf dem Neumarkt auf. Er schaute den Arbeitern zu. Mit Neid sah er, wie die Kirche Schicht um Schicht in die Höhe stieg. Und er dachte zum ersten Mal, was ihm gar nicht angenehm war: Die Kirche wird ein großartiger, vielleicht gar bedeutender Bau. Dass man hier im Norden, in dieser Stadt dazu fähig war. Die Kuppel, die er sich vorstellte, wird Sankt Peter in Rom kaum nachstehen. Das war ein frecher Schlag ins römische Gesicht. Und er gestand sich ein: Nichts, aber auch nichts hatte er nach seinem Rombesuch erreicht. Auch die Reise nach Warschau brachte keine Ergebnisse. Diese Tatsachen drück-

ten ihn. Und mit Leda kam er nicht weiter. Sie verweigerte sich ihm. Sie hatte ihn wohl völlig aus ihrem Leben gestrichen.
Nein, Dresden war kein gutes Pflaster für Katholiken. Die Übermacht der Protestanten war zu groß. Und ihr erster Hirte, der Superintendent Ernst Valentin Löscher, war ein Katholikenhasser. Rimini war der Mann zuwider. Er griff auf der Kanzel selbst den Kurfürsten an. Mit diesen verbohrten Lutheranern war nicht gut auszukommen. Sie witterten überall Verrat, Aufruhr, Fegefeuer und Weihrauch. Er hatte Wien und Rom zu einer Allianz gedrängt, Versailles eingeweiht. Er konnte es wenden, wie er es wollte. Was bisher geschehen war, war dürr, war gar nichts. Er kaute lustlos an der Entenkeule, trank mechanisch Wein. Warum sollte er sich weiter schinden? Hatte er dies nötig?
Seine Existenz hing nicht vom Vatikan ab. Seine Familie war versorgt. Und ihm stand ein beruhigendes Vermögen zur Verfügung. Er riskierte nichts, wenn er dem Vatikan gegenüber deutlich wurde, seine Enttäuschung andeutete. Jetzt, da vielleicht tatsächlich Verhandlungen begannen, musste er noch einmal auf Dresden aufmerksam machen. Er diktierte einen Brief. „Heiliger Vater, all meine Bemühungen scheinen gescheitert zu sein." Er korrigierte: „Nicht all meine, sondern alle Bemühungen." „Nichts deutet auf den Bau einer Hofkirche hin. Die protestantische Kirche hingegen wächst täglich. Dies zu sehen ist eine Strafe. Es wird ein großer Kuppelbau, wird ein Stich gegen das ewige Rom." Er überflog die Zeilen. Sie klangen gut, sie klangen böse, vorwurfsvoll. Er dachte nicht daran, alle Verantwortung auf sich zu nehmen. Rom und Wien waren zu einem Großteil schuld, dass der König die Hofkirche nicht baute. Und er formulierte knapp: „Ohne die großzügige tätige Hilfe Roms und Wiens, ohne die Landverbindung kommt der Bau niemals zustande." Und er teilte ungeschminkt mit, dass der König Geld für den Bau der Hofkirche erwarte. Er hatte es schon in Rom angedeutet. Es wird nicht gefallen. Aber man wird es zur Kenntnis nehmen müssen. Er war nicht in Dresden, um zu gefallen. Ja, so war es gut und vor allem: So war es richtig.
Er versiegelte den Brief. Er wird ihm keine Freunde gewinnen. Der Vatikan sah es sehr ungern, wenn ihm Versäumnisse vorgehalten

wurden. Sollte er. Er verließ die Gesandtschaft, spazierte durch die enge Stadt, ging an Ledas Haus vorbei. Dass sie nicht ausgezogen war, wunderte ihn. Ja, es erstaunte ihn, dass ihr Wackerbarth nicht eine offizielle Wohnung eingerichtet hatte. Die Luft war kühl. Der Wind blies unwirtlich. Der Kot auf den Straßen stank. Er ging bis zur Elbbrücke, schaute auf den Fluss. Er war imposanter als der Tiber, breiter als der Arno. Über dem Elbtal hing ein klarer blauer Himmel. Er spiegelte sich auf der Wasseroberfläche. Die Weinstöcke auf den Hängen waren in Grün getaucht. Die Stadt, dachte er, hat einen Hauch von Süden. Er kehrte in die Gesandtschaft zurück, riss das Siegel auf, las seinen Brief noch einmal. Er nahm kein Wort zurück. Am nächsten Tag schickte er ihn ab.
Fast gleichzeitig trafen vier Tage später zwei Sonderkuriere in der Gesandtschaft ein, einer aus Rom, der andere aus Wien. Rimini erfuhr, dass Habsburg und Wien über das weitere Vorgehen verhandelten. „Wir haben" – teilte ihm Benedikt mit – „dem polnischen König zugesagt, seinen Wunsch nach einer Landverbindung zu unterstützen. Verhandlungen stehen auf der Hofburg unmittelbar bevor. Wien erwägt ernsthaft, dem polnischen König eine Landverbindung zu überlassen. Dafür erwartet es – wie wir – einen bedeutenden katholischen Kirchbau an der Elbe. Und dies mit Nachdruck." Rimini trat vor den Spiegel. Er beschaute sein mageres strenges Gesicht. In seine tiefliegenden Augen trat ein dunkler Glanz. Man ging an, was er vorgeschlagen hatte, man handelte. Endlich! Es bestand also Aussicht auf Erfolg. Es war ärgerlich, dass er den Brief abgeschickt hatte. Andererseits unterstrich er, was ihm in Dresden widerfuhr. Das konnte nicht schaden.
Rimini reckte sich. Vielleicht kam es doch noch zu einem schnellen Baubeginn. Es war höchste Zeit, den Kurprinzen auf seine Bahn zu lenken, damit er seinen Vater bedränge. Der Kurfürst war vor Monaten lebensgefährlich erkrankt gewesen. Er hatte sich wieder aufgerappelt. Das hatte die europäischen Höfe erstaunt. Auch Rom hatte es erfahren, durch ihn, Rimini, und gewiss auch durch Vota. Wie viele Jahre der König noch durchhalten würde, war nicht absehbar. Es war höchste Zeit, seinen Sohn, den künftigen Kurfürsten, zu gewinnen, damit er nach dem Tod seines Vaters das Werk fortsetzte.

Rimini stand lange vor dem Spiegel. Sein Gesicht war faltenlos. Energisch blickten die Augen, es war ein herrisches, heftiges Gesicht, das Gesicht der männlichen Riminis, die in Florenz Gewicht besaßen. Und er liebte es, liebte diesen bläulichen Schimmer auf dem Kinn, die dünnen Nasenflügel. Er wird Leda bei nächster Gelegenheit abpassen, ein letztes Mal wird er es versuchen. Er will sie haben, er wird sie Wackerbarth abnehmen. Er, Rimini, war viel jünger. Wackerbarth war alt. Juwelen und Geld und Glimmer ersetzten auf Dauer nicht einen Mann. Er wird etwas großzügiger sein als bisher. Das konnte er sich leisten. Er lächelte, schmallippig. Die Kirche musste gebaut werden, und Leda wird er zu sich zwingen. Er wird sie kriegen. Und sie werden in Lust zusammenliegen. Die Frauen der letzten Monate hatten ihn nicht gefesselt. Er spazierte zum Neumarkt. Das Bauen an der Kirche ruhte seit einigen Tagen. Es war ihm recht, wenn es langsamer vorwärtsging, vielleicht gar für längere Zeit stockte. Aber unerwünscht trieb ihn etwas Unerhörtes. Er war auf den weiteren Bauverlauf der Kirche neugierig, wünschte im tiefsten Inneren schnelle Fortschritte. Und das war Ketzerei, Verrat, ja Sünde. Dennoch: Es war wunderbar, wie aus einem tiefen Grund ein solch bedeutender Bau entstand, Kontur bekam und ins Lichte strebte.

Wackerbarth hält Ledas Hand

Wackerbarth besuchte regelmäßig Leda. Einmal in der Woche speiste er mit ihr in seinem Palais, einmal bei ihr. Dazu kamen Einladungen, die er mit ihr gemeinsam wahrnahm. Er war liebenswürdig und aufmerksam. Aber sie bemerkte es wohl, dass er sie wie eine Trophäe zur Schau stellte. Das war am Dresdner Hof so üblich. Und sie nahm es als etwas Unvermeidliches hin. Man zeigte sich gern mit jungen Frauen. Schöne Frauen kaufte man und sie hatten zu gefallen. Darin hatte sie eine gewisse Übung. Und sie war, obwohl eher eine oberflächliche Christin, Gott dankbar, dass sie so gelungen war. Schon sehr jung hatte sie bemerkt, dass sie Männern gefiel, besonders älteren. Bei Gleichaltrigen hatte sie das weniger festgestellt. Sie musste etwas an sich haben, was ältere Männer anzog. Was – wusste sie nicht. War Wackerbarth bei ihr allein, hielt er meist ihre Hände, drückte sie und hob sie an seine Wangen, damit sie diese umfasste. Und sie dachte, er ist ein alter Mann, der meine Zärtlichkeit ersehnt und sich an meiner Wärme erfrischt. Und sie gab ihm, was er wünschte, drückte ihn und hielt ihn fest. Nein, er war ihr nicht unangenehm. Sie hörte ihm gern zu, wenn er vom Hofleben erzählte. „Es ist glatt wie unsere Glatzen." Wie ironisch er die Dinge sehen konnte. Manchmal dachte sie in seiner Gegenwart an Rimini, flüchtig. Sie hatte ihn seit dem Karneval mehrere Male abgewiesen. Und das war gut so. Als offizielle Geliebte hatte sich ihre Beziehung zu Wackerbarth verändert. Sie wollte ihn nicht brüskieren, seine Eitelkeit nicht verletzen.
Aus Berlin traf ein Brief ein, diesmal von Nielsen. Er bat sie, wieder nach Berlin zu kommen. Damit hatte sie nicht mehr gerechnet. „Dann werden die Geschäfte noch besser gehen", schrieb er. Und am Schluss des Briefes, versteckte er sich erneut hinter ihrem Bruder: „Geben Sie uns ein Zeichen, ich komme nach Dresden und hole Sie ab. Sie werden uns glücklich machen."

Das war wieder ein ungeschickt versteckter Heiratsantrag. War sie klug, nahm sie ihn an. So unrecht war Nielsen nicht, dieses offene helle Gesicht, seine Art, die sie heiter stimmte. Wie sie das dachte: so unrecht nicht. In Berlin würde es sich leben lassen. Aber der Gedanke an eine Ehe mit Nielsen regte sie nicht auf. Sie wartete eine Weile, ob ihr Puls etwas schneller zu schlagen begann. Er begann nicht. Wie sie es auch bedachte, sie konnte einer Ehe nichts abgewinnen. Das hatte Zeit, wenn überhaupt. Sie war etwas missraten, das hatte André, ihr Mann, behauptet. Sonst hätte sie ihn nicht genommen, hatte er gespottet. Als sie heirateten, war sie sehr jung, gerade mal achtzehn Jahre alt und sehr verliebt. Niemand konnte ihr André verleiden. Ihre Eltern waren bestürzt, als sie mitbekamen, was sich in aller Heimlichkeit angebahnt hatte. Als sie ihr André verboten, ging sie zu ihm. Sie hatte Glück. Es störte ihn nicht, dass sie sich an ihn hing. Er deutete es als Zeichen starker Liebe. Sein Gesicht war wie ein kleiner Himmel. Sie konnte sich alles Erdenkliche darin vorstellen. Sie versuchte sich Nielsens Gesicht als Himmel vorzustellen. Es gelang nicht.
Sie machte sich nichts vor. Am Dresdner Hof stiegen viele kleine Sterne wie sie auf. Die Damen strahlten kurz oder etwas länger und verschwanden meist unauffällig. Und schon nach kurzer Zeit vermisste sie niemand. Es hatte keinen Sinn, dies zu beklagen. Die Verhältnisse waren so eingerichtet. Zuneigungen und Leidenschaften versickerten wie Wasser. Es würde ihr mit Wackerbarth ähnlich ergehen, obwohl vorerst nichts darauf hindeutete. Vielleicht auch nicht. Er war viel älter als sie, eine gewisse Bequemlichkeit hatte auch ihren Reiz. Seit kurzem beschäftigte sie eine unangenehme Vorstellung. Wackerbarth war zweimal erkrankt. Sein Sekretär teilte es ihr mit. Sie wollte Wackerbarth besuchen. Er wünschte es nicht. Sie war erleichtert, dass er sie nicht sehen wollte, und gleichzeitig betroffen, dass er sie abwies. „Anna, Anna", sprach sie laut: „Wie wird das alles ausgehen?" Wenn sie stärker mit sich ins Gespräch kam, redete sie sich mit ihrem Vornamen an. Das tat sie, solange sie sich erinnern konnte.
Sie antwortete Nielsen und legte dem Brief ein kleines Porträt bei, das sie gezeichnet hatte. „Damit Sie nicht vergessen, wie ich aus-

sehe.“ Und sie schrieb weiter: „Ich sehe Ihr helles Gesicht gern vor mir. Aber gewisse Umstände, die ich nicht näher erläutern möchte, halten mich vorerst in Dresden fest.“ Sie überlegte lange und endete: „Bleiben Sie mir gewogen und bleiben Sie so fröhlich. Das passt gut zu Ihnen.“ Wie gestelzt das klang. Und sie schloss den Brief: „Viel Erfolg in Ihren Geschäften wünscht Ihnen Ihre Anna.“ Sie korrigierte und ließ das Ihre weg.

Abends kam Wackerbarth. Sie speisten zusammen. Er schenkte ihr ein Armband. Darin strahlte ein großer Rubin in einer kostbaren Fassung. Er hatte es in Warschau gekauft. Sie wäre gern mit ihm dort gewesen. Warschau war ihr in angenehmer Erinnerung. Sie hatte dort mit Vergnügen gelebt und sich völlig frei gefühlt. André hatte sie durch alle Kneipen der Stadt geschleppt und sie seinem Großvater vorgestellt, dessen Haar hell wie reifer Flachs war. Wie kam ein Pole, hatte sie gedacht, zu flachsfarbenem Haar. Sie hatte ihn sofort gern gehabt und ihn bei der Begrüßung auf die Stirn geküsst und gesagt: „Welch schönes Haar Sie haben. Wer hat es Ihnen vererbt?“ – „In meiner Familie“, hatte er gerührt geantwortet, „fließt das Blut vieler Stämme und Völker, in meinem litauisches und deutsches, auch finnisches und in Andrés polnisches und deutsches.“ Er hatte sich rührend um sie gekümmert, wenn André Soldat sein musste, was er gern war. Sie hatte es nie begriffen, was ihn an diesem rohen Geschäft der Männer befriedigte. Und sie hatte immer um ihn Angst. Ja, sie wäre gern durch Warschaus Straßen gebummelt, allein, ohne Wackerbarth, vielleicht voller Erinnerungen. Aber Wackerbarth hatte keine Anstalten gemacht, sie mitzunehmen. Und sich ihm aufdrängen wollte sie nicht. Wahrscheinlich hätte er auch abgelehnt. Umso mehr freute sie sich, dass er in Warschau an sie gedacht hatte.

Wackerbarth war zum Reden aufgelegt. Er trank etwas zuviel. Er versuchte mit ihr zu schlafen, es misslang. Er richtete sich auf, mit grimmigem Blick. „Du wirst alt, Wackerbarth. Dein Igel sticht nicht mehr.“ Leda war dieser Ausbruch peinlich. Männer, die versagen, suchen die Schuld meist nicht bei sich. Sie ließ sich nichts anmerken. War das der Anfang vom Ende? Würde er sich bald nach einer neuen Geliebten umschauen, die ihn vielleicht mehr reizte?

Sie verwickelte ihn langsam in ein Gespräch. Sie wusste, dass er gern über seine Arbeit redete. „Wie war es in Warschau?“, fragte sie. „Hattest du viele Pläsiers?“ – „Leda, meine Geliebte, dazu war keine Zeit. Der König war schlecht gelaunt. Man setzt ihn unter Druck. Rom und Wien wünschen eine Hofkirche in Dresden. Ich soll für sie einen Bauplatz suchen. Das zermartert mir den Kopf. Es gibt keinen Raum innerhalb der Stadtmauer. Der schönste ist durch die neue Kirche besetzt.“ Er holte aus, geriet in Schwung. Wenn er redete, wirkte er sicher, strahlend, großartig, sah jünger aus. Selbst seine schweren Tränensäcke schienen flacher. „Ob katholisch oder evangelisch, das ist dem König gleichgültig. Er freut sich über den neuen Kirchbau. Und ich habe auch das meine dazu beigetragen. Es wird eine imposante Kirche. Die anderen Residenzen werden mit Neid nach Dresden schauen, meine Liebe.“ Er fasste ihre Rechte, küsste sie, nahm sie auf seinem Rundgang durchs Zimmer mit. „Dieser Bähr ist ein großartiger Baumeister. Wir haben ihn etwas gejagt, mein Knöffel hat ihn geschunden und sie mögen sich nicht. Solche Baugenies können sich nicht mögen. Und ich wollte die vier Türme am Kirchbau. Wie hat die Stadt gewettert, zu teuer, zu teuer. Schade, schade dass das Bauen jetzt stockt. Es ist ärgerlich. Auch ich möchte die Kirche vollendet erleben.“

Leda schloss daraus, dass Rimini mit seiner Hofkirche keinen Schritt weitergekommen war. Immerhin: Wackerbarth sollte Platz für sie suchen. Das konnte ein Anfang sein. War der Platz erst gefunden, dann würde bestimmt gebaut. Als Wackerbarth sie verließ, hatte er sein Missgeschick weggeredet, war wieder guter Laune. Sie hatte es wieder einmal geschafft. Allein gelassen, wirbelten ihre Gedanken um Rimini wie schon lange nicht mehr. Die Vorstellung, dass er sie umarmte und aufs Bett warf, machte sie heiß. Sie hatte geglaubt, ihn los zu sein. Sie hatte sich geirrt. Sie war etwas kopflos, als sie Wackerbarths Armband betrachtete. Es gibt Männer, stellte sie resigniert fest, die man aus sich herausprügeln muss. Aber dazu hatte sie wohl auf Dauer zu wenig Kraft.

Bähr fühlt sich wie Hiob geschlagen

Jubel, Jubel, Jubel. Im Frühjahr 1728 begann Bährs glücklichste Bauzeit. Und sie hielt Monate an. Die Stadt machte Schulden. Bähr stand wieder Geld zur Verfügung. Jeder, der sehen wollte, sah die Kirche am Neumarkt wachsen. Die Protestanten waren glücklich, die Katholiken betrachteten missvergnügt den Bau. In Rom, in Wien, ja in Paris wurde gezetert. Der junge französische König Ludwig XV. – angestachelt von Kardinal de Fleury – ließ gar einen Missfallensbrief an den polnischen König aufsetzen. Dafür hatte der französische Gesandte in Dresden gesorgt. Der König bedauere zutiefst, dass man die katholischen Brüder so erniedrige. Und Kaiser Karl VI. nannte den polnischen König einen verlogenen Fürsten. Von einem Besuch bei Friedrich August war keine Rede mehr. Polnische Adlige behaupteten gar, dass der König kein rechter Katholik sei, sonst hätte er den Kirchbau in Dresden verhindert.
Friedrich August, der sich das Wortgedrechsel, wie er es nannte, meist aufmerksam anhörte, kümmerte sich auch diesmal wenig um die Vorwürfe. Er wahrte den Schein, blieb freundlich, ging zur Messe und beichtete gelegentlich Pater Vota. Er ließ Wien und Rom zum wiederholten Male wissen, dass ihm die Hände gebunden seien. Im protestantischen Sachsen könne er einen protestantischen Kirchbau nicht untersagen. Er wünsche Frieden in seinem Land. Der bekomme auch seinen katholischen Glaubensbrüdern. Für die katholische Gemeinde würde zur rechten Zeit gesorgt. Noch sei sie in seiner Residenz sehr klein. Wann die rechte Zeit sei, ließ er offen.
Fast täglich war Bähr auf der Baustelle. Nichts sollte ihm entgehen. Maurer richteten die Portalgewände auf, die hohen Fenster streckten sich dem Licht entgegen, die Treppenhäuser, die die vier Türme tragen sollten, folgten, die Pfeiler im Inneren wuchsen Schicht um Schicht. Ihnen galt Bährs besondere Aufmerksamkeit. Sie hatten

die innere Kuppel zu stützen. Es sang in ihm. Er liebte den honiggelben Sandstein, der aus den Steinbrüchen nahe Pirna kam. Er war ihm wie ein Duft. Im Oktober 1728 erreichten die Außenmauern die Höhe der beginnenden Kapitelle.

Eines Abends ging Bähr an der Elbe spazieren. Er beobachtete die Arbeiter. Sie schleppten die Sandsteinblöcke von den Flößen ans Ufer, hoben sie auf die Pferdewagen, um sie zu den Werkstätten der Steinmetze zu fahren. Es war eine schwere Arbeit. Bähr dankte ihnen im Stillen dafür. Wenig genug erhielten sie für ihre Schinderei. Er hätte sie gern besser bezahlt.

Als die Männer Bähr bemerkten, grüßten sie ihn. Er erwiderte ihren Gruß mit Würde und leisen Worten. Ein Treidler sagte zu einem Steinbrecher: „Das ist der Ratszimmermeister George Bähr, der die Kirche erbaut. Er kommt oft zu uns. Für ihn schleppst du die Steine. Gib acht, dass die Kanten nicht abplatzen. Das ärgert den Meister sehr. Er hat mich deshalb einmal gerügt."

Solche Sätze wärmten Bähr. Dass sie seinen Vornamen kannten, hatte er nicht erwartet. Die einfachen Leute, zu denen er sich auch zählte, verehrten ihn. Er konnte das Lob nicht für sich behalten. Spät abends erzählte er Maria Magdalena davon. „Du gibst ihnen Arbeit und Auskommen", sagte sie. „Deshalb verehren sie dich." Sie fand meist eine sehr praktische Erklärung für Ereignisse, die in ihm wie ein schöner Widerhall sangen. Er holte ihr eine warme Decke aus Schaffell. Sie fror, obwohl es in der Stube warm war. Ihr Husten, der sie seit Wochen plagte, machte ihm Sorgen. Er hatte Angst um sie, weil sich ihr Zustand zusehends verschlechterte. Der Glanz in ihren Augen, den er so liebte, begann zu verblassen. Herrgott, mach, dass sie wieder gesund wird. Er hatte schon einmal eine Frau geliebt und dann verloren. Er setzte Wasser auf den Herd. Als es kochte, wärmte er zwei Ziegelsteine auf und legte sie in das Bett. Sie nahm es dankbar an. „Ach, Bähr", sagte sie, „mache dir keine Sorgen. Der nächste Sommer wird warm, und ich werde vor den Toren der Stadt Blumen pflücken." Sie hatte Blumen gepflückt, als er sie zum ersten Mal auf den Elbwiesen gesehen hatte. Es dauerte lange, ehe er Schlaf fand.

Im Frühjahr 1729 wurde das Geld wieder knapp. Bähr war voller Sorgen. Der Hof lehnte das Gesuch des Rates, in den kurfürstlichen

Wäldern Holz einschlagen zu dürfen, erneut ab. Holz war teuer. Bähr brauchte es dringend für die Gerüste. Die Hoffnungen auf die dreitausend Taler der Kurfürstin Christiane Eberhardine zerschlugen sich. Die Kurfürstin war 1727 im Pretzscher Schloss gestorben. Sie hatte der Kirche das Geld vererbt. Es war aber bar nicht vorhanden. Schließlich genehmigte der Hof dem Bauherren 44 666 Ziegelsteine, weniger als er gewünscht hatte, und 12 333 Kasten Kalk. Das war kein Geschenk. Bezahlt wurde mit dem Zinsgeld, das der Stadt von einem Darlehen an den Kurfürsten zustand. Die 500 Reichstaler, die der Kurfürst aus Gnaden dem Bauherren schenkte, reichten bei weitem nicht, um zügig zu bauen. Das Gesuch des Rates, eine Biersteuer für den Kirchbau einzuführen, lehnte der Kurfürst ab. Die Kollekten für den Kirchbau erbrachten keine tausend Taler. Unter äußersten Schwierigkeiten gelang es Bähr, die Kirche bis zum Hauptsims hochzuführen. Dann war wieder Ebbe in den Kassen. Und das in einer der wichtigsten Bauphasen. Der Kuppelanlauf konnte nicht ausgeführt werden. Die Lage war zermürbend. Herzattacken zwangen Bähr, das Bett zu hüten. Er hatte sich gerade etwas erholt, da beugte ihn der Tod seiner Frau Maria Magdalena. Bähr fühlte sich wie Hiob geschlagen. All sein Lebensmut sank. Warum bestrafte ihn Gott so? Er war doch sein Zimmermann, der ihm eine Stätte des Lobgesangs baute. Traf zu, was sie ihm vorgeworfen hatte? „Überhöhe dich nicht. Du bist nicht das Werkzeug Gottes, sondern das des Rates.“ Er aber hatte beharrt, dass ihn Gott zum Bau der Kirche auserwählt hatte.

Nach dem Begräbnis schloss sich Bähr eine Woche lang in sein Zimmer ein und fastete. Die Kinder wurden notdürftig versorgt. Er nahm nur etwas Brot zu sich und trank dazu Wasser. Er verließ sein Haus nur, wenn es unbedingt notwendig war. Er haderte mit sich und seinem Gott, nannte ihn einen strafenden, ungerechten Herrn, der wenig barmherzig und auf Bährs Glück neidisch geworden sei. Das waren ungeheure, anmaßende Gedanken, aber er bekam sie nicht aus seinem Kopf heraus.

In dieser einen Woche ergraute sein Haar vollends. Und seine warmen Augen verglommen wie ein Holzfeuer. Wieder zu Kräften gekommen, arbeitete er wie einer, der sich bestrafen wollte, wie einer,

der ins Fieber gefallen war. Noch einmal überschlug er alles, was er vorgedacht hatte. Die zwei Kuppeln, die innere und die äußere, würden auf den Pfeilern und Außenmauern ruhen. Zwischen die innere und äußere Schale der großen Kuppel wird er einen spiralförmigen Aufstieg zur Laterne legen, so wie im Florenzer Dom. Er hatte die Stiche von diesem Bau eingehend studiert. Mit diesen Gedanken eilte er weit voraus. Jetzt stand erst der Kuppelanlauf bevor. Schwer würde jeder einzelne Stein auf die Mauern und die Gründung drücken. Er sah mit seinem inneren Auge, wie der kreisförmige Kuppelanlauf über dem Hauptsims anstieg, steingelb und voller Schönheit, belegt mit flachen, hellen Sandsteinplatten. Würde man ihm dies gestatten? Oder würde wieder ein großes Geschrei einsetzen, das von Kleinmut bestimmt war?
Bähr sah sich gezwungen, die Arbeit an der Kirche immer häufiger zu unterbrechen. Und dies erfüllte ihn mit Traurigkeit und Demut. Kostbare Lebenszeit verrann. Was er in diesen Monaten nicht wusste: Der Mangel an Geld sollte ihm bald zum Vorteil gereichen.

Bähr will einen steinernen Kuppelanlauf

Bähr hatte einen Entschluss gefasst. Heute wollte er ihn durchsetzen. Die Kuppeln der Kirchen wurden meist mit Kupferblech oder Blei bedeckt. So war es in Florenz und Venedig, in London, Wien und Prag geschehen. Dies auch in Dresden zu tun stand für den Rat außer Frage. Der 1726 von Wackerbarth genehmigte Hauptentwurf sah eine Holzkuppel mit Kupfer bedeckt vor. Er, Bähr, wollte die Kuppel ganz aus Stein wölben, zuerst den Kuppelanlauf, dann die Hauptkuppel. Er hatte alles in langen Nächten überdacht und geprüft. Er zweifelte nicht mehr: Er vertraute seinen Fischgräten. In den zurückliegenden Wochen hatte er auf eine günstige Gelegenheit gewartet, den Rat von seinem steinernen Kuppelanlauf zu überzeugen. Jetzt schien sie ihm gekommen. Manchmal ist der Zufall ein willkommener Lenker.
Die Stadt befand sich wieder in Geldnöten. Sie hatte preiswertes Kupfer aus der kurfürstlichen Saigerhütte erbeten. Wortreich hatte sie dargestellt, dass sie außerstande sei, das teure Kupfer zu bezahlen, ja, sie hatte sogar behauptet, dass der Fortgang des Bauens in Frage gestellt sei. Niemand trage zum Gelingen des Gotteshauses bei. Allein der bevorstehende Kuppelanlauf würde weitere dreißigtausend Taler kosten. Die Kassen seien erschöpft. Hohe Schulden belasteten die Stadt. Und die Ausgaben stiegen weiter.
Der Kurfürst – sehr genervt von den beiden Parteien, die ihn wegen der Kirchen bedrängten – ließ den Rat wissen, dass er der Bauherr sei und für alle Kosten aufzukommen hatte. Als Bähr davon erfuhr, stieg seine Baulust sprunghaft an. Er hatte mit der Verweigerung des Kupfers ohnehin gerechnet. Jetzt, da dies sicher war, sah er seine Chance. Zuversichtlich betrat er das Rathaus. Er wird den Herren klarmachen, dass es Möglichkeiten gab, den Kuppelanlauf preiswerter auszuführen.
Der Rat war fast vollständig versammelt. Bähr bemerkte, wie ihn die Blicke einiger Herren streiften. Manche voller Vorwurf, man-

che unsicher, manche gar zornig, als ob er ihnen den Bau eingebrockt hätte. Sollten sie sich erhitzen, sollten sie klagen, sollten sie mit der Kirche hadern. Das würde es vielleicht leichter machen, seinen Plan durchzusetzen. Er schwieg, griff nicht ein, wartete, saß gerade. Einige Räte bemerkten, dass der Ratszimmermeister wie ein Herr auf dem Stuhl saß, kühl, die Lider halb geschlossen, ohne jede Körperbewegung, ohne jede Geste, aber mit einer Sicherheit, die ihnen hochmütig erschien. Dieser Mann, das hatten sie inzwischen erfahren, war zäh, fordernd, war ein Baumeister, der unbeirrt seine Pläne verfolgte. Und sie fragten sich, was nun geschehen sollte. Kein Geld, kein Kupfer, kein Blei. Es würde tatsächlich unvermeidlich sein, den Bau zu stoppen. Und was dann?
Der Bürgermeister bat Bähr an seinen Tisch. Bähr durchmaß entschlossen den Raum, sah in die Gesichter der Herren, suchte diesen und jenen Blick festzuhalten. Das Geklage verstummte. Die Blicke hängten sich an ihn wie Blei. Es wurde still. Die Geräusche der Stadt drangen in den Saal, der in ein gelbes Licht getaucht war. Bähr genoss diese Augenblicke. Er war ihr Knecht und ihr Ratszimmermeister. Sie bezahlten ihn miserabel. Aber die Herren waren hilflos und ratlos, ängstlich und unentschlossen. Sie erwarteten, dass er ihnen einen Ausweg zeige, wie es mit der Kirche weitergehen solle. Er, der zu dienen bereit war, schmeckte diese Erwartung tief aus. So war er beschaffen, er konnte dienen und hochfahrend sein. Diese Gedanken verschafften ihm große Befriedigung. Zu oft hatte ihn der Rat gedrückt, getrieben, um jeden Taler gefeilscht. Er war nicht nachtragend, aber etwas zurückzahlen wird er jetzt. Und er entschied, die Herren noch tiefer zu beunruhigen, damit sie bereitwillig nach seiner Lösung schnappten.
„80 000 Taler sind verbaut“, sagte er. „Fehre, Steinmetzmeister Ebhardt und ich haben jeden Taler dreimal umgedreht, ehe wir ihn ausgaben. Das wissen Sie. Eine mit Kupfer bedeckte Kirche wird weit über 130 000 Taler kosten, wenn nicht mehr.“ Um die Kosten nicht so nackt dastehen zu lassen, milderte er etwas: „Das ist nicht Ihre Schuld, auch nicht meine. Wir hätten dem Hof nicht nachgeben dürfen. Die vier Türme, die größeren Treppenhäuser kosten zusätzlich Geld. Nun lässt uns der Hof im Stich. Wir hätten

dies wissen müssen.“ Er schaute in den Raum. Dort war es still wie nach einem Gewitter. „Der König ist ein Katholik.“ Die Katholiken in der Stadt nehmen zu. Sie mögen uns Protestanten nicht. Unser Luther ist ihnen ein Ketzer.“ Er ließ seinen Blick von Gesicht zu Gesicht springen, spürte, wie die Spannung im Saal ins Unerträgliche stieg. „Vom Kurfürsten, vom Hof“, fuhr er fort, „verehrte Senatoren und Herren, dürfen Sie auch künftig keine Hilfe erwarten. Seien wir stolz, betteln wir nicht.“ Damit wollte er bei den Räten die letzte Hoffnung auf Geld, auf Kupfer, auf Blei auslöschen. Das sollten sie endlich begreifen. Und er hob zum entscheidenden Satz an: „Ich sehe allerdings Möglichkeiten, beträchtliche Kosten einzusparen.“
Die Männer ruckten hoch, hoben ihre welken Köpfe, hefteten ihre Blicke auf den Ratszimmermeister. Er hatte sie, jetzt hatte er sie im Korb. Er ging zur Tafel, ergriff ein Stück Kreide, entwarf im kühnen Schwung den Kuppelanlauf, führte Schicht für Schicht, Fuge für Fuge auf, zeichnete seine Fischgräten. Dann trat er zurück. Alle Blicke richteten sich auf die Zeichnung, dann auf ihn, dann wieder auf die Zeichnung. Er trat erneut zur Tafel und schraffierte den Kuppelanlauf, sagte: „Das viele Kupfer ist nicht zu bezahlen. Ich werde den Kuppelanlauf in Stein ausführen, ganz und gar aus Stein, Platte für Platte, von Fuge zu Fuge, bis die Hauptkuppel beginnt. Sandstein ist um einiges preiswerter als Kupfer und zur Genüge vorhanden. Führt die Elbe genug Wasser, ist er billig heranzuholen. Und Sie, meine sehr verehrten Herren und Stadtlenker, Sie müssen sich nicht noch einmal erniedrigen.“ Er verbeugte sich knapp, schob das Kinn vor, witterte die Stimmung, war sich nicht sicher, ob er den Rat auf seine Straße geführt hatte. Er schaute in ungläubige, fragende, ablehnende Gesichter, sah fahrige Gesten. Er hatte nichts anderes erwartet. Sie waren am Zuge. Sie mussten sich entscheiden. Wie erwartet, setzten Vorwürfe, Zweifel, Fragen ein.
„Den Kuppelanlauf aus Stein, wie will er sie fügen, wie die Steine befestigen? Unmöglich.“
„Es ist doch ein Kuppelgerüst aus Holz vorgesehen und von Wackerbarth genehmigt worden.“
„Was wird aus den teuer bezahlten Holzvorräten?“

„Ein steinerner Anlauf, viel zu schwer. Unmöglich. Er bricht zusammen."
„Wie will er verhindern, dass Wasser durch Sandstein und Fugen dringt?"
„Wo ist denn Ähnliches gebaut worden, wo?"
„Wie viel weniger wird es kosten?"
„Wie viel?"
„Wie viel?" – „Wie viel?"
Im Ratssaal tanzte der Zweifel. Bährs Worte zerrten an den Räten, verführten einige, seinem Vorschlag zu folgen. Andere Lösungen waren nicht in Sicht. Sie beißen an, dachte Bähr. Er spürte Fehres Blick, der ein einziger Vorwurf war. Jetzt wusste er, warum er, Bähr, stärkere Fundamente angelegt hatte als sie eine Kuppel aus Holz und Kupferblech notwendig gemacht hätte. Bähr ließ die Herren seinen ungewöhnlichen Vorschlag längere Zeit hin und her wenden, dann sagte er: „Neues, Ungewöhnliches, meine Herren, wird mit Recht bezweifelt. Fehre, Ebhardt und ich werden beweisen, dass wir einen steinernen Kuppelanlauf ausführen können. Und er wird preiswerter, entschieden preiswerter sein und einmalig."
Allmählich beruhigten sich die Ratsherren. Allein ihre Ratlosigkeit, ihre Zweifel hielten bei den meisten an. Sollten sie ihrem Ratszimmermeister Glauben schenken? Die Mehrzahl blieb unschlüssig. Der Rat verlangte einen neuen Kostenanschlag für den steinernen Kuppelanlauf, er verabschiedete Bähr und Fehre, ohne einen Entschluss gefasst zu haben. Diesmal blieb Bähr gelassen. Gut, er hatte nicht alle überzeugen können. Das hatte er auch nicht erwartet. Aber dem Rat blieb keine andere Wahl. Er würde zustimmen müssen.
Fehre war verärgert. „Ich hätte von deinen Plänen gern vorher gewusst."
„Du kennst sie doch jetzt", erwiderte Bähr. „Ich war mir bis zuletzt nicht ganz schlüssig, ob ich ihnen heute den steinernen Kuppelanlauf vorschlage."
Fehre knurrte: „Misstraust du mir?"
„Nein Fehre, nein, nicht dir, höchstens mir." Und er erläuterte seine Fischgräten. Dann sagte er mit Bestimmtheit: „Haben wir erst den

steinernen Anlauf, dann kann die Hauptkuppel folgen, auch aus Stein. Aber dies, lieber Fehre, bleibt vorerst unser Geheimnis. Zu keinem ein Wort. Darum bitte ich dich."
Fehre rieb seine Nasenspitze, schob die Unterlippe vor. „Ganz aus Stein, die ganze Kuppel aus Stein?" Seine Pupillen verdunkelten sich, als sei im Augapfel ein Licht ausgelöscht worden. „Ich bin nicht sicher, ob deine Fischgräten halten. Ein Fisch ist keine Kirche. Du gehst ein zu großes Wagnis ein. Überlege es dir gut, was du vorhast. Ich kenne kein Beispiel dieser Art. Komm auf den Boden zurück. Eine steinerne Kuppel wird zu schwer." Seine Zweifel waren berechtigt. Eine solche steinerne Kuppel, wie sie Bähr zusammenfügen wollte, gab es nirgendwo auf der Welt.
Abends besuchte Bähr den Stadtkeller. Dort vermisste man ihn seit längerem. Man nahm an, dass ihn die Trauer um seine verstorbene Frau von einem Besuch fernhielt. Er wurde mit großem Respekt begrüßt. Bereitwillig gab er über den Kirchbau Auskunft. „Der ewige Geldmangel ist eine große Last", schloss er. Die Männer verstanden ihn.
In den nächsten Wochen strahlte Bähr wieder Zuversicht aus. Öfter trug er seine gelben Stiefel, trat fest auf, hielt den Kopf gerade. Er schlief wieder besser. Frühmorgens war sein Kopf klar, seine Gedanken eilten wieder schnell den Kirchbau hinauf und hinab, in ihn hinein und heraus, die Fassaden hoch, am Sims entlang, bis zur Laterne. Das Glück, das ihn verlassen hatte, kehrte zurück. Er lernte eine Frau kennen. Sie machte ihm Augen und kam aus gutem Haus. Und er dachte: Wenn sie meinen Kindern Mutter sein kann, will ich sie zur Frau. Und ich will nicht warten. Sein Hausstand war lange genug verwaist. Die Haushälterin konnte eine Ehefrau nicht ersetzen.

Der König droht Rimini

Rimini stand auf dem Neumarkt. Er nahm wieder sein Steinfrühstück ein. Interessiert beobachtete er die Arbeiter auf den Gerüsten. Sie versetzten Sandsteinquader im Hauptgesims. Das war ein mächtiges steinernes Gebälk. Von seinem Mann im Rathaus wusste er, dass es Streit um das weitere Bauen gab. Bähr wolle einen steinernen Kuppelanlauf. Sein Mann hatte ihm eine Zeichnung mitgebracht. Offenbar konnte sich der Rat nicht entschließen, seinem Baumeister zuzustimmen. Rimini war es ein Leichtes, sich den Kuppelanlauf steinern vorzustellen. Das wird ein eleganter Anschwung, bedeckt mit Sandsteinplatten. Dieser Bähr war ein großartiger Baumeister, gestand er sich voller Neid ein. Selbst Florenz hatte keine steinerne Kuppel aufzuweisen. Und er fragte sich, wie Bähr auf diese Idee gekommen war. Es hieß, dass er weder Prag noch Venedig, Florenz noch Rom kenne. Das war nicht zu glauben. So ein Werk konnte man nicht bauen, ohne die großen Kirchen der Welt gesehen zu haben. Wie immer gafften Leute, eine ansehnliche Zahl. Es waren auch Fremde darunter, zwei feine polnische Herren, begleitet von einer großen schlanken Frau, die zu laut lachte. Er verstand sie nicht. Er sprach kein Polnisch. Unweit der Kirche legte eine Wahrsagerin Karten. Sie war sehr jung und hatte pechschwarzes, dickes Haar. Ihre Zähne waren blendend weiß. Keine Deutsche, vermutete Rimini. Er hörte fast täglich, dass sich die Dresdner über den Bau der Kirche freuten und jeden Baufortschritt breit und selbstzufrieden kommentierten. Und er erlebte etwas, was er als leise Verirrung bezeichnete.

Es stimmte: Die Kirche saß ihm wie ein Dorn im Fleisch. Sie war ein Werk der Kirchenspalter. Aber gleichzeitig bewunderte er den Bau. Er wusste, warum. Er war im Schatten der Palais und der Kirchen in Florenz aufgewachsen. Unbewusst hatte er ihre Klänge aufgenommen, das Spiel ihrer Farben im wechselnden Licht, die leucht-

enden Fenster im Sonnenschein, die roten Dachziegel im bronzenen Abendschein. Später, als er in Bologna und Rom studierte, hatte er diese Schönheit bewusst empfunden, hatte ihre strengen Linien erkannt, ihre klaren Proportionen, ihre selbstverständliche Würde. Ja, er liebte diese walnussfarbigen Steine und Palazzi seiner Vaterstadt. Den Dom Santa Maria del Fiore, in dessen Nähe das Elternhaus stand, zog er allen Bauten vor. Dort hatte er die ruhige Hand seiner Mutter festgehalten, wenn sie zur Messe gingen. Er liebte es, sie anzuschauen, und als er älter war, empfand er sie als schön. Einmal in der Woche, meist am Sonnabend, versammelten sich die Riminis auf der Familienbank im Dom. Mehr Zeit für die Messen nahm sich sein Vater nicht, der ständig in Geschäften unterwegs war. Die alten Steine und Palazzi hatten sich wie eine Haut um ihn, Rimini, geschlungen. Und er hatte erwogen, Baumeister zu werden, nachdem er die Kirchenlaufbahn ausgeschlagen hatte. Vielleicht deshalb begriff er, was hier an der Elbe entstand, so sehr es ihm auch widerstrebte, so sehr er sich die Hofkirche, seine Kirche, wünschte. Es ist schon tragisch, dachte der Legat, ich erlebe, wie etwas Schönes entsteht, und ich sollte es verurteilen, ablehnen. Ich darf die Bewunderung nicht in mich hineinlassen. Das ist Ketzerei. Er wollte nicht wahrhaben, was er dachte: Es wäre schade, wenn diese Kirche nicht entstünde. Sie ist Menschenwerk und von Gott erwünscht. Versäumnisse vorwerfen musste er sich nicht, er hatte sich lange bemüht, diesen Bau zu verhindern. Wie sich die Kirche hier auf dem Platz ausbreitete, sich in die Höhe streckte, mit ihren hohen Fenstern den Häusern zuwinkte, war aufregend, war großartig. Er wandte sich ab. Er wollte nicht länger bewundern. Es reichte, um sofort abberufen, verstoßen zu werden.
Er kehrte in die Gesandtschaft zurück. Georgio überreichte ihm einen Brief. Ein königliches Siegel verschloss ihn. Rimini wendete den Umschlag mehrere Male, als ginge Gefahr von ihm aus. Ein Duft von reifen Birnen haftete ihm an. Er hatte nie zuvor aus einer Kanzlei einen Brief mit Birnenduft erhalten. Vielmehr erinnerte er ihn an Leda. Ihre kurzen Briefe dufteten nach Flieder. Vorsichtig brach er das Siegel auf, las mit Erstaunen, dass er zum Geburtstag des Königs ins Dresdner Schloss eingeladen war. Eine solche Ehre

war ihm bisher nicht zuteil geworden. Und er wunderte sich. Ein gewisses Unbehagen erfasste ihn. Wie kam er dazu? Dafür musste es einen besonderen Grund geben. Er diktierte sofort seine Zusage. In den nächsten Tagen zog er Erkundungen ein. Er wollte wissen, ob auch andere Gesandte eingeladen waren, seine Gegenwart im Schloss also nichts anderes als eine protokollarische Pflicht darstellte. Seine Vermutung bestätigte sich nicht. Weder dem französischen noch dem habsburgischen Gesandten war diese Ehre widerfahren. Russlands Gesandter allerdings war auch eingeladen. Wie es aussah, war er, Rimini, einer der wenigen Diplomaten, die zum Geburtstag erwünscht waren. Dafür konnte es nur einen Grund geben, die Verhandlungen über die Landverbindung nach Polen. Vielleicht wollte ihn der König benutzen, ihm etwas anvertrauen, das er diskret an den Heiligen Stuhl weiterleiten sollte. Nach allem, was er bisher in Erfahrung gebracht hatte, waren keine Fortschritte erzielt worden. Seine Bemühungen um die Hofkirche befanden sich wieder auf dem Nullpunkt.
Der Geburtstag des Königs war am 12. Mai. Rimini rechnete nach. 1670 war Friedrich August geboren, dann wurde er in diesem Jahr 60 Jahre alt. Zweifellos ein besonderes Ereignis. Das Fest fand abends statt. Rimini wurde in den Privatsalon des Königs geführt. Kaum drei Dutzend Geladene waren anwesend. Er bemerkte den russischen Gesandten, zwei Polen, Minister. Rimini kannte nur wenige der Herren, die meist ohne Begleitung waren. Der König wurde erwartet. Als Rimini sich der langen Tafel näherte, entdeckte er Wackerbarth, Leda an seiner Seite. Rimini deutete eine kaum wahrnehmbare Verbeugung an. Er musste zugeben, dass Wackerbarth eine gute Figur machte. Er war schlank, hielt sich gerade, hatte leise, langsame Bewegungen. Ganz offensichtlich erfüllte es ihn mit Stolz, seine Geliebte im Beisein des Königs vorzuführen. Rimini war neidisch auf ihn. Er suchte Ledas Blick. Sie reckte ihren dünnen Hals und deutete ein winziges Lächeln an, das nur ihm, Rimini, zugedacht war. Es sollte wohl bestätigen, dass sie seine Verbeugung wahrgenommen hatte. Sie wandte sich wieder Wackerbarth zu, der mit dem Kronprinzen und seiner Frau Maria Josepha plauderte. Ist diese Frau hässlich, dachte Rimini, welkes

habsburgisches Blut. Dieses spitze fade Gesicht, die hängende Unterlippe, diese dünne blasse Haut. Sie führte das Gespräch. Leda hielt sich bescheiden im Hintergrund. Sie ist klug, weiß das Richtige zu tun. Vergebens suchte er wieder ihren Blick. Der Abend war ihm plötzlich sehr willkommen. Er wollte die Bekanntschaft der Thronfolgerin machen. Seine weiteren Pläne setzten auf sie als Verbündete, als Katholikin. Er war überzeugt, dass die Habsburgerin eine Hofkirche wünschte.

Er beobachtete Leda. Es brannte in ihm. Was musste er tun, um sie wieder zu gewinnen, um zu sehen, wie sie ihre Oberlippe hochzog? Er wird nicht mehr verlangen, dass sie Wackerbarth wegschickt. Sollte er sie behalten, sollte er mit ihr prahlen. Würde er, Rimini, Leda in seinen Armen halten, dann würde der andere ausgelöscht sein, weit ins Nichts versinken. Er wird sie nehmen, langsam, und sie wird neben ihm liegen und vielleicht wieder sagen: „Mein Gottesmann“. Er musste sie heute sprechen. Er wird sie bitten, ihn nicht länger abzuweisen.

Der König betrat den Saal. Er stützte sich auf den Arm seiner Tochter Orzelska, sichtlich bemüht, sein Hinken zu verbergen. Die Orzelska trug ein feuerrotes Kleid. Ihr Haar war kurzgeschnitten wie das eines Mannes, so dass der Bogen ihres Halses über dem Nacken völlig frei war. Sie schaute amüsiert in den Saal, die Tafel entlang. Rimini täuschte sich nicht. Sie bedachte ihn mit einem Lächeln. Eine aufregende Frau. Die nimmt sich, dachte Rimini, was sie will, ohne zu zögern. Wie blass dagegen Josepha wirkte. Der Glanz der beiden Frauen musste sie kränken. Der König begrüßte einige Herren mit einem langsamen Neigen seines großen Kopfes, sah Wackerbarth, ging ihm entgegen, hob die Arme, als wollte er den Gouverneur umarmen, ließ sie sinken. Er wandte sich Leda zu. Er fasste ihre Hand, die sie ihm, glaubte Rimini zu beobachten, allzu bereitwillig überließ, strahlend, mit schiefem, dünnem Hals. Der König bat die Orzelska, näher zu treten, stellte ihr Leda vor. Leda knickste. Die Orzelska betrachtete sie abweisend, reichte ihr nicht die Hand. Die Habsburgerin, Leda, eine dritte, wohl eine Polin, und die Orzelska waren die einzigen Frauen an diesem Abend. Rimini, der sich unauffällig an der Seite der Tafel aufhielt, bemerkte, dass ihn die Orzelska betrachtete. Sie hob ein wenig ihre Rechte und spreizte ihre Finger, wider jede Etikette. Rimini unterdrückte ein Lächeln, was ihm nicht vollends gelang, und verbeugte sich verbindlich. Es war aufregend, diese Frau anzuschauen. Sie hatte den Gang eines Mannes und die Geschmeidigkeit einer Katze, sie gab sich stolz, ja hochfahrend. Das hatte er schon in Warschau beobachtet. „Wir werden uns bestimmt in Dresden wiedersehen", hatte sie gesagt, als er sich verabschiedete.

Musiker spielten leise auf. Es wurde an die Tafel gebeten. Riminis Platz befand sich neben der Orzelska. Als sie sich gesetzt hatte, sagte sie: „Es ist aufregend, dass Sie hier sind, Legat." Aufregend, hatte sie gesagt. Sie tastete ihn mit ihren lang gezogenen fast schwarzen Augen ab, langsam, ohne jede Zurückhaltung. Sehr leise und sehr dunkel und sehr direkt hörte er sie sagen: „Ihr Aufenthalt in Warschau war zu kurz. Der König wünscht, Sie zu sprechen und ich auch." Sie legte ihre Rechte, sehr flüchtig, auf ihre linke Brust. Dort blieb sie eine Weile liegen und Rimini sah, wie sie zwei Finger in ihren Ausschnitt schob, so dass sich eine kleine Erhebung unter dem Stoff abzeichnete. Rimini wurde es heiß. Sein Herz begann sich kräftig zu regen. Was sie auch immer dazu trieb, die Orzelska legte es darauf an, ihn zu erregen. „Sie bleiben nach dem Essen hier", sagte sie verbindlich und spitzte ihren Mund. – „Es ist mir eine Ehre", antwortete er steif. Er fand seine Antwort lächerlich. Und er dachte: Also gibt es doch einen bestimmten Grund für meine Einladung. Er sah ihr in die Augen. „Darf ich Sie bitten, mich dem Thronfolger und seiner Gattin vorzustellen?" Die Orzelska ließ nicht erkennen, ob sie dazu bereit war.

Leda und Wackerbarth saßen auf der anderen Seite der Tafel, dem König gegenüber. Leda hatte gesehen, wie die Orzelska Rimini beschaute und die Finger in ihren Ausschnitt schob. Die Frau gefiel ihr nicht. Zu sehr führte sie ihre Verachtung vor. Sie kannte ihren Rimini, kannte seinen Blick. Sie gönnte ihm die Orzelska nicht, dieser nicht, eigentlich keiner. Und sie suchte Riminis Blick, den sie bereitwillig erhielt. Sie reckte ihren Hals, legte den Kopf nach hinten, damit er ihre ungleich gewachsenen Augen sehen und ausgiebig betrachten konnte. Er liebte ihre Augen, das wusste sie. Sie sah

ihn ruhig an, war mit ihrer Wirkung zufrieden. Er würde sie der anderen immer vorziehen, zu jeder Zeit. Aber wie sollte sie es anstellen? Sie konnte Wackerbarth nicht lächerlich machen. Am Hof wurde vieles geduldet, aber nicht, dass eine Geliebte ihren Gönner betrog. Das wurde nicht verziehen.
Nach dem Ende der Tafel behielt Rimini Leda im Blick. Als sich der König mit Wackerbarth unterhielt, näherte er sich ihr. Sie hatte es erwartet. Und es erfüllte sie eine kleine, freche Genugtuung, aber sie wünschte nicht, dass er mit ihr redete. Er ließ sich nicht abweisen. Es brach gleich aus ihm heraus: „Behalte deinen Wackerbarth", sagte er leise, „aber weise mich nicht noch einmal ab. Ich möchte zu dir kommen."
Es waren herrliche, schöne, eindringliche Worte. Er war, wie er war, dieser Lorenzo Rimini, dieser einsame Mann. Er dachte ein halbes Jahr nicht an sie, schenkte ihr kein Wort, und nun wollte er zu ihr, als sei nichts geschehen, wollte sie aufs Bett werfen. Vielleicht fand sich doch ein Weg, ihn zu treffen, nicht bei ihr, nein, das war ausgeschlossen. Er wird dafür teuer bezahlen müssen. Nein, sie brauchte sein Geld nicht, aber sie genoss es, wenn er sie bezahlte, sie hatte es immer genossen, wie eine richtige Hure, allerdings mit einem Unterschied. Sie war keine Hure, sie empfand Lust, Glück, und manchmal ein stilles langes Gleiten, das sie zärtlich umwob. Es war nicht zu ändern. Dieser Mann stand ihr näher, als es gut war. Sie hätte ihn gern umarmt und sich an ihn gelehnt und sich belogen, dass er sie wirklich wollte, dass sie einen sicheren Platz in ihm hatte. Sie nahm all ihren Verstand zusammen und sagte: „Gut. Rimini, ich lasse dir eine Nachricht zukommen." – „Wann?", fragte er sofort. – „Bald." – „Nicht bald, morgen, übermorgen." – „Dränge mich nicht, Rimini." Es klang hart. Er schwieg. Er begann sofort zu hoffen.
Die Orzelska hatte beobachtet, wie sich Rimini Leda genähert hatte. Die scheinen sich zu kennen. Wie der Römer seine Augen an sie hängte. Das ärgerte sie. Sie konnte dieses Stück Weib nicht ausstehen. Keiner wusste so recht, woher sie kam. Von Adel war sie nicht, nicht einmal ein Hoffräulein. Ihre hübsche Larve hatte sie hochgespült, und sie war in die richtigen Arme gefallen. Meh-

rere Male hatte sie bemerkt, wie der König seine alten gierigen Augen auf sie richtete. Wäre er gesund und nicht impotent, würde er Wackerbarth die Geliebte ausspannen. Wie er sie in aller Öffentlichkeit auszeichnete. Und Wackerbarth, dieser alte eitle Esel, merkte es nicht. Offenbar war da etwas zwischen den beiden. Sie wird sich etwas gönnen. Sie wird sich diesen hochmütigen Legaten ins Bett holen. Er hatte sie in Warschau nicht gebührend beachtet. Das war sie von Männern nicht gewöhnt. Sie war neugierig zu erfahren, wie er war. Vor ihrem Vater wird sie es verbergen müssen. Er war eifersüchtig wie ein alter Liebhaber. Als sich Wackerbarth von der Orzelska verabschiedete, übersah sie Leda, dieses braune, schiefäugige Stück. Wackerbarth bekam es mit. Als sie die Treppe hinunterstiegen, sagte er: „Sie ist eine furchtbare Person, leider des Königs Lieblingstochter. Man darf sie nicht zur Feindin haben." Leda verstand seinen Hinweis. Sie hatte an Wackerbarths Seite eine Pflicht zu erfüllen.

Die Orzelska ging auf Rimini zu. „Der König erwartet Sie im Turmzimmer", sagte sie. Sie begleitete ihn. Als sie den Raum betraten, stand Friedrich August mit dem Rücken zum Fenster. Seine Gestalt hatte etwas Müdes. „Ich freue mich, Sie wiederzusehen, Legat", sagte er. Rimini ahnte, dass sein Tonfall umschlagen würde, er war nicht aufrichtig. Der König gab sich einen Ruck und entfernte sich vom Fenster. Der Kerzenschein flackerte über seine langen tiefen Falten. Unvermittelt sagte er: „Ihr spielt mit uns ein böses Spiel. Verhandlungen und Verhandlungen, Versprechungen und Lügen. Wir lassen uns nicht länger hinhalten. Ohne die Landverbindung gibt es keine neue Hofkirche. Teilen Sie das Rom und Ihren Jesuiten mit, bitte in dieser Deutlichkeit." Und an die Orzelska gewandt: „Was meinst du, ist das deutlich genug?" – „Ja, Vater, eindeutiger geht es nicht."

Sie schaute Rimini an. Er hörte mit ernstem Gesicht zu. „Ich werde es dem Heiligen Stuhl übermitteln", er zögerte, ergänzte „mit Ihrer gewünschten Deutlichkeit, Majestät." – „Gut, mein Legat, gut, nun können wir wieder freundlich zueinander sein. Trinken wir noch ein Glas Wein, her damit und etwas Wasser dazu. Mich plagt wieder der Durst."

Und Rimini dachte erstaunt: Wie schnell sich der Mann verwandeln kann, eben noch ein grollender Germane, der Varus geschlagen hat, und jetzt die Freundlichkeit selbst. Die Orzelska füllte die Gläser, reichte eins dem König, fragte Rimini: „Worauf trinken wir, Legat?" – „Auf die Kirche", antwortete Rimini. – „Ach was, die Kirche. Ich weiß etwas Besseres." Und sie schloss die Augen, formte ihre beiden Lippen zu einer runden Mundöffnung, schob wieder ihre Rechte in den Ausschnitt, ließ sie hinter den Stoff gleiten. Sie blieb an seiner Seite, als er das Turmzimmer verließ. Draußen ergriff sie seine Hände und schob sie in ihren Ausschnitt. „Komm", sagte sie und zog ihn in einen kleinen Salon. Dort fiel sie über ihn her, bedeckte ihn mit feuchten Küssen. Sie zerrte ihm die Jacke auf, riss sein Hemd aus der Hose, schob ihre Hände hinter seinen Hosenbund. Sie gingen beide zu Boden. Sie warf sich auf Rimini. „Dich will ich haben, schon in Warschau wollte ich dich." Rimini genoss mit großer Lust diesen Überfall. Als er sie schreien hörte, war er zufrieden und ließ sich gehen. „So ist es gut, Legat", sagte sie, „ja, so, so." Sie umfasste seinen Kopf und schob ihn zwischen ihre Schenkel, bis sie noch einmal kam. Danach stand sie auf. Rimini brachte seine Kleider in Ordnung. Sie sah ihm mit spitzem rundem Mund zu. „Adieu, Legat", sagte sie. „Ich begleite den König nach Warschau." Rimini fühlte sich entlassen. Welch eine fordernde, gierige Frau. Herrlich. Dass sie ihm das Thronfolgerpaar nicht vorgestellt hatte, war ärgerlich. Er musste auf eine neue Gelegenheit warten. Er spazierte durch das nächtliche Dresden, war sehr mit sich zufrieden. Mühelos erschien Ledas Bild vor ihm, und er hoffte, dass sie ihn bald rief.

Leda schreibt einen Brief an Rimini

Ledas Leben war unübersichtlich geworden. Was sollte sie tun, um es zu ändern? Hier Wackerbarth, dort Rimini, den sie nicht loswurde. Sie hatte das zunehmende Gefühl, ihrem Leben nicht gewachsen zu sein. Vierzehn Tage waren seit des Königs Geburtstag vergangen, und sie kam zu keinem Entschluss. Nachdem sich der König verabschiedet hatte, war sie kurz danach mit Wackerbarth in die Kutsche gestiegen. Sie wäre lieber die vier Minuten zu ihrer Wohnung gelaufen, allein. Aber es gehörte sich, dass man in einer Kutsche nach Hause gefahren wurde, wenn man zu Gast im Schloss gewesen war. Zeremoniell war Zeremoniell. Daran begann sie sich zu gewöhnen. Es hatte keinen Sinn, sich auch nur im Geringsten darüber zu wundern oder gar darüber aufzuregen. Alle waren diesen höfischen Zwängen unterworfen. Wackerbarth hatte ihre Hand ergriffen, als sich die Pferde in Bewegung setzten. Er war verärgert. Orzelskas Verhalten hatte ihn verstimmt. „Zum Glück", hatte er gesagt, „gefällst du dem König. Und meine Dienste sind ihm unentbehrlich. "

Wie einem Mann gefallen konnte, dass sie einem anderen gefiel, selbst wenn es der König war, blieb ihr unerklärlich. Der König hatte sie nicht zum ersten Mal angeschaut. Und sie hatte ihm ihre Augen wie einen Spiegel hingehalten. Warum sollte er an ihrem Anblick nicht seine Freude haben. Er hatte so müde, so lustlos gewirkt. Dass die Orzelska sie übersehen hatte, trug sie mit Fassung. Diese Frau interessierte sie nicht. Warum sie sich überhaupt Gedanken machte, hing mit Rimini zusammen. Sie hatte beobachtet, wie die Orzelska mit ihm den Saal verließ und dem König gefolgt war.

Leda setzte sich an ihren zierlichen Schreibtisch. Sie begann zum wiederholten Male einen Brief an Rimini. Aber mehr als Lieber Lorenzo Rimini stand nicht auf dem Papier, das weiß und glatt vor ihr lag. Ja, ja sie hing an diesem Menschen, der sie so schlecht behandelt hatte. Mit ihm war von Anfang an alles verquer gelaufen. Dass er ihr sofort gefallen hatte, war ihm wohl entgangen. Erst später hatte sie deutlich erklärt, was sie erwartete. Er war sofort auf ihr Angebot eingegangen. Er zahlte, aber das hatte nicht diese Eindeutigkeit zur Folge, dass sie ihn deshalb empfing. Vielleicht bei ihm, bei ihr nicht. Sie empfand für diesen Mann Zärtlichkeit, sie liebte seine Lust und seine Stimme und die Art, wie er sie festhielt. Sie war ihm in allem ebenbürtig. Und sie wusste: Sie hatte genug, um ihm noch eine Weile zu gefallen. Es war gut, dass er sich heimlich in sie hineingestohlen hatte, um sich dort aufzuhalten. Dass er Frauen liebte, glaubte sie. Er sprach sehr selten darüber, dann auch nur in Andeutungen. Dass er ihren Kopf sehr lange festhalten konnte, als gebe es nichts Wichtigeres auf der Welt, versetzte sie in Erstaunen. War das vielleicht seine Art, sie zu lieben? In ihrem Kopf wirbelten die Gedanken, ohne dass sich eine Bahn andeutete, auf der sie zu einem Ziel gleiten konnten. Sie war einmal verheiratet gewesen. Oh, das war gut. Nach Andrés Tod war sie wie gelähmt gewesen. Sie hatte geglaubt, dass sie nie wieder einen Mann lieben würde. Zum Glück war das ein Irrtum. Und als ihr schmucker Offizier, der sie großzügig beschenkte, das Weite suchen musste, begann alles schiefzulaufen, bis zum heutigen Tag. Was würde Rimini sagen, wenn sie ihm schrieb: Lieber Lorenzo Rimini, komm zu mir, ich schicke Wackerbarth fort, wie du es gewünscht hast, und du nimmst mich zu deiner Frau, und ich folge dir bis in den Weinberg deines Onkels. Wollte sie das überhaupt?

Das war der Punkt: Sie wusste es nicht. Sie wusste etwas anderes: Sie gehörte zu jenen Frauen, die sich lustvoll vergeben konnten, ohne dass sie darunter litten. Und sie schrieb: „Lieber Lorenzo, auch wenn du es wieder wünschen solltest, von Wackerbarth gehe ich nicht fort. Ich höre ihm gern zu und erfahre viel Neues: Ich weiß, in welchem Bogen Kanonenkugeln fliegen, wenn man sie abschießt, und wie Widerlager Lasten aufnehmen und wie Treppenhäuser zu gestalten sind, damit sie die Besucher beeindrucken und genügend Licht aufnehmen. Wackerbarth macht neugierig und schenkt mir neuerdings Bücher. Ich entdecke Welten, von denen ich nichts ge-

wusst habe. Ich lese über fremde Völker im fernen Osten, die ewig lächeln und spitze Hüte tragen. Das macht mich unruhig. Am liebsten würde ich dorthinreisen. Es heißt, diese Menschen sind glücklich, sie haben viel Freude an Blumen, Pflanzen, an Brunnen und Wasserspielen, an Palais, zierlichen Teetassen, Festen und Goldfischen. Manchmal zieht mich Wackerbarth auf seinen Schoß und sagt zu mir Püppchen. Aufregend ist das nicht, Püppchen zu sein." Sie überflog den Brief, knüllte ihn zusammen. Welch einen Unsinn sie schrieb. Sie musste sich Rimini nicht erklären und über Wackerbarth schon gar nicht reden. Sie gab das Schreiben für heute auf. Warum sagte sie nicht einfach: Komm, küsse mich, nimm mich und halte mich fest, sehr lange. Diese Vorstellung bereitete ihr Lust. Ihre Hand glitt in ihren Schoß.
Am Nachmittag kam Post aus Berlin. Sie erkannte sofort Nielsens Handschrift. Sie scheute sich, den Brief zu öffnen. Er würde bestimmt alles noch mehr verwirren. Sie ließ ihn ungeöffnet liegen. Sie wird jetzt in die Stadt gehen, um einzukaufen. Abends kam Wackerbarth. Der Tag war blendend hell. Es war Markt. Jeder Meter des Altmarkts war mit Ständen besetzt. Ein Gaukler schluckte Flammen. Halbwüchsige bewarfen einen Bettler mit Pferdeäpfeln. Er ging mit einem Knüppel auf sie los. Laut schreiend, stürzten sie davon. Es gelang ihr nicht, ihre Gedanken zu ordnen. Sie hätte Nielsens Brief doch öffnen sollen. Sie wird sich mit Rimini treffen, nicht in ihrer Wohnung, nein. In keinem Fall wollte sie Wackerbarth bloßstellen. Rimini musste eine andere Lösung finden. Und sie wird ihn fragen: Was denkst du, könntest du dir deine Hure als deine Frau vorstellen? Sie musste an ihre Zukunft denken. Er wird bestimmt erschrecken. Und alles wird ein Ende haben. Sie kaufte Hammelfleisch, Äpfel, saure Gurken und frisches goldbraunes Brot, das wunderbar duftete. Wackerbarth aß besonders gern saure Gurken. Sie rief nach einem Jungen, dem sie den Korb übergab.
Zu Hause öffnete sie Nielsens Brief. „Liebe, verehrte Anna", las sie. „Ich werde wieder nach Sachsen kommen. Das Geschäft mit den Kartoffeln ruft mich. Es entwickelt sich außerordentlich gut. Vielleicht werden in ein paar Jahren in Sachsen Kartoffeln angebaut. Hier in Brandenburg zögert man noch. Auch die übrigen Geschäfte

mit Gewürzen gehen bestens. Das Haus ist fertig. Es steht nahe an der Spree mit wundervoller Aussicht auf den Fluss. Es will auch von einer Frau bewohnt sein." Wie er sich hinter seinen Geschäften versteckt. Und doch ist jeder Satz geschrieben, um sie zu beeindrucken und ihr die Zukunft auszumalen. „Ich werde mich freuen", schloss Nielsen den Brief, „wenn Sie Zeit für mich finden. Ich erlaube mir, Ihnen vorher eine Nachricht zukommen zu lassen."
Sie saß eine Weile regungslos auf dem Stuhl. Ihr Puls schlug etwas schneller, aber nicht sehr schnell. Sie betrachtete Nielsens Handschrift. Die An- und Abstriche waren steil und fest ausgeführt. So schrieb einer, der um seinen Platz im Leben wusste, dem Erfolg sicher war. Sie hätte sich gern jemandem mitgeteilt, aber sie kannte keinen, dem sie vertraute. Sie rief sich die letzten Jahre im Elternhaus zurück. Ihr Vater ging morgens aus dem Haus und kehrte abends zurück. Das Essen war gerichtet und alle versammelten sich an dem großen runden Tisch. Der Vater sprach das Gebet, entfaltete die Serviette, das Zeichen, dass mit dem Essen begonnen werden durfte. Sonntags war Kirchbesuch. Und danach fand meist ein Spaziergang statt, an der Spree entlang, selbst wenn es regnete. Es war ein ruhiges Leben, das auf festen Grundsätzen ruhte. Ihre Mutter, die aus einer angesehenen Kaufmannsfamilie aus Königsberg stammte, war eine fröhliche Frau. Sie lachte gern und drehte sich vor dem Spiegel, wenn sie ein neues Kleid gekauft hatte. Aber das war selten. Leda war sicher: Ihr war es nie in den Sinn gekommen, dass dies ein gleichförmiges Leben war, auf Broterwerb und Sicherheit bedacht. Das würde sie wahrscheinlich auch mit Nielsen erwarten. Ach, was soll Leda mit Anna anfangen?
Sie schrieb Rimini: „Man hat mir soeben einen Heiratsantrag gemacht", übertrieb sie. „Ich will dich sehen, mein Gottesmann. Nicht bei mir. Finde einen Platz, wo uns niemand kennt." Sie verschwieg, wer sie heiraten wollte. Sie war neugierig, wie Rimini reagieren würde. Und Nielsen ließ sie wissen, dass sie sich auf seinen Besuch freue. Und das war auch nicht so falsch.

Rimini und Leda liegen wieder zusammen

Rimini war aus Moritzburg zurückgekehrt. Er hatte in der Kapelle des Jagdschlosses am Gottesdienst teilgenommen. Es war ein würdiges Haus, wirkungsvoller als das zur katholischen Hofkirche umgebaute italienische Opernhaus in Dresden. Er fand Ledas Brief vor. Schon am nächsten Tag hielt sie seine Antwort in der Hand. Kein Vorwurf, dass sie ihn solange hatte warten lassen. „Dein Gottesmann freut sich", schrieb er. „Ich schicke dir übermorgen eine Kutsche. Sie bringt dich in die Wilsdruffer Vorstadt." Das war am Freitag. Er beschrieb die Straße und das Haus, in dem er auf sie warten werde. Dem Kutscher sei der Ort bekannt. „Dort kennt uns niemand", versicherte er, „wie du es gewünscht hast."

Es kam ihr abenteuerlich vor. Eine unbekannte Straße, ein unbekanntes Haus außerhalb der Stadt. Und Rimini hinterm Fenster. Ein heimliches Rendezvous wie anfangs mit André in Berlin. Sie wollte es so. Was ihr etwas zu schaffen machte: Eine große Erwartung, Rimini wiederzusehen, wollte sich nicht einstellen. Die Unschuld der Lust schien aufgebraucht. Sie hatte etwas Angst, dass ein Misston, ein unbedachtes Wort das Wiedersehen verderben könnte. Sie wollte Rimini mit allen Sinnen erleben und sich vorstellen, dass es niemals ein Ende geben würde. Wie töricht sie war. Sie war ihm eine Lust und nicht mehr. Dies war ein ungeschriebener Vertrag. Er berechtigte zu keinen Forderungen.

Sie prüfte ihr Gesicht im Spiegel. Unter beiden Augen waren zwei kurze, aber scharfe Fältchen eingeschnitten, dünn wie ein Faden. Sie kannte sie bereits. Ihr Gesicht gefiel ihr. Sie ließ ihre Hand über ihren Bauch gleiten. Ja, sie war mit ihrem Körper vertraut, und sie mochte ihn. Das beruhigte sie. Es gibt Umstände, die nicht zu ändern sind. Entweder sie akzeptierte das Verhältnis mit Rimini, wie es war, oder sie musste es für alle Zeit beenden. Wie oft war sie schon an diesem Punkt angelangt. Aber warum? Und was dann?

Rimini war sie nicht zuviel. Er wollte sie, ohne sich fester an sie zu binden. Sonst hätte er sie nicht ständig bedrängt. Aber sie war auch überzeugt, dass er keinen Gedanken an ihre Zukunft verschwendete. Diese Oberflächlichkeit würde sie ihm nicht austreiben können. Sie blieb dabei: Sie wird ihn fragen: Willst du mit mir leben, damit ich eine ehrbare Frau werde und Kinder kriege? Sie suchte ihren Schneider am Altmarkt auf und ließ sich ein Kleid nähen. Wieder ein schwarzes, wieder ein langes. Als sie es anprobierte, legte es sich weich und warm um sie und betonte ihre kleinen Brüste, die ihn so verrückt machten. Wird er merken, dass sie ein neues Kleid trug?
Die Kutsche stand wie vereinbart vor dem Haus. Der Kutscher riss die Tür auf. Sie stieg schnell ein. Die Räder holperten über Unebenheiten. Nach dem Wilsdruffer Tor wurde der Weg sandig. Hunde bellten die Pferde an. Bunt gestrichene Sommerhäuser standen in den Gärten. Hier war sie noch nie gewesen. Sie malte sich das Wiedersehen nicht aus. Sie wollte nicht enttäuscht sein, wenn nicht eintraf, was sie erhoffte. Sie konnte sich nicht erinnern, Rimini jemals mit so großer Unruhe erwartet zu haben.
Das Haus stand im Garten, von Apfelbäumen umgeben. Die Tür war, wie er es beschrieben hatte, grün gestrichen. Rimini wartete vor dem Haus auf sie, ernst, mager, aufrecht. Er kam ihr keinen Schritt entgegen. Das verunsicherte sie leicht und sie zögerte, die nächsten Schritte zu setzen. „Komm", hörte sie ihn sagen, „komm endlich zu mir." Er zog sie in das Halbdunkel des Flurs. Mit seinem Fuß stieß er die Tür zu. Dann umarmte er sie vorsichtig, hielt sie fest und schwieg, lange. Das war gut, und sie gewann alle Sicherheit zurück. „So habe ich es mir gewünscht", sagte sie, obwohl es nicht genau stimmte. Aber das war jetzt nebensächlich. Sie wollte ihren Kopf gar nicht von seiner Brust heben. Er nahm sie auf seine Arme. Sie bemerkte, dass das Zimmer ganz in einen grünen Ton getaucht war und dass sich eine Gardine vor dem Fenster bauschte, die ein schwacher Wind nicht in Ruhe ließ. Er bedeckte ihren Mund, ihren Körper mit Küssen, hielt sich zurück, bis sie schrie: „Jetzt, jetzt, komm, komm!"
Sie blieben lange im Bett. Er konnte nicht genug von ihr kriegen. Und sie erlebte wieder: Er liebte ihren Körper und ihre Lust. Es war ihr Problem, dass sie den Mann liebte.

Rimini lag auf dem Rücken. Sie richtete sich auf. Und er sagte. „Ich habe das Haus gemietet. Eine Bäuerin kümmert sich um Garten und Haus. Hier können wir uns treffen, wenn du es vorziehst, mich außerhalb der Stadt zu sehen. Niemand wird das interessieren. Wir können Mann und Frau sein." Er lachte, öffnete ein schmales Kästchen, das mit dunkelblauem Samt bezogen war. Darin lagen zwei einfache Ringe, Trauringen sehr ähnlich. Er schob ihr einen Ring auf den Finger und den zweiten auf seinen. „So", sagte er, „jetzt sehen wir aus wie Mann und Frau. Gefällt dir das?" Seine Stimme war nicht ohne Hohn. Und sie trommelte ihre Fäuste auf seine Brust. „Du bist ein hässlicher, grober Schmied."

„Schmied ist nicht schlecht, ein Schmied hat Kraft."

Nein, sie kam an ihn nicht heran. „Warum hast du die Ringe gekauft?" – „Ich wollte sehen, ob uns das steht."

„Und?"

„Es steht uns nicht!" Und dann nach kurzer Pause sagte er: „Was willst du, was willst du bloß. Warum machst du alles so kompliziert." Er ließ ihr keine Zeit für eine Antwort, fuhr mit den Fingern über ihre Stirn, über ihren Nasenrücken, verharrte an ihren Lippen. „Lass es, wie es ist, ich will es nicht anders."

„Ich habe Durst", sagte sie. Er stand auf und goss Kirschsaft ins Glas. Unerwartet fragte er: „Wer will dich heiraten? Wer will die Geliebte Wackerbarths heiraten?"

Was sollte jetzt diese Frage. Mein Gott, morgen kommt Wackerbarth. Er war etwas unpässlich, deshalb war sie ziemlich sicher, dass er nur ihre Hand halten wird. Das ging schon mehrere Monate so. Ihr war es recht. Sie wunderte sich dennoch über seine anhaltende Aufmerksamkeit. Es verging kaum eine Woche, dass er sie nicht beschenkte. Und wenn er mit ihr ausging, zeigte er allen, wie sehr er sie begehrte, wie sehr er sie verehrte. Neuerdings führte er sie sogar in die Oper aus.

Rimini wartete auf eine Antwort. Sie hatte keine Lust, über Nielsen zu reden. „Das geht dich nichts an", sagte sie kurz. Er gab nicht auf: „Du hast mich neugierig gemacht. Wer will mir Leda wegnehmen?" Und er war wirklich neugierig. Wer wollte die Geliebte zweier Männer zur Frau? „Sag, wer will Leda zur Frau?" – „Nicht

Leda, sondern Anna, Anna aus Berlin." Sie widersetzte sich seinen hochmütigen Augen und fuhr fort: „Er will mich bald holen."
„Im Ernst?"
„Ich muss nur zustimmen. Dann bin ich Herrin und sitze in einem Berliner Kontor", übertrieb sie.
„Was wirst du tun?"
„Fahr mit mir fort", bat sie, „dann kann ich nicht zustimmen. Lass uns nach Warschau reisen oder nach Berlin. Ich zeige dir, was ich geliebt habe, die schmalen Wege an der Spree, die duftenden Lindenbäume und die dunklen Erlen oder die schattigen Wege an der Weichsel, die voller Kähne ist. Warschau ist eine aufregende Stadt. Ich war dort sehr glücklich. Wenn wir uns sattkriegen, dann wird alles leichter." Rimini war aufgestanden, kehrte zurück, drückte ihren Kopf wieder an seine Brust. „Anna", sagte er, „welch ein schöner Name. Ich will dich nicht sattkriegen." Er hielt sie wieder lange fest und sagte: „Mir genügt es, wenn du mich willst. Wenn dir dies zu wenig ist, dann musst du gehen. Ich werde dich nicht noch einmal bedrängen." Mir reicht es nicht, wollte sie antworten und drückte schnell die rechte Hand auf ihren Mund, um ihn zu verschließen. Sie hatte vorgehabt, ihn zu fragen, ob er mit ihr leben will. Sie wollte ihn damit in Verlegenheit bringen, wollte sehen, wie er sich windet, wollte hören, was er sagt, was er erklären wird. Das zu tun, wäre jetzt Unsinn. Es war alles gesagt. Es gab nur zwei Möglichkeiten: Entweder sie verweigerte sich ihm endgültig oder sie blieb seine heimliche Geliebte.
Sie fuhren gemeinsam in die Stadt zurück. „Ich habe neue Nachrichten von der Kirche", sagte sie. „Vielleicht kennst du sie nicht."
Rimini horchte auf. „Von wem, von Wackerbarth?"
„Er soll für die Hofkirche einen Platz in der Stadt suchen. Baut der König sie, erhält er im Tausch von Habsburg ein Stück Land durch Schlesien nach Polen. Darüber würde schon lange verhandelt. Jetzt soll es so beschlossen sein."
„Wann hast du das erfahren?"
„Vor drei Wochen, genau vor 21 Tagen."
Also gut einen Monat nach dem Geburtstag des Königs. Er hatte sofort über das Treffen mit Friedrich August nach Rom und Wien

berichtet. Hatte man beherzigt, was er vorgeschlagen hatte? War es inzwischen doch zu einer Übereinkunft gekommen? Das wäre ein großer Fortschritt, oh, wäre das ein Fortschritt. Ihm klang die Drohung des Königs im Ohr. „Ohne Landverbindung nach Polen gibt es keine Kirche, niemals. Teilen Sie das dem Vatikan mit."
Rimini ließ den Wagen am Altmarkt halten. Bevor er ausstieg, fragte er: „Willst du mich wiedersehen?" – „Ja, es geht schlecht ohne dich." Mit Männern hatte sie kein Glück, aber ohne sie wollte sie auch nicht sein. Sie betrachtete den Ring, zog ihn vom Finger, behielt ihn. Vielleicht lag in ihrer Natur doch etwas Hurenhaftes oder – schonender ausgedrückt – etwas Verwerfliches? Als sie zu Hause ihre Tasche öffnete, entdeckte sie reichlich Geld, reichlicher als jemals zuvor. War das ein neuer, dezenter Zug an ihm? Er hatte sie ordentlich bezahlt, wie es sich gehörte. Das erfüllte sie mit einer gewissen Zufriedenheit. Für eine Geliebte hatte man zu sorgen. Sie goss ein Glas Portwein ein, streifte die Schuhe von den Füßen und lehnte sich im Sessel zurück. Was würde Nielsen sagen, sähe er sie ein Glas Portwein im Kontor trinken?

August der Starke empfängt Bähr

Bähr wurde im Dresdner Schloss erwartet. Der Kurfürst Friedrich August wünschte ihn zu sprechen. Wird es meine große Stunde?, fragte sich Bähr. Er war etwas aufgeregt. Ein Fürst hatte ihn noch nie eingeladen. Seine Frau hatte Ratschläge erteilt, als sei es das Selbstverständlichste in der Welt, vom Landesherren empfangen zu werden. „Verbeuge dich maßvoll, verleugne dich nicht. Du bist ein Bürger dieser Stadt, einer der ersten", hatte sie übertrieben. „Du baust ein Gotteshaus, Gott zu Ehren und nicht für den Fürsten. Das kann kein anderer, nur du." Sie hatte recht: Gott hat ihn für dieses Werk auserwählt. Dies hat er schon lange nicht mehr gedacht, weil das Bauen wieder einmal nur geringe Fortschritte machte. Vielleicht bekam die Audienz dem Kirchbau, vielleicht gab es einen fürstlichen Geldzuschuss, vielleicht günstig Holz für die Gerüste. Glauben konnte er daran nicht. Dennoch: Sollte sich die Gelegenheit ergeben, wird er sich für die Stadt verwenden, für seine Kirche. Was ihm der Kurfürst auch immer abverlangen wird, schaden kann es ihm nicht.

Bähr hatte seine Garderobe vor dem Spiegel geprüft. Neue Weste, neuer Rock, neue Kniehose. Sie hatte ihn beobachtet und mit leisem Spott bemerkt: „Dresden darf auf dich stolz sein. Der Kurfürst will den Mann kennen lernen, der in seine Stadt einen großartigen Bau setzt. Jetzt siehst du wie ein bunter Vogel aus. Es passt nicht zu dir. Aber es wird wohl so erwartet." – „Glaubst du", hatte er gefragt, „dass er auf die neue Kirche stolz ist? Er ist Katholik. Eine katholische Kirche wäre ihm bestimmt lieber. Dafür würde mit Sicherheit Geld fließen." Ihre Antwort war schnell gekommen: „Er liebt die Baukunst. Denk, was er bauen lässt. Wer ihm die Kirche errichtet, ist ihm egal. Wichtig ist, dass sie entsteht. Sei dir dessen gewiss." Dann hatte sie ihn auf die Stirn geküsst. „Mache es gut, Bähr, halte dich wacker!" Sie hatte ihn bis auf die Straße begleitet,

zum Abschied leicht die Rechte erhoben und ein Winken angedeutet.
Bähr machte einen kleinen Umweg. Es war ein warmer, klarer Augusttag. Auf den Höhen vor der Stadt stand der Roggen, goldgelb gefärbt. Einige Wagen, hoch beladen, zwängten sich durch die engen Straßen. Nur wenige zitronengelbe Wolken glitten über die Stadt. Viel Volk war unterwegs. Ein paar Russen lehnten an ihren vierspännigen Planwagen, trotz der Wärme in hohen Stiefeln, bärtige Gesichter, laut und fröhlich. Er hatte noch Zeit. Er spazierte zur Kirche. Kein tröstlicher Anblick. Verwaiste Gerüste. Und das in bester Bauzeit. Ihm stieß es bitter auf. Die Kirche glich einem Torso, kam zu langsam voran. Der Hauptsims war unvollendet, Kuppelanlauf und Kuppel fehlten. Das alles hätte schon längst fertig sein können. So war es auch vorgesehen gewesen. Aber plötzlich misstrauten sie ihm wieder, wanden sich wie Regenwürmer, hatten vor ihrer eignen Courage Angst. „Die Sandsteine sind zu schwer, zu schwer." – „Wie wollen Sie die Kirche dicht kriegen?" Er konnte dieses Gerede nicht mehr hören. Wenn er nur daran dachte, ergriff ihn hilflose Wut. Es war schlimm, Leuten zu dienen, die nichts von der Sache verstanden, aber darüber zu entscheiden hatten. Wenn ihm Pöppelmann nicht Mut gemacht hätte, wäre er kleinmütig geworden und hätte eingelenkt, hätte die Kirche kleiner gebaut, mit niedrigeren Türmen. Der große Matthäus Daniel Pöppelmann. Bähr bewunderte den Oberlandbaumeister. Wie er den Zwinger gebaut hat, dieses Stück Musik aus Stein, das Taschenbergpalais am Schloss. Und das Wasser- und Bergpalais in Pillnitz erst, in dieser stillen Landschaft, die den großen Bogen des Flusses an ihrer Seite hatte. Diese Leichtigkeit, diese Anmut. Bähr wusste: So zu bauen war ihm nicht gegeben. Seine Kirche war tief in der Erde verankert, schwer und erhaben würde sie im Licht stehen, mit einer ins Helle gleitenden Kuppel. Wie er sich auf den Bau der Kuppel freute. Sie wird die Krone seiner Kirche. Pöppelmann hatte ihn ermutigt: „Ihre Welten, Bähr, sind die Kirchen. Die Kirche wird ein großartiges Werk. Ich habe Wien, Rom, Paris besucht. Ich habe dort Bedeutendes geschaut und angebetet. Ihre Kirche wird sich mit allen messen können. Geben Sie nicht auf."

Bähr war versucht gewesen, Pöppelmann sein letztes Geheimnis anzuvertrauen, ihm den Bau der Kirche ganz aus Stein zu erläutern. Aber dann hatte er es doch unterlassen, nicht aus Misstrauen, nein, aus Vorsicht. Erst musste der steinerne Anlauf über dem Hauptgesims kommen, ehe die Kuppel aus Stein folgen konnte. Sie verstanden sich gut. Und dies machte Bähr glücklich. Bähr dachte: Es gibt zwei Dinge in der Welt, die es wert sind zu leben, geliebt und anerkannt zu werden.

Was sollte er sagen, wenn der Kurfürst nach den Bauverzögerungen fragte. „Sag ihm die Wahrheit", hatte seine Frau geraten. „Die Stadt ist über beide Ohren verschuldet. Und sie misstraut ihrem Zimmermann, sag ihm das." Bähr erreichte das Schloss, wurde in Empfang genommen. Es war das erste Mal, dass er das kurfürstliche Schloss betrat. Türen öffneten sich geräuschlos. Bähr trat fest auf, die Rollen und Zeichnungen unterm Arm. Einer, der hinter ihm ging, flüsterte ihm ins Ohr, als sich die Tür öffnete: „Seine Majestät, verbeugen Sie sich, Ratszimmermeister."

Friedrich August saß auf einem Wagen, bequem, schaute ihm entgegen. Bähr ging auf ihn zu, verbeugte sich, etwas tiefer, als es seine Frau geraten hatte, richtete sich auf. Friedrich August betrachtete lange den Mann, aufmerksam. „So also sieht der Baumeister der Kirche aus", sagte er. Es klang freundlich. „Und ganz neu eingekleidet ist er, wie es sich gehört." Bähr glaubte ein kurzes Lächeln gesehen zu haben. Der Kurfürst hob seinen Kopf und legte ihn schief. Bähr fiel seine Nase auf. Sie stach aus dem faltigen Gesicht heraus, sehr groß, fleischig und leicht gerötet. Er trägt eine bedeutende Nase zur Schau, dachte Bähr. „Und neue Schuhe trägt er auch", stellte der Kurfürst fest. – „Sie drücken, Majestät, wie alle neuen Schuhe", rutschte es Bähr heraus. Der Kurfürst lachte, lachte laut. „Warum kommt er dann nicht in Stiefeln, die er in der Kirche trägt? Der Baumeister hat Humor, erzählt seinem Kurfürsten, dass die Schuhe drücken. Wie viel hat er dafür bezahlt?" – „Anderthalb Taler, zwei Groschen und zwei Pfennige." – „Da haben wir ja wieder etwas am Umsatz verdient. So muss es sein." Und er schaute den Baumeister mit großer Freundlichkeit an.

Bährs Befangenheit war verflogen. Der Kurfürst wünschte die Risse zu sehen. Ein großer Tisch stand für sie bereit. Obrist Pöppelmann, der Sohn des Oberlandbaumeisters, half Bähr beim Ausrollen der Zeichnungen und Entwürfe. Er legte auf die Ecken vier Edelsteine, die eigens dafür gedacht waren. Wackerbarth, der sich zurückgehalten hatte, warf als erster einen Blick auf die Risse. Der Kurfürst erhob sich. Bähr bemerkte, dass er schlecht zu Fuß war. Friedrich August ließ sich mit dem Betrachten der Risse Zeit. Bähr schwieg. Er musste dem Kurfürsten nichts erklären. Der Mann verstand Zeichnungen zu lesen.
„Ich vermisse ein rechtes Entreé, einen rechten Eingang, große Säulen im Blickfeld zum Altmarkt hin, Baumeister", sagte er. „Wo hat er ihn denn versteckt? Aha, hier auf der Westseite. Sehr klein, zu bescheiden. Was hindert Ihn, den Eingang größer auszuführen?"
Bähr rutschte ein Satz heraus, den er sofort bedauerte. „Der Haupteingang will sich nicht aufblähen, er ordnet sich leise in das aufgehende Mauerwerk ein, Majestät. Einfache Leute werden ihn durchschreiten. Sie sollen sich nicht gedrückt fühlen." Wie es sich für eine Bürgerkirche gehört, wollte er sagen, aber diesen Satz fing er zum Glück noch ab.
Der Kurfürst hob die dunklen Brauen. „Aufblähen will er nicht, verstehe, denkt an die einfachen Leute. Gut, er hat seinen Kopf." Bähr erwiderte: „Das Entreé entspricht dem Riss, den Graf Wackerbarth gütlich bestätigt hat." Wackerbarth ließ nicht erkennen, ob ihm Bährs Bemerkung angenehm war. – „Gut, gut", sagte Friedrich August. „Aber eines, verehrter Baumeister, würde besser wirken. Lege er doch den Chor auf die Abendseite!" Auch diesem Wunsch konnte Bähr nicht zustimmen. Außerdem war es für solche Änderungen zu spät. Es hätte ein ganzes Stück Gebautes abgerissen werden müssen. Der Rat würde dem nie zustimmen, weil es eine Menge Geld kosten würde. Bähr zögerte mit einer Antwort. Der Obrist Carl Friedrich Pöppelmann ergriff das Wort: „Majestät, das Portal, ja, dem darf man mehr Glorie geben, aber der Choranbau mit dem Altar sollte im Osten bleiben."
Friedrich August ließ nicht erkennen, ob er den Einwand des Obristen akzeptierte. Er schaute wieder auf die Zeichnungen. „Und

wie hoch wird die Kirche, Ratszimmermeister?“ Mit einer solchen Frage hatte Bähr nicht gerechnet. Es gab keine Ausflüchte, er musste exakt antworten. „Um die hundert Meter wird es mit dem Obelisken über der Laterne werden, Majestät.“ – Friedrich August hob die rechte Schulter an. Bähr beobachtete es zum zweiten Mal. Und er deutete dies als Ausdruck von Unwillen. Friedrich August ließ Bähr nicht aus den Augen, sagte: „Dann wird die Kirche ja unseren Schlossturm überragen. Haben Sie das so gewollt, Baumeister?“

Bähr war in Verlegenheit. Natürlich wusste er, dass der Schlossturm weniger als hundert Meter maß. Es hieß, seine Höhe betrage siebenundneunzig Meter. Es hatte ihn gereizt, die Kirche etwas höher zu führen als den Schlossturm. Niemand hatte zuvor einen Höhenvergleich angestellt. Und er hatte diese Absicht ganz tief in sich versenkt, und jetzt fragte der Kurfürst danach. Seine Handflächen begannen feucht zu werden. Er wusste, es war Zeit zur Erwiderung und er log. „Majestät, die Höhe des Hausmannsturms ist mir nicht bekannt, auch den Herren des Rates nicht.“ – „So – nicht bekannt, jetzt kennen Sie die Höhe, nehmen Sie von Ihrem Obelisken etwas ab, damit wir wieder ganz oben sind.“

Friedrich August strengte das Stehen am Tisch und das Herumgehen an. Er ist wirklich nicht gut zu Fuß, dachte Bähr. Friedrich August ließ sich auf seinem Wagen nieder. „Man hat mir berichtet, dass er bis zum Sims schnell hochgegangen ist. Ich hoffte, die Kuppel zu erblicken. Graf Wackerbarth sagte mir, dass seit längerem nur wenig gebaut wird. Woran liegt es?“

Mit dieser Frage hatte Bähr gerechnet. „Majestät, wenn Sie erlauben, auch mich ärgert die Bauverzögerung. Der Stadt fehlt Geld zum Bauen. Und die Herren im Rat zweifeln an meinem Kuppelanlauf. Ich will ihn ganz und gar in Sandstein ausführen.“

Friedrich August beugte sich vor, sah Bähr forschend ins Gesicht. „Aus Stein und ohne einen hölzernen Unterbau, eine Haut aus Stein?“ – „So ist es.“

Bähr sah Zweifel und Staunen in Friedrich Augusts Augen. Bloß das nicht. Lehnte der Kurfürst den steinernen Kuppelanlauf ab, dann konnte er seine weiteren Pläne in den Rinnstein werfen, dann würden sich die Zweifler bestärkt fühlen. All die langen Nächte, in denen er gearbeitet und gerechnet hatte, all die Mühen waren dann vergeblich gewesen. Es stieg heiß in ihm hoch. Und er spürte, wie seine Schuhe drückten.

Der König ließ sich einen Querschnitt reichen, betrachtete ihn lange, winkte Bähr zu sich, sagte: „Das ist eine kühne Idee, Bähr, ich habe Ähnliches weder in Venedig noch Wien entdeckt. Wird es auch halten?" – „Majestät, das versichere ich." Und er erklärte, wie er sich alles vorstelle. „Dann lege er zu, geize nicht mit Leuten. Wir wollen die Kuppel noch sehen, bevor wir abtreten." Welch eine Last fiel Bähr vom Herzen. Der Kurfürst sah weiter als alle anderen. Und er gab ihm einen Trumpf in die Hand. Vor den Rat wird er, Bähr, sich stellen und verkünden: Der Kurfürst wünscht den steinernen Kuppelanlauf. Er will die vollendete Kirche noch vor seinem Tode schauen. Erhöhen wir das Bautempo. Bähr schaute zu Wackerbarth. Der ließ mit keiner Miene erkennen, dass er überrascht war. Es ist gut, dachte Bähr, wenn auch er nichts dagegen hat. Immerhin wich er mit seinem steinernen Kuppelanlauf vom genehmigten Entwurf ab.

Friedrich August wandte sich an Wackerbarth: „Treiben Sie die Herren im Rat an. Die Kirche soll unsere Stadt zieren." Wackerbarth nahm den Befehl entgegen und fügte nach kurzer Pause hinzu: „Mit den Herren der Stadt ist es schwierig. Am liebsten jammern und zaudern sie. Majestät kennt ihre Wünsche nach Kupfer, Kalk, Ziegelsteinen." Das klang herablassend. Und Bähr missfiel es.

Friedrich August ließ sich zum wiederholten Mal einige Risse reichen. Irgendetwas schien ihn zu stören. Dann schüttelte er den Kopf. „Wir müssen die alte Wache abreißen, Graf Wackerbarth. Sie versperrt den Blick auf die Kirche. Nehmen Sie das zu Protokoll." Er nickte Bähr zu. „Beeilen Sie sich, Baumeister. Uns beiden ist nicht mehr allzu viel Zeit gegeben."

Als Bähr aus dem Schloss trat, erfüllte ihn eine tiefe Zufriedenheit. Der Kurfürst hatte ihn gedrängt, schneller zu bauen. Dazu war er bereit. Mit keinem Wort hatte der Kurfürst Geld und Kupfer erwähnt. Er wird auch künftig der Stadt keinen Taler geben. Davon war Bähr überzeugt. Dies wird er den Herren im Rathaus schleunigst in aller Deutlichkeit mitteilen. Seine Freude musste heraus.

Er suchte Fehre auf. Der lächelte über Bährs Aufzug. „Was für Schuhe du trägst. Drücken sie nicht?“ – „Und wie“, bestätigte Bähr. Er nahm Fehre den Spott nicht übel. Triumphierend sagte er: „Du solltest an unserer Kirche nicht mehr zweifeln.“ Und er schilderte die Audienz beim Kurfürsten, redete sich, was selten geschah, in großen Schwung, glühte im Gesicht, ließ die Hände arbeiten. „Der Kurfürst hat den steinernen Kuppelanlauf akzeptiert, er wünscht, dass wir die Kirche schnell bauen.“ Er überlegte, entschied sich, Fehre vollends einzuweihen. Es war an der Zeit. „Man wird auch einer steinernen Kuppel, die ich bauen will, zustimmen müssen. Ich habe alles berechnet und bedacht.“ Von der steinernen Kuppel hörte Fehre zum ersten Mal. Er hatte schon lange etwas Ähnliches vermutet. Die dicken Fundamente hatte ihn darauf gebracht und einige Zeichnungen, die er zufällig bei Bähr gesehen hatte. Er blieb kühl. „Der Kurfürst“, sagte er kurz, „ist kein Fachmann.“ Fehre vergällte Bähr die Freude. Sein Schwung brach zusammen, die Arme hingen lustlos. Er neidet mir den Bau, wäre wohl gern an meiner Stelle im Schloss gewesen. Er ging davon, hatte für nichts einen Blick. Es war schwierig mit Fehre, sehr schwierig.

Abends am Tisch sagte er zu seiner Frau: „Fehre neidet mir den Erfolg. Er zweifelt an meiner steinernen Kuppel. Ich wünschte ihn mir zum Freund. Aber daraus wird wohl nichts.“ Und er schilderte genau den Verlauf der Audienz. „Das ist ein großer Tag für dich“, sagte sie. „Fehre wird zur Einsicht kommen.“

Nachts kam sie zu ihm. Er lag lange wach und hielt ihre Hand. Hat ihn das Glück nicht reichlich bedacht? Er muss die steinerne Kuppel bauen, schnell, jeden Widerstand erdrücken. Er wird all seine List, all seinen Einfluss benutzen, wenn es sein muss. Es zählte nur eins: das Werk.

Bähr erfährt erneut eine Niederlage

In Dresden sprach es sich schnell herum, dass der Kurfürst Bähr empfangen hatte. In den Kneipen wurde Bähr gefeiert. Man schätzte ihn als Baumeister, mehr noch als aufrichtigen Protestanten. Gerüchte kamen auf. Der Kurfürst habe Bähr ein Medaillon mit seinem Porträt geschenkt, wurde im Stadtkeller erzählt. Andere wollten wissen, dass ihm der Kurfürst zwanzig Taler geschenkt und ihn zum nächsten Ball ins Schloss eingeladen habe. Der Rinnsteinkehrer der Stadt, Johannes, ein Rotkopf, behauptete, dass die Katholischen aufgebracht seien. Den Jesuiten seien die Hähnchenkeulen im Halse steckengeblieben. Zwei wären fast daran erstickt. Sie würden sich die Haare raufen und mit Asche überschütten wie die Juden. Sie sähen sich gedemütigt, weil der Kurfürst den Baumeister der Kirche empfangen habe. „Ja, ja" krähte der Rotkopf. „der Kurfürst ist König im pfäffischen Polen. Dort muss er ein guter Katholik sein. Hier hat er es mit uns zu tun, mit seinen treuen Protestanten. Und mit uns ist nicht gut katholisch zu reden."

Das war frech. Die Leute feixten. Der Rinnsteinkehrer war für seine spitze Zunge bekannt. Man hatte ihn deswegen schon einmal an den Pranger gestellt und ihm mit der Ausweisung aus der Stadt gedroht. Er hatte behauptet, dass der Kurfürst beim letzten Besuch der Kirche einen Furz gelassen habe. Der sei bis Rom gedrungen und habe dort für Gestank gesorgt. Es sei nun wirklich nichts Außergewöhnliches, hatte der Rotkopf gemeint, dass Prälaten nach ihren Mahlzeiten furzen. Das passiere sogar im Petersdom. Es hatte ein großes Gelächter gegeben. Jeder wusste, dass der Rinnsteinkehrer niemals in Rom gewesen war. Aber gefallen hatte es, was er gesagt hatte. Der Wirt mahnte: „Mäßige dich, Johannes, sonst verbrennst du dir diesmal deinen Rotkopf. Und landest auf dem Königstein."

Zwei Tage nach Bährs Empfang wurden abends einige Fensterscheiben eingeschlagen. In den Häusern wohnten Katholiken. Eingeweihte behaupteten, dass der Rinnsteinkehrer dazu angestachelt habe. Er allerdings widersprach: Er habe nichts damit zu tun. Dabei soll er gezwinkert haben wie ein Hahn auf dem Misthaufen.
Der Bürgermeister Johann Christian Schwarzbach ordnete nach Bährs Audienz beim Kurfürsten eine Sitzung an. Keiner der Ratsherren wollte Bährs Erscheinen verpassen. Vertreter des Konsistoriums waren auch zugegen. Der Ratssaal war bis auf den letzten Platz besetzt, als Bähr das Haus betrat. Fehre und Ebhardt waren ebenfalls gekommen. Bähr rief ihnen einen Gruß zu. Ebhardt winkte freundlich. In seinen großen Augen stand Freude. Er hoffte auf gute Baugeschäfte. Fehre beließ es bei einem kurzen Neigen seines Kopfes. Und Bähr dachte wieder: Wir werden wohl nie Freunde werden. Und er bedauerte dies sehr.
Schwarzbach schüttelte die Handglocke, winkte Bähr heran. Die Gespräche verstummten. Bähr hatte sich jedes Wort genau zurechtgelegt, sogar einige Sätze aufgeschrieben. Das letzte Mal hatte der Rat die Entscheidung zum Kuppelanlauf vertagt. Heute wollte er endlich ihre Zustimmung. Der Stadtrat sollte sich zu seinem Bau bekennen. Mit knappen Worten schilderte Bähr den Empfang und hob zum Schluss hervor: „Der Kurfürst war wie Sie, meine Herren, von meiner Absicht, den Anlauf in Stein auszuführen, anfangs überrascht, aber er hat ihm ausdrücklich zugestimmt. Er hat dies eine kühne Idee genannt. Sie gereicht unserer Stadt zur Zierde.“ Dass er gefragt hatte, ob es auch hält, verschwieg Bähr. In den Gesichtern der Herren gab es nichts zu entdecken. Sie sind weder Fisch noch Fleisch, rumorte es in Bähr. Er entschloss sich zur schwereren Kost: „Der Kurfürst ist ungnädig, dass die Kirche nicht weiter gediehen ist. Er erwartet schnelle Fortschritte. Graf Wackerbarth wird uns drängen, das Bauen zu beschleunigen. Dies wurde ihm in meiner Gegenwart ausdrücklich befohlen.“
Bähr schaute wieder in die Runde. Der zweite Bürgermeister wirkte ungehalten. Er drehte einen großen goldenen Ring, der an seinem kleinen, kurzen Finger prahlte. „Meinen Hinweis“, fuhr

Bähr fort, „dass es der Stadt an Geld und Kupfer mangele, überhörte der Kurfürst."

Bähr wartete, bis das Gemurmel verstummte. Dann erinnerte er: „Meine hochverehrten Herren und Senatoren, gehen Sie davon aus, dass Sie vom Hof nichts zu erwarten haben, weder Taler, noch Kupfer, noch Blei, noch preisgünstiges Holz, nichts, gar nichts. Der König will die Kirche, weil er hofft, dass sie seine Residenz schmücken wird, aber Geld zu geben ist er nicht bereit. Wer etwas erwartet, der irrt. Ich habe vom Oberlandbaumeister Pöppelmann erfahren, dass ihn die Jesuiten heftig drängen, eine große katholische Hofkirche in Dresden zu bauen. Sie sollen ihm sogar Geld angeboten haben. Ihre jetzige Kirche im ehemaligen italienischen Opernhaus ist ihnen zu unscheinbar. Kein Turm, kein Fassadenschmuck, nichts."

Durch den Saal ging ein Raunen. Die Räte hörten zum ersten Mal vom Bau einer Hofkirche. Bähr war zufrieden. Die Herren sollten diese Möglichkeit deutlich sehen. Es gab Stimmengewirr und Empörung. Mitten in der Stadt, mitten im Herzen des Kurfürstentums ein katholisches Bollwerk, das missfiel sehr. Das wäre eine Beleidigung. Seit Heinrich dem Frommen hing Dresden dem lutherischen Glauben an. Einer rief aufgebracht, es reiche schon zu, dass wieder Messen in Dresden gelesen würden. Dies sei ein Grauen. Jesus sei nicht gekreuzigt worden, damit Monstranz und Purpur wieder öffentlich zur Schau gestellt würden. In diese Aufregung hinein schleuderte Bähr seinen wichtigsten Satz, deutlich und bestimmt: „Stimmen Sie meinem Vorschlägen zu, und wir werden das Werk gemeinsam glücklich vollenden, Gott zu Ehren. Es ist schon zu viel Zeit verstrichen. Unsere Kirche wird die Katholiken warnen und einschüchtern. Kommen wir ihnen zuvor."

Viele Gesichter verschlossen sich. Die Räte wirkten ratlos. Manche redeten ohne Unterlass, keiner hörte dem anderen zu. Allmählich gewannen jene die Oberhand, die meinten, der Hof fordere und fordere, aber er helfe nicht. Am besten werde es sein, den Bau über dem Hauptsims zu beenden. Solange es keinen Zuschuss gebe, müsse die Arbeit ruhen.

Mit dieser Wendung hatte Bähr nicht im Entferntesten gerechnet. Er war zuversichtlich ins Rathaus gekommen, dass heute seinem steinernen Kuppelanlauf zugestimmt werde. Und er dachte tief enttäuscht: Sie begreifen nichts, nichts. Sie sind wie die Krämer auf den Märkten, die um jeden Pfennig schachern. Schwarzbach hob wieder die Handglocke. Allmählich trat im Saal Ruhe ein. Dann sagte er: „Bitten wir den Kurfürsten noch einmal um Kupfer und Holz, auch wenn unser Ratszimmermeister davon abrät. Warten wir noch einmal seine Antwort ab. Auf ein paar Wochen weitere Verzögerung kommt es nun auch nicht mehr an."

In Bähr stieg der Grimm hoch. So sehr er sich dem Rat verpflichtet fühlte, bereit war, ihm treuen Herzens zu dienen, in diesem Augenblick verachtete er die Stadtväter. Was sie am besten verstanden, war zu reden und zu verschieben. Er dachte: Sie haben weder Stolz noch Ehre. Sie feilschen um die Kirche, als sei sie ein Ballsaal. Was gingen ihn ihre Geldsorgen an. Er wollte einen Tempel errichten, in dem Gott gepriesen wird und die Gläubigen Zuversicht und Trost fanden, die Bauern und Handwerker vom Umland, die Leute aus den Vorstädten. Er hatte Mühe, seinen Zorn, seine Verachtung zu verbergen. Welch kleinliche Fleischfresser und Biersäufer sie sind. Ihre Perücken riechen nach Schweiß, ihre Jackenärmel sind abgeschabt, sie recken schamlos ihre angemästeten Bäuche, die an die Tischkante stoßen.

Der zweite Bürgermeister wandte sich an Bähr. Ihm sei zu Ohren gekommen, sagte er, dass er, Bähr, nicht nur den Kuppelanlauf, sondern auch die Hauptkuppel aus Stein bauen wolle. Ob das stimme?

Bähr erschrak. Woher wusste der Mann das? Außer Fehre hatte er keinen eingeweiht, auch den Bildhauer Feige nicht. Fehre musste sein Wort gebrochen und etwas verraten haben. Alle Blicke richteten sich plötzlich auf Bähr. Gab er dies jetzt zu, riskierte er einen Tumult. Er musste ihnen seine Absicht verschweigen, im Interesse der Kirche. Und er antwortete ruhig: „Ich weiß nicht, wer das behauptet hat, will es auch nicht wissen." Er bemerkte, dass ihn Fehre aus seinen langen Augenhöhlen beobachtete. Das war ihm jetzt auch egal. Er musste widersprechen, wenn er die Chance erhalten wollte, dass sie seinem steinernen Kuppelanlauf zustimmten. Und er setzte drauf: „Es ist nichts als pure Lüge, die uns, der Stadt, schaden soll, ich will den Kuppelanlauf steinern haben und nicht die Kuppel." Und er schloss nahezu grob: „Stimmen Sie endlich dem Kuppelanlauf aus Sandstein zu. Ich werde alt. Ich möchte die Kirche vollenden."

Schwarzbach griff ein. Er spürte Bährs Erregung. „Bis zur Hauptkuppel dauert es noch eine Weile", sagte er besänftigend. „Alles der Reihe nach. Warten wir noch einmal die Antwort des Kurfürsten ab. Danach wird entschieden." Er schloss die Sitzung.

Draußen ging Bähr auf Fehre zu. Der erwähnte mit keinem Wort die Lüge. Sie gingen eine Weile schweigend nebeneinander. Bähr erwartete von Fehre eine Erklärung. Sie blieb aus. Und er war einfach zu enttäuscht, um ihn zur Rede zu stellen. Was sollte es bringen! Noch nie hatte er sich so allein, so verraten gefühlt. Welch einen dornigen Weg ließ ihn der Herr gehen. Er haderte mit seinem Schöpfer. Womit hatte er das verdient? Er nickte Fehre kurz zu, ohne ein Wort zu sagen, und wandte sich in Richtung Seegasse.

Bähr darf den steinernen Kuppelanlauf bauen

Friedrich August I. lehnte das erneute Ersuchen der Stadt nach finanzieller Unterstützung ab. Bähr erfuhr es vom Stadtschreiber. Er bedauerte die verlorene Zeit. Sollte die Arbeit an der Kirche, die nunmehr ins siebente Jahr ging, nicht ins Endlose gezerrt werden, musste der Rat dem steinernen Kuppelanlauf endlich zustimmen. Es gab keine Ausflüchte mehr. Bähr, der die Arbeit an den Emporen überprüfte, wurde ins Rathaus gerufen. Er zog sich nicht erst um. In Arbeitsstiefeln und in schwarzer Zimmermannsweste erschien er im Saal. Christian Lobrecht Behrisch, der den kranken Bürgermeister Schwarzbach vertrat, und einige Ratsherren empfingen den Ratszimmermeister freundlich. „Ich hoffe, Sie brachten Verständnis für das Verschieben des Kuppelanlaufs auf, hoch geschätzter Ratszimmermeister George Bähr. Was Sie vorhaben, ist wirklich ein Wagnis. Es gab viel zu bedenken. Und der Stadt weitere Schulden zu ersparen sind wir verpflichtet."
Bähr sah sich in leichter Vorhand. Es musste heraus, was ihn ärgerte, obwohl es vernünftiger gewesen wäre zu schweigen. „Sie hätten sich die erneute Ablehnung ersparen können, hochverehrter Bürgermeister, hochverehrte Herren." Und er fuhr selbstbewusst fort: „Es wäre gut gewesen, Ihrem Ratszimmermeister zu glauben." Behrisch unterbrach ihn: „Sehen wir es beide, wie es ist, es war für Sie ärgerlich, aber auch für uns."
Bährs Kostenanschläge lagen auf dem langen Tisch. Er hatte sehr niedrig kalkuliert, zu niedrig, das wusste er. Er wollte sicher gehen, dass dem Kuppelanlauf zugestimmt wird. „Bähr", hörte er den Bürgermeister sagen, „die Entscheidung ist gefallen. Bauen Sie den Kuppelanlauf und die Ecktürme aus Stein. Der Kontrakt ist vorbereitet. Wir vertrauen Ihnen."
Endlich hatte er sein erstes Ziel erreicht, den Kuppelanlauf in Stein auszuführen: Sein nächstes und letztes Lebensziel lag vor ihm. Die

kleineren Kirchen, die er in den zurückliegenden Jahrzehnten in Städten und Dörfern gebaut hatte, waren Vorbereitung auf das große Werk. Jetzt war es März, März 1732. Es war sein Geburtsmonat. Er war 66 Jahre alt. 1705 hatte man ihn als Ratszimmermeister vereidigt, obwohl er keinen Meisterbrief besessen hatte. Den hatte er schnell nachgeholt. Seitdem waren 27 Jahre vergangen. Er war als junger Mensch in die Residenz gekommen, um in der Hauptstadt des Kurfürstentums Sachsen sein Glück zu machen. Jetzt stand das Größte bevor, die Kirche ganz in Stein zu fügen, die Kuppel ganz aus Stein, die Laterne ganz aus Stein. Er wusste, was er wollte, er hatte es schon sehr früh gewusst, lange bevor er seinen Fischgräten zu trauen begann. Er atmete leicht. Sein innerer Blick ging ins Weite. Welch ein Tag!
Sie werden ihm Zug um Zug nachgeben müssen. Die Kirche wird den Schlossturm überragen. Das war sein neues Geheimnis. Und er wird es hüten, bis das Gotteshaus vollendet war. Der Kurfürst, der eine niedrigere Kirche angemahnt hatte, wird es nicht nachmessen können, dachte Bähr gut gelaunt. Und wie wollte er es verhindern? Bähr sagte ohne jede Betonung, sagte es wie nebenbei, ohne Anteilnahme: „Wir sollten jetzt daran denken, wie es mit der Hauptkuppel weitergeht. Ich will auch sie und die Laterne ganz aus Stein fügen. Preiswertes Kupfer wird auch später nicht zur Verfügung stehen.“ Er dachte an seine Lüge, an den zweiten Bürgermeister. Würde man sie ihm vorhalten, ihn vielleicht rügen, dass er den Rat zu täuschen versucht hatte. Einige der Herren schauten verblüfft drein. Sie erinnerten sich. Aber Behrisch, der gewiss nichts vergessen hatte, ergriff sofort das Wort. „Alles zu seiner Zeit, Bähr. Zuerst wollen wir Ihren steinernen Anlauf schauen. Gottes Segen für Sie und Ihre Arbeit.“ Sie unterschrieben den Vertrag.
Bähr verließ das Rathaus. Er hatte Durst. Er suchte den Stadtkeller auf. Am eckigen Tisch am Fenster, der den Stammgästen vorbehalten war, saßen ein paar Leute, einfache Bürger, darunter der Rinnsteinkehrer. Er entdeckte Bähr als erster und sprang sofort auf. „Beehren Sie uns, Meister“, bat er. Bähr fühlte sich geschmeichelt. Er nahm am Tisch Platz, wünschte ein großes Bier. Er trank mit Genuss, räusperte sich, setzte den Krug ab. Der Rinnsteinkehrer

verfolgte jede seiner Bewegungen. „Wann wird an der Kirche weiter gebaut, Ratszimmermeister Bähr?", fragte er. „Die Leute sind unzufrieden. Es stockt, es stockt. Das freut die Katholiken." Er spuckte auf die derben Dielen.
Er komme soeben aus dem Rathaus, ließ Bähr die Männer wissen. „Sie sind die ersten, die es erfahren. Der Bau der Kirche wird fortgesetzt, schon morgen. Ich baue den Kuppelanlauf, um den so lange gestritten wurde, aus Stein." Sie nahmen alle einen kräftigen Schluck aus ihren Krügen. Und Bähr wusste, in kürzester Zeit würde dies in der ganzen Stadt und in den Vororten bekannt sein. Und das gefiel ihm. Der Wirt spendierte Bähr einen Krug Bier. Er blieb länger, als er vorgehabt hatte. Neue Besucher waren erschienen, sie drängten sich an den Ecktisch, saugten gierig jede neue Nachricht auf.
Abends schloss Bähr seine Frau in die Arme, ganz unvermittelt. Sie schaute ihn überrascht an. „Ist was?" – „Ja", bestätigte er. „Ich baue den Kuppelanlauf aus Stein. Endlich. Gott hat mich nicht verlassen. Ich stehe wieder in seinem Dienst." Er sagte dies mit einer Leidenschaft, die ihr Angst bereitete. „Danach folgt die Hauptkuppel aus Stein. Sie werden es schlucken. Wenn die Kuppel vollendet ist und die Laterne aufgerichtet, nehme ich dich an die Hand, und wir steigen zur Spitze hoch und schauen über die Stadt und den Fluss und ins Tal. Das wird wunderbar." Er drückte ihren Kopf an seine Schulter. Und er sah es mit Staunen: Wie jung sie war. Ihren Kopf an seiner Schulter zu halten, das hatte er schon lange nicht mehr getan. Sie hatte es erlebt, wie rastlos, wie unglücklich er gewesen war. Lange Nächte war er im Arbeitszimmer auf und ab gegangen. Und sie, die im Zimmer darunter mit den Kindern schlief, hatte seine Schritte gezählt, bis sie endlich der Schlaf überwältigte. Und manchmal saß er morgens eingeschlafen am Zeichentisch, den schweren Kopf über seinen Fischgräten. Aber sie war nicht in ihn gedrungen. Es hätte nichts gebracht.
Unter den geschickten Händen der Steinmetzen und Maurer kam der Kuppelanlauf rasch voran. Bähr wusste, dass er das Schwerste noch vor sich hatte, die Kuppel. Eine so große Wölbung hatte er noch nie ausgeführt. Und es gab keine ähnliche in der Residenz,

im ganzen Land wohl nicht. Gegen Ende des Jahres war der Kuppelanlauf nahezu vollendet. Der Orgelbauer Gottfried Silbermann erhielt den Auftrag, die Orgel zu bauen. Bähr vollführte Freudensprünge. Silbermann war der beste Orgelbauer, den er kannte, weit und breit. Alles begann sich zum Besten zu fügen.

Als Bähr erneut erklärte, die Hauptkuppel steinern auszuführen, blieben Vorwürfe aus. Er hatte mit Gezeter und Ablehnung gerechnet. Er musste lediglich versichern, dass er die Kuppel fest und standhaft ausführen wird. Offenbar beeindruckte der schöne Schwung des Kuppelanlaufs. Leuchtete die Sonne, dann schien der Sandstein zu sprühen. Die Mehrheit des Rates sah ein, dass es keinen Sinn machte, die Hauptkuppel mit Kupfer zu bedecken.

Als Bähr überzeugt war, alle Hürden genommen zu haben, fiel ihm Fehre in einer Ratssitzung in den Rücken. Er, der die letzten Monate geschwiegen hatte, legte einen eigenen Entwurf zum Bau einer Holzkuppel vor. „Pfeiler und Mauern werden die Last der steinernen Kuppel nicht tragen", behauptete er. Er lehne jegliche Verantwortung ab. Ratlosigkeit machte sich breit.

Bähr verteidigte seine Kuppel. „Wir haben bisher die Kirche gemeinsam gebaut. In dieser Frage gehen wir auseinander." Er versicherte, dass die Pfeiler und Böge sehr wohl in der Lage seien, die Lasten abzufangen und in die Gründung abzuleiten. „Das steht außer Zweifel." Und er erläuterte dem Rat zum ersten Mal seinen Fisch, schwor auf dessen Gräten.

Die Herren – den unterschiedlichen Auffassungen ihrer beiden Baumeister hilflos ausgesetzt – wurden unsicher. Wem sollten sie glauben? Wer hatte Recht? Bähr, der Baudirektor, oder Fehre, der Ratsmaurermeister? Sie brachten nicht den Mut auf, sich für Bähr zu entscheiden. Die schon sicher erschienene Zustimmung zur steinernen Kuppel wurde aufgehoben. Der Rat wandte sich an Jean de Bodt, einen erfahrenen Ingenieur und Baumeister, der aus Berlin nach Dresden gekommen war. De Bodt, Generalintendant des Bauwesens, teilte nur zum Teil Bährs Auffassungen, lehnte sie aber nicht grundsätzlich ab. Etwas Erstaunliches geschah. Dem Rat genügte die Teilzustimmung. Bähr wurde noch einmal peinlich befragt. Ob denn auch alles stimme, was er behaupte. Bähr verstand ihre Anspielung. Sie erinnerten ihn indirekt an seine Lüge. Und der antwortete gelassen: „Meine Herren, ich habe mehrere Kirchen gebaut. Diese ist die größte. Ich baue sie zur Ehre Gottes und unserer Stadt." Der Rat erneuerte den Auftrag, die Hauptkuppel steinern auszuführen.

In Bähr jubelte es. Endlich konnte er die Hauptkuppel beginnen. Fehre, der zunehmend eisiger wurde, warf Bähr vor, dass er den Kostenanschlag wieder zu niedrig gehalten habe. Seiner lag um einige tausend Taler höher. „Dein Kostenanschlag ist Betrug", sagte Fehre. „Das Geld, für das du die Hauptkuppel bauen willst, wird niemals reichen. Komme mir dann nicht mit Erklärungen und Entschuldigungen, wenn du die Rechnungen meiner Männer nicht bezahlen kannst. Ich werde darauf bestehen."

Warum verhielt sich Fehre nur so ablehnend? Bähr konnte sich nicht erinnern, dass er ihm Unrecht getan hätte. Gut, er hatte ihn nicht von Anfang an in seine Überlegungen einbezogen. Das konnte ihm Fehre nicht verübeln, und er konnte dies auch nicht erwarten. Er, Bähr, hatte erst selbst mit sich ins Klare kommen müssen. Dass er zu niedrig kalkuliert hatte, wusste er selbst. Das musste ihm Fehre nicht vorhalten. Es galt den Rat zu überzeugen, dass die steingedeckte Kuppel preiswerter war als eine mit Kupfer. Wie das alles am Ende mit dem Geld ausgehen würde, war offen. Und es interessierte ihn in diesen glücklichen Augenblicken auch nicht. Er durfte die steinerne Kuppel bauen. Er sah sie in Gedanken vor sich, wie sie über Dresdens Dächer stieg, sich aus dem Tal erhob, dem Himmel ein Stück näherrückte. Und es wurde ihm warm vor Glück.

Bähr jubelte zu früh. Der Kontrakt für den Bau der Hauptkuppel war zwar unterschrieben, aber es fehlte wieder Geld. Der Rat erwog die Abdeckung der Kirche und die Einstellung des Bauens, auch im Inneren der Kirche. Bähr fühlte sich elend.

Im Februar 1733 starb Friedrich August I. und polnische König im Warschauer Schloss. Bähr heftete eine schwarze Schleife an sein weißes Hemd. Er trauerte um den Kurfürsten, der ihn nach seiner ersten Audienz noch mehrere Male empfangen hatte. Er war ein sachverständiger Fürst gewesen. Das Bauen, hatte Bähr den Eindruck, war in seinen letzten Lebensjahren das einzige, was ihn er-

heiterte und ihm Lebensmut gab. Einmal hatte er gesagt: „Hätte ich Sie in meinem Oberbauamt, würde ich Sie zum Landbaumeister machen." Schöne Worte waren das. Sie wärmten Bähr, aber er maß ihnen nicht allzu viel Bedeutung bei. Worte kosteten nichts.
Der Tod des Kurfürsten beunruhigte Bähr stark. Ob sich sein Sohn für das Bauen interessieren würde, gar für die Kirche, das blieb abzuwarten. Es hieß, dass er die italienische Musik und die Malerei überaus liebe. Der Rat hingegen schöpfte neue Hoffnung. Vielleicht war der Sohn freigiebiger als sein Vater. Bähr riet von einem neuen Bettelbrief ab. „Der Sohn des verstorbenen Kurfürsten", warnte er, „ist ein strenggläubiger Katholik. Er wird kein Geld für einen protestantischen Kirchbau geben. Niemals!" Bährs Rat wurde – wie so oft zuvor – ausgeschlagen. Ein unterwürfiger Brief ging an den neuen Landesvater, den Kurfürsten Friedrich August II. Wieder bat die Stadt um finanzielle Unterstützung, wieder ruhte das Bauen.

Sachsens Kurfürst verspricht eine Hofkirche

Rimini stand vor dem Westportal der Frauenkirche. Über der Stadt wölbte sich ein heller Maihimmel. Es war angenehm warm. Er hatte den Mantel ausgezogen und über seinen linken Arm gelegt. Er war bester Laune. Der neue Kurfürst Friedrich August II. hatte ihm mitteilen lassen, dass er ihn in den nächsten Tagen empfangen wolle. Vielleicht ergab sich eine neue Chance, die Hofkirche zu bauen.

Rimini betrachtete den Kirchbau. Er kannte inzwischen jede Einzelheit, den wuchtigen Sims, die schmuckreichen Kapitelle, die steinernen Sonnenblumen am Chor. Es wird ein großartiger Bau, gestand er sich zum wiederholten Male ein. Dass sich diese Stadt eine so große Kirche leistet, hätte er niemals für möglich gehalten. Und er neidete Dresden diesen Bau. Die Kirche würde sich selbst in seinem geliebten Florenz behaupten, auch in Rom. Schade, dass dieser Bähr nicht auf römischer Seite stand. Rimini hatte einen Zeichner beauftragt, den Baufortgang festzuhalten. Inzwischen hatte er ein Dutzend Zeichnungen nach Rom geschickt. Vielleicht würden diese die selbstzufriedenen Kardinäle aufschrecken. Hier liefen keine römischen Uhren. Sollten sie laufen, dann war mehr Einsatz notwendig. Er schaute zu den Gerüsten hoch. Sie waren verwaist. Der Kuppelanlauf war zwar ausgeführt, aber es fehlte die Hauptkuppel. Die Winterpause war lange zu Ende. Es müsste gebaut werden. Offenbar fehlte der Stadt wieder Geld.

Ein Mann, dessen feuerrotes Haar wirr herabhing, wies auf Rimini. Rimini wusste nicht, wer er war, aber er hatte ihn mehrere Male in der Stadt gesehen. Meist schob er eine Karre, in der Besen lagen. Vor ein paar Tage hatte er Rinnsteine gesäubert. Der Rotkopf krähte. „Das ist ein Katholik, er schnüffelt hier jede Woche herum." Einige Leute drehten sich um und betrachteten Rimini. „Ich sage euch", fuhr der Rinnsteinkehrer fort, „dass der Kirchbau wieder stockt, liegt an den Pfaffen. Sie haben den neuen Kurfürsten verhext. Er gibt keinen einzigen Pfennig für die Kirche, wie sein Vorgänger, den die Engel geholt haben." Der Rotkopf schaute Rimini herausfordernd an. „Du bist doch auch ein verkappter Pfaffe", sagte er. Rimini wurde es unbehaglich. Er übersah den Mann und nahm die ersten beiden Stufen, um die Kirche zu betreten. Der Rinnsteinkehrer stellte sich ihm in den Weg: Er roch nach Schweiß und Bier. „Was willst du hier?", fauchte ihn der Rotkopf an. „Drinnen gibt es keinen Weihrauch." Die Leute lachten. Das Lachen spornte den Rinnsteinkehrer an. „Wir wünschen nicht, dass ein Katholik die Kirche entweiht. Sieh zu, dass du das Weite gewinnst."

Weitere Leute kamen hinzu. Sie verfolgten den Auftritt des Rinnsteinkehrers. Rimini war versucht, den Mann zur Seite zu schieben. Aber es ekelte ihn, den Rinnsteinkehrer zu berühren. Und er sagte hell und scharf: „Du stinkst nach Bier und Dreck. Es wäre an dir, die Stufen zu verlassen."

Der Rinnsteinkehrer parierte: „Ich arbeite für die Stadt und halte sie sauber, damit deine feinen Schuhe nicht in die Scheiße treten. Beleidige mich nicht."

Rimini beobachtete die Leute. Die meisten verfolgten amüsiert den Streit. Aber er sah auch einige, die ihn böse anstarrten. Es wäre das Beste, dem Rotkopf aus dem Weg zu gehen. Aber es reizte ihn, seine Verachtung auszuspielen. Er ging einen Schritt auf den Rotkopf zu, der davon überrascht auf die untere Stufe trat: Leise, aber doch für alle hörbar, sagte Rimini: „Es ehrt dich, dass du dafür sorgst, dass meine Schuhe sauber bleiben. Behalte den Dreck im Auge." Er drehte sich um, nahm die nächsten zwei Stufen.

Auch im Inneren arbeiteten nur wenige Handwerker. Auf die Brüstungen der Emporen wurde Stuck aufgetragen. Die Betstuben erhielten Glasfenster. Noch fehlte der Altar, noch fehlte die Orgel. Es war viel zu tun. Es wird wohl noch einige Zeit vergehen, ehe die Kirche vollendet ist. Rimini stieg zur ersten Empore hoch. Dort wurde Gestühl aufgestellt. Er schaute in das Kirchenrund, auf den Altarraum, der im honigfarbenen Licht ruhte. Er kehrte um. Er hoffte, dem Rotkopf nicht wieder zu begegnen. Dieser Mann war ein Provokateur, ein Katholikenhasser. Er hatte genau das Richtige

getan, und ihn stehengelassen. Aber er hatte auch die Gespanntheit der Leute gespürt. Nie weiß man, wie so etwas ausgeht. Dieses Luthervolk war intolerant. Wie erst würden sie reagieren, wenn vor ihren Augen eine katholische Hofkirche entstünde. Würden sie zu Bilderstürmern, wie einst, als sie die Madonnenbilder in den Kirchen zerstörten, die Altäre zerschlugen und die Mönche aus den Klöstern jagten. Kann es sein, fragte sich Rimini, dass die Fanatiker selbst den Kurfürsten davon abhalten, eine Hofkirche zu bauen? Aber eben das war das Ziel des Vatikans, einen Stachel in Luthers Land zu setzen. Deshalb hatte man ihn nach Dresden geschickt.
Rimini verließ die Kirche. Der Rinnsteinkehrer hatte sich entfernt. Heute war Dienstag. Abends würde er zu Leda gehen. In der Gesandtschaft gab es Neuigkeiten. Der Kurfürst erwartete ihn am Donnerstag. Rimini fühlte sich geehrt. Mit einer so schnellen Audienz hatte er nicht gerechnet. Er wird nicht lange herumreden, sich nicht in Andeutungen auslassen. Er wird dem Kurfürsten sagen, dass Rom den Bau einer Hofkirche erwarte. Nicht irgendwann, sondern jetzt. Die evangelische Kirche war noch lange nicht fertig. Mitten in ihre Bauzeit hinein würde die Hofkirche entstehen. Welch ein Triumph wäre das!
Rimini schmeckte das Essen, ihm schmeckte der Wein. Er drehte den Stiel des Glases zwischen seinen Fingern, neigte es in Richtung der hohen Fenster, damit das Licht besser hineinfiele, erfreute sich an dem Kirschrot, roch das kräftige Aroma. Mühelos sah er die leicht ansteigenden Rebhänge vor sich, auf denen die Trauben heranreiften, unter einem blauen Himmel, den es nur in der Toskana gab. Und er hatte etwas Sehnsucht nach dem dunklen Blau und der ockerfarbenen Straße, die Zypressen säumten. Sie führte auf das große Weingut seines Onkels zu, das wie eine Feste auf dem höchsten Punkt des Hügels lag, von einer zitronengelben Mauer umschlossen. Im Hof stand ein mächtiger Walnussbaum. Von dessen Krone, in die er als Junge oft geklettert war, ging der Blick ins weite, lichtüberflutete Land. Selbst als Student hatte er öfter in der Krone gesessen.
Er hatte sich vom neuen Kurfürsten ein Bild gemacht. Um dessen Konfession hatten zwei Welten gerungen, die katholische und die

protestantische. Seiner protestantischen Mutter und Großmutter schwor der Kronprinz, Luthers Glauben treu zu bleiben. Sein Vater entführte ihn aus Dresden und verordnete ihm einen katholischen Hofstaat. Die Engländer versuchten ihn aus der katholischen Umarmung zu entführen. Die Flucht des Kurprinzen auf die Insel misslang. Schließlich gab er dem katholischen Werben nach. Er ließ sich von Weihrauch, Purpur und Beichtstuhl betören, kehrte in die Arme der alten Kirche zurück und fiel auf die Knie. Heimlich, wie einst sein Vater in Baden bei Wien, wechselte er die Konfession. Welch ein Getöse gab es, als der Übertritt bekannt wurde, welch ein Geschrei, welch große Drohgebärden. Jetzt war er Kurfürst, die katholische Dynastie der Wettiner war nach der Reformation in zweiter Generation begründet. Es würde wohl nie mehr einen Rückfall der kurfürstlichen Familie geben, hoffte Rimini. Wenn es stimmte, dass Friedrich August II. tief im Glauben lebte, musste ihm der Kirchbau abzuzwingen sein.

Rimini wurde im Schloss erwartet. Er fuhr in einer Kutsche vor. Zwei Personen, die er nicht kannte, begleiteten ihn in ein Kabinett. Man bat ihn, Platz zu nehmen. Der Kurfürst sei unterwegs. Im Raum hingen Gemälde, eine italienische Landschaft, ein Rombild, das den Palatin abbildete, zwei Pastelle der Rosalba Carriera. Rimini fühlte sich heimisch. Es stimmte also, dass der Kurfürst italienische Malerei liebte. Ein Tisch war eingedeckt. Teetassen standen auf blauem Tuch, Gebäck und Konfekt lagen in einer Schale. Rimini betrachtete das Romgemälde. Es leuchtete in einer Farbpracht, die das schlichte Kabinett erhellte.

Die Tür ging lautlos auf. Der Kurfürst trat ein, begleitet von Josepha, seiner Frau. Mit ihr hatte Rimini nicht gerechnet. Aber ihre Gegenwart konnte von Vorteil sein. Rimini verbeugte sich. Der Kurfürst winkte ab, nahm einen kräftigen Zug aus seiner Keramikpfeife, wedelte mit der Linken, um den Rauch zu verteilen. „Kann mich nicht von ihr trennen", sagte er. Josepha hatte sich bereits gesetzt, sie betrachtete Rimini, als sei er ein Eindringling. Nein, sie gefiel ihm nicht. Kein Wunder, dass die Dresdner sie nicht liebten. Sie ist so voller Abweisung, so voller Stolz. Aber gerade sie konnte sehr wichtig werden, wenn er sie gewann.

Rimini überreichte den Brief des Papstes, die Gratulation zur Thronbesteigung. Friedrich August setzte sich, streckte die Beine aus. Wie sein Vater, dachte Rimini. „Wir freuen uns“, sagte der Kurfürst, „den Sondergesandten des Heiligen Vaters bei uns in der Residenz zu haben. Grüßen Sie Benedikt XIII. von seinem ehrfürchtigen Sohn. Wir erhoffen uns wohlwollende Unterstützung. Die Polen machen uns zu schaffen. Sie wollen uns nicht auf dem Thron.“

Aha, dachte Rimini. Deshalb der schnelle Empfang. Er war in Schwierigkeiten. Die polnischen Königsmacher wollten keine Fortsetzung der sächsisch-polnischen Union. Ein Thronfolgekrieg drohte in Polen. Vielleicht war es jetzt doch sehr ungünstig, den Kurfürsten um eine Hofkirche zu bitten. Der Mann hatte andere Sorgen.

„Teilen Sie dem Heiligen Vater mit, dass wir seine Unterstützung erhoffen. Ich bitte darum, dass er mäßigend auf den Klerus und den Adel einwirkt. Die Polen sind ein schwieriges Volk. Wir werden nichts überstürzen und auf die Krone warten, bis man sie uns anbietet. “

Er sprach ohne jeden Schwung, saugte an der Pfeife, die erloschen war. Und Rimini fragte sich: Wie will dieser Mann regieren, falls er auf den polnischen Thron gelangt. Und er sagte: „Ihre Wünsche, Majestät, werde ich selbstverständlich Benedikt schnell übermitteln. Sie können auf uns bauen.“

Friedrich August quittierte dies mit einem Zug aus seiner erkalteten Porzellanpfeife und sagte: „Wenn es Gottes Wille ist, wird sich alles einrenken.“ Er griff in die Schale und schob ein Stück Konfekt in seinen Mund.

„Erlauben Sie auch mir, einen Wunsch des Heiligen Vaters vorzutragen“, nahm Rimini das Wort. „Benedikt wäre überglücklich, entstünde in Dresden eine Hofkirche. Ihr seliger Vater hat sie nicht mehr beginnen können.“ Rimini beobachtete Friedrich August. Nichts, aber auch nichts regte sich in seinem Gesicht. Josepha, die bisher geschwiegen hatte, wurde lebendig. Sie richtete ihren Oberkörper steif auf, sagte: „Wir denken schon länger über eine neue Hofkirche nach. Die Zeit für ihren Bau ist gekommen. Wir suchen einen geeigneten Architekten. Wien weiß bereits Bescheid.

Vielleicht kann uns Rom einen empfehlen. Ein Protestant soll unsere Kirche nicht bauen." Danach versank sie wieder in ihr regloses Verharren, das sie so abweisend erscheinen ließ. Es ging eine Kühle von ihr aus, die jede Anteilnahme ausschloss. Friedrich August hatte sich zurückgelehnt. Rimini folgte seinem Blick, der auf das Gemälde Roms gerichtet war. „Ich war gern in Rom", sagte der Kurfürst. „Keine andere Stadt vermag sie zu übertreffen, nicht Paris, nicht Wien, nicht Prag. Ihre Türme sind wie Hymnen und ihre Kuppeln wie der Himmelsbogen. Wer nicht beten kann, der lernt es dort." Er zeigte ein Lächeln, das sich aus seinem rosa Gesicht ganz vorsichtig heraushob, dort eine Weile unentschieden schwebte, bis es endgültig versank. Er schaute Rimini an und sagte: „Teilen Sie dem Heiligen Vater mit, dass wir eine Hofkirche bauen werden. Sie ist uns ein Herzenswunsch und eine Pflicht. Wir werden damit beginnen, sobald ich den polnischen Thron bestiegen habe."

Rimini war sehr zufrieden, als er das Schloss verließ. Eine solche eindeutige Zusage, die an keine Bedingungen geknüpft war, würde kein leeres Versprechen bleiben. Der Mann war anders als sein Vater, schwerer, langsamer, umständlicher. Er erinnerte ihn an einen Bauern, der sich trotz widriger Bedingungen zur Saat entschloss. Ein letzter Rest von Zweifel hielt ihn allerdings zurück, dies dem Vatikan sofort mitzuteilen. Es sollte eine große Nachricht werden, die mit seinem Namen verbunden war. Alles schien sich ins Glückliche zu wenden. Leda hatte ihr Zögern aufgegeben. Sie trafen sich regelmäßig im Sommerhaus. Er saß gern mit ihr im Garten. Die Bäuerin kümmerte sich rührend um das Haus, sie mochte Leda. Dennoch irritierte ihn eine Winzigkeit. Waren sie erschöpft, lag sie still und stumm neben ihm. Sie schien mit ihren Gedanken weit weg zu sein. Und es passierte, dass sie sich plötzlich so heftig an ihn drückte, dass es ihr wehtat.

Rimini hatte die nächsten Tage einige Verpflichtungen. Er musste ins Vogtland reisen. Dort wurde eine katholische Kapelle geweiht. Gleich nach seiner Rückkehr fuhr er ins Gartenhaus. Sie erwartete ihn an der Pforte. „Haben wir endlich Zeit für Leda." – „Den ganzen Abend und die ganze Nacht, wenn Leda will." – „Ja", sagte sie, „sie will." Es klang feierlich. Er küsste ihr Haar. Es duftete nach

Walnüssen. Ihn erfasste das Verlangen, diesen Augenblick in diesem Garten vor der Stadt festzuhalten. Rimini, was ist mit dir los? Er hatte das Gefühl, dass etwas entstanden war, das er verantworten wird müssen. Aber er unterdrückte jeden weiteren Gedanken. Jetzt zählte, jetzt. Er wartete, bis sie ihn nahm. Und das war ihm die größte Lust.

Später trieb es ihn, ein paar Worte über seinen Besuch beim Kurfürsten zu berichten. „Ich habe kaum eine Woche gewartet. Der Kurfürst hat mir versprochen, eine Hofkirche zu bauen. Ich glaube, er will es wirklich." – „Dann wärst du am Ziel", sagte sie. – „Ja", bestätigte er, „dann wäre ich am Ziel." Er schwieg, kostete den Rausch aus, der diese Vorstellung in ihm auslöste, fragte: „Gibt es was Neues von deiner Kirche?" – „Ja", erwiderte sie, jetzt kann die große Kuppel gebaut werden." Man hat also wieder Geld aufgetrieben, dachte er, aber es regte ihn nicht sonderlich auf. Über kurz oder lang war das zu erwarten gewesen. Er hatte die Hoffnung aufgegeben, dass die Hofkirche etwa zeitgleich mit der anderen entstand. Das war im besten Falle nicht möglich. Er hörte Leda sagen: „Der Kurfürst hat der Stadt fast dreißigtausend Taler zugewiesen, damit die Kirche endlich fertig wird."

Rimini erblasste. Seine Hand zitterte leicht. Der Kurfürst hatte ihm eine neue Kirche versprochen und nun gab er den Protestanten Geld, damit sie ihre Kirche weiter bauten. Hatte ihn der Kurfürst so zum Narren gehalten? Es war unerträglich, dies zu glauben. Wie gut, dass er nichts nach Rom gemeldet hatte.

Leda sah, wie es in ihm gewitterte. Wie ein Dorn ragte seine Nase aus seinem Gesicht. So sieht geballter Zorn aus, dachte sie. Damit kann man einen Menschen erschlagen. Ihr ging auf, was sie vorher nicht bedacht hatte, dass ihn diese Nachricht tief treffen musste.

Rimini fasste sich: „Das hast du von Wackerbarth erfahren?"

Sie bestätigte.

„Und die Höhe der Summe auch?"

„Er hat sie genannt. Der Kurfürst wies das Geld für den Kuppelbau an. Damit der leidige Bau endlich zur Vollendung gelange, soll er gesagt haben."

„Woher kommt das Geld?"

„Ich weiß es nicht. Wackerbarth hat nur erwähnt, dass dies nicht bekannt werden soll. Die Herren der Stadt hätten das Geld schamlos angenommen."

Merkwürdig, dachte Rimini, der sich wieder gefasst hatte. Der Kurfürst benötigt für die Bestechung der Polen, damit sie ihn zum König wollen, jeden Pfennig und spendet der Kirche 30 000 Taler. Diese Wettiner, sie sind nicht zu fassen, sie sind wie dieses ganze eifernde Land, wie diese geifernden Pastoren auf den Kanzeln, sie sind und bleiben unberechenbar.

Rimini blieb die Nacht bei Leda. Er wollte mit dem entsetzlichen Wissen nicht allein sein. In den nächsten Tagen zog er Erkundigungen ein. Seinem Spion bei der Stadt war nichts bekannt. Dieser Mann taugte zu nichts. Er, Rimini, wird sich nach einem neuen Beobachter umsehen. Gegen Mittag ging er zum Neumarkt. Tatsächlich, an der Kirche wurde gebaut. Zwei Pferdegespanne brachten frisch behauene Sandsteinquader. Auf den Gerüsten wurden Sandsteinplatten gestapelt. Wenn der Geldsegen in der Öffentlichkeit nicht bekanntwerden sollte, dann musste etwas nicht mit rechten Dingen zugehen, dachte Rimini. Aber was?

Für den Abend hatte ihn der kaiserliche Gesandte eingeladen. Das kam Rimini entgegen. Vielleicht wusste er, woher das Geld stammte. Das Abendessen war vorzüglich. Die Möhrensuppe war scharf gewürzt. „Ungarisches Rezept", kommentierte der Gesandte. Danach folgte eine Pastete, die mit Truthahnfleisch gefüllt war. Das Lammfleisch war köstlich. Und die heißen Birnen schwammen im Tokaier.

Der Gesandte sagte: „Die Kirche haben wir nicht verhindern können und unsere ist nicht in Sicht. Ich war beim Kurfürsten geladen. Er hat sich zum Bau einer Hofkirche nicht geäußert."

Rimini verschwieg, dass auch er bei ihm gewesen war, und sagte: „Haben Sie ihn gefragt, ob er eine Kirche bauen will?"

„Sehr eindringlich. Aber er wich aus."

„Darf ich fragen, wann Sie bei ihm waren?"

„Vor drei Tagen zum Tee. Seine Gattin war auch zugegen."

Das war nach seinem Besuch. Spielte der Kurfürst ein falsches Spiel?

„Der Kurfürst stößt in Polen auf Granit", fuhr der Gesandte fort.

„Man will ihn dort nicht. Die Franzosen haben wieder ihren Freund Leszczynski nach Polen geschickt. Er war ja schon einmal für kurze Zeit polnischer König, bis ihn der Zar verjagte. Die Polen, wird mir berichtet, sind wieder in heller patriotischer Wallung. Der Schnaps bringt ihre Seelen in Schwung. Sie feiern und singen. Sie wollen einen Polen zum König haben. Als ob ihnen das mehr bringen würde. Ich werde den Kaiser bitten, sich eindeutig für den Wettiner zu erklären. Ich denke, der Vatikan wäre gut beraten, dies auch zu tun. Lassen Sie uns beide reger werden, damit uns das nächste Lamm noch besser schmeckt." Er lächelte selbstgefällig. „Übrigens", fuhr der Gesandte fort, „auch der Sohn hat die Landverbindung sehr dringend beim Kaiser angemahnt. Also rechnet er doch damit, dass sich die Querelen inPolen legen und er Nachfolger seines Vaters wird. Wackerbarth soll sich in Polen aufhalten."
„Ist mir bekannt", unterbrach Rimini ihn.
Der Gesandte ließ sich nicht von seinem Konzept abbringen. „Was meinen Sie, sollten wir Friedrich August nicht unterstützen? Französischer Einfluss in Polen, das ist nicht nach Habsburgs Geschmack. Leszczynski ist ihr Mann. Das bringt Ärger mit Russland, womöglich Krieg oder die Teilung des Landes. Russland hat schon gedroht. Es lehnt Leszczynski ab."
Rimini war es egal, ob der Wettiner König in Polen wurde. Ihm war es lieber, er bliebe in Sachsen. War er einmal in Polen, bliebe ihm kaum Zeit für Sachsen. Der Bau einer Hofkirche wäre dann wohl erledigt. Aber der Vatikan dürfte auch nicht an einem französischen Einfluss in Polen interessiert sein. „Ich denke", antwortete er, „dass Rom dies auch so sieht. Setzen wir noch einmal an. Die Chance, die sich mit dem neuen Kurfürsten bietet, sollten wir nutzen. Bestehen wir auf einer Hofkirche." Wieder verschwieg er, dass er den Kurfürsten bereits darum gebeten hatte.
„In der Tat, das sollten wir", stimmte der Gesandte zu. „Man blickt in Wien nur sehr flach über die Hofburg hinaus. Das alte Dilemma. Brandenburg", wechselte er das Thema, „will den Sachsen auch auf dem polnischen Thron verhindern. Man spielt wieder einmal Hochzeit mit Versailles. Und der Preußenkönig Friedrich Wilhelm stellt Gebietsansprüche an Polen."

Dem Gesandten war es endlich gelungen, eine Birnenhälfte auf den kleinen Löffel zu heben. Er schob sie in seinen kleinen runden Mund. Der Birnensaft tropfte auf die Serviette, ohne dass es der Gesandte bemerkte.
Die preußische Haltung war Rimini so nicht bekannt. „Ist aus Berlin mit ernsthaftem Widerstand zu rechnen?", fragte er. Der Gesandte merkte sofort das gestiegene Interesse Riminis. Und dies schmeichelte seiner Eitelkeit. „Ich fürchte, ja", erwiderte er. „Dass sich Sachsen und Brandenburg nicht mögen, ist uns ja bekannt, mein lieber Rimini", wurde er vertraulich. „Die große Versöhnung von 1728 hat nicht lange gehalten. War auch nicht anders zu erwarten. Man streitet um Zölle, Kanäle, Handel. Jetzt kommt eine neue pikante Note hinzu. Die Zeitenläufe verwirren sich immer wieder aufs Neue. Die Russen rasseln kräftig mit dem Säbel. Frankreich will dem Wettiner die Krone wegschnappen. Das versetzt uns in den Stand, im Hintergrund an den Fäden zu ziehen." Er tupfte den Birnensaft vom Kinn und stieß leicht auf.
Man trennte sich im besten Einvernehmen. Der Wagen des kaiserlichen Gesandten brachte Rimini in sein Palais zurück. Auf und ab gehend, fragte er sich wieder, woher der Kurfürst plötzlich das Geld für die Kirche nahm? Und: Warum hatte er ihm versprochen, eine Kirche zu bauen, in Gegenwart der Kurfürstin, und dies dem Wiener Gesandten verschwiegen? Er wusste doch, dass auch der Hofburg an einem neuen Gotteshaus sehr gelegen war. Mit einer Zusage hätte er in Wien für gute Stimmung sorgen können. Hatte er bereits einige Tage später seine Absicht fallen gelassen? Rimini befiel eine leichte Müdigkeit. Verschwor sich wieder alles gegen Rom?

Die Polen wollen einen Polen zum König

Nach dem Tode Friedrich Augusts waren in Polen Unruhen ausgebrochen. Rimini verfolgte die Ereignisse aufs Genaueste. Zwar waren die Nachrichten, die ihn erreichten, widersprüchlich, aber der kaiserliche Gesandte schien recht zu haben. Ein großer nationaler Taumel erfasste das Land. Niederer und hoher Adel waren sich einig. Ein Pole und kein anderer sollte König der Polen werden. Stanislaw Leszczynski traf in Polen ein. Er wurde mit großer Mehrheit auf dem Walfeld in Wola bei Warschau zum König gewählt. Der sächsische Kurfürst hatte keine Chance, die Nachfolge seines Vaters anzutreten. Rimini gewann den Eindruck, dass der neue Kurfürst Friedrich August II. nicht allzu versessen auf den Thron war. Er hockte in Dresden, besuchte die italienische Oper und wartete ab. Er, Rimini, wird sich um ein zweites Gespräch bemühen. Mit feiner Zurückhaltung kam er nicht weiter. Die Untätigkeit des Vatikans allerdings verstand er nicht. Der sah tatenlos zu, wie mit Leszczynski Frankreichs Einfluss in Polen zunahm. Hatte man in Rom gar vor, den Wettiner im Bemühen um die polnische Krone im Stich zu lassen? Falls das der Fall war, konnte er nach Florenz zurückkehren. Die Hofkirche würde nie gebaut.

Aber dann kam doch Bewegung ins Spiel.

Die Russen drohten Polen mit Krieg, falls sie Leszczynski zum König krönten. Sie fackelten nicht lange, schickten Soldaten ins Land, die sich ohne Widerstand Warschau näherten. Leszczynski und die meisten seiner Anhänger flohen aus Warschau nach Danzig, später ins preußische Königsberg. Das Blatt schien sich zu wenden. Endlich erreichte Rimini eine Instruktion des Vatikans. Es sei alles zu tun, um den Wettiner zu stärken. Rom sicherte dem sächsischen Kurfürsten Unterstützung zu. An die Bischöfe in Polen, die sich zum Teil gegen den Wettiner gestellt hatten, erging die Aufforderung, den sächsischen Kurfürsten willkommen zu heißen und für

ihn zu beten. Rimini begriff: Man hatte abgewartet, wie sich die Dinge entwickeln würden. Gut, er musste neu ansetzen. Roms Haltung eröffnete ihm auch Chancen, seine Forderung erneut vorzutragen. Er bat Friedrich August II. wieder um eine Audienz. Was früh begonnen wurde, versprach eher Erfolg. Am Anfang einer Regierungszeit standen meist große Pläne. Einer davon sollte die Hofkirche sein. Darin wollte Rimini den Kurfürsten bestärken.
Allmählich gewann die Sachsenpartei in Polen Zulauf. Sie rief den sächsischen Kurfürsten im Oktober 1733 zum König aus. Das Land hatte wieder zwei gewählte Könige, wie 1697. Riminis Hoffnungen auf eine schnelle Audienz zerschlugen sich. Friedrich August machte sich nach Polen auf. Er wollte sich im Krakauer Wawel zum König krönen lassen. Maria Josepha begleitete ihn. Rimini bedauerte dies. Er hätte den Kurfürsten lieber in Dresden gehabt. Damit dürfte der Bau einer Hofkirche vorerst erledigt sein, war sein erster Gedanke. Friedrich August würde jeden Taler benötigen, um seine polnischen Anhänger bei der Stange zu halten und die Gegner zu bestechen. Wieder spielte Rimini mit dem Gedanken aufzugeben. Er kam auch nach dem Tode Friedrich Augusts I. nicht von der Stelle. Sachsen brachte ihm kein Glück. Der Bau der Hofkirche hing von zu vielen Unwägbarkeiten ab. Zu oft gerieten Umstände und Wünsche in einen unlösbaren Widerspruch. Rimini überlegte: Gab er jetzt auf, war er nicht sicher, wie dies in Rom aufgefasst würde. Gewiss als Niederlage. Und das mit Recht! In Florenz das Familienoberhaupt zu geben, reizte ihn nicht. Dazu war er zu jung. Gut, sein Bruder hatte mit Paris gelockt. Aber was sollte er in Paris. Müßiggang lag ihm nicht. Vielleicht sollte er wieder zu malen beginnen. Aber die höhnischen Worte seines Lehrers klangen noch heute hässlich in seinem Ohr: „Wenn du nicht malen musst, dann lasse es! Vielleicht wirst du im Stricken erfolgreicher." Er hatte die Farben und die Paletten gegen die Wand geknallt. „Recht so", hatte der Meister gebrüllt. „Endlich ein vernünftiger Entschluss." Seitdem hatte er keinen Pinsel in die Hand genommen.
Nach der Krönung Friedrich Augusts trat eine unerwartete Wendung ein. Der König August III. – so hieß Friedrich August in Polen – habe Krakau verlassen und sei nach Dresden unterwegs. Das er-

fuhr Rimini vom habsburgischen Gesandten. Kurz darauf erschien der Spion aus dem Rathaus. Er spreizte sich, ehe er zum Anliegen kam. Er sei fündig geworden, behauptete er. Genau 28 366 Taler habe die Stadt erhalten. Aber das Geld sei weder ein Geschenk des Kurfürsten noch stamme es vom Hof. Es sei in Sachsen für die Salzburger Flüchtlinge gesammelt, aber nicht ausgezahlt worden. „Man hält diesen Transfer geheim, damit es im Lande zu keinem Unmut kommt."

Riminis Entsetzen, das Ledas Nachricht ausgelöst hatte, milderte sich. Die Dinge stellten sich so etwas anders dar, als er es angenommen hatte. Er konnte dem Kurfürsten nicht unterstellen, dass er den Protestanten sein Geld zur Verfügung gestellt hatte, damit sie ihre Kirche bauten. Dass er die Kollekte der Stadt überließ, blieb dennoch ein Stachel. Nein, nein, es hätte nicht sein müssen.

Die angekündigte Rückkehr des Königs erfreute Rimini besonders. Kein Gedanke mehr aufzugeben. Er schrieb sofort eine Nachricht. „Heiliger Vater, der sächsische Kurfürst kehrt aus Polen nach Dresden zurück. Ich habe seine Zusage zum Kirchbau. Wir sollten jetzt alles unternehmen, um ihn zum Baubeginn zu bewegen." Und er beschloss, den Kurfürsten unter Druck setzen zu lassen. Abends traf er sich mit seinen Leuten, die für ihn horchten, in der Wilsdruffer Vorstadt. Was er vorhatte, war ekelhaft. Aber es musste sein. Er informierte sie, woher das Geld für den Kirchbau kam. „Der Kurfürst hat sich am Geld, das ihm nicht gehört, vergriffen. Es gehört weder ihm noch der Stadt. Die Kirchenleitung hat es schamlos eingestrichen. Es soll in den Kirchbau gesteckt werden. Sorgen Sie dafür, dass dies unter den Leuten schnell bekannt wird." Rimini zog die Augen schmal. Die steile Nase stach heraus, das Kinn war vorgeschoben. Die Sache war notwendig. Er wird sich nicht so sehr damit belasten. Der Klatsch – war er sicher – wird sehr schnell an die europäischen Höfe gelangen, an die katholischen und die protestantischen. Die einen werden es begrüßen und die anderen verurteilen. Er stellte sich den preußischen König Friedrich Wilhelm vor, den er bei seinem letzten Besuch in Dresden kennen gelernt hatte. Er hatte die Salzburger Flüchtlinge aufgenommen. Wie der toben wird, dass man ihnen das Geld vorenthalten hat. Das würde ihn gewiss beflügeln, gegen den Sachsen in Polen Feindschaft zu schüren und energischer Gebietsansprüche an die polnische Krone zu stellen. Rimini rieb sich in Gedanken die Hände. Er besaß doch das Talent zum Ränkespiel.

Der König kehrte tatsächlich nach Dresden zurück. Für Rimini ergab sich die Gelegenheit, die Gratulation Clemens XII., der Benedikt gefolgt war, zur Königswahl zu übergeben. Friedrich August war gut gelaunt. Er hatte einige Gemälde erworben, führte sie Rimini vor. „Meine Agenten durchjagen jetzt Ihr schönes Land. Ich möchte einen Tizian besitzen, einen Veronese, einen Raffael. Falls Ihnen bekannt wird, wo etwas zu haben ist, wäre ich Ihnen sehr verbunden, mein hochverehrter Legat." Dann plötzlich sagte er: „Man ärgert mich wegen der Kollekte für die Salzburger Flüchtlinge. Irgendjemand, der mir nicht wohl gesonnen ist, hat über sie geplaudert. Sehr unangenehm. Haben Sie auch davon gehört?" Rimini bestätigte. „Wir forschen jetzt nach, wer es sein könnte. Es gibt sogar Beschwerden aus Wien. Ich hoffe, dass Sie es mir nachsehen. Ich will den Bau endlich beendet wissen, der sich seit Jahren hinzerrt. Macht keinen guten Eindruck und nagt an unserer Reputation. Und guten Eindruck wollen wir doch machen, nicht wahr?" Diese Ironie war erstaunlich. Rimini war erfreut, dass der Kurfürst das Gespräch auf die Kirche brachte, musste aber nichts erwidern, denn der Kurfürst fuhr fort: „Wir haben unser Versprechen nicht vergessen, verehrter Legat. Sobald sich Polen beruhigt hat, werden wir uns der Hofkirche zuwenden. Teilen Sie dies Clemens mit." In sein weiches fleischiges Gesicht trat ein Schimmer, der sich in seinen kleinen Augen fortsetzte. Rimini verbeugte sich verbindlich.

Vielleicht ist mir das Glück doch gewogen, dachte Rimini. Abends ging er in die Oper. Nach Leda musste er nicht Ausschau halten. Wackerbarth hielt sich in Polen auf. Allein würde sie die Oper nicht besuchen. So war das Hofleben. Ledas Aufstieg war an Wackerbarth gebunden. Rimini war erstaunt, wie kühl er darüber dachte. Er spazierte in der Pause durch die Gänge, den Kopf geradehaltend, die Schultern angehoben, die Schritte wohl bemessen. Die Frauen sahen ihm nach. Über einen Fächer hinweg schauten ihn zwei Augen an. Er tat so, als bemerkte er nichts, ging ohne zu zögern weiter, kehrte nach einer Weile zurück, sah sich wieder dem Blick ausgesetzt. Er hätte zu gern gewusst, was für ein Gesicht sich hinter dem Fächer verbarg. Diesmal hielt er dem Blick stand. Die Schöne deutete eine Neigung des Kopfes an. Es war aufregend. Und er beschloss, das Spiel etwas weiter zu treiben, ging mit der Absicht an ihr vorbei, ein drittes Mal zurückzukehren und sie anzusprechen. Das war ihm nicht vergönnt. Die Schöne war verschwunden.

Bähr baut an der Hauptkuppel

Zuerst war es nur ein Gerücht. Der strenggläubige katholische Kurfürst Friedrich August II., hieß es, weise der Kirche Geld zu, damit weitergebaut würde. Bähr, der davon auf der Straße hörte, wollte es nicht glauben. Niemand wusste so recht, woher das Gerücht kam. Schnell wurde die Kollekte zum Stadtgespräch. Einige Dresdner waren empört. Sie hatten für die Salzburger Flüchtlinge, die ihr Land wegen ihres protestantischen Glaubens verlassen mussten, Geld gespendet. Das Geld gehöre ihnen, beharrten sie. Darauf hatte die Dresdner Kirche keinen Anspruch. Bähr erinnerte sich, dass auch er drei Taler in den Klingelbeutel geworfen hatte. Der Rinnsteinkehrer, sonst voller Respekt, bellte Bähr an: „Das Geld dürfen Sie nicht annehmen, Baumeister Bähr. Es wäre unredlich.“ Bähr reagierte schroff. „Das geht dich nun wirklich nichts an, Rinnsteinkehrer Johannes.“

Bähr erkundigte sich im Rathaus, was an den Gerüchten dran sei. Dort war man sehr verärgert. Man wollte die Zuweisung verschweigen. Aber irgendjemand hatte es hinausposaunt. Bähr erfuhr, dass es eine Menge Geld war. Die Herren rechtfertigten sich. Die Kollekte für die Salzburger Flüchtlinge diene einem guten Zweck. Bähr schwieg. Ihn musste die Herkunft des Geldes nicht interessieren. Er wollte seine Kuppel bauen. Dafür war ihm das Geld recht.

Der Kurfürst überwies der Stadt das Geld in zwei Raten. Die Salzburger Flüchtlinge waren inzwischen in Brandenburg und Preußen aufgenommen worden. Der Preußenkönig Friedrich Wilhelm ließ ihnen Steuervergünstigungen zukommen. Sein Königreich war groß und dünn besiedelt. Die Flüchtlinge sollten Wurzeln schlagen und zum Wohlstand des Landes beitragen. Schade, dachte Bähr, es sind bestimmt tüchtige Leute und Luthers Glauben ergeben. Sie hätten auch in Sachsen eine neue Heimat finden können. Aber der katholische Kurfürst hatte wohl kein Interesse an ihnen.

Bähr grübelte. Dass der Katholik die Kollekte zum Bau der Kirche angewiesen hatte, war trotzdem außergewöhnlich. Offenbar war ihm an der Vollendung der Kirche gelegen. So kann man sich irren, dachte Bähr. Er verstand die Stadt und das Konsistorium, dass sie das Geld stillschweigend kassiert hatten. Selbst Superintendent Löscher, der bei jeder Gelegenheit seinen Missmut auf der Kanzel poltern ließ, hielt den Mund. Offenbar schämten sich alle. Lügen, dachte Bähr, haben eben kurze Beine, selbst wenn sie einem Gotteswerk dienen. Ihm konnte man keinen Vorwurf machen.

Nach der Winterpause setzte im März 1734 das große Bauen ein. Mehr als 60, 70 Steinmetze, Maurer, Zimmerleute fügten die Kuppel aus Sandsteinquadern zusammen. Im Sonnenschein leuchtete der Sandstein, als würde er von innen beschienen. Lange vor ihrer Vollendung überragte die Kuppel die Dächer der Stadt. Wie selbstverständlich gesellte sie sich zu Dresdens Türmen. Bähr fand bestätigt, was er lange vorher angenommen hatte. Es gab keinen besseren Standort für die Kirche als diesen. Er hatte ihn schon früh ins Auge gefasst und nach vielen Schwierigkeiten durchgesetzt. Wie hatten die Familien geschimpft, als sie die Gebeine ihrer Ahnen umbetten mussten. Dass gar ein Teil des städtischen Maternihospitals, in dem Bedürftige, Alte und Kranke eine Unterkunft fanden, weichen musste, hatte er bedauert. Aber die Kirche brauchte Raum.

Bald war die Kirche aus allen vier Himmelsrichtungen zu sehen, von den Höhen der Stadt, von den Weinbergen, ja von den nahen Feldern der Bauern. Mit Respekt und Dankbarkeit dachte Bähr an den verstorbenen Kurfürsten. Er hatte schnell begriffen, dass dieser Ort der beste für die Frauenkirche war. Er hatte sogar vorgeschlagen, die Alte Wache auf dem Neumarkt abzureißen, damit die Kirche besser zur Wirkung gelange. Nach der Audienz hatte ihn Wackerbarth eingeladen. Und sie hatten im Oberbauamt ein Glas Wein getrunken. Obrist Pöppelmann hatte ihn freundschaftlich um die Schulter gefasst. „Mein Vater bewundert Sie, Ratszimmermeister." Der Tonfall des Obristen hatte respektvoll geklungen. Der Satz war angenehm durch ihn gerieselt. Abends hatte er die Worte seiner Frau wiederholt. Und sie hatte spöttisch erwidert: „Es gibt keinen Bähr, der den Honig nicht liebt." Ihm war der Doppelsinn

der Worte nicht gleich aufgegangen. Freilich, aus dem Abriss der alten Wache war nichts geworden. Jetzt lag die letzte große Anstrengung vor ihm, die Vollendung der Hauptkuppel und der steinernen Laterne über ihr. Hatte er das bewältigt, dann wollte er sich, wenn es der Herrgott gestattete, zur Ruhe setzen.
Unbeirrt verfolgte Bähr sein Ziel. Er nahm an der Hauptkuppel noch Änderungen vor, erhöhte sie um einige Meter, streckte die Fenster über der Scheinbalustrade, damit das Gewicht der Steine abnahm. Fehre fielen die Veränderungen sofort auf. „Das gibt Ärger", warnte er Bähr. „Du weichst von dem genehmigten Bau ab. Überspann den Bogen nicht. Zum letzten Mal: Die Kuppel wird zu schwer." Er hielt ihm die Risse zwischen den Bögen und an den Pfeilern vor, die zunahmen. „Die vertuschst du auch mit Kitt und Mörtel nicht. Ich warne dich. Sei nicht leichtfertig." Bähr erwiderte leise: „Wenn du wenigstens einmal zu mir hieltest, dann wäre ich glücklich." Fehre erwiderte: „In diesem Fall kann ich es nicht." Bähr sagte: „Der Ursprungsentwurf hielt die Kuppel zu gedrückt, darin wirst du mir zustimmen. Ich muss sie erhöhen, damit sie harmonisch und elegant in die Höhe gleitet." Fehre erwiderte gereizt: „Kuppeln sind schon eingestürzt." Bähr gab knapp zurück: „Meine stürzt nicht ein."
Wie es Fehre vorausgesagt hatte, fielen dem Oberbauamt die Veränderungen auf. Knöffel, der das Baugeschehen auf dem Neumarkt scharf beobachtete, machte auf sie aufmerksam. Bähr wurde ins Rathaus bestellt. Er sah es den Herren sofort an, dass sie unsicher und uneins waren, ließ sie reden, wartete, bis auch der letzte sein Unbehagen geäußert hatte. So etwas befreit, dachte er nicht ohne Grimm. Dann machte er es kurz. Die Proportionen der Kirche verlangten gewisse Änderungen. Nicht alles könne man zu Beginn des Bauens genau bedenken und voraussehen. Ein Bau wächst. Und mit ihm kommen Änderungen und Verbesserungen. Die erhöhten Fenster sorgen für besseren Einfall des Tageslichts. Man wird gut in den Gesangbüchern lesen können. Es habe alles seine Richtigkeit und Notwendigkeit. Nein, er ließ sich von nichts und keinem mehr von seiner Kuppel abbringen. Er hatte lange genug gewartet, hatte sich lange genug verleugnet, hatte lange genug geschwiegen,

hatte sogar gelogen. Jetzt baute er seine Kuppel. Kein Hof, kein Graf, keine Stadträte brachten ihn davon ab. Die Herren nahmen Bährs Erklärungen mit Erleichterung auf, nachdem er noch einmal versichert hatte, dass Kirche und Kuppel standfest seien. „Bis in alle Ewigkeit." Die Stadt ließ das Oberbauamt wissen, dass die Veränderungen in Ordnung gingen. Es bestünde keine Gefahr für den Bau. Ein Protest folgte nicht. Bähr blieb misstrauisch. Sollten sich seine Gegner, die Nörgler, die Besserwisser, so ohne weiteres fügen, sollten sie endlich Frieden geben? Er bezweifelte dies und sollte bald recht behalten.

Bähr nahm jeden neuen Bautag mit Freude an. Ein tiefes, großes Glück schwang in ihm. Welch einem Menschen, dachte er, ist es vergönnt, eine solche Kirche zu bauen. Wenn sich mein Leben erfüllt, dann erfüllt es sich jetzt. Gott hat mich nicht fallengelassen, obwohl ich es kleingläubig befürchtet hatte. Er fühlte sich weit erhoben. Aber das Besteigen der Gerüste bereitete ihm zunehmend große Mühe. Beim Bücken wurde ihm schwindlig. Dennoch hielt er sich täglich in den Schauern der Steinmetze auf, ließ sich fast jeden einzelnen Stein, der für die Kuppel zugepasst wurde, zeigen. Manche waren zu grob behauen. Dann raunzte er die Männer an. „So werden sie nicht eingebaut." Und er erklärte geduldig: „Die Fugen müssen so dünn wie möglich sein, die Platten auf das Genaueste aneinanderpassen, damit es nicht hineinregnet." Die Männer wehrten sich. „Wir werden gedrängt, es kann nicht schnell genug gehen. Die Zeit zum Glätten der Oberflächen fehlt." Er ließ ihre Erklärung nicht gelten, verlangte ihnen hohes Tempo ab. Er nahm selbst die Eisen in die Hand, führte vor, wie die Sandsteinquader behauen werden mussten. Wieder geriet er mit Fehre aneinander. „Einige deiner Leute arbeiten liederlich", warf er ihm vor. „Du musst sie besser kontrollieren." Fehre schwieg, er wusste, dass Bähr recht hatte.

Die Kollekte, die der Kurfürst dem Kirchbau zugewiesen hatte, reichte nicht. Es fehlten Postament, Laterne und Kreuz. Erneut musste das Bauen unterbrochen werden. Bähr, der sich völlig verausgabt hatte, erkrankte. Er musste mehrere Wochen das Bett hüten. Grimmig lag er mit hohlen Wangen im Bett. „Noch nicht,

Herr“, bat er heftig, „hast du mich solang am Leben gelassen, dann lege mir noch ein paar Monate dazu. Ich muss die Kirche vollenden.“

Wackerbarths Tod

Wackerbarth starb unerwartet am 14. August 1734. Leda erfuhr es zwei Tage später. Einer seiner Sekretäre, den sie nicht kannte, überbrachte ihr die Nachricht. Er übergab ihr ein zweimal versiegeltes Päckchen und einen Brief. Sie hatte den Eindruck, dass ihm der Auftrag lästig war. Er verabschiedete sich sofort, ohne ihr etwas über Wackerbarths Tod mitzuteilen. Ein paar Worte hätte sie gern gehört. Dass sie nicht zum Begräbnis gebeten wurde, war ihr klar. Sie war nicht einmal sicher, ob sie hingegangen wäre. Das hätte für unnötiges Aufsehen gesorgt. Er war tot, und sie war entlassen. Eine erledigte Geliebte hatte keine Ansprüche zu stellen. Das war so und sie revoltierte nicht dagegen. Einmal hatte er im Scherz gesagt: „Wenn ich gestorben bin, will ich in Zabeltitz begraben werden. Und du wirst unter der hohen Linde stehen und um mich weinen." Das war gar nicht so lange her, vielleicht ein halbes Jahr. Sie wird nicht unter der hohen Linde stehen. Vor einer Woche hatte sie ihn das letzte Mal gesehen. Nichts hatte auf sein jähes Ende hingedeutet. Er war freundlich wie immer, hatte Baupläne. Er wollte sich bald endgültig vom Hof zurückziehen. „Es reicht. Der neue Kurfürst soll sich jüngere Minister suchen." Vor vier Tagen hatte sie ihn erwartet. Er war ausgeblieben. Sie hatte sich keine großen Sorgen gemacht. Meist erfuhr sie den Grund etwas später. Sie legte das Päckchen, das sie in der Hand hielt, auf den Tisch.

Es war ihr unmöglich, Wackerbarths Tod wirklich anzunehmen, ihn als eine Tatsache zu akzeptieren. Er war zu plötzlich gekommen. Das letzte Mal hatte Wackerbarth wieder davon gesprochen, dass sie ihn nach Zabeltitz begleiten solle. Die Ernte war im vollen Gange. Er musste sich um sein Gut kümmern. „Abends möchte ich dich an meiner Seite haben", hatte er gesagt. Sie warf einen Blick auf das Päckchen. Sie scheute sich zu öffnen. Sie wird jetzt auf einiges verzichten müssen, was ihr angenehm gewesen war.

Keine Besuche in der Oper, keine Bälle, keine gemeinsamen Essen, keine Bootsfahrten unter Mondschein zum Schloss Übigau, in dessen Garten bunte Lampions hingen. Sie hatte sich an dieses Leben schnell gewöhnt. Mit Wackerbarth selbst war es nicht allzu aufregend gewesen, aber der Mann war ihr angenehm geblieben. Er bedachte sie mit einer gleichbleibenden Aufmerksamkeit, die etwas Beruhigendes hatte. Sein Lachen, dachte sie, sein Lachen wird mir fehlen. Und sein Spott, in den er sich einbezog. „Das Leben am Hof ist wie ein Karussellreiten. Es bewegt sich, bis einem schlecht wird." Er hatte seine Perücke vom Kopf gezogen und in die Höhe geworfen. „Sie stinkt. Schauderhaftes Zeug. Glaube mir, damit wird es bald zu Ende gehen. Und ich habe über dreißig Stück davon." Sie hatte es oft beobachtet, er war einer der Gewandtesten und von einer ruhigen Überlegenheit, die aufreizend wirkte. Er war schon als Halbwüchsiger an den Dresdner Hof gelangt und kannte alle Töne, Intrigen und Verhängnisse.

Übermorgen war sie mit Rimini im Gartenhaus verabredet. Das wollte sie jetzt nicht. Sie schrieb ihm: „Gib mir eine Woche Zeit. Ich kann dir jetzt mein Gesicht nicht zeigen. Wackerbarth ist tot." Das wird Rimini nicht sonderlich interessieren, dachte sie. Die beiden Männer hatten sich nicht gemocht, aus sehr unterschiedlichen Gründen. Jetzt musste Rimini nicht mehr darauf bestehen, dass sie ihn wegschickte. Er hatte das zwar nie mehr gefordert, aber sie wusste, er wünschte es. Jetzt hatte er sie für sich allein. Dies verunsicherte sie. Manchmal glaubte sie, dass ihn die Gegenwart des anderen herausforderte. Er trieb es mit ihr, bis sie völlig erschöpft waren. Einmal ließ er sich hinreißen zu sagen: „Na, wirst du noch Lust auf ihn haben?" Riminis Liebe schien sich im Sexuellen zu erschöpfen, in der Berührung der Körper. Sie hatte ihm nicht geantwortet. Sie nahm das Päckchen in die Hand, wog es, legte es wieder auf den Tisch. Sie zögerte, sein Geheimnis jetzt schon zu lüften.

Leda zog Straßenkleidung an. Draußen war es sehr warm. An den Fleischbänken am Altmarkt roch es übel. Fette, grün schimmernde Fliegen schwirrten über dem Fleisch, das mit feuchten Jutesäcken zugedeckt war. Der Himmel war wolkenlos. Kein Luftzug wehte. Die Hitze drückte schwer. Seit Wochen regnete es nicht. Die Blätter an den Bäumen hingen welk. Die Sträucher begannen zu vergilben. Im Zwingergarten sah sie Pöppelmann. Wackerbarth hatte ihr den Baumeister vorgestellt und sie hatte sich einige Male mit ihm unterhalten, einmal vor der neuen Kirche auf dem Neumarkt. Pöppelmann grüßte freundlich. Wenigstens einer, der mich noch kennt, dachte sie. Sie erwiderte den Gruß mit einem Lächeln. Nein, er kam nicht auf sie zu. Sie ging weiter.

Sie kaufte von einer Bäuerin einen großen Strauß Rosen, dunkelrote Rosen, die sich noch nicht geöffnet hatten. Die waren ihr Abschiedsgruß an Wackerbarth. „Sie sind ganz frisch", sagte die Bäuerin, „ich habe sie heute morgen vor Sonnenaufgang geschnitten." Leda spazierte durch die engen Straßen, über die Brücke auf die andere Seite des Flusses, kehrte um. Die Elbe war zu einem Rinnsal geschrumpft. Am Ufer lagen bauchüber die Boote. Netze hingen auf Leinen. Es war zu heiß zum Spazierengehen. Sie kehrte in ihre Wohnung zurück, stellte die Blumen in die meergrüne Vase, die ihr Nielsen geschenkt hatte. Sie schaute sich im Spiegel an. Sie sah eine junge müde Frau.

Sie öffnete das Päckchen. Ihre Hände zitterten leicht. In einem kleinen Kästchen befand sich ein Porzellanmedaillon. Darauf war das Bildnis Wackerbarths gemalt. In üppigem Haarschmuck. Zupackende Augen schauten. Der Maler hatte Wackerbarth geschmeichelt, hatte ihn jünger gemalt, als er war. Ein Schreiben, das sich in einer Rolle befand, war noch einmal doppelt versiegelt. Sie brach die beiden Siegel auf. Wackerbarth hatte ihr eine kleine Rente ausgesetzt, hundert Taler im Monat. „Liebe, verehrte Leda", las sie, „die Verträge liegen beim Advokaten. Er wird sich nach meinem Tode an Dich wenden." Sie schaute auf das Datum. Es war ein halbes Jahr alt. Also muss er wohl mit seinem Tod gerechnet haben, ohne dass er es ihr auch nur im Geringsten angedeutet hatte. Mit welcher Gefasstheit er dem Ende entgegengesehen haben muss. Nie hatte er über seine Gesundheit geklagt. Sie tat sich keinen Zwang an, ließ die Tränen laufen. Sie sah an sich herab, ließ ihre Hände an ihrem Körper entlanggleiten, schaute noch einmal in den Spiegel. Eine leise Freude fand ganz langsam aus ihr heraus. Sie war ihm wohl etwas mehr gewesen als ein Püppchen. Wenn sie dieses Gefühl doch bei Rimini entdecken würde. Dem Päckchen war eine Nachricht beigelegt. „Ich habe Knöffel informiert. Der Junge des Rinnsteinkehrers soll sich bei ihm melden. Er bekommt eine Freistelle." Dass er sein Wort gehalten hatte. Sie zupfte ein Blütenblatt vom Strauß, das sie auf das Medaillon fallen ließ.

Wackerbarth wurde auf seinem Gut in Zabeltitz beigesetzt. Nach seinem Tod gab es Leda in der Dresdner Hofgesellschaft nicht mehr. Der Notar bat sie nach dem Begräbnis in seine Kanzlei. Dort wurden die nötigen Formalitäten erledigt. Niemand beanstandete sie.

Sie erwartete Rimini am nächsten Abend. Sie fuhr schon Vormittag ins Gartenhaus. Es war ein wundervoller Ort. Apfel und Birne reiften heran, Pflaumen. Die Bäuerin, die nach dem Rechten sah, hatte Wiesenblumen in eine Vase gestellt. „Die sind von unserem Feld", sagte sie. Leda mochte die Frau, die sich um das Haus und den Garten kümmerte, um das Gemüse. Prächtige Sonnenblumen wuchsen. Sie sind wie Monde, dachte Leda. Man müsste sie in den Himmel stellen. Dann gäbe es dort blühende Sterne. Es gelang ihr, fast alles zu vergessen. Und einen Augenblick gab sie sich dem Gefühl hin, dass dies so dauern würde.

Rimini kam schon am frühen Nachmittag, sommerlich gekleidet. „Willst du mir jetzt dein Gesicht zeigen?", fragte er. – „Ja, erwiderte sie, solange du willst." Sie war gespannt, was er erwidern wird. Er erwiderte nichts, fasste ihre Hände und küsste sie. So vorsichtig kannte sie ihn nicht. Sie lehnte sich an seine Brust, und er legte beide Hände auf ihre Schultern. Es war gut, dass er nichts fragte, sondern nur sagte: „Jetzt habe ich dich für mich. Solange wir zusammen sind, möchte ich nicht, dass du nach einem anderen Mann Ausschau hältst." Sie schwieg. Sie hatte sehr deutlich sein „solange" gehört. Er kann das Fordern nicht lassen, obwohl er nicht bereit ist, dafür etwas zu geben. Sie hatte sich entschieden. Sie wird vorerst in Dresden bleiben.

Rimini blieb bis zum nächsten Tag. Sie frühstückten zusammen. „Ich würde hier gern ein paar Tage länger bleiben", bat sie. „Es ist schön hier. Hinter den Gärten beginnen die Wiesen. Und der Fluss ist nahe." – „Solange du willst", erwiderte Rimini. „Ich habe das Haus bis Ende des Jahres gemietet.“ Bevor er in die Stadt fuhr, fragte er: „Und ich kann dich besuchen, wann immer ich will.“ Sie überlegte, ob sie das wollte. Sie wollte nicht darauf warten, ob er heute oder morgen kam. Und sie antwortete: „Das kannst du, aber teile es mir vorher mit, dann kann ich mich auf Tag und Stunde freuen.“ Sie bemerkte, wie zwei scharfe dünne Falten in seine Stirn sprangen. Aber er sagte nichts, schwang sich kraftvoll in den offenen Wagen. Sie schaute ihm nach, bis der Wagen auf die Straße einbog und nicht mehr zu sehen war. Rimini hatte sich nicht ein einziges Mal umgedreht.

Rimini teilte Rom mit, dass die kurfürstliche Familie Architekten suche, die eine Hofkirche zu bauen verstanden. Dies sei der ausdrückliche Wunsch des Kurfürstenpaares, hob Rimini hervor. Und er dachte: Jetzt beginnt die Zeit für die Hofkirche zu laufen. Er atmete hoch, hob seinen Kopf, stand aufrecht, von leichter Bedeutung erfasst. Man muss einen langen Atem haben, wenn Außergewöhnliches entstehen soll. Er erwartete schnelle Vorschläge.
Rimini irrte sich. Monat um Monat verging ohne Nachricht. Die Gleichgültigkeit des Vatikans brachte ihn auf. Er erinnerte, drängte. Endlich kam Bewegung in die Sache. Zwei Architekten, einer aus Bologna und der andere aus Turin, wurde ihm mitgeteilt, entwarfen Pläne für eine Hofkirche. Sie würden dem kurfürstlichen Paar demnächst vorgestellt. Rimini bekam die Pläne nicht zu Gesicht. Über Umwege erfuhr er, dass sich Josepha und Friedrich August weder für den einen noch für den anderen Entwurf erwärmen konnten. Inzwischen kam es in Polen zu interessanten Entwicklungen.
Die französische Partei gab – dem Druck der Russen ausgesetzt – endgültig auf. Leszczynski kehrte zum zweiten Mal nach Frankreich zurück. Diesmal für immer. Die königslose Zeit näherte sich dem Ende. Drei Jahre nach der Wahl des sächsischen Kurfürsten Friedrich Augusts II. zum polnischen König August III. machte sich der Wettiner 1736 nach Warschau auf, um sich dort auf den Königsthron zu setzen. Er war willkommener als 1733. Die offenen Feindseligkeiten nahmen ab. Wie bei seinem Vater arbeitete auch sein Geld für ihn.
Rimini bedauerte, dass der Kurfürst nun doch Dresden verlassen hatte. Damit dürfte der Bau der Hofkirche erneut in weite Ferne gerückt sein. Er hatte es satt. Rom schien die Hofkirche nicht so wichtig zu sein. Kein Angebot, kein Druck, kein Locken mit Geld.

Nur sein Ehrgeiz hatte ihn solange ausharren lassen. Jetzt war er erschöpft. Er entwarf ein Schreiben an den Papst. Er bat um Entlassung aus dem vatikanischen Dienst, schob persönliche Gründe vor. Die Familie benötige ihn nach dem Tode seines Vaters dringend in Florenz. Dem Vatikan sein Scheitern einzugestehen war er nicht bereit. Während er schrieb, galten zwei, drei Gedanken Leda. Sie würde es verwinden, dass er Dresden verließ. Vielleicht war der Heiratsantrag, von dem sie gesprochen hatte, noch aktuell. Dann war sie versorgt. Verpflichtungen ihr gegenüber sah er nicht. Er hatte ihr nie etwas versprochen. Er ließ das Schreiben drei Tage liegen, nahm einige Änderungen vor, ließ durchblicken, dass er einen stärkeren Einsatz für die Hofkirche erwartet hatte. Dann schickte er das Schreiben ab. Und es war ihm, als habe er sich von einer Last befreit. Er wird nach Florenz zurückkehren, nicht nach Rom. Dort wird er weitersehen. Er spielte mit dem Gedanken, ein früheres Lehrangebot der Universität in Bologna anzunehmen. Er hatte es seinerzeit Roms wegen ausgeschlagen. Möglich, dass er in Bologna noch erwünscht war. Sich nur mit der Rolle des Familienoberhaupts zufriedenzugeben, würde ihm auf Dauer nicht genügen. Er hatte Lust auf neue Anfänge. An eine Vermählung mit Emilia dachte man inzwischen auch in Florenz.

Drei Tage später erreichte ihn eine eilige Depesche des Vatikans. Papst Clemens beorderte ihn nach Warschau. Es gelte jetzt, das Ansehen des polnischen Königs zu heben, hieß es. Das protestantische Brandenburg-Preußen gewinne an Gewicht. Englands Geld arbeite erfolgreich. Frankreich verharre lau. Russland werde übermächtig. Der sächsische Kurfürst und polnische König sei wichtig für Rom. Dem Schreiben war eine offizielle Gratulation zur Throneinnahme beigelegt. Rimini erfuhr, dass Rom Wien gebeten habe, wieder über eine Landverbindung nach Polen zu verhandeln. Man unterstütze den Wunsch des Kurfürsten sehr. Kein Wort zur Hofkirche. Die große Politik hatte Vorrang. Es ging um das Kräfteverhältnis in Europa. Der Vatikan musste aufpassen, dass er nicht in die Bedeutungslosigkeit geschoben wurde.

Rimini hätte gern weitere Hintergründe gekannt. Was veranlasste Rom so plötzlich, sich dem polnischen König stärker zuzuwenden?

Persönliche Anteilnahme war es gewiss nicht. Gut, er wird sehen. Es war ärgerlich, dass sein Abschiedsgesuch unterwegs war. Vielleicht war es noch abzufangen, bevor es den Vatikan erreichte. Er schickte sofort einen Postreiter mit Vollmachten auf den Weg. Standen ausgeruhte Pferde zur Verfügung, dann war es möglich, sich wieder in den Besitz des Briefes zu bringen. Er war erst drei Tage unterwegs. Misslang die Jagd, würde es für ihn peinlich werden. Er bereitete die Reise nach Polen vor.

Leda erwartete Rimini in dem kleinen Gartenhaus. Sie hielt sich jetzt meist dort auf, ging seltener einkaufen. Das übertrug sie der Bäuerin. Bei schönem Wetter spazierte sie am Elbufer entlang. Wieder entdeckte sie, dass sie sehr gut alleinsein konnte. Es passierte jetzt öfter, dass Rimini die Verabredungen nicht einhielt. Die ersten Male war sie sehr enttäuscht gewesen. Aber bald nahm sie es mit einem kleinen „Ach“ hin. „Ach, du mein Ach.“ Begann nun, was er als unvermeidlich bezeichnet hatte? Alles geht einmal zu Ende. Sie gestand sich ein, dass er mehr Raum in ihr einnahm, als sie wollte. Sie gab es auf, sich dagegen zu wehren. Sie liebte ihn. Sie war dennoch vernünftig genug, um zu wissen, dass Rimini recht hatte. Alles ging einmal zu Ende. Das letzte Mal hatte er ihr mitgeteilt, dass er Dresden verlassen wolle. „Der Kurfürst ist nach Warschau abgereist. Es wird nichts aus der Kirche. Du kannst deinen Berliner heiraten.“ Er hatte gelacht und sie auf seinen Schoß gezogen. „Ich gebe dich frei, wenn er dich will.“ Deutlicher hätte er ihr nicht sagen können, wie er es mit ihr halten wollte. Er war aufrichtig wie ein Beil, das zuschlug.

Diesmal kam er, wie angekündigt. Die Augen groß, die drei Stufen schnell nehmend, trat er in den hellen Raum ein, blieb vor ihr stehen, hob ihr Kinn mit zwei Fingern an, sah ihr in die Augen: „Du siehst traurig aus“, sagte er. „Ist was passiert?“

Dass er dafür einen Blick hatte. Und sie antwortete: „Ich war nicht sicher, ob du kommst.“

„Und das hätte dir missfallen.“

„Sehr.“ Sie wartete darauf, dass er sie küsste. Und diesmal tat er das Richtige, küsste ihren Mund, mit wachsender Lust. Und sie dachte: Warum will er mich nicht, warum liebt er mich nicht? Ich bin ihm doch angenehm und bereite ihm Lust. Und er mir. Und seine Hände sind mir vertraut, und ich mag seine Stimme. Und seine Haut ist trocken. Und sein Atem riecht wie Honig. Und sein Speichel in meinem Mund ist heiß. Alles, alles wehrte sich in ihr, dass er nach Florenz zurückkehren wollte, als sei nichts gewesen, als gebe es sie nicht. Es musste sich nichts ändern, er musste nur in Dresden bleiben und zu ihr kommen wie bisher. Herr Gott im Himmel, lass mir diesen Mann. Dass sie Gott anrief, war sehr ungewöhnlich.

Der Abend war mild. Die Fenster standen offen. Gartendüfte erfüllten das Haus. Leda stand auf und reichte Rimini ein Glas Kirschsaft. „Du bist schön", sagte er. „Dass ich dieses Glück habe." Dann richtete er sich auf und sagte: „Ich muss nach Warschau reisen. Clemens wünscht es."

Sie wusste nicht, wer Clemens ist. Er erklärte es ihr und schloss: „Ein alter magerer Mann, der viel Macht besitzt. Ich diene ihm."

Warschau. Ihr erster Gedanke war, ihn zu bitten, sie mitzunehmen. Sie war mit André gern in Warschau gewesen. Aber das würde Rimini bestimmt nicht wollen. Wackerbarth hatte es auch nicht gewünscht. Und sie fragte: „Dann bleibst du doch noch länger in Dresden?"

„Vorerst ja. Ich werde wieder die Gelegenheit nutzen, den König zum Bau der Hofkirche zu bewegen. Er hat sie mir zweimal versprochen. Ich will, dass er sein Versprechen einlöst." Er schob sein Kinn vor, warf den Kopf zurück. Seine Haut war eine Spur blasser geworden. Er hatte etwas Gewalttätiges. So hatte sie ihn bisher nicht erlebt.

„Wann reist du?"

„In vicr Tagen."

Ungewollt drängte es aus ihr heraus: „Ich würde gern mit dir fahren. Nimm mich mit!" Sie beobachtete ihn genau. Sofort erschienen die drei kurzen scharfen Falten auf seiner glatten Stirn. Seine Augenbrauen ruckten hoch. Sie sah deutlich, wie sich seine Augenlider senkten. „Ich glaube", antwortete er, „das ist nicht möglich. Und ich möchte es auch nicht. Du würdest nichts von mir haben. Ich bleibe nicht lange."

Sie verschloss ihm den Mund. „Schon gut, Lorenzo. Mach dir keine Sorgen. Anna ist wieder zu Leda geworden. Selbstverständlich kannst du mich dort nicht gebrauchen." Sie war mit ihrer Kühle zufrieden. „Wann kommst du zurück?"
„In drei, spätestens vier Wochen."
„Ich würde gern in diesem Haus bleiben, bis du zurückkehrst, einverstanden?" Rimini stimmte zu. „Dann weiß ich, wo ich dich finde. Ich gebe dir meine Ankunft rechtzeitig bekannt. Dann kannst du mich hier mit Sehnsucht erwarten." Er war bemüht, ihr Zusammensein ins Leichte, Unbefangene zu heben. Und sie tat, als bemerke sie es nicht und gab sich heiter. „Was ist, wenn Leda Sehnsucht hat nach Rimini? Wie soll sie dem abhelfen?" Wieder gruben sich die drei scharfen Falten in die glatte Stirn. Was sie sagte, war ihm lästig. „Leda, bitte, sei nicht sentimental." Er verließ sie nach dem Abendbrot. Sie hätte ihn gern die Nacht über bei sich gehabt, wäre gern früh mit ihm wach geworden. „Ach, du mein Ach!" Die Räder im Sand knirschten. Sie trank zuviel Wein. Sie war eine unglückliche Frau, der es gut ging.
Rimini erwartete mit Ungeduld auf eine Nachricht vom Kurier. Kurz vor der Abreise traf sie ein. Der Mann hatte die Extrapost nicht erreicht. Allerdings bestünde noch eine winzige Chance. Manchmal fehlte es südlich der Alpen an frischen Pferden, sodass die Post nur langsam vorankam. Rimini entglitt ein kleiner Fluch.

Knöffel lädt Leda zum Ball ein

Nach zwei Wochen verließ Leda das Gartenhaus. Die Bücher, die sie mitgenommen hatte, waren gelesen. Sie hatte Lust, unter Menschen zu sein. Auf dem Wochenmarkt entdeckte sie rubinrote Weingläser aus Murano. Sie waren sündhaft teuer. Sie hatte Lust zum Handeln. Das hatte sie in Warschau gelernt. Die zwei Venezianer ließen sich darauf ein. Leda hatte etwas Italienisch von Rimini gelernt. Sie sagte: zu teuer und nannte einen sehr niedrigen Preis. Die Männer feixten, dann protestierten sie sehr laut. Sie gaben einen halben Taler nach. Sie kaufte sechs Gläser und bedankte sich auf Italienisch. Der Kleinere der beiden mit runden Augen wie Knöpfe verbeugte sich. „Signorina“, sagte er, „sie sind eine stolze Frau, schön wie eine Venezianerin.“ Und er schenkte ihr einen Apfel. Sie übergab einem Jungen ihren Einkaufskorb. Sie spazierte über den Altmarkt. An der Kreuzkirche war eine kleine Bühne aufgebaut. Zigeuner führten Possen auf, brüllten und lachten ohne erkennbaren Grund.

Zu Hause fand sie einen Brief ihres Bruders vor. Sie ließ den Korb unausgepackt, las: „Untreue Schwester.“ Und wieder die Frage: „Was hält dich bloß in Dresden fest? Wir bauen inzwischen als Versuch Kartoffeln an. Die kennt hier niemand. Und wir halten es geheim, damit uns nicht andere unsere Versuche abschauen. Vielleicht wird es ein gutes Geschäft.“ Und am Schluss las sie: „Nielsen hat sich verlobt. Schade, ich hätte dich gern an seiner Seite gesehen. Aber länger warten wollte er nicht mehr. So warst du schon immer, hast wenig Rücksicht auf die Wünsche anderer genommen.“ Kein Wort von einem Stuhl im Kontor. Das hatte sich offenbar erledigt. Sie ließ den Brief sinken, hörte in Gedanken Nielsens Satz: „Ich möchte nicht mehr lange warten, Anna.“ Er hatte es wahrgemacht. Es war gut so. Dass er sie zum Lachen gebracht hatte, war etwas zu wenig. Standen schon am Anfang Wenn und Aber, musste man sich etwas schön denken, gar aufregend, wie sollte das enden? Eine

leise Enttäuschung blieb dennoch. Aber sie wusste, das störte nur ihre Eitelkeit.
Sie packte die Muranogläser aus, schaffte im Schrank für sie Platz. Sie biss in den Apfel. Seit mehreren Tagen befand sie sich in einem Zustand einer quälenden Unruhe. Ohne Übergang schlug plötzlich ihr Herz schneller, vor allem morgens, wenn sie aufstand und den Tag langsam anzunehmen begann. Rimini war gewiss längst in Warschau eingetroffen. Auf ein Lebenszeichen wollte sie nicht hoffen, wollte nicht wieder enttäuscht sein. Vielleicht würde er gar nach seiner Rückkehr Dresden verlassen, wenn er erfolglos blieb. Sie war jetzt über 29 Jahre alt. Was dann, Anna?
An Hunger würde sie nicht leiden. Sie besaß die Wohnung. Und die Rente, die ihr Wackerbarth ausgesetzt hatte, reichte für mehr als das Nötigste. Aufregendes war es nicht, was sie erwartete. Die Geliebte eines neuen Mannes würde sie nicht mehr werden. Dafür war sie zu alt. Und sie wollte es auch nicht. Anna, Anna. Was müsste sich fügen, damit sie eine brave Frau würde? Nein, sie wird deshalb nicht kopflos werden, weil alles ungewiss vor ihr lag. Sie betrachtete die Muranogläser. Im Schliff brach sich das Licht. Es gab so viele schöne Dinge, von denen sie nichts wusste. Und sie erinnerte sich an Gemälde, die sie an der Seite ihres Vaters im Berliner Schloss gesehen hatte. So sehr er den Zahlen, den Preisen, den Steuereinnahmen anhing, Bilder betrachtete er gern. Einmal hatte er gesagt: „Wenn ich das Geld hätte, würde ich mir einige Gemälde oder wenigstens nur eins kaufen. Für das Speisezimmer." Aber das Geld dafür hatte er nicht. Wackerbarth hatte sie einmal in die Schatzkammer im Schloss mitgenommen. Sie war ganz still geworden. Gold, Silberzeug, Rubine, herrlicher Schmuck, Gefäße, Statuen aus Porzellan, kostbare Krüge, Dosen, es war ein Gleißen und Funkeln. Unglaublich, was es an Schönem auf der Welt gab. Aber diese Welt war weit, weit entfernt, unerreichbar für sie. Zum Glück bedauerte sie es nicht. Aber zu gern würde sie noch einmal die Schatzkammer und die Gemälde besuchen. Allein Zutritt zu erhalten war für sie unmöglich.
Sie sah die kommenden Jahre in aller Deutlichkeit vor sich. Sie würde altern, wahrscheinlich unbeachtet. Die Frage war bloß, wo?

Sollte sie in Dresden bleiben oder doch nach Berlin ziehen, nicht zu ihren Eltern, nein, auch nicht zu ihrem Bruder? Irgendwann würde auch er heiraten. Es gab ein Mädchen, hatte er ihr verraten, das sein Herz schneller schlagen lässt. Es weiß es nur noch nicht. Und was wäre, wenn das Mädchen ihn nicht wollte? Dies fragte sich auch ihr lieber Bruder nicht. Nein, sie würde nicht als verlorene Tochter nach Berlin zurückkehren. Sie konnte die Dresdner Wohnung verkaufen oder vermieten und sich in Berlin nach einer neuen umsehen. Und was dann? Als Witwe leben und stricken lernen. Sie war zufrieden, dass sie so ruhig darüber nachdenken konnte, ohne Panik, ohne Vorwurf gegen sich. Sie genoss es, dass sie alles selbst entscheiden konnte. Und das verschaffte ihr Zufriedenheit.

Der Zufall wollte es, dass Leda am nächsten Tag Knöffel traf. Er war der einzige, der ihr nach Wackerbarths Tod das Gefühl vermittelte, dass sie ihm angenehm war. Sie sah es, er freute sich, ihr zu begegnen. Er kam auf sie zu. „Welch eine schöne Überraschung", sagte er. Er war – wie immer – elegant gekleidet, trug einen Degen an der Seite, blaue Kniehosen, eigelbe Strümpfe und einen bestickten zitronengelben Rock, der ihm bis an die Waden reichte. „Darf ich Sie ein Stück begleiten?", fragte er. – „Gerne", antwortete sie, „ich weiß nur nicht, wohin. Ich habe kein Ziel." Sie gingen eine Weile schweigend nebeneinander, näherten sich der alten steinernen Bogenbrücke über der Elbe. „Darf ich fragen, wie sich Christoph, der Junge des Rinnsteinkehrers, macht?"

Knöffel war mit ihm sehr zufrieden. „Er ist geschickt, schnell und hat ein gutes Auge. Er schaut mir beim Zeichnen zu und kopiert im Handumdrehen meine Entwürfe. Er wird es schnell zum bezahlten Konduktor bringen, wenn er so weitermacht. Dafür werde ich sorgen. Sie wissen, ich habe auch einmal so angefangen. Für Talente ist am Hof immer Interesse vorhanden." Er neigte seinen schmalen gepflegten Kopf. „Und Ihnen geht es gut?", fragte er. Was sollte sie erwidern? Natürlich ging es ihr gut. „Ich habe mir vor ein paar Tagen ein paar Gläser aus Murano gekauft", erzählte sie. „Sie sind sehr schön." Knöffel merkte sofort, dass sie auswich. Er sagte: „Die Glasbläser dort sind großartige Meister. Hier nimmt es keiner mit ihnen auf, höchstens in Böhmen. Ich habe mir vor einem Jahr zur Messe in Leipzig auch Gläser und Vasen aus Murano gekauft." Er schaute sie an, nicht aufdringlich nein, eher neugierig, tastend, vorsichtig. Das machte sie verlegen. Er betrachtet mich wie kostbares Glas, das er erwerben will, spottete sie im Stillen. Sie senkte den Kopf. „Ich glaube", sagte sie, „ich muss mich verabschieden." – „Ich würde Sie gern noch etwas aufhalten", sagte Knöffel. Alles, was er sagte, klang leicht, war von einer schwebenden Verbindlichkeit. Es wirkte in keinem Falle aufdringlich. Und dann – fast schon vertraulich – fuhr er fort: „Ich habe Wackerbarth um Sie beneidet. Sie waren ihm wichtig. Ich weiß es."

Was er sagte, war ihr unangenehm. Was ging Knöffel ihr Verhältnis zu Wackerbarth an. Das war ganz allein ihre Sache. Er spürte ihre Abweisung. „Ich wollte Ihnen nicht zu nahe treten", sagte er, leicht verunsichert. „Ich habe Wackerbarth sehr geschätzt. Und ich verdanke ihm viel." Sie verabschiedeten sich. Sie fand es trotzdem geschmacklos, dass er über diese Zeit gesprochen hatte.

Zu Hause keine Post von Rimini. Es war wie damals, als er nach Rom gereist war. Er war weg und schwieg. Als sei er ausgelöscht. Es wird das Beste sein, sie begann mit den Vorbereitungen, Dresden zu verlassen. Die Stadt ohne Rimini, das befürchtete sie, würde ihr öde vorkommen. Wenn etwas Angenehmes verlorengeht, kommt Leere auf. In Berlin hatte sie einige Bekannte aus der Schulzeit. Zwar waren die meisten ihrer Freundinnen verheiratet, aber immerhin, man kannte sich. Sie wird dort als Witwe leben, der das Schicksal böse mitgespielt hat. Es ist möglich, dass sich ein älterer Herr findet, der sie versorgen will. Darauf lief am Ende alles hinaus, auch wenn sie sich dagegen sträubte. Man wird sehen. Immerhin kam sie aus angesehenem Haus. Was soll dieses man? Sie wird sehen, sie wird es erfahren.

Zwei Tage später erhielt sie ein Billett von Knöffel. Kabinettsminister Brühl gab einen Ball. Seine Einladung war beigelegt. „Bitte lehnen Sie nicht ab. Sie werden es genießen. Davon bin ich überzeugt." Johann Christoph Knöffel stand schlicht die Unterschrift. Sie trat vor den Spiegel in dem roten Rahmen. Ihr Gesicht fast faltenlos, der dünne Hals, die schief sitzenden Augen in den Augenhöhlen. Alles war ihr vertraut. Sie war zufrieden. Sie wird die Einladung absagen.

Knöffel war mit einer Enkelin Pöppelmanns verheiratet. Sie kannte die Frau nicht. Gelegentlich habe er Affären, hatte ihr Wackerbarth erzählt. Von ihm wusste sie, dass er ein Mann war, der alles genau bedachte und plante. Auch die Enkelin sei ein Teil seiner Karriere gewesen, hatte Wackerbarth gehässig bemerkt. Immerhin war Pöppelmann viele Jahre Knöffels Lehrer und Vorgesetzter im Hofbauamt gewesen. Sie trat noch einmal vor den Spiegel, prüfte. Die zwei kurzen Fältchen an den Nasenflügeln waren nicht tiefer geworden. Sie bereitete eine Tasse Schokolade zu, goss ein Glas Portwein ein, empfand sich angenehm, betrachtete ihre Hände, ihre Fingernägel. Wenn sie auch etwas verrucht war, Gott hatte ihren Körper wohl geformt. Die kommenden Monate werden Veränderungen bringen. Sie war bisher zurechtgekommen, warum sollte ihr das nicht auch künftig gelingen? Sie wird doch zu Brühls Ball gehen. Was brachte es ihr, wenn sie sich versteckte. Sie malte sich das Gehechel der Hofdamen aus. Es war das erste Mal, dass sie nach Wackerbarths Tod zu einem Ball geladen war.

Rimini trifft in Warschau Chiaveri

Riminis Reise nach Warschau war strapaziös. Die Straßen waren miserabel, die Unterkünfte dreckig. Unterwegs brachen zweimal die Wagenräder. Zweimal musste längere Zeit auf frische Postpferde gewartet werden. Es war wahrlich kein Vergnügen, durch Polen zu reisen. Rimini kam gegen Mitternacht in der polnischen Hauptstadt an. Die Gesandtschaft des Vatikans war verschlossen. Es dauerte eine Weile, ehe ihm Einlass gewährt wurde. Er hatte Hunger und Durst. Ein Nachtmahl gab es nicht. Er musste sich mit Brot, Speck und gebratenen Eiern zufriedengeben. Speck mochte er nicht. Rimini wurden zwei Räume zugewiesen. Wenigstens die Unterkunft war annehmbar. Er schlief gut.

Am nächsten Tag merkte er es sofort: Man begegnete ihm mit schlecht verstecktem Misstrauen. Schließlich gab es in Warschau eine vatikanische Vertretung. Was sollte dann Rimini hier? Was führte ihn nach Polen? Was wurde Warschau vorenthalten? Rimini steigerte das Misstrauen, indem er über Auftrag und Aufenthalt schwieg. Pater Guarini, der Beichtvater Augusts III., meldete sich erst für den Nachmittag an. Rimini empfand das als Nachlässigkeit. Er unternahm einen Spaziergang, um sich in bessere Laune zu versetzen. Es half nicht. Er kehrte verstimmt zurück.

Guarini eröffnete ihm, dass der König vor zwei Tagen nach Thorn abgereist sei. Er werde frühestens in zehn Tagen zurückerwartet. Ihm nachzureisen habe wenig Sinn. Die Feindseligkeiten gegen den König hätten wieder zugenommen. Mehrere Bischöfe griffen ihn in Predigten an. Alles in allem eine unerfreuliche Situation. Das Warten missfiel Rimini. Aber im Stillen freute er sich. Rom hatte schnell gehandelt, hatte dafür gesorgt, dass dem König Schwierigkeiten entstanden. Umso auffälliger wird es sein, wenn sie abebben. Nach erneuter Weisung würde das wohl geschehen. Guarini, dem die schlechte Laune des Legaten nicht entging, bemühte sich um ihn. „Man kann sich die Zeit in Warschau sehr angenehm vertreiben." Womit, ließ er offen. Dann wechselte er das Thema: „Ich werde Sie mit Chiaveri, einem italienischen Architekten, bekanntmachen. Bevor er nach Warschau kam, hat er sich in Petersburg aufgehalten. Der König schätzt ihn. Vielleicht wird er unser Mann in Dresden."

Rimini horchte auf. Ein neuer Architekt? Interessiert an Dresden? „Dessen Bekanntschaft wäre mir sehr willkommen", sagte er, nun verbindlicher gestimmt. „Habe ich mir gedacht", sagte der Jesuitenpater selbstzufrieden. Er verschränkte die Hände auf seinem Bauch. Offenbar war er über Roms Wünsche und Riminis Reisegrund doch gut informiert. „Ich arrangiere das Gespräch für morgen oder übermorgen. Wir haben Zeit. Chiaveri ist gelegentlich etwas schwierig, neigt zu cholerischem Getöse und ist sehr empfindlich. Man muss ihn vorsichtig behandeln. Mir ist unverständlich, was der König an ihm findet. Sein Vater, August II., hat Chiaveri nicht gemocht und seine Anstellung bei Hofe abgelehnt."

„Hat er in Russland gebaut?"

„Ist mir nicht bekannt."

„Und in Warschau?"

„Bis jetzt nichts."

„Also ein unbekannter Architekt?"

„So ziemlich. Für den verstorbenen König August II. hat er den Katafalk gestaltet, auf Wunsch seines Sohnes."

Chiaveri verschob zweimal das vereinbarte Gespräch. Rimini war drauf und dran abzusagen. Dann stimmte er einem dritten Termin doch zu. Zwar erhoffte er sich nicht viel davon, aber was sollte er in Warschau tun! Das einzige, was ihm etwas Zerstreuung brachte, waren die Kneipen. Aber sie waren zu laut. Bier trank er nicht und die Weine waren sauer. Am dritten Abend nahm er sich ein Mädchen. Sie erfüllte ihm alle Wünsche. Er bestellte sie für den nächsten Abend wieder.

Chiaveri verspätete sich. Er entschuldigte sich maßvoll. Das Gespräch kam nur stockend voran. Rimini gefiel Chiaveri nicht, er war ihm zu laut, zu großmäulig, kehrte den unverstandenen Architekten heraus, sprach herablassend über das Leben in Warschau,

lud Rimini zu einem Kneipengang ein. „Sie werden es nicht bereuen. Es ist das Interessanteste in Polen." Und er lachte breit. Rimini überhörte seine Anspielung. Zu einem eventuellen Kirchbau sagte Chiaveri nichts. Wahrscheinlich gab es nichts Konkretes. Rimini beschloss, sich den Mann etwas genauer vorzunehmen. „Was haben Sie in Russland gebaut?", fragte er. Chiaveri ärgerte diese Frage, aber er antwortete: „Nichts, was zu sehen wäre. Ständig fehlte Geld. Es war unerquicklich. " – „Und hier in Warschau?" Chiaveri zuckte mit den Schultern, hielt eine Antwort nicht für notwendig. Der Legat ging ihm auf die Nerven. Er ließ sich von dieser Hochnase nicht aushorchen.
„Wieso interessiert Sie, was ich baue?"
Rimini sah ihn freundlich an. Fühlte sich Chiaveri verärgert, würde er misstrauisch werden. Rimini entschied, Chiaveris Namen den Vornamen vorzusetzen. „Verehrter Gaetano Chiaveri", sagte er, „Bauen interessiert mich. Einst wollte ich Architekt werden. Jetzt schaue ich zu, wie andere bauen." Er hatte den Eindruck, dass er den richtigen Ton traf. „Zur Zeit entsteht in Warschau kaum etwas", fuhr Chiaveri fort. „Dem König fehlt die Muße. Und die Polen selbst halten sich bescheiden zurück. Auch hier fehlt Geld zum Bauen. Wie überall. Hat der König Geld, dann kauft er Gemälde." Wieder kein Wort zu einer Hofkirche in Dresden. Offenbar war nichts, aber auch nichts ins Auge gefasst. Wie er, Rimini, Chiaveri einschätzte, würde er das nicht verheimlichen. Im Gegenteil: Er würde damit glänzen wollen. Rimini nahm die Einladung Chiaveris an. „Ich freue mich", sagte er. „Zeigen Sie mir Warschau."
Chiaveri war ein standfester Trinker. Er machte Rimini mit jungen Polen bekannt, meist Adligen, die das Geld, das auf ihren Gütern erarbeitet wurde, in Warschau erfolgreich durchbrachten. Es wurde hoch gespielt und viel getrunken. Rimini entschied, Chiaveri mitzuteilen, dass Friedrich August eine katholische Hofkirche in Dresden bauen wolle. Wusste Chiaveri davon, dann würde er es nicht verschweigen. „Rom wünscht eine Hofkirche in Dresden", sagte er. „Seine Majestät August III. soll sie bauen."
Chiaveri schob die Frau von seinem Schoß, nahm einen kräftigen Schluck. „Höre ich zum ersten Mal", sagte er. „Wer soll sie bauen?"

Jetzt hatte er Chiaveri, wo er ihn haben wollte. „Haben Sie Kirchen gebaut?", fragte Rimini. – „Keine einzige." – „Auch in Italien nicht?" – „Leider nicht."
„Das sollte sich ändern", warf Rimini ein. „Wären Sie nicht für eine Hofkirche der richtige Mann? Der König weiß es nur nicht. Vielleicht sollte man etwas nachhelfen." Chiaveri packte Rimini mit harten Augen an, hielt ihn fest, donnerte los: „Ihr Kirchendiener seid nicht blöd. Großartig. Aber woher soll Majestät das Geld nehmen? Er schuldet mir drei Monatsgehälter. Die Polen quetschen ihn aus. Und er weiß es und lässt es geschehen." – „Sachsen ist nicht Polen", entgegnete Rimini gelassen. „Das Land ist von einer gewissen Wohlhabenheit. „Sie sollten bereit sein. Auch Königen darf man sich anbieten und große Pläne entwerfen. Der König ist ein fantasiereicher Mann und ein guter Katholik. Rom braucht an der Elbe eine bedeutende Kirche. Es wird höchste Zeit damit." Chiaveri fiel in tiefes Schweigen. Und Rimini wusste: Er hatte in ihm Feuer gelegt. Manchmal bedurfte es des Entfachens. Stimmte es, dass Chiaveri bei August III. in hoher Gunst stand, dann dürfte er jetzt alles versuchen, die Hofkirche zu bauen.
August III. traf zehn Tage später in Warschau ein. Guarini sorgte für die Audienz. Schon nach drei Tagen war Rimini willkommen. Der König empfing ihn allein. Er war von einer Offenheit, die Rimini niemals für möglich gehalten hätte. „Man liebt uns hier nicht", klagte er. „Man hat auch meinen Vater nicht geliebt. Aber ich will, dass man uns liebt. Sonst kann ich das Land nicht regieren. Man wettert in den Kirchen gegen mich. Ich sei ein schlechter Katholik, wird behauptet. Alles Lüge. Ich liege jeden Tag auf Knien und bete zum Allmächtigen. Ich will keine Gewalt, ich will Frieden in Polen." Er sog heftig an seiner weiß-blauen Porzellanpfeife.
Rimini befand sich in einer wenig Erfolg versprechenden Situation. Kam er dem König jetzt mit Forderungen, riskierte er Verärgerung, Ablehnung. Aber er musste es versuchen. „Majestät", sagte er, „ich bin beauftragt, Ihnen die Unterstützung des Heiligen Stuhls anzubieten. Clemens bittet Sie, seinen Segen und seine besten Wünsche entgegenzunehmen. Ihm sind die Feindseligkeiten in Polen nicht verborgen geblieben. Wir werden mäßigend auf den Klerus ein-

wirken. Eine Order ist an die polnischen Bischöfe unterwegs." Er überreichte August III. die Briefe und Botschaften. Der König legte sie ungeöffnet zur Seite. „Wir hatten Ärger an der habsburgischen Grenze, wie mein seliger Vater", sagte er. „Karl schikaniert auch mich. Wir wollen die Landverbindung. Und wir bieten mehr Land als Ausgleich an."

Rimini verbeugte sich verbindlich. „Erlauben Sie mir, Ihnen mitzuteilen, dass auch dies dem Heiligen Vater bekannt ist. Er hat Karl zum Entgegenkommen aufgefordert. Ich selbst habe ihm diese Bitte überbracht."

„Das ist uns sehr angenehm", sagte August III. Es entstand eine längere Pause. Rimini überlegte, wie er die Kirche ins Gespräch bringen könnte, entschied schließlich direkt zu fragen. „Majestät", sagte er, „Clemens fragt, wann Sie die uns zugesagte Hofkirche bauen werden? Wir hoffen sehr auf sie."

Die Antwort kam sofort: „Wir sind dazu bereit. Teilen Sie das dem Heiligen Vater mit. Wir beginnen damit, sobald wir hier etwas freier atmen können." Die Antwort war eindeutig, aber ebenso dehnbar wie schon zweimal zuvor. Kein Wort zum Zeitpunkt, kein Wort zu Chiaveri. Alles blieb erneut vage. Rimini überlegte, ob er eine Frage zu Chiaveri stellen sollte, ließ es. Chiaveri würde sich selbst, davon war er überzeugt, ins rechte Bild setzen. Rimini war unzufrieden, als er das Warschauer Schloss verließ. Er hatte zwar wieder eine Zusage, mehr aber nicht. Dennoch: Er wird dies Rom und Wien mitteilen. Guarini suchte Rimini abends auf. „Sind sie weitergekommen?", fragte er. Rimini beschönte nichts. „Der König hat den Bau einer Hofkirche zugesagt. Aber kein Wort zum Baubeginn." Guarini legte Rimini vertraulich den Arm um die Schulter. „Seien Sie nicht enttäuscht. Wir schaffen es. Ich denke, bald. Grüßen Sie Clemens in Ihrem Bericht."

Bevor Rimini abreiste, sagte sich Chiaveri überraschend bei ihm an. Er war in gewaltiger Stimmung, fluchte, trank zwei Krüge Bier, rollte mehrere Blätter aus. „Ich kenne Dresden nicht", sagte er. „Aber eines weiß ich. Die Kirche muss nahe am Fluss stehen, damit sie wirken kann. Ist dort kein Platz, dann muss er geschaffen werden." Rimini blickte auf die Zeichnungen. Sie waren hingeworfen, aber von einer Leichtigkeit, die ihn schneller atmen ließ. Ein großes langes Schiff stand schräg zur Elbe. Davor war ein mehrstufiger, sich nach oben verjüngender Turm gesetzt, der sich von dem Schiff abwandte und doch wieder zurückkehrte. Dieses Schweben. Mein Gott, dachte Rimini, das sind Zeichnungen eines Begnadeten, das war Rom in Dresden, war barocke Fülle und filigrane Vielfalt, einzigartig. Er war überwältigt. Er bebte vor Aufregung. „Das müssen Sie bauen, Meister", sagte Rimini, die Stimme gepresst, das Kinn vorstoßend. „Sie müssen den König dazu zwingen, wir müssen ihn zwingen. Ab sofort sind wir Verbündete." Chiaveri haute Rimini auf die Schulter. „Sie haben mich wieder aufgerichtet, Legat. Ich gehe mit den Zeichnungen zum König. Ich will diese Kirche." Er rollte die Zeichnungen zusammen, verließ Rimini, ohne ein weiteres Wort zu sagen. Drei Tage später reiste Rimini ab. Er hatte Leda zuvor seine Rückkehr angekündigt. Sie würde ihn erwarten, hoffte er.

Leda will Dresden verlassen

Leda erwartete Rimini im Gartenhaus. Sie wird ihm nicht vorwerfen, dass er ihr wieder aus Warschau kein Wort zukommen ließ. Er ist so, und er würde so bleiben. Und nichts in der Welt würde ihn ändern. Er hatte vor seiner Abreise angedeutet, dass er mit dem polnischen König über den Bau der Hofkirche sprechen wolle. Sie war neugierig. Kehrte er erfolgreich zurück, dann würde er wohl in Dresden bleiben, bis der Bau begonnen wurde. Dafür hatte er Jahre gearbeitet. Sie wünschte ihm von ganzem Herzen diesen Erfolg. Sie hatte nichts gegen eine katholische Hofkirche. Sie war eine schlechte Christin, aber die Geschichten des Alten Testaments liebte sie, besonders „Joseph und seine Brüder". Ihr gefiel die anrührende Haltung des Joseph, den seine Brüder verkauft hatten. Dass er es ihnen verzieh, war großartig. Sie hatte Blumen auf den Tisch gestellt und das birnengelbe Kleid angezogen. Das kannte er nicht. Sie war erstaunt, wie ruhig, ja wie gelassen sie ihn erwartete. Und das erfüllte sie mit großer Sicherheit.

Rimini war in aller Frühe in Bautzen aufgebrochen, der letzten größeren Stadt vor Dresden. Er hatte gut geschlafen und gut gefrühstückt. Die Straßen waren in Sachsen entschieden besser als in Polen. Die Pferde waren frisch. Die Sonderpost kam schnell voran. Dass einzige, was ihm missfiel, war die Frage, ob der Kurier sein Abschiedsgesuch an den Papst doch noch abgefangen hatte. Er überdachte seinen Warschauer Aufenthalt. Er konnte nicht verstehen, warum sich die sächsischen Kurfürsten so um Polen bemühten. Was brachte ihnen die Königskrone? Nichts als Ärger und Verdruss! Und sie entzogen ihrem Land sehr viel Geld, das ins Bodenlose fiel. Polen war ein großes Land und der hohe Adel war unersättlich. Die Kutsche näherte sich dem Elbtal. Der Fluss funkelte in Bronzetönen unter einer apfelroten Sonne, die ihr Licht verschwendete. Er ließ den Wagen halten, genoss den Anblick. Die

Kirche dieses Bährs – obwohl noch nicht vollendet – hockte wie eine Glucke über der Stadt, über den Mauern und Häusern, den Palais´ und Kirchen. Neben ihr schimmerten die anderen Türme unter dem Frühabendhimmel, der Turm des Schlosses, der Kreuzkirche. Der Anblick Dresdens stimmte ihn heiter. Und ihm wurde klar, dass er die Stadt mochte. Er hatte sich an sie gebunden. Mühelos stieg in seiner Vorstellung der filigrane Turm der Hofkirche auf, den Chiaveri mit wenigen Strichen erschaffen hatte. Wie eine Nadel erhob er sich über das Ufer des Flusses. Es wäre ein vollkommenes Bild, würde sich dieser Bau zu den anderen gesellen. Er hatte das Gefühl, dass all seine Bemühungen endgültig am Scheideweg angekommen waren. Schaffte es Chiaveri nicht, den König zu überzeugen, dann schloss er, Rimini, das Dresdner Kapitel. Er ließ den Wagen weiterfahren, lehnte sich zurück, hörte das Schnauben der Pferde, die ihre Köpfe schüttelten, hörte das Mahlen der Räder. Im Abendlicht in einer Stadt anzukommen, war etwas Friedliches. Er hoffte, dass ihn Leda erwartete. Vielleicht sagte sie wieder einmal: mein Gottesmann. Sie hatte es schon lange nicht mehr gesagt. War er in ihrer Nähe, dann zog es ihn zu ihr. Entfernte er sich von ihr, dann blieb sie auch zurück.
Der Wagen fuhr in die Stadt ein, passierte das Schwarze Tor, holperte über die Brücke, hielt auf dem Altmarkt. Rimini ließ sein Gepäck in die Gesandtschaft bringen und ging das letzte Stück zu Fuß. Georgio nahm ihm Hut und Mantel ab. Rimini begab sich sofort ins Arbeitszimmer. Mehrere Briefe lagen auf den Tisch, zwei Päckchen. Rimini entdeckte, was er suchte, riss den Umschlag auf. Sein Postmann bedauerte, den Brief nicht abgefangen zu haben. Also lag sein Schreiben auf dem Tisch des Papstes. Das war ärgerlich. Er hatte sich inzwischen korrigiert, dachte jetzt nicht daran aufzugeben. Er hatte sich von seiner Enttäuschung hinreißen lassen. So ein Unsinn. Er überdachte doch sonst alles mit Kühle. Er wird sofort einen Bericht an Clemens verfassen. Er rief Georgio, diktierte. Er betonte seinen Erfolg kräftiger, als es begründet war. „Heiliger Vater“, schrieb er, „der König ist bereit, eine Hofkirche zu bauen.“ Das Beste sparte er sich für den Schluss auf: „Ein gewisser Chiaveri hält sich am Warschauer Hof Augusts III. auf. Ich habe

seine Entwürfe gesehen, sie sind großartig." Dass er überzog und Zeichnungen zu Entwürfen machte, bereitete ihm kein schlechtes Gewissen. „Der Mann, ein Römer, will die Hofkirche unbedingt bauen. Er brennt darauf, dem Vatikan zu dienen." Er ließ den vorletzten Satz streichen, ließ schreiben: „Er wird die Hofkirche bauen. Das Königspaar, dem Heiligen Stuhl tief zugeneigt, hat sich dazu entschlossen. Wir dürfen voller Hoffnung sein. Rom wird mit einem großartigen Kirchbau an der Elbe erstrahlen, unserem Gott zu Ehren." Mit keinem Wort erwähnte er sein Abschiedsgesuch. Es existierte nicht. Es war das Ergebnis einer kleinen Verwirrung. Er hatte noch nie etwas aufgegeben. „Mit Sonderpost sofort nach Rom, Georgio. Du selbst übergibst Clemens den Brief, keinem anderen, auch Kardinal Cosiga nicht."

Spät abends ließ er sich zu Leda ins Landhaus fahren. Sie hörte den Wagen kommen. Als er ausstieg, trat sie in die Tür. Mit sieben, acht schnellen Schritten stand er vor ihr, nahm ihre Arme, legte sie um seinen Hals. „Endlich bin ich wieder in Dresden", sagte er. Die vielen Tage, die sie auf eine Nachricht gewartet hatte, versanken in Bedeutungslosigkeit. Er war bei ihr. Sie sah es: Er war abgespannt. Aber seine Augen hielten sie fest. Und sie dachte: Was soll man tun, wenn seine Gegenwart genügt, um alle Vorsätze fallenzulassen? Sie hielten sich an den Händen und betraten das Zimmer im Erdgeschoss. Dort erst fiel ihm ihr gelbes Kleid auf. „Ich habe es vor ein paar Tagen gekauft", sagte sie. Er hatte das Verlangen, sich an sie zu lehnen. Er wollte nichts sagen, nichts erklären. Sie sollte nur seinen Kopf nehmen, ihn in ihren Schoß legen. Er sehnte sich nach ihren Berührungen. In Warschau hatte er sie nicht vermisst. Jetzt wollte er sie haben.

Später setzten sie sich vors Haus. Der Abend war mild wie Milch. Vor ihnen lag die Stadt hinter Mauern. Wenn er doch etwas erzählen würde. Er hatte es wohl wieder nicht vor. Sie gab ihre Zurückhaltung auf. „Hattest du Erfolg, hat dich der König empfangen?" Meist blieb er wortkarg. Die Angelegenheiten, um die es sich drehte – so nannte er gelegentlich seinen Dienst – waren nichts für Frauen. Diesmal gefiel ihm ihre Neugier. Und er antwortete: „Ich war beim König. Er will die Kirche bauen." Und er erzählte ausführlich von

Chiaveri. „Er ist ein eigenwilliger Mensch. Mit wenigen Strichen hat er den Turm der Hofkirche entworfen." – „Dann hast du dein Ziel erreicht." – „Noch ist alles ungewiss. Es können Monate vergehen. Erst wenn der Grundstein gelegt ist, werde ich zufrieden sein. Danach werde ich Dresden verlassen."

Und sie dachte: Er sitzt bei mir, schaut mich an, berührt mich und hat mich schon aus sich herausgenommen. Es schmerzte, das zu erfahren, aber es war gut, dies so deutlich zu hören. Das machte ihre Gedanken klarer. „Und wie ist es dir ergangen?", fragte Rimini. – „Gut", antwortete sie. Sie bemühte sich um ein Lächeln und sagte: „Der Heiratsantrag ist futsch. Nielsen, der Compagnon meines Bruders, hat sich verlobt. Und von einem Platz im Kontor ist auch nicht mehr die Rede. Ich habe zu lange gewartet." Warum erzählte sie ihm das? Es interessierte ihn nicht. Sie hörte ihn sagen: „Dann kehrst du nicht als Braut nach Berlin zurück?" Er hatte also damit gerechnet, dass sie Nielsens Heiratsantrag annehmen würde. Nicht die Spur hatte er angedeutet, dass ihm das nicht gefallen würde. Und sie sagte: „Nein, als Braut nicht." Keine Frage von ihm, kein Einwand, keine Bitte zu bleiben. Und sie nahm sich vor, Dresden schnell zu verlassen. Sie wollte kein Ende auf Raten, sie wollte nicht warten, bis er sein Ziel erreicht hatte. Sie hatte Pech. Rimini hatte ihre Bekanntschaft gewünscht. Sie war darauf eingegangen, war seine Geliebte geworden und hatte sich bezahlen lassen. Dass sie ihn liebte, war nicht sein, sondern ihr Problem.

Rimini blieb die Nacht bei ihr. Beim Frühstück erzählte sie ihm, dass Knöffel sie zu einem Ball des Kabinettsministers Brühl eingeladen habe. „Oh", sagte er, „die Bälle sind nach Wackerbarths Tod ausgefallen. Jetzt will Leda wieder auf Bällen tanzen." Er zog es ins Heitere. Aber sie war sicher, dass ihm dies nicht gefiel. Er hatte das Kinn vorgeschoben. „Wie kommt Knöffel dazu, dich einzuladen?", fragte er. – „Ich habe ihn auf der Straße getroffen." – „Wirst du gehen?" – „Ich habe es vor. Du könntest mich begleiten, Lorenzo Rimini." Das behagte ihm nicht. „Ich denke", sagte er, „das wäre unangebracht. Wackerbarths ehemalige Geliebte nun an der Seite des Legaten auf einem Ball des Ministers, von Knöffel eingeladen. Das wäre grotesk. Das kannst du nicht ernsthaft wollen." Er presste die

Lippen, bis sie blass wurden. Es trieb sie, ihn zu bedrängen: „Doch, ich wünsche es ernsthaft." – „Ich nicht", antwortete er kurz. Nach dem Frühstück ging sie mit ihm vors Haus. Sie hatte nicht wirklich erwartet, dass er sie zum Ball begleiten würde. Sie hätte es auch nicht gewollt. Sie wollte nur erleben, wie er sich herauswand. Er hat sich nicht gewunden, hatte nur kurz gesagt: „Ich nicht!" Als er in den Wagen stieg, hatte sie das heftige Verlangen, ihn festzuhalten, sich an ihn zu lehnen. Sie untersagte es sich. Es wäre jetzt unangebracht, Anna.

Chiaveri zeigt Rimini Zeichnungen

Rimini atmete groß. Er brauchte Bewegung. Seine Überlegungen wünschten Raum. Er verließ die Gesandtschaft, knöpfte den schwarzen Rock unterm Kinn auf. Die Überraschung war perfekt. Chiaveri war in Dresden eingetroffen. Er bat ihn um ein Treffen. Schon morgen. „Ich ersuche Sie höflichst, meine Ankunft niemandem mitzuteilen." Wie gestelzt er sich ausdrückte. Zeichnen konnte er besser. Wurde es ernst mit der Hofkirche? Hatte der König Chiaveri geschickt? Oder wollte sich der Architekt nur Dresden anschauen, ein Bild von der Stadt machen? Rimini hatte ihm die Residenz in Warschau in angenehmen Farben geschildert. Eine lebendige volkreiche Stadt, leider von Mauern eingeschnürt wie die Taille im Korsett. Er war neugierig, ob Chiaveri die Stadt gefallen würde. Im Zwingerhof sah Rimini den Rinnsteinkehrer. Der Mann kehrte Pferdeäpfel auf seine Schaufel. Rimini ging ihm, den er in schlechtester Erinnerung hatte, in weitem Bogen aus dem Weg. Der Rinnsteinkehrer hatte ihn trotzdem bemerkt. „Hoher Herr", rief er, ließ den Karren stehen und eilte Rimini entgegen. Rimini übersah ihn. Der Rinnsteinkehrer stellte sich ihm in den Weg.
„Darf ich Sie etwas fragen, Herr Legat?" Es klang höflich. Aber der Blick des Mannes, seine kleinen schnellen Augen, seine Gesten wiesen eher auf Unfreundlichkeit hin. – „Gerne", antwortete Rimini, ebenso höflich, „fragen Sie."
„Sie sind cin Katholik", fuhr der Rinnsteinkehrer fort. „Und Sie spionieren in der Stadt. Ihnen ist wohl die neue Kirche ein großes Ärgernis, ein Feuerbrand in Roms Haus?"
Rimini war der Mann widerlich. In Rom würde er ihn ohrfeigen. Er beherrschte sich, erwiderte ruhig: „Ich glaube nicht, dass ich Ihnen antworten will. Gegen Ihre Kirche habe ich nichts. Sie ist ein imposanter Bau und ihr Baumeister ein großer Architekt." Das – so ärgerlich es war – stimmte. Rimini trat einen Schritt zu Seite,

um an dem Rinnsteinkehrer vorbeizukommen. Der aber packte ihn am Rock. In sein Gesicht schoss Röte. „Warum wollen Sie eine Katholikenkirche bauen?" Er ließ von Riminis Rock ab. „Verzeihen Sie", sagte er, „meine Hand hat sich selbstständig gemacht. Ich muss besser auf sie aufpassen." Und er spuckt zur Strafe auf beide Handrücken.

Rimini überhörte den Hohn, er war zutiefst erschrocken. Woher wusste der Mann von der Hofkirche? Ihm war nichts Genaues bekannt. Und der Rinnsteinkehrer sprach von einer neuen Kirche, als sei sie beschlossen worden. Das konnte unangenehm werden. Die Lutheraner wollten keine katholische Kirche in ihrer Stadt, im Zentrum des Landes. „Mir ist nichts bekannt", log Rimini. Und er fragte in vertraulichem Ton: „Woher haben Sie das? Wer hat Ihnen diesen Unsinn erzählt?"

„Du lügst. Ich weiß es", sagte der Rinnsteinkehrer. Seine Stimme hatte eine sehr hohe Tonlage erreicht. Er kam ganz nahe an Rimini heran, blies ihm seinen Atem ins Gesicht. Er stank nach Zwiebeln und Bier, nach altem Schweiß. „Untersteht euch, eine Kirche zu bauen", drohte er. „Wir fackeln sie ab, und euch ziehen wir die Hosen runter und jagen euch in die Elbe. Es gibt in Sachsen gute Fackeln. Fitsch, fitsch, fitsch, drin sind sie. Das wird auch der Kurfürst nicht verhindern. Er ist weit weg von Dresden." – „Sie belästigen mich", sagte Rimini scharf. „Gehen Sie mir aus dem Weg." Und er ließ sich hinreißen zu sagen: „Sie stinken. Das bekommt meiner Nase nicht." Er trat einen Schritt zur Seite und ließ den Rinnsteinkehrer stehen. Er beeilte sich, den Zwingerhof zu verlassen. Chiaveris Ankunft, die ihn in Schwung versetzt hatte, war ihm gründlich verdorben. Ihn drückte nur eine Frage: Woher wusste dieses Subjekt von der Kirche? Und er bedauerte, dass er ihn nicht geohrfeigt hatte. Mit diesem dürren Säufer wäre er notfalls fertiggeworden.

Abends erzählte er Leda, was ihm passiert war. „Zum zweiten Mal belästigte mich der Mann. Ein widerlicher Kerl. Ist mir unerklärlich, woher er von der Kirche weiß. Noch liegt kein Stein auf dem anderen, und er droht die Kirche abzufackeln." Leda schwieg. Sie dachte an den Sohn des Rinnsteinkehrers. Hatte er im Oberbauamt, das alles Bauen überwachte, etwas erfahren und dem Vater mitgeteilt? Das wäre eine Erklärung. Sie behielt es für sich. Rimini vertraute ihr an, dass Chiaveri angekommen sei.

„Dein Architekt aus Warschau?"

„Ja, der Architekt des Königs. Genaueres werde ich morgen erfahren. Ich treffe ihn." Er bat um Verschwiegenheit. „Behalte es für dich."

Jetzt war sie sicher, dass der Sohn des Rinnsteinkehrers geplaudert hatte. Im Oberbauamt wusste man mehr, als Rimini bekannt war. „Lorenzo Rimini", sagte sie, „mir sind Kirchen nicht so wichtig. Wenn deine Hofkirche gebaut wird, will ich mich für dich freuen."

Den ganzen Abend über kreisten Riminis Gedanken um die Hofkirche, um Chiaveri, um den Rinnsteinkehrer. Und es passierte zum ersten Mal, dass sie nicht miteinander schliefen. Das wurde beiden plötzlich bewusst, als sich Rimini verabschiedete. Sie schloss schnell die Tür. Gut so, dachte sie und lachte schrill. Er bekommt seine Kirche und ich verliere ihn. Auf dem Gang hörte Rimini ihr kurzes schrilles Lachen. Es war ihm unangenehm.

Chiaveri empfing Rimini im Taschenbergpalais. Er trug einen Morgenmantel aus goldgelbem Brokat. Um den Hals war ein Zobelfell gelegt. Sein krauses Haar stand wirr auf dem Kopf. „Man hat mir hier zwei Räume zugewiesen", begrüßte er Rimini. „In der ganzen Stadt keine freie Unterkunft. Die Herbergen voller Volk, in den Hotels kein Bett zum Schlafen." Er schaute aus dem hohen Fenster. „Ich gebe zu, hier ist es standesgemäßer. Aber zu fein, zu adlig. Bin das nicht gewöhnt." Er lachte. Es war wieder dieses tiefe, kollernde Lachen, das aus ihm wie ein Naturereignis drang. Er fasste Rimini um die Schulter, schob ihn in das angrenzende Zimmer. „Ich freue mich, Sie wiederzusehen." Rimini blieb im Eingang stehen. Das Zimmer war voller Zeichnungen. Sie lagen auf dem Fußboden, in Sesseln, auf Tischen. Einige waren an Wänden befestigt. „Sie haben mir in Warschau viel Mut gemacht", sagte Chiaveri. „Nun schauen Sie, was geworden ist."

Rimini riss die Augen auf, sein Kehlkopf wippte auf und ab. Es hämmerte schmerzhaft gegen seine Schläfen. Er hätte rasen wollen, brüllen, mit den Armen um sich schlagen. Ja, da war die Nadel, die in den Himmel stieß, in zahlreichen Ansichten, als Fassade, da

war das zweistufige Schiff, das den Turm festhielt, damit er nicht entgleite. Das obere, das schmalere Schiff stieg aus dem unteren auf wie ein Balkon. Überlebensgroße Figuren schmückten es. Aus den Nischen im Mauerwerk schauten Heilige, bärtige Männer.
„So könnte die Hofkirche aussehen, was meinen Sie?" – „Meister", antwortete Rimini, „das ist göttlich. Das ist Rom in Dresden, das ist der Glanz des Südens. Und alles aus Sandstein wie die Kirche des Bährs. Gott hat Ihnen Hand und Auge geführt."
Chiaveri war Riminis Gefühlsausbruch peinlich. Das passierte ihm immer, wenn man ihn lobte. Allzu viele Gelegenheiten hatte es bisher dazu nicht gegeben. „Schenk mir Wein ein, Legat. Ich würde ihn verschütten." Auf einer Fensterkonsole stand eine geöffnete Flasche Rotwein mit Gläsern. Wie ein Diener erfüllte Rimini Chiaveris Wunsch, füllte zwei Gläser. Es war Wein aus Umbrien. Rimini schmeckte es. „Ja", sagte Chiaveri, „es ist Wein aus Umbrien. Ich habe mir zehn Flaschen aus Warschau mitgebracht. Die müssen reichen, bis ich zurückkehre."
Rimini verstand nicht. Chiaveri wollte zurückkehren? Warum dann war er nach Dresden gekommen?
Chiaveri sah sein Unverständnis. „Ich wollte, dass Sie die Zeichnungen sehen. In ihrer Gegenwart ist die Nadel, wie sie den Turm nennen, entstanden, Ihnen verdanke ich sie. Rom hat mich getrieben."
Rimini war ein intelligenter Mann, ein Mann voller Logik, ein Mann des geschliffenen Wortes. Jetzt, vor Chiaveri, hatte er Mühe, den Sinn seiner Sätze zu verstehen. Begriff er richtig, dann hatte der König Chiaveri nicht nach Dresden geschickt, damit er die Kirche baue, wie er angenommen hatte. Chiaveri war gekommen, um ihm, Rimini, die neuen Entwürfe und Zeichnungen zu zeigen. Um sich zu vergewissern, fragte er: „Der König kennt Ihre Zeichnungen nicht, kennt nichts?" – „Nein, er kennt nichts. Aber jetzt werde ich sie ihm vorlegen. Wenn er diese Kirche und nur diese nicht baut, verlasse ich Warschau und kehre nach Italien zurück." Leidenschaft war aufgeblitzt. Rimini ahnte, dass Chiaveri ein schwieriger Charakter war.
Rimini fühlte sich erhoben, es war ihm, als hätte man ihm die Pforte zum Paradies gezeigt, aber zugleich sah er sich tief ent-

täuscht. Die Hofkirche war ein Fantasiegebilde, war der Entwurf eines Besessenen. Mehr nicht. Er hatte Mühe, seine Enttäuschung zu verbergen, die ihn in ganzer Breite erfasste.

„Jetzt weiß ich, wo die Kirche stehen muss", sagte Chiaveri. „Nahe am Schloss. Leider ist dort nicht genügend Platz vorhanden. Ein, zwei Joche der Brücke müssen fallen, eine Fläche am Ufer aufgeschüttet, ein Stück der Befestigungsmauern geschliffen werden. Meine Kirche wird die Stadt öffnen."

Rimini dachte an den Rinnsteinkehrer. Was passierte, wenn die Dresdner erfuhren, dass die steinerne Brücke wegen der Hofkirche gekürzt, das Ufer schmaler, die Wiesen zugeschüttet würden? Er hörte schon jetzt ihr Wüten. „Wann reisen Sie ab?", fragte Rimini. – „Übermorgen." Chiaveri nahm eine Zeichnung vom Tisch, rollte sie zusammen, drückte sie Rimini in den Arm. „Sie ist als erste in Warschau entstanden. Sie schauten mir zu, als ich sie gezeichnet habe."

Rimini verabschiedete sich. Er hatte zu viel erwartet, hatte Chiaveris Ankunft schon als Baubeginn gedeutet. Verfrüht! Chiaveri kehrte wieder nach Warschau zurück. Ihm, Rimini, ging ein beängstigender Gedanke durch den Kopf. Die Zeichnungen und Entwürfe hatten nichts Deutsches, nichts Böhmisches, nichts Französisches, sie passten sich vorhandenen Gebäuden in nichts an. Es war ganz und gar ein römischer Bau. Nur einer, der Italien über alle Maßen liebte, konnte ihm zustimmen. Dies allerdings wäre etwas Außergewöhnliches in einem Land, das lutherischer Schlichtheit und Askese verpflichtet war.

Knöffel will Leda zur Geliebten

Vier Wochen nach Riminis Bericht an Clemens erreichte ihn eine Sonderdepesche des Papstes. Sie war sehr freundlich abgefasst. „Hoffen wir, dass wir diesmal nicht zum Narren gehalten werden“, schrieb Clemens. „Unsere Order an die polnischen Bischöfe, den König zu verschonen und die Feindseligkeiten einzustellen, wird wieder weitgehend befolgt. Leider bleibt eine Enttäuschung nicht aus. Die Verhandlungen mit Sachsen sind gescheitert. Habsburg lehnt eine Landverbindung ab. Guarini berichtet von großer Enttäuschung in Warschau. Das kann uns alles verhageln. Entscheiden Sie, ob es nötig ist, noch einmal nach Warschau zu reisen. Guarini, dieser vortreffliche Mann, ist über alles ins Bild gesetzt.“ Zu Riminis erwünschtem Rückzug gab es nur zwei Sätze. „Ich wünsche, dass Sie in Dresden bleiben. Krönen Sie Ihre Jahre mit dem Baubeginn!“

Unter anderen Umständen hätte Rimini diese Aufforderung genussvoll ausgekostet. Jetzt nicht, jetzt war er dazu nicht in der Lage. Diese Habsburger waren unberechenbar. Was hatten sich der habsburgische Gesandte und er bemüht, Wege zu ebnen. Aller Aufwand, alle Mühe waren umsonst. Zwar hatte August III. den Bau der Hofkirche nicht von der Landverbindung durch Schlesien abhängig gemacht, aber er wünschte sie ebenso sehr wie sein Vater. Rimini war wieder an einem Punkt angelangt, der ihn zur Untätigkeit zwang. Eine erneute Reise nach Warschau würde nichts bringen. Es blieb ihm nur eins: zu warten. Und das war unangenehm, das war quälend. Damit es noch kräftiger wirkte, besuchte er jede Woche mehrere Male den Neumarkt. Die Kuppel der Kirche war nahezu vollendet, am Postament über ihr wurde gearbeitet. Er hatte den Altar geschaut. Für eine evangelische Kirche fand er ihn zu üppig. Luther, in dessen Schriften er sehr tief eingedrungen war, würde über das Götzenzeug, über die vielen Figuren toben. Er hatte das Spiel der Orgel gehört. Kräftig füllten die Töne den Raum, brausten. Es war ein großartiger Bau. Das fraß an ihm, obschon er einen Trost hatte: Chiaveris Nadel, wie er den Turm bezeichnete, würde dem Protestantenbau in nichts nachstehen. Und das Hochschiff, elegant zum Fluss gestellt, würde wie eine Burg des Glaubens aus dem Elbtal aufragen. Aber all das stand nur auf dem Papier. Die größte Pein, die einem Menschen widerfahren kann, ist seine Ohnmacht.

Leda war wieder in ihrer Stadtwohnung. In vierzehn Tagen war der Ball, zu dem sie eingeladen war. Brühl hatte auch Rimini eingeladen. Selbstverständlich würde er erscheinen. Die Einladung eines Ministers, der zunehmend die Regierungsgeschäfte beherrschte, schlug auch der Vatikan nicht aus. Vielleicht konnte er etwas in Erfahrung bringen, wie es um den Bau der Kirche stand. Er kannte Knöffel, wenn auch nur flüchtig. In jedem Falle war er ihm angenehmer als der verstorbene Wackerbarth. Sollte Leda erscheinen, bitte. Knöffel hatte sie eingeladen. Warum sie sich dem Gaffen und Geifern aussetzen wollte, verstand er nicht. Für die einstige Geliebte Wackerbarths war es gewagt, wieder im Hofleben aufzutreten. Sie sollte sich das ersparen. Als er ihr davon sprach, reagierte sie spöttisch: „Dass du dich so um mich sorgst, wärmt Ledas Herz, Lorenzo Rimini." Ihre kühle Bemerkung ärgerte ihn. Dass sie ihn neuerdings ständig mit dem Vor- und Zunamen ansprach, nervte ihn zusätzlich.

Leda erschien auf dem Ball. Rimini beobachtete, dass sie gelassen an den gepuderten Reihen vorbeiglitt, lächelnd, die schiefstehenden Augen groß geöffnet. Sie hatte ein Ziel, Knöffel. Deshalb, dachte Rimini, deshalb ist sie so selbstsicher. Sie schwebte Knöffel entgegen. Der nahm sie mit einer Selbstverständlichkeit auf, als sei es das Normalste der Welt, einer erledigten Mätresse Aufmerksamkeit zu schenken. Tatsächlich, Knöffel stellte Leda Brühl vor. Der Minister war in Begleitung einer sehr jungen Dame. Wohl Brühls neueste Eroberung. Rimini, der sich auch eingehend mit dem Hofklatsch beschäftigte, wusste nichts über sie. Der habsburgische Gesandte war besser informiert. „Ein Fräulein von Kressen, mittlerer Landadel, sehr, sehr jung und sehr schön. Wird allerhand kosten."

Er hob das Weinglas. „Köstlich der Wein, bester Tokaier." Er nahm Rimini etwas zur Seite. „Wir haben beide nicht viel Glück, verehrter Legat. Sie werden es wissen: Wien rückt keinen Streifen Land heraus, zahlt keinen Taler für die Hofkirche, bornierte Hofkanzlei. Der Teufel soll sie holen. Es wird wohl nie etwas mit unserer Hofkirche. An Leid aber werde ich deshalb nicht zerbrechen." Rimini betrachtete den Mann. Dessen Gleichgültigkeit würde er nie erlangen, wollte es auch nicht.
Rimini arbeitete sich in die Nähe Knöffels vor. Das Beste wird sein, dachte er mit galligem Sarkasmus, ich lasse mich von Leda zu ihm führen. Knöffel hielt sich beständig an ihrer Seite auf, führte sie an seinen Tisch. Rimini, der die Männer schlechter kannte, als die Frauen, war sich dennoch sicher: So schaut ein Mann eine Frau an, die er haben will. Erstrebte Knöffel Wackerbarths Stelle? So ungewöhnlich war das nicht. Gelegentlich wurden auch Mätressen herumgereicht. Und niemand störte es. Würde Leda so geschmacklos sein und darauf eingehen? Mochte passieren, was wollte. Er gönnte Knöffel Leda nicht, nie. Er geriet in Wut. Niemals. Er würde es ihr verbieten, er würde sie schlagen, falls sie sich auf den Mann einließ, solange er in Dresden weilte. Knöffels affiges Strahlen machte ihn Wackerbarth sehr ähnlich. Der Unterschied war nur, dass der Architekt viel jünger war, aber lange nicht so wohlhabend. Es würden schmale Münzen in die Schale fallen. Rimini gab auf. Er kam weder an Knöffel noch an Brühl heran. Nur einmal hatten ihn Ledas Augen festgehalten. Er begann sich zu langweilen, die Blicke der Schönen reizten ihn nicht. Er war im Begriff, den Ball zu verlassen. Da betrat die Orzelska den Ballsaal, begleitet von drei Offizieren. Wie in Warschau in der Kneipe. Dort war ein Rudel um sie. Versprach der Abend doch noch Würze? Sie hatten sich seit des Königs Geburtstag nicht wiedergesehen. Er arbeitete sich in ihre Nähe, bis sie ihn bemerkte. Sie zeigte ihm ihren runden Mund, wackelte kurz mit ihren Fingern und wandte sich wieder den Männern zu. Rimini empfand sich gründlich übersehen. Das biss seine Eitelkeit. Es schien zu stimmen, was der Klatsch vorbrachte. Sie nahm sich die Männer, wenn es ihr danach war. Und er dachte, ich war einer davon. Er verließ verstimmt den Ball.

Drei Tage später besuchte Rimini Leda. Sie freute sich, ihn bei sich zu haben. Sie zog ihn an den Händen in den kleinen Salon. „Du hast dich blendend amüsiert“, sagte er spitz. – „Überhaupt nicht, ich habe nur gut gespielt. Du hättest wenigstens einmal mit mir tanzen sollen. Aber du warst zu feige.“ Und sie konnte es nicht lassen, ihm vorzuhalten: „Mit dir wäre ich lieber dort gewesen, auch wenn Knöffel sehr amüsant ist.“ Plötzlich lachte sie schrill. „Knöffel hat mir ohne Umschweife erklärt, dass er mich zur Geliebten haben will. Es stört ihn nicht, dass ich Wackerbarths Geliebte war.“ Sie schaute zur Seite, um zu verbergen, dass ein paar Tränen über ihre Wangen glitten. Rimini übersah es und drückte sie an sich, fuhr über ihr Haar. „Ist ja gut“, sagte er, „dein Gottesmann ist ja da und tröstet.“ Und er war froh, dass er endlich das Richtige tat. Vor lauter Rührung fühlte er sich großartig. Der Abend gelang, wie schon lange nicht mehr. Sie ließ sich dennoch nicht davon täuschen. Er war gestundet wie die anderen, die noch kommen würden.
Als sie beim Abendbrot saßen, sagte sie: „Leda bleibt dir bis zum Schluss als Spionin treu. Du hast mir von Chiaveris kurzem Aufenthalt in Dresden erzählt. Der König will ihn jetzt nach Dresden schicken. Vielleicht ist er schon unterwegs. Er soll ihm die Hofkirche bauen. Alles wird geheimgehalten. Man hat vor den Dresdnern Angst, dass sie Tumulte vom Zaun brechen. Knöffel ist sehr verärgert, dass ein Fremder die Kirche bauen soll. Er könne das auch. Aber das Königspaar will den Römer, den niemand kennt. So, mehr weiß ich nicht.“
Riminis Pulsschlag hatte gewaltig zugenommen. Chiaveri auf dem Sprung nach Dresden? Das wäre großartig. Seine Hände wurden heiß. Schweiß schoss aus seinen Achselhöhlen. Es hielt ihn nicht am Tisch. Er setzte heftige Schritte. Aber er blieb skeptisch. Erst wenn Chiaveri wieder in Dresden eintraf, wollte er daran glauben, eher auf keinen Fall. Und: Welche Kirche sollte Chiaveri bauen, die, die er in Warschau mit schnellen Strichen entworfen hatte? Und wo? In Gedanken durcheilte Chiaveri die Straßen und Plätze zwischen der Stadtmauer. Er fand keinen Ort für die Hofkirche. Er musste außerhalb der Stadtmauer geschaffen werden. Dies war unvermeidlich. Allmählich beruhigte er sich.

Leda beobachtete Rimini. Er ist von der Hofkirche besessen, dachte sie. Nichts, aber auch nichts ist ihm wichtiger. „Das ist wirklich eine aufregende Nachricht“, sagte Rimini. Er schaute Leda nicht an. Der bläuliche Schimmer auf seinem Kinn verlieh ihm etwas Maskenhaftes, Abweisendes. Einige Augenblicke erschien er ihr sehr fremd, unerreichbar. Es wird Zeit, dass sie ihre Abreise vorzubereiten begann. Sie wusste: In seinem Triumph wird nicht der winzigste Platz für sie sein. Dieser Enttäuschung wollte sie sich nicht aussetzen.

Chiaveri lässt auf sich warten

Chiaveri war mit großem Schwung nach Warschau abgereist. Seine Worte klangen in Rimini nach: „Ich werde den König überzeugen." Diese Zuversicht hatte Rimini gefallen. Dass er zu ihr etwas beigetragen hatte, erfüllte ihn mit Zufriedenheit. Ledas Ankündigung, dass Chiaveri nach Dresden unterwegs sei, stimmte nicht. Wie sich bald herausstellte. Wochen vergingen. Warschau schwieg wie ein tiefer See. Riminis Ungeduld stieg. Hatte Chiaveri den König nicht überzeugt, dann waren alle Mühen in den Brunnen gefallen. Er sollte dann aufgeben. Sein Lebensheil hing nicht vom Bau der Hofkirche ab. So oft er sich das auch einredete, es störte seine Balance, seine kühle Besonnenheit, seinen hungrigen Ehrgeiz. Rimini konnte Rückschläge hinnehmen, Ungewissheiten ertrug er schlecht. Sie setzten seinem Selbstwertgefühl über alle Maßen zu. Er sah sich selbst als Versager, welche Umstände auch immer dazu beigetragen hatten. Umstände musste man ändern, wenn sie zum Nachteil gereichten. Hinzu kam eine Sicht, die ihn auf eine neue Art fesselte. Es ging ihm nicht mehr um irgendeine Hofkirche. Er konnte sich eine andere Hofkirche als die Chiaveris nicht vorstellen. Er sah deutlich seine Zeichnungen vor sich. Die Hofkirche des Römers war nicht zu übertreffen, von keinem. Ein anderer Bau würde nur Stückwerk sein. Wie erst würde die tatsächlich erbaute Hofkirche wirken. Vor der Begegnung mit Chiaveri hatte er in Dresden für Rom gekämpft, war der Anwalt des Heiligen Stuhls, wollte einen Bau, der die Protestanten erschüttern sollte. Jetzt wollte er mehr, er wollte, dass Chiaveris „Schönheit" in den Himmel stieg, wollte ein Hosianna aus Stein, das sang. Schräg zum Fluss hatte Chiaveri die Hofkirche gestellt, vor das Residenzschloss, den Turm nahe am Ufer. Die Nadel glitt unbedrängt aus dem Tal in die Höhe. Riminis natürliches Raumgefühl sagte ihm, dass es in der Stadt für die Hofkirche keinen besseren Platz gebe. Der Turm würde sogar die

Wirkung der Protestantenkirche zurückdrängen. Sie war von Häusern umstellt. Die Hofkirche hingegen könnte nahezu frei am Fluss stehen. Sie war großartig, sie war ein Sieg Roms. Leider war für sie zu wenig Platz vorhanden. Chiaveri hatte recht: Er muss geschaffen werden. Vielleicht würden alle Pläne daran scheitern.
Auch die sechste Woche verging ohne Nachricht. Warten, das zur Untätigkeit zwingt, ist etwas Bedrückendes. Selbst die Abende mit Leda wurden davon überschattet. Überhaupt nahm er Veränderungen an ihr wahr. Hatten sie sich geliebt, lag sie schweigend neben ihm, lange, sehr lange. Oder sie zeigte eine gewollte Fröhlichkeit. Rimini vermutete, dass dies mit ihm zusammenhing. Er hatte es nie darauf angelegt, sie an sich zu binden, auch wenn sie ihm wichtig, angenehm, liebenswert war. Sie war seine Geliebte. Und nach Wackerbarths Tod war er der Einzige, den sie empfing. Er hatte sie darum gebeten. Er hätte einen anderen an ihrer Seite nicht mehr ertragen. Einmal hatte sie ihn nach seiner Familie gefragt. Er hatte knapp und widerstrebend geantwortet. Die Riminis in Florenz, das war eine andere Welt. Er spielte nicht einmal die Vorstellung durch, Leda nach Italien mitzunehmen. Undenkbar. Außerdem hatte ihn seine Familie unlängst deutlich an seine Pflicht erinnert, der er bisher nicht nachgekommen war, zu heiraten. Seine Großcousine sei jetzt neunzehn Jahre alt, erinnerte man ihn. Er kannte sie flüchtig. Emilia war ein hübsches Mädchen. Und es würden beträchtliche Weinberge und Pfirsichplantagen aus der Toskana hinzukommen. Das wurde seit Jahrhunderten so gehalten. Er verspürte keinen Drang, dagegen anzulaufen. Gewisse Verpflichtungen hielten Ordnung und Wohlstand zusammen. Es war eine Ordnung, die Gott und die Riminis so wollten. Er wird sich in diese Ordnung einfügen. Die Familie hatte recht: Die Zeit, gewissen Pflichten nachzukommen, rückte heran.
Sie hatten die Nacht gemeinsam verbracht. Von der Stadt her klang Glockengeläut. Leda hatte den Tisch gedeckt. Frische Milch, Äpfel, gekochte Eier und schwarzes Brot standen bereit. Er wusch sich draußen mit kaltem Wasser. Sie schaute zu, wie er es aus dem Zuber schöpfte und über sich goss. Die Sonne schien. Er hatte vorgehabt, in die Stadt zurückzukehren. Aber er entschied, den Tag über zu

bleiben. Er würde mit ihr zum Fluss gehen, durch hohes, duftendes Gras. Es war ihm angenehm, dass sie im Garten stand, ruhig, mit großen aufmerksamen Augen, den Klängen der Glocken nachhorchte, die nach einer Weile verstummten, eine nach der anderen. Dann war Morgenstille, die auf Seide gebettet schien. Mein Gott, wie lange kannte er diese Frau. Und sie wurde ihm nicht zuviel. Er war gespannt, ob sie ihm fehlen wird. Hier konnte er kaum drei Tage auf sie verzichten, aber er hatte es wieder in Warschau erfahren: Die räumliche Entfernung entfernte.
„Du bist schön", sagte er. Seine Stimme klang warm. Es war Glück, eine solche Frau zur Geliebten zu haben. Er wusste, solche Augenblicke waren kostbar. Und er würde sie als etwas Kostbares behalten. Das ja.
Sie setzten sich zum Frühstück. „Wenn es dir recht ist, bleibe ich heute hier", sagte er. Er sah, dass sie sich freute. Später fragte sie: „Gibt es was Neues von Chiaveri?" – „Nichts. Oder doch. Du hast von der Landverbindung gesprochen, dass sie perfekt sei. Sie ist nicht zustande gekommen. Es kann sein, dass aus der Hofkirche deshalb nichts wird, wenn der König auf ihr besteht. Was ich tun konnte, habe ich getan. Wie auch alles ausgehen wird, ich kehre nach Florenz zurück. Meine Familie drängt mich seit längerem." Er verschwieg, dass es dort ein Mädchen Emilia gab.
Sie hatte es wieder endgültig erhalten, sachlich, leidenschaftslos. Ihr Lorenzo Rimini wird Dresden verlassen. Sie hingegen befand sich immer noch in einem Zustand des Zögerns. Was sprach dagegen, in Dresden zu bleiben? Obwohl sie Knöffel sehr schonend zu verstehen gegeben hatte, dass sie nicht seine Geliebte werden wolle, hatte er ihr zwei Briefe geschrieben. „Ich bitte Sie inständig, werden Sie meine Gespielin." Gespielin. Wie das klang: Ein besseres Wort hätte ihm einfallen müssen. Sie hatte keine Lust, Gespielin zu sein. Nein, die Vorstellung, dass Knöffel sie berühren würde, türmte Abwehr in ihr auf. Die Unschuld, einfach Lust zu haben, hatte sich aufgebraucht. Eigentlich hatte es immer einen kleinen Gongton gegeben, so eine bebende lange Neugier, die sie in die Arme der Männer gezogen hatte. Knöffel war geistreich und witzig, aber er regte sie nicht auf.

Was sprach für Berlin? Ihre Eltern lebten dort, ihre beiden Brüder. Die Vorstellung, brave Tochter und Schwester zu sein, schüttelte sie. Und sie fragte sich, was sie vielleicht in ganz andere Verhältnisse führen könnte. Sie war Witwe. Das war nicht unehrenhaft. Gut, sie war die Geliebte mehrerer Männer gewesen. Das wird sie nicht in die Welt trompeten. Sie bereute es nicht, und sie hatte nicht vor, sich deshalb zu verachten. Wer bereit war, Schönheit zu kaufen, sich an ihr zu erfreuen, dem war auch die Frau nicht so ganz gleichgültig. Sie lebte in einer Zeit, in der es in gewissen Kreisen wichtig war, sich mit Frauen zu umgeben. Daran wollte sie denken, wenn sie in Berlin war. Sie zuckte mit den Schultern. Ihre Überlegungen brachten sie nicht weiter. Sie hatte Zeit. Nur sie bestimmte, was sie tun würde.

„Und du", fragte er, „was wirst du tun, wenn ich fort bin?"

Sie überlegte einen winzigen Augenblick und antwortete boshaft. „Knöffel hat mir einen Antrag gemacht. Er will mich als Geliebte. Wackerbarths Schüler ersetzt den Meister. Ist doch pikant."

Rimini machte eine wegwerfende Handbewegung. „Leda, die Umworbene, steigt ins nächste Bett." Und sie erwiderte höhnisch: „Dich wird es nicht stören, ich kann ja warten, bis dich die fürsorglichen Arme deiner Mama aufgenommen haben."

Riminis Haut wurde eine Spur blasser. Sie wollte ihn treffen. Und er sagte sehr ruhig: „Lassen wir diese Verletzungen. Sie passen weder zu dir noch zu mir. Gehen wir in die Wiesen, zum Fluss und am Ufer entlang zu den zwei hohen Pappeln am großen Bogen." Er nahm sie in die Arme, vorsichtig, fast zögernd. „Ich würde dich verachten, wolltest du Knöffel."

Sie blieben zwei Tage zusammen. Als Rimini in die Gesandtschaft zurückkehrte, lag eine Nachricht Chiaveris vor. „Legat, großer Kirchenmann, lieber Freund und Italiener, ich treffe in zehn Tagen in Dresden ein." Der Brief war neun Tage unterwegs gewesen. Überschwängliche Worte, aber keine Andeutung, dass er die Kirche bauen wird.

Rimini rollte die Zeichnung auf, die ihm Chiaveri geschenkt hatte. Er bat Georgio, sie rahmen zu lassen. Chiaveri sollte seine erste Zeichnung in der Gesandtschaft des Vatikans erblicken.

Bähr vollendet die steinerne Kuppel

Der Steinmetzmeister Daniel Ebhardt inspizierte die Kirche. Er geriet in helle Aufregung. Die Schäden im Kirchraum hatten stark zugenommen. Er schaute sich um. Niemand beobachtete ihn. Er stieg von den Gerüsten, eilte sofort zu Bähr. Dessen Frau führte ihn ins abgedunkelte Zimmer. „Es geht ihm schlecht", sagte sie. Ebhardt entging ihr Vorwurf nicht. „Ich mache es kurz", sagte er, „aber ich muss ihn sprechen. Der Kirche geht es auch schlecht."

Bähr lag apathisch im Bett. Ein Fieber hielt ihn seit mehreren Wochen auf dem Krankenlager fest. Der Anblick war jammervoll. Die Wangen waren tief eingefallen und grau wie Asche, der Bart spross. Er atmete kurz. Ebhardt ließ sich nichts anmerken, sagte forsch: „Es wird Zeit, dass du wieder zu Kräften kommst. In der Endphase macht man nicht schlapp." Danach fügte er ohne Umschweife hinzu: „Ich komme soeben aus der Kirche. Es hat wieder kräftige Abplatzungen an den Pfeilern gegeben. Die Risse an den Bögen sind tiefer geworden." Er sah ziemlich ratlos aus. Bähr versuchte sich aufzurichten. So schlecht die Nachricht war, sie wärmte Bähr. Ebhardt hielt ohne Einschränkungen zu ihm und seiner Kuppel, auch wenn sie sich unlängst überworfen hatten. Aber der Streit um Geld war beigelegt. „Wenn die neuen Schäden bekanntwerden", fuhr Ebhardt fort, „dann setzt ein großes Geschrei ein. Deinen Feinden ist jede Gelegenheit willkommen, es dir heimzuzahlen. Sie können es dir nicht vergessen, dass du dich über ihre Einwände hinweggesetzt und die steinerne Kuppel ausgeführt hast. Jetzt kannst du dich schlecht wehren."

Was Ebhardt vorbrachte, war ihm schon lange Grund zur Sorge. Er wurde mit den Absprengungen nicht fertig. „Was schlägst du vor?", fragte Bähr mit Mühe. – „Wir verschließen die Risse an den Bögen und gleichen die Absprengungen an den Kapitellen aus, ehe es bemerkt wird. Wir sollten gleich damit beginnen. Noch wissen nicht viele davon. Fehre können wir die Aufregung ersparen. Er ist auch krank. Einverstanden?" – „Mach das", sagte Bähr. „Aber es ist nicht so dramatisch, wie du denkst." Und er wiederholte, was er auch Fehre erläutert hatte: „Bauten dieser Größe kommen nicht ohne Risse aus. Mauerwerk und Bögen bewegen sich, arbeiten. Die Standsicherheit der Kirche ist deshalb nicht gefährdet. Glaub mir." Er verkennt die Lage, dachte Ebhardt. Unter den Steinmetzen waren die Risse heftig im Gespräch. Er sagte: „Ich sperre die Kirche für jeden Fremden. Dieser römische Gesandte schnüffelt auf dem Neumarkt herum, redet mit den Steinmetzen, erkundigt sich nach dem Baustand. Er hat einen Zeichner beauftragt, den Fortgang der Kirche festzuhalten." Bähr winkte ab. „Lass ihn hinein, wenn er es wünscht. Ihn interessiert der Bau. Ich habe mit ihm ein paar Worte gewechselt. Er hat einen Blick fürs Bauen. Er ist Katholik. Jeder neue Stein im Kirchgefüge wird ihn ärgern. Das wird er nach Rom berichten. Dort wird man sich sehr grämen. Hier kann der Mann keinen Schaden anrichten." Ebhardt widersprach: „Ich wäre mir nicht so sicher. Wer weiß, was die Katholiken im Schilde führen." Das Sprechen strengte Bähr an, obwohl er spürte, dass es wieder etwas besser ging. Es gelang ihm, sich aufzusetzen. „Gib mir etwas zu trinken", bat er. Ebhardt setzte sich auf die Bettkante. Bähr fuhr fort: „Ich habe in Schmiedeberg Eisenanker bestellt. Sie werden in den nächsten Tagen geliefert. Baut die Eisen ein, legt die Anker ins Mauerwerk. Sie werden den Bögen und der Kuppel zusätzlich Halt geben." – „Meister", unterbrach ihn Ebhardt, „die Zweifler nehmen wieder zu. Unterschätze sie nicht. Sie werden über uns herfallen. Du solltest die Sache sehr ernst nehmen." – „Nehme ich, Ebhardt, nehme ich", versicherte Bähr und schnappte nach Luft. „Wenn du meinen Fischgräten vertraust, dann ist alles in Ordnung." Er streckte sich wieder aus und deutete auf die Zeichnungen an den Wänden, auf seine Fische. Zum wiederholten Male erläuterte er sie Ebhardt. Der konnte sich des Verdachts nicht erwehren, dass sich Bähr selbst Mut zusprach. Er verabschiedete sich: „Komm wieder auf die Beine. Wir brauchen dich." Er war mit Bähr unzufrieden. Der begriff den Ernst der Lage nicht. Es war schon manchmal schwierig mit ihm.

Ebhardt eilte sofort in die Kirche zurück. Er wies an, niemanden hineinzulassen. Er schickte nach Zimmerleuten. Es sei dringend, ließ er sie wissen. Am Nachmittag wurde mit dem Bau der Gerüste unter den großen Bögen zwischen den Pfeilern begonnen. Er verpflichtete die Bauleute zum Schweigen. „Die Schäden gibt es nicht, verstanden?“ Die Männer grinsten. Er legte ihnen für die Arbeit drei Pfennige extra zu. Die Schäden blieben unbemerkt.
Bährs Gesundheitszustand besserte sich. Seine Atembeschwerden nahmen ab. Er kam wieder auf die Beine. Aber die Knie schmerzten. Er war kaum in der Lage, auf die Gerüste zu steigen. „Gehe es langsamer an“, mahnte seine Frau. „Wir möchten dich noch etwas haben. Der Bau kommt auch ohne dich voran. Du hast doch zuverlässige Leute.“ Bähr, den gegen Abend wieder ein leichtes Fieber schwächte, murrte: „Ohne mich kommt nichts voran.“ Ebhardt hatte recht: Seine Feinde lauerten nur darauf, dass er schwach wurde. Sie ging in die Küche und wärmte die Bohnensuppe auf, die sie mit gebratenem Speck würzte. Wieder zurückgekehrt, hatte er sich beruhigt. „Du hast ja recht“, gab er zu. „Ich werde mich etwas mehr schonen.“
Bähr schaffte sein großes Ziel: Im Oktober 1736 waren die steinerne Kuppel und der Laternenhals vollendet. Die Kuppel wurde geputzt und gemalt. Was noch fehlte, war die Laterne. Bähr freute sich. Der berühmte Orgelspieler Johann Sebastian Bach aus Leipzig hatte sein Kommen angekündigt. Er wollte auf Silbermanns Orgel spielen. Bähr versammelte seine Familie um sich und ging zum Sonntagsgottesdienst. Er hatte sich festlich angezogen. Die schwarzen Kniehosen, die er beim Kurfürsten getragen hatte, das helle Leinenhemd, Weste und Jacke. Die Füße steckten in den hohen gelben Stiefeln, die er so liebte. Seine Frau trug ein blaues Kleid mit Spitzen. Auch die Kinder hatten neue Kleider erhalten. Die Leute grüßten. Ihn trug eine Woge des Glücks. Das war sein Tag. Sie wird Augen machen. Er hatte in aller Stille ein kleines Betstübchen in der Kirche für seine Familie eingerichtet. Es war nicht groß, ganz schlicht gehalten. Nur von einem Klappstuhl aus war ein Blick auf den Altar möglich. Der Platz war für seine Frau bestimmt.

„Wo sitzen wir?“, fragte seine junge Frau. Bähr fasste ihre Hand, stieg Stufen hoch, öffnete eine schmale Tür. „Hier“, sagte er, „hier sitzen künftig die Bährs.“ Ein Leuchten trat in ihr Gesicht, wie es Bähr schon lange nicht gesehen hatte. Durch die hohen Fenster flutete Licht in den Kirchraum. Die Orgel brauste. Über dem Altartisch schimmerte das große Sandstein-Bild des Bildhauers Feige. Bähr erlebte es zum ersten Mal nahezu vollendet. Christus kniete auf dem Fels im Garten Genezareth auf dem Ölberg, den Kopf gehoben, den Blick zum Engel gerichtet, die Hände gefaltet. Jesus wusste, dass er das Leid am Kreuz noch vor sich hatte. Schon stürmten die Häscher aus dem Jerusalemer Stadttor, um ihn zu fassen. Bähr trat zur Seite. „Schau“, sagte er, „welch großartige Figuren Feige gelungen sind. Wir müssen ihm sehr dankbar sein, dass er nach Dresden gekommen ist.“ Sie stand und schaute. Sie war glücklich. Es war auch ihr Tag. In Bähr zog ein großer Friede ein. Jetzt wollte er das Letzte, die steinerne Laterne vollenden.

Auch das hatte er seit Langem vor, aber verschwiegen. Vom Obelisk, den er ursprünglich auf die Kuppel setzen wollte, rückte er ab. Ein Kreuz sollte das Gotteshaus krönen. Bähr setzte die Arbeit mit Schwung fort, ließ am Postament arbeiten, auf das er die Laterne stellen wollte. Wieder ging das Geld aus. Die Arbeit stockte. Für das Postament benötigte er vierhundert Taler, für die Laterne und andere Arbeiten weitere fünftausend. Er erbat dringend Geld. Der Rat schlug es aus. Bähr, der sich vor Jahren vorgenommen hatte, niemals mehr eigenes Geld auszulegen, schoss noch einmal Erspartes vor. Wenigstens das Postament sollte zum Abschluss kommen. Seine Kräfte begannen erneut zu schwinden. In einem letzten Kraftakt gab er dem Rat bekannt, dass er auch die Laterne in Stein ausführen werde.

Unglückliche Umstände verschworen sich gegen ihn. Ein heftiges Unwetter tobte über Dresden. Wasser drang durch den steinernen Kuppelanlauf in den Kirchraum ein, Fugen wurden ausgespült, neue Risse im Mauerwerk kamen hinzu. Das war nicht mehr zu verbergen. Der Rat setzte eine Kommission ein. Sie stellte große Schäden fest. Das Hofbauamt erfuhr davon. Jetzt geschah, was Ebhardt befürchtet hatte: Leute von Rang, darunter Architekten und

Baumeister, verfassten eine Schrift. Darin griffen sie Bähr und seine Kirche an. Sie prophezeiten ihren Einsturz.
Ebhardt eilte zu Bähr, den erneut ein Schwächeanfall niedergestreckt hatte. Dessen Gesicht war voller Schweiß, die Lippen waren aufgesprungen. Sein Atem ging stoßend, die Bronchien rasselten. Die großen zupackenden Augen schienen kaum noch zu glimmen. Bähr durfte jetzt nicht sterben. Er musste seine Kirche verteidigen, es war auch seine, Ebhardts, Kirche. Von ihm stammten die Kapitelle, der Zierrat am Gebälk, am Chor, die Sonnenblumen. Hunderte von Sandsteinblöcken waren durch seine Hände gegangen. Er liebte die Kirche wie Bähr. Sie war auch ihm eine Herausforderung gewesen. Er konnte Bähr die jüngste Nachricht nicht ersparen. Eine Verschwörung lief. Wenn es einen gab, der ihr entgegentreten konnte, dann war es Bähr. Er musste den Rat überzeugen, dass sie ihm vertrauten und dem Getöse nicht ihr Ohr liehen.
„Ich muss dir Unangenehmes mitteilen", sagte Ebhardt kurz. „Deine Feinde haben die Schäden entdeckt. Sie schreien, dass es in die Kirche hineinregnet. Die Fugen sind in der Tat schlecht abgedichtet. Sie behaupten, dass deine Kuppel zu schwer sei und ihr Einsturz bevorstehe. Du sollst die Kuppel abtragen. Nur so sei ein Großteil der Kirche zu retten. Chiaveri, dieser hergelaufene Römer, fordert gar das Abtragen der gesamten Kuppel und des Kuppelanlaufs bis zum Sims. Wenn sich diese Leute durchsetzen, dann zerstören sie unser Lebenswerk. Du darfst das nicht zulassen."
Bähr rang nach Luft. Seine Zunge stieß an den Gaumen, der in wenigen Augenblicken austrocknete. Er richtete sich mit Mühe auf, die Augen tief in den Höhlen, glasig. „Wer will meine Kuppel abreißen, wer?", krächzte er. „Die Architekten Knöffel, Krubsazius, Fürstenhoff, und ein gewisser Chiaveri, den niemand kennt. Er nennt sich Architekt des Königs. Eine ganze Bande hat sich gegen dich verschworen. Sie spielen sich als Besserwisser auf. Die meisten haben kaum etwas zustandegebracht. Der Rat ist völlig verunsichert, wie immer, wenn es kritisch wird. Du musst wieder gesund werden, Bähr."
Ebhardt reichte Bähr ein Glas Wasser. Bähr schluckte gierig. Ebhardt füllte es erneut. Bähr leerte es wieder. Sehr leise sagte er:

„Niemals werde ich dem zustimmen, niemals. Wenn sie abreißen wollen, lasse ich mich in die Kuppel tragen. Sie werden es nicht wagen. Ich lasse die Kuppel nicht zerstören.“ Ein Hustenanfall streckte ihn nieder. Und Ebhardt dachte: Alt werden ist keine Gnade. Er muss durchhalten. „Was müssen wir tun, was rätst du?“, fragte Bähr.

„Die Abrissforderungen liegen dem Rat vor. Er hat neue Gutachten in Auftrag gegeben. Es gibt eine Menge Leute, die an deine Fischgräten glauben. Versichere dem Rat, dass kein Grund zur Beunruhigung besteht.“ Er legte eine Pause ein, weil er wusste, dass das, was er zu sagen hatte, Bähr nicht gefallen wird. Er half Bähr, das Kissen höher zu stellen, schob es gleichmäßig hinter seinen Rücken. „Auf die Laterne aus Stein musst du verzichten, mach sie aus Holz. Vielleicht beruhigen wir damit einige Zweifler und den Rat.“

Bährs Finger strichen ruckartig über das Bett, krümmten sich. „Nein, Ebhardt, die Laterne wird aus Stein gebaut und nicht anders. Solange ich lebe, bleibt es dabei.“ Ebhardts Kopf lief rot an. Er widersprach gereizt: „Damit kommst du nicht durch, jetzt schon gar nicht. Begreif das doch! Du riskierst die Kuppel.“ Bähr hob die Rechte, ließ sie kraftlos fallen. Die Augenlider fielen ihm zu. Er sank in die Kissen.

Ebhardt verabschiedete sich. Bähr nahm es nicht wahr. Er hatte seinen Mund zusammengekniffen, sah erschreckend aus. Der Besuch hatte Ebhardt mutlos gestimmt. Starb Bähr jetzt, dann würden seine Gegner triumphieren. Weder er noch Fehre besaßen dessen Autorität und Überzeugungskraft. Fehre war ohnehin gegen die steinerne Kuppel gewesen. Er lehnte auch die steinerne Laterne entschieden ab. Der wird keinen Finger für Bähr krümmen. Ebhardt sah mit großen Sorgen den nächsten Wochen entgegen. Wenn Bähr doch einsichtig würde.

Bähr allein, rief nach seiner Frau. Sie war einkaufen. Er krächzte: „Hört mich denn niemand. Wo sind die Kinder?“ Er versuchte aufzustehen. „Meine Kuppel hält“, flüsterte er. „Und die Laterne wird aus Stein gefügt, aus nichts anderem.“ Er rief wieder nach seiner Frau. Sie geben keine Ruhe, diese Möchtegerne, diese Neider. Er atmete kurz. Es stach in seiner Brust. Klar, dass der Knöffel unter den Verteuflern war, hätte sehr gern selbst die Kirche gebaut. Das hatte er ihm gründlich versalzen. Auch seine glatten nackten Fassaden hatte er abgewiesen. Seine zwei Türme hatte selbst Wackerbarth abgelehnt. Es dauerte eine Weile, ehe sich Bähr beruhigte und sich Demut in ihn senkte. Er faltete die Hände. „Herr", betete er, „du hast mich deine Kirche bauen lassen. Nun erhalte sie und lege mir noch einmal ein paar Monate zu, damit ich dein Haus bis zum letzten Stein, bis zum Kreuz vollende." Er legte sich auf den Rücken, lag still, horchte. Im Haus war es ruhig. Dieser Chiaveri ist bestimmt ein Katholik, dachte Bähr, und dieser Krubsacius ist gewiss auch einer. Sie holen jetzt zum großen Schlag gegen mich aus. Und er dachte bitter: Lumpen sind es, Lumpen, ehrlose Neider. Sie gönnen ihm nicht die Kirche.

Helles Märzlicht fiel in den Raum. Straßengeräusche drangen ins Zimmer. Ein Wagen polterte ungewöhnlich laut. Bähr erinnerte sich an sein Lachen, als er zum ersten Mal seine Fischgräten gezeichnet hatte. Oh, wie hatte er gelacht an diesem späten Abend, bis in den Morgen hinein hatte er gezeichnet. Es war eine göttliche Nacht. Gott hatte ihm die Idee geschenkt. Er muss noch einmal in die Kirche, will unter der Kuppel stehen, will den Schneckengang bis zum Kuppelhals gehen, mit seiner Frau und seinen Kindern. Es wird beschwerlich werden, sehr beschwerlich. Man wird ihn stützen müssen. Es wird ihn seine letzte Kraft kosten, das weiß er. Seine Frau soll ihn führen, und Ebhardt und Fehre sollen ihn begleiten. Ob ihm Fehre folgen wird? Ihn hat er nicht zum Freund gewonnen. Zum Glück bellt er nicht mit den anderen, auch wenn er gegen seine steinerne Laterne ist. Er hat es ihm, Bähr, schriftlich gegeben, dem Rathaus auch. Ja, er will noch einmal aus dieser Höhe auf die Stadt und den Fluss schauen, auf diese wunderbare Landschaft, auf die sanften Höhen, auf das ferne Erzgebirge. Irgendwo weiß er Fürstenwalde, seinen Geburtsort. Sehr, sehr lange ist er nicht dort gewesen, wird wohl auch nicht mehr hingelangen. Heimat geworden ist ihm Dresden.

Er atmet wieder ruhiger. Das Stechen in der Brust hat nachgelassen. Wie er die Stadt erobert hatte, wie er die Herzen und Augen seiner Frauen gewonnen hat. Zwei hat ihm der Tod weggerafft. Es war ihm nicht gegeben, lange allein zu bleiben. Sechs Kinder rissen jetzt ihre Mäuler auf, alle noch unmündig, sie wird es nicht leicht haben, seine Frau. Er lächelte, nicht ohne Anstrengung, erinnerte sich an seine Begegnungen mit dem Kurfürsten. Er hatte ihm, Bähr, abverlangt, die Kirche niedriger zu halten als den Schlossturm. Natürlich hatte er zugestimmt. Man widersprach seinem Landesfürsten nicht. Der König war inzwischen gestorben. Und er, Bähr, wird den Befehl des Kurfürsten missachten. Aber das wusste niemand, ausgenommen der Obrist Pöppelmann, der Sohn des Oberlandbaumeisters. Ihm hatte er die Höhe unlängst verraten. Viele waren inzwischen gestorben, zuerst Permoser, dieser geniale Bildhauer. Einmal hatte er auf dem Tisch getanzt und ihn, Bähr, zu sich hochgezogen. Wahrlich, sie hatten beide auf dem Tisch im Stadtkeller getanzt. Permosers riesiger Bart hatte ihn gekitzelt, und er, Bähr, hatte seine Hände gegen seine gelben Stiefel geknallt, so wie er es vor Jahren bei den Russen gesehen hatte. Der Tanz war zum Stadtgespräch geworden, sogar seine Frau hatte es erfahren. Wackerbarth war tot, Pöppelmann auch. Und nun war er an der Reihe. Vielleicht, dachte Bähr, wird man es später herauskriegen, wie er sie alle auf seine Straße geführt hat. Es hat lange gedauert. Zuerst hatte er eine Kirche mit einer Holzkuppel entworfen mit einem Turm auf dem Choranbau. Sah sehr bescheiden aus. Aber sie lagen ihm in den Ohren: zu teuer, zu teuer, Bähr. Dann hatte Wackerbarth gleich ihm vier Türme haben wollen, dann hatte er den steinernen Kuppelanlauf durchgesetzt, als sie vom Kurfürsten kein Gramm Kupfer erhielten. Für ihn war dies ein Glück. Hätte die Stadt billiges Kupfer bekommen, wer weiß, ob er sich hätte durchsetzen können. Man muss auch Glück haben im Leben, und er hat es gehabt. Schließlich hatten sie seiner steinernen Kuppel zugestimmt. Sie werden auch der Laterne zustimmen.

Er hörte die Tür in den Angeln quietschen. Er hat es wieder versäumt, sie zu ölen. Ach, ist er im eigenen Hause nachlässig. Seine Frau kam die Treppe herauf, kam zu ihm ans Bett. „Bähr", sagte sie, „es wird Zeit, dass du wieder gesund wirst. Viele Leute lassen dich grüßen, auch ein Rinnsteinkehrer mit Namen Johannes. Er gibt vor, dich zu kennen.“ Sie legte ihm ein kühles, feuchtes Tuch auf die Stirn. Bähr verzog die Lippen, der Rinnsteinkehrer. Es sollte ein Lächeln werden. Aber er schaffte es nicht. „Ist ein verrückter Kerl“, sagt er, „ein Säufer, ein Spötter. Er wird auf dem Königstein enden.“ – „Er mag die Katholiken nicht“, sagte seine Frau. – „Der Kurfürst will eine katholische Hofkirche bauen“, behauptete der Rinnsteinkehrer. Er wisse es aus goldenem Munde, von Knöffel, dem er die Schuhe geputzt habe, und von seinem Sohn, der im Hofbauamt arbeite.

Bähr ruckt hoch. Seine blassen eingefallenen Wangen laufen ungeheuer rot an, er japst, es pfeift in der Gurgel, er ringt nach Luft, greift nach ihrer Hand. „Eine katholische Kirche?“ – „Ein gewisser Chiaveri soll sie bauen, im Auftrag des Kurfürsten.“ Bähr fällt in die Kissen zurück. Sie wollen seine Kirche zerstören, damit sie mit der ihren prahlen können. „Diese Hundsfötte, diese Katholikenbrut, diese Großmäuler. Sie haben sich in der Stadt eingenistet wie ein Hornissenschwarm in einem Weidenkopf.“ Er japst, er stottert, er wütet, ruckt auf dem Laken hin und her. Sie erschrickt. So zornig hat sie ihn niemals erlebt. Sein Ausbruch gleicht einem Bergsturz. Sie vermag Bährs Zorn nicht zu folgen, weiß nicht, dass seine Feinde seine Kuppel abreißen wollen. „Bähr“, sagte sie, „beruhige dich.“ Bähr lässt sich nicht beruhigen. Es bricht aus ihm heraus, er erzählt, was ihm Ebhardt berichtet hat. „Ich habe es immer befürchtet, dass sie eine katholische Kirche neben die meine stellen wollen. Das ist ein Unglück für die Stadt.“ – „Ach, Bähr“, sagt sie und streicht über sein wirres lichtes Haar. Sie weiß, dass sie ihn nicht trösten kann. Sie behält seine Hand in der ihren, bis er eingeschlafen ist.

Am nächsten Tag in aller Frühe rief Bähr nach seiner Frau. „Bring Feder und Tinte“, bat er. Und er diktierte einen Brief an den Stadtrat. Darin zählte er seine Verdienste auf und wandte sich gegen die Abrisspläne. Er bezeichnete die Männer als bösartige Unruhestifter, die auf ihren eigenen Vorteil bedacht seien. Nicht ein einziger von ihnen habe je eine Kirche gebaut. Er verwies darauf, dass ihn der Rat all die Jahre zu schlecht bezahlt habe. Er erbat einen Zuschuss für sein langjähriges Wirken. Damit seine Familie nach seinem Tode nicht in Armut falle. Er habe viele Aufträge im Interesse der Stadt und der Kirche abgeschlagen. Er forderte sein Geld zurück und bat um Geld für die steinerne Laterne. Der Rat hielt es nicht für nötig, seinem Baumeister zu antworten. Nach einem erneuten Brief Bährs lehnte der Bürgermeister seine Forderungen ab. Das kam Bähr bitter an. Und er dachte: Es sind Männer ohne Ehre und Anstand, es sind Krämer. So behandelt man den Mann nicht, der diese Kirche erbaut hat. Mit all seiner Kraft stand er auf, bat seine Frau, ihn zur Kirche zu führen. Zur Kuppel – wie er es vorgehabt hatte – wird er es nicht schaffen. Das wusste er.

Unterwegs begegneten sie dem Rinnsteinkehrer. Der Mann kam auf ihn zu, verbeugte sich tief. „Erlauben Sie mir, einem Geringen, Sie zu grüßen und Ihnen für die Kirche zu danken, Herr Ratszimmermeister. Sie ist ein kühnes Werk." Der Rinnsteinkehrer trat ganz nahe an Bähr heran. Bähr roch seinen Bieratem. „Haben Sie es schon gehört? Er hat sich Rom ergeben." Der Rinnsteinkehrer nannte nicht den Namen. Aber Bähr vermutete, dass er den Kurfürsten meinte. „Die Weihrauchriecher", hörte er den Rinnsteinkehrer respektlos sagen, „sollen eine Hofkirche erhalten. Das weiß ich von meinem Sohn. Der Teufel soll sie holen. Ich zünde sie an. Danach kann man mich erschlagen." Und er spuckte aus. Er schaute böse in Richtung Schloss und kraulte seinen roten Bart, der ungepflegt war. Bähr fiel der Vorname des Rinnsteinkehrers ein. „Lieber Johannes" sagte er, „ich habe es immer gewusst, dass dies eines Tages passieren wird." Er wunderte sich über seine versöhnlichen Worte. Sie waren ihm wohl vom Herrn eingegeben worden, denn so hatte er zuvor nie gedacht. Johannes schüttelte den Kopf. „Ich, der Rinnsteinkehrer der Stadt, gönne ihnen die Kirche nicht", beharrte er, „ich werde sie anzünden", wiederholte er. Er glühte vor Zorn und spuckte zum zweiten Mal, diesmal in hohem Bogen auf die Straße.

Bähr schaffte es nicht bis zur Kirche. Zurückgekehrt, legte er sich völlig erschöpft ins Bett. Er erhob sich nicht noch einmal. Er starb am 15. März 1738, am Tag seines Geburtstags, 72 Jahre alt. Fünf weitere Jahre sollten vergehen, ehe Laterne und Kreuz die Kuppel bekrönten. Sie wurden im Mai gesetzt. Bähr wäre sehr glücklich gewesen. Seine Fischgräten hatten den Zweifler Fehre überzeugt. Er, der so entschieden die steinerne Laterne abgelehnt hatte, führte sie in Stein aus, wie es Bähr gewünscht hatte. Eine späte Versöhnung.

Gaetano Chiaveris Ankunft in Dresden war in aller Stille erfolgt. Das war so gewollt. Da ihn niemand kannte, erregte er vorerst kein Aufsehen. Rimini lud ihn zu einem Essen in die Gesandtschaft ein. Diesmal erschien der Architekt pünktlich. Er war schlecht gelaunt. Er hatte keine geeignete Unterkunft gefunden, wohnte im „Hotel de Pologne" in der Schlossstraße. „Nichts ist vorbereitet", beschwerte sich Chiaveri. „Ich habe den Eindruck, man will mich hier nicht. Ein gewisser Knöffel soll mir die ersten Wege ebnen. Ich bin ihm wohl nicht willkommen. Und das Schlimmste: Um alles wird ein großes Geheimnis gelegt. Man möchte mich am liebsten verstecken."

Knöffel und Chiaveri, das kann nicht gut gehen, dachte Rimini. Der Oberlandbaumeister würde keinen Finger für den Italiener krümmen. Dessen Start stand unter keinem guten Stern. „Geheimnis, welches Geheimnis?", fragte Rimini.

„Die Hofkirche, die ich bauen soll, wird verschwiegen. In den Plänen und Papieren wird nur von einem gewissen Bau an der Elbe gesprochen. Ich komme darin nicht vor. So ein Unsinn. Der König selbst hat mir aufgetragen, vorsichtig zu Werke zu gehen, damit die Protestanten nicht aufgeschreckt werden. Wie soll ich das anstellen? Ich brauche Steinmetze, Bauschreiber, Steinbildhauer. Italiener müssen her. Deutsche allein vermögen meine Kirche nicht zu bauen."

Rimini teilte Chiaveris Meinung nicht. Der Mann neigte zur Überheblichkeit. Das war ihm bereits in Warschau aufgefallen. Es gab in Dresden hervorragende Handwerker und Künstler. Zum Glück war Chiaveri der Appetit nicht vergangen. Er aß reichlich, schmatzte, lobte den Wein, legte Fasanenstücke nach. „Man will mit den Protestanten keinen Ärger", fuhr Chiaveri fort. „Das wird sich nicht vermeiden lassen. Liebt man den König hier nicht?"

Die Frage war naiv. Wer liebte schon wirklich einen König oder einen Papst? Rimini versuchte, Chiaveri die Augen zu öffnen. „Lieber Gaetano Chiaveri", gab er dem Gespräch eine sehr persönliche Note. „Dresden ist voller Protestanten. Wir Katholiken leben hier wie auf einer kargen Insel. Daran werden Sie sich gewöhnen müssen. Und was Knöffel betrifft, den Mann werden Sie nicht gewinnen. Er ist ein ausgezeichneter Architekt, aber eitel bis in die Fingerspitzen. Brühl, der Premier, überhäuft ihn mit Aufträgen. Er steht in großem Ansehen." Flüchtig dachte Rimini an Leda. Dass sie Knöffel abgewiesen hatte, erfüllte ihn mit großer Zufriedenheit.

„Verstehe", sagte Chiaveri, „Fremde sind nirgends erwünscht. Das erging mir schon in Russland so. Aber ich brauche ein paar sachverständige Leute um mich, brauche Platz für die Hofkirche, für die Steinmetzwerkstätten, für die Maurer, Tischler, Bildhauer. Meine Leute müssen wohnen. Der König hat meine Entwürfe gebilligt. Die Kirche benötigt Raum. Ein, vielleicht zwei Brückenpfeiler müssen weg. Der Gouverneur Friesen hat es damit auch nicht eilig."

Also lässt der König die Kirche bauen. Auf diesen Satz hatte Rimini gewartet. Er bemühte sich, langsam zu atmen, zwang sich, am Tisch sitzen zu bleiben, hielt es nicht aus. „Kommen Sie, ich zeige Ihnen etwas." Er führte Chiaveri in den Salon. Dort hing dessen erste Zeichnung, in einem vergoldeten Rahmen, allein an der weißgelben Wand, gut im Licht, das aus dem gegenüberliegenden Fenster in den Raum fiel. Chiaveri hob seinen mageren trockenen Schädel, schaute mit großen Augen, sagte: „Ja, so will ich sie bauen." Und Rimini fuhr fort: „Ich habe an Sie geglaubt, von Anfang an. Sie werden in die Baugeschichte eingehen."

Chiaveri grinste, kratzte seinen Schädel. „Langsam, langsam, Legat. Jetzt brauche ich erst einmal Geld zum Bauen und ein Lager, auf dem ich mich bequem ausstrecken kann. Und ein ordentliches Regal für ein paar gute Jahrgänge Wein. Das Leben im Hotel stinkt mich an. Mir geht mein Geld aus. Ich hoffe, der König hält sein Wort und lässt endlich Taler springen." Chiaveri kehrte seiner Zeichnung den Rücken. „Lassen Sie mich noch ein Glas Wein trinken."

Mit weit besserer Laune als bei der Ankunft verließ Chiaveri die Gesandtschaft. Rimini – nun allein – ließ alle Beherrschung fallen. Er kam sich wie ein Feldherr vor, der einen späten Sieg errungen hatte. Rom würde in Dresden Einzug halten, Rom. Das war sein Tag.

Leda hatte Rimini am Dienstag im Gartenhaus erwartet. Der Dienstag war ihr heilig. Nur ganz selten erschien er nicht. Aber er hatte ihr eine kurze Nachricht zukommen lassen, dass er verhindert sei. Wann er sie sehen wolle, ließ er offen. Sie hatte sich auf ihn gefreut. Nun lag ein einsamer Abend vor ihr. Sie flüchtete sich ins Lesen. Am nächsten Tag kehrte sie in die Stadt zurück. Sie ließ es ihn wissen. Es vergingen fünf Tage, ehe er sich ansagte. Er wirkte konzentriert, kühl. „Jetzt wird es", sagte er, „jetzt wird die Kirche gebaut. Die Militärs schreien. Ein Stück der Festungsmauer muss fallen." Er küsste sie flüchtig auf die Stirn. Er, der nur selten über seine Arbeit sprach, entwarf die Kirche, als sei er ihr Architekt. All seine Gedanken kreisten um den Bau. Sie kam darin nicht vor.

Er ging früh. Sie lächelte tapfer, fragte nicht, wann er wiederkomme. Und sie entschied an diesem Morgen: Sie will nicht warten, bis er etwas Zeit für sie hat, bis es die Kirche zulässt. Sie war ruhig. Sie hatte ihn gewollt, und nun nahm die Kirche ihn weg. Sie schaute in den Spiegel. Sie suchte ihr Gesicht Zentimeter für Zentimeter ab. Nein, an ihrem Gesicht konnte es nicht liegen, auch nicht an ihr. Der Zeitpunkt war wohl herangerückt, dass es sich zu erledigen begann. Sie hatte ja viel früher damit gerechnet. Das Unglück war, dass es jeder mit unterschiedlicher Intensität und Betroffenheit erlebte. Sie öffnete Knöffels Brief. Er lud sie wieder zu einem Ball ein. Er ist hartnäckig, dachte sie. Das kam ihr gelegen. Man sollte sich an sie erinnern. Sie würde tanzen und sich von Knöffels hungrigen Augen anschauen lassen. Seine Geliebte würde sie dennoch nicht werden. Ihre Nase war unfehlbar. Sein Körpergeruch war ihr nicht angenehm. Es hat bei Knöffel nicht klick und nicht klack gemacht. Dann ging auch eine Geliebte nicht. Sollte Rimini auf dem Ball sein, wird sie ihn zum Tanz auffordern, kam er nicht von allein zu ihr. Bis zum Ball waren es noch vier Wochen. Sie brauchte ein neues Kleid, neue Schuhe. Danach wird sie ihre Abreise vorbereiten. Viel-

leicht konnte Knöffel beim Verkauf der Wohnung behilflich sein.
Es sickert durch, dass der Kurfürst eine Hofkirche bauen wolle. Bald trafen italienische Steinmetze, Maurer, Steinbildhauer in Dresden ein. Am Ufer der Elbe entstand eine kleine Siedlung, in der die Handwerker wohnten und ihre Werkstätten einrichteten. Knöffel nutzte jede Gelegenheit, um verächtlich über einen gewissen Chiaveri zu berichten, der sich in Dresden breitmachte. „In Russland soll er ein paar Holzhäuser gebaut haben", ließ er sich hinreißen zu sagen. Der Oberlandbaumeister war im Tiefsten verärgert. Hatte dieses Land nicht einen Bähr, einen Pöppelmann, einen Feige hervorgebracht, nicht ihn? Musste auf Fremde zurückgegriffen werden? Das war stark. Aber Knöffel stand bei Brühl in so hoher Gunst, dass selbst der König, dem dies bekannt wurde, nichts gegen ihn unternahm. „Viel, viel Eifer und zu viel Zorn", sagte er. „Der Knöffel wird sich wieder beruhigen, wenn er schlau ist."
Knöffel ließ sich in Kupfer stechen. Stand mitten im Bild, den Kopf gepflegt, mit ernstem nachdenklichem Blick, die Rechte angewinkelt, die Finger gespreizt, stand vor einem Tisch voller Papiere, im Hintergrund Kapitelle, gekleidet in üppigen kostbaren Samt. So wollte er der Nachwelt erhalten bleiben.
Bald wurden weitere Einzelheiten zur Hofkirche bekannt. Christoph, der Sohn des Rinnsteinkehrers, dem Knöffel besondere Förderung zukommen ließ, stillte die Neugier seines Vaters. So erfuhr der Rinnsteinkehrer von den Aufbauplänen und den Heimlichkeiten, die um die Hofkirche gemacht wurden. Er hörte seinem Sohn gierig zu. „Es gibt viel Streit um die Hofkirche. Die Militärs wollen vor ihr keinen offenen Platz. Er würde die Stadt militärisch entblößen. Aber der König höchstpersönlich hat dem Abbruch eines Brückenbogens zugestimmt. Da ist nichts zu machen."
Der Rinnsteinkehrer stachelte die Leute an. „Ich habe euch gewarnt. Jetzt schlagen die Katholiken zu. Sie bauen eine Hofkirche. In Luthers Land, mitten in der Stadt! Und ihr schaut zu und bezahlt sie mit eurem Schweiß. Müssen wir uns das gefallen lassen?"
Einige Leute murrten. Aber ohne Schwung. Andere zuckten nur mit den Schultern. Der Rinnsteinkehrer war enttäuscht. Er hatte gehofft, sie gegen den Bau aufwiegeln zu können. Deshalb gab er

noch lange nicht auf. Er gewann eine Gauklertruppe, die sich seit einigen Tagen in Dresden aufhielt, für sich. Er steckte ihnen ein paar Groschen zu, die er im Stadtkeller und auf der Straße erbettelt hatte. Die Gaukler rissen Zoten, beschimpften die Katholiken, bezeichneten sie als Rattenfresser. Verrat herrscht in Luthers Land. Sie zogen ihre grell bemalten Pappnasen lang, stapften auf den rohen Brettern der kleinen Bühne und furzten mit dem Mund. Die Leute schüttelten sich vor Lachen. Am nächsten Tag wurden die Gaukler aus der Stadt getrieben. Damit kamen sie glimpflich davon. Insgesamt aber blieben große Proteste gegen die Hofkirche aus. Die Militärs gaben nach. Eine Bresche wurde in die Festungsmauer geschlagen, der Brückenbogen abgetragen. Am Elbufer wurde Erde aufgeschüttet. Ein Platz entstand. Im Rathaus erinnerte man sich an Bähr. Er hatte vor den Katholiken und einer neuen Kirche gewarnt. Die meisten hatten ihm unterstellt, dass er übertreibe. Jetzt mussten sie erfahren, dass ihr Ratszimmermeister recht behalten hatte. Einige baten Bähr im Stillen um Verzeihung.
Knöffel schickte Leda einen Wagen mit Begleitung. Als sie aus dem Haus trat, bemerkte sie den Jungen des Rinnsteinkehrers. Sie hatte ihn seit Wackerbarths Tod nicht wieder gesehen. Er war größer geworden, kräftig, wirkte geschmeidig, war ein junger Herr. „Oberlandbaumeister Knöffel hat mich beauftragt, sie anzukündigen, wenn der Wagen vorfährt. Ich bin jetzt sein erster Gehilfe." In seinen hellen grauen Augen glänzte eine Erwartung, die ihr gefiel. Der Junge hatte es geschafft. Christoph hielt ihr seinen Arm hin. Sie stieg ein. „Das lernt man im Amt", sagte er. Der Wagen ruckte an, die Pferde setzten sich in Bewegung. Der Junge lief neben dem Wagen her, überholte ihn, um vor ihr im Palais Brühl anzukommen.
Leda war gespannt, wie sich Rimini verhalten würde. Erst gestern hatte sie ihm mitgeteilt, dass auch sie eingeladen sei. Das hatte ihn sehr überrascht. Sie hatte ihre grünen Augen ganz schmal gezogen, den dünnen Hals gereckt und bösartig gesagt: „Ich arbeite an meiner Zukunft nach Lorenzo Rimini. Die Schale will gefüllt sein." – „Recht so", hatte er gehöhnt. „Wie konnte ich es vergessen. Leda muss an Broterwerb denken." Sie sah es sehr deutlich. Er hatte größte Mühe, sich zu beherrschen. Er presste die Arme steif an den

Rock. Sein Gesicht, auf das durch das Fenster warmes Abendlicht fiel, wirkte wie eine steinerne Büste, glatt, kalt, augenlos, denn er hielt die Augen geschlossen. Sie wusste: Er war bemüht, sie zu verletzen. Sie nahm es mit einer gewissen Genugtuung hin, weil sie ihn dazu trieb. Es gab keinen Abschied ohne Schmerz.

Der Junge hatte das Palais erreicht. Knöffel trat aus dem Portal, seine geschwungene fleischige Nase bedeutsam vor sich her tragend. Er half ihr beim Aussteigen. Sie war, was sie nicht wollte, aufgeregt. Er verbeugte sich, grüßte, reichte ihr den Arm. Ihre Nase roch: Er hat zu viel Parfüm genommen. „Ich freue mich sehr, dass Sie meine Einladung angenommen haben." Seine Stimme klang angenehm. Aber es entging ihr nicht, dass auch er etwas aufgeregt war. Zweimal nestelte er an seiner Perle, die an seinem dunkelblauen Rock befestigt war. Es wurde ihr klar: So schnell gab der nicht auf. Es konnte unangenehm werden. Trotzdem nahm sie sich vor, ihm an diesem Abend zu gefallen. Ihr würde beim Abschied schon etwas einfallen.

Als die Musikanten zum Tanz aufspielten, wirbelte er sie ausgelassen über das Parkett. Sie genoss es, sie hatte Spaß an den Bewegungen und vergaß, was Knöffel erwartete. Er verhielt sich korrekt, bedrängte sie nicht. Als sich der Ball dem Ende näherte, fasste er ihre Hand. Seine Hand war kalt und schweißig. „ Weisen Sie mich nicht noch einmal ab", bat er. Sie wäre dieser Bitte zu gern ausgewichen. Sicher, sie hätte sagen können: Geben Sie mir noch etwas Zeit. Vielleicht hätte er akzeptiert. Doch sie antwortete, selbst überrascht, wie befreit es klang: „Es tut mir leid, Herr Knöffel, ich kehre in den nächsten Tagen nach Berlin zurück." Sie log ein wenig: „Mein Vater ist erkrankt. Er wünscht dringend meine Gegenwart." Knöffel bewahrte Haltung, begleitete sie zum Wagen, der vor dem Portal auf sie wartete, verabschiedete sich korrekt. Sie wusste, er verzieh ihr diese Abweisung nicht. Ihn um Hilfe beim Verkauf ihrer Wohnung zu bitten, hatte sich erledigt. Sie ließ den Wagen auf halbem Weg halten, stieg aus. Sie war müde. Aber es war angenehm zu gehen. Jetzt konnte sie nicht mehr zurück, jetzt hatte sie entschieden. Sie war froh, dass Rimini nicht zum Ball erschienen war. Nahm er tatsächlich an, dass sie Knöffels Geliebte werden könnte?

Sie hörte Schritte, erschrak. Sie nahm ihren Mut zusammen und schaute sich um. Der Sohn des Rinnsteinkehrers lief ihr hinterher. „Ich hätte Sie fast verpasst“, sagte er. „Ich möchte nur sagen, dass ich Ihnen sehr dankbar bin. Ohne Sie wäre ich den Rinnsteinen nicht entkommen. Herr Knöffel ist mit mir zufrieden. Ich stehle mit den Augen, wo immer ich kann. Und ich erhalte etwas Geld.“
„Ich wünsche dir viel Glück“, sagte sie und wandte sich zum Weitergehen. „Nachts so allein auf der Straße “, sagte er wie ein aufmerksamer Kavalier, „sollten Damen nicht gehen. Das ist gefährlich.“ – „Gut, dann begleite mich.“ Kurz vor ihrem Haus kam ihr ein Gedanke. „Ich möchte meine Wohnung verkaufen. Was meinst du, könntest du mir behilflich sein?“ – „Gewiss“, antwortete er, „im Oberbauamt landen viele Informationen. Es gibt eine Menge Leute, die Häuser, Wohnungen suchen. Ist es dringend? Es wäre gut, wenn Sie mir ein bisschen Zeit ließen.“
Wie souverän er war. Und sie freute sich, dass sie sich in dem Jungen nicht getäuscht hatte. „Die Zeit hast du“, sagte sie. „Ich danke Ihnen“, sagte er. Sie schaute ihm nach. Da ging einer mit großen Schritten, energisch. So ging man in die Zukunft, die Erfolg bereithalten würde. So ein junger Mensch kann einem Mut machen, dachte Anna.
Rimini kam abends. Er fragte nichts, er erklärte nicht, warum er dem Ball ferngeblieben war. Sie trug wieder das blaue Kleid, das ihm gefiel. Und sie wollte ihm gefallen. Sie wollte ihm bis zum Schluss gefallen. Und sie hatte einen törichten Wunsch. Er sollte sie vermissen. Nach dem Essen brach seine auferlegte Kühle zusammen: Er ergriff ihre Hand, hielt sie fest. Oh, wie warm die Hand war und fest. „Wirst du Knöffels Geliebte?“, fragte er. Sie schaute ihn lange an, tastete sein Gesicht ab, begann an der Stirn, hielt seine Augen fest, rieb sich an seiner steilen Nase. Und sie sagte: „Ich liebe dich, ich liebe dich, verdammter Lorenzo Rimini. Und ich verlasse Dresden.“ Er nahm ihre Hände, legte sie an seine Wangen, trug sie zum Bett. Bevor er am Morgen ging, fragte er: „Wann verlässt du Dresden?“
„Schon bald“.
„Die Grundsteinlegung zur Hofkirche könnte schon in diesem Jahr erfolgen.“

Sie verstand. Sie sollte bleiben und seinen Erfolg erleben. „Es ist deine Kirche“, sagte sie, „nicht meine.“
Auch er verstand.
Leda bereitete ihre Rückkehr nach Berlin vor. An ihrer Wohnung waren mehrere Käufer interessiert. Sie überließ die gesamte Abwicklung dem Jungen. Er erzielte einen Verkaufspreis, den sie in dieser Höhe nie erwartet hätte. Sie schob ihm einige Taler zu. Er lehnte sie ab. „Gnädige Frau“, sagte er, „behalten Sie den Sohn des Rinnsteinkehrers in guter Erinnerung.“ Ihr Bruder kündigte ihr an, dass er im Oktober heiraten werde. Er lud sie zur Hochzeitsfeier ein. Von einem Stuhl im Kontor war auch diesmal nicht die Rede. Und Nielsen hatte inzwischen einen Firmennachfolger gezeugt.
Es regnete, als sie Dresden verließ. In ihr schwang eine große Neugier, und sie fühlte Lebenslust. Nein, sie hatte keinen Schaden genommen. Sie wird sich in Berlin eine kleine Wohnung nehmen. Ihre Selbstständigkeit war ihr wichtiger als alles andere. Wer weiß, was ihr noch alles passieren würde. Eines allerdings schloss sie aus. Eine Ehefrau würde sie nicht werden. Es sei denn, es käme noch einmal ein André und verdrehte ihr Kopf, Seele und Herz. Da könnte sie wieder unvernünftig werden. Als die Kutsche die Höhe vor der Stadt erreichte, schaute sie ins Tal, das unter tiefen Wolken lag. Dresdens Türme beeindruckten. Ja, es stimmte, der Bähr hat eine dicke, fette Kuppel gebaut, die sicher über der Stadt thronte. Einen Augenblick lang schlich sich in sie eine kleine Mutlosigkeit ein. Sie verließ, was sie kannte, und fuhr ins Ungewisse, für eine Frau in ihrem Alter ein Wagnis. Sie zog ihren kleinen Handspiegel aus der Tasche, ein Geschenk Wackerbarths, schaute, lächelte.
Die Grundsteinlegung für die Hofkirche, die sich etwas verzögerte, erfolgte am 28. Juli 1739, knapp ein Jahr nach Ledas Abreise. Damit es nicht zu Protesten kam in aller Herrgottsfrühe. Nur einige Eingeweihte waren geladen. Die königliche Familie zog es vor, im böhmischen Teplitz zur Kur zu weilen. Das ärgerte Rimini. Gerade, hager, bedeutsam stand er neben Chiaveri, den Kopf leicht nach hinten geneigt, das Kinn vorgeschoben, die Nase wie ein Keil vorgespitzt. Für dieses Ziel hatte er vierzehn Jahre gekämpft. Nun, da es erreicht war, blieb die große Freude, die er erhofft hatte, aus,

ja er hatte das undeutliche Empfinden, dass er etwas verloren hatte. Er hätte Leda an diesem Tag gern in Dresden gewusst, hätte gern gehört: Mein Gottesmann, jetzt hast du deine Kirche.

Rimini verließ im November Dresden. An der Hofkirche arbeiteten mehrere hundert Leute, darunter 130 Gefangene und 780 Soldaten. Er heiratete – wie es vorgesehen war – das Mädchen Emilia. Sie war sehr hübsch. Ein Jahr später wurde ein Junge geboren. Die Freude im Hause Rimini war groß. Rimini aber passierte es noch viele Jahre später, dass ihn Ledas grüne Augen anschauten, die schief in ihrem Gesicht standen. Um eine Erfahrung war er inzwischen reicher. Er wusste, dass er auf Dauer zu keiner tiefen Bindung fähig war.

Ledas Leben in Berlin war bald voller Überraschungen. Sie mietete sich eine kleine Wohnung, ging spazieren, trank oft Schokolade, die sie von ihrem Bruder geschenkt bekam, und las viel, sogar ein französisches Journal. Sie begann wieder zu zeichnen. Ihr Bruder, der ihr auch nach der Hochzeit herzlich zugeneigt blieb, schickte ihr einen Lehrer, der gelegentlich ihre Hand beim Zeichnen führte. Es war eine angenehm weiche, warme Hand, die darauf wartete, gedrückt zu werden. Das geschah nicht. Rimini fehlte ihr anfangs sehr. Aber ihr glückliches Naturell ließ sie schneller darüber hinwegkommen, als sie gedacht hatte. Knapp zwei Jahre waren vergangen, seit sie Dresden verlassen hatte. An der Seite ihres Vaters, der zum ersten Rechenmeister aufgestiegen war und von Friedrich Wilhelm sehr geschätzt wurde, lernte sie am Geburtstag des Königs im Berliner Schlosshof einen Obristen kennen. Der Offizier, der aus einer alteingesessenen brandenburgischen Offiziersfamilie stammte, brachte sie zum Lachen wie kein Mann zuvor, weit mehr als Nielsen in Dresden. Der Obrist hatte graue Augen, die sie an Samt erinnerten. Ihre Nase witterte Aufregung. Anna riss ihre Augen auf. Oh, Gott, oh, Gott, geht es wieder los? Und sie sagte lächelnd: „Schicken Sie mir ein Billett, Herr Oberst. Leda wird ihnen antworten." Der Mann begriff nicht, er kannte keine Leda, er hatte Anna kennengelernt. Und sie hatte ihr Vergnügen daran.

Außerdem von Reinhard Delau in der **edition Sächsische Zeitung** erschienen:

AUGUST DER STARKE UND SEINE MÄTRESSEN

Die Macht im Schlafgemach

Dresden hat einen Dauerhelden – August den Starken, Kurfürst seiner Würde nach, polnischer König und Frauenverehrer. Der Wettiner war zur rechten Zeit geboren und zur rechten Zeit Kurfürst geworden: in der Zeit des Barock. In diesen Jahrzehnten, die später als augusteisches Zeitalter bezeichnet werden, wurden die Schönen an den Höfen öffentlich verehrt und geliebt, meist zum Herzeleid der angetrauten Ehefrauen. Ihnen stand die Pflicht zu, den männlichen Thronfolger zur Welt zu bringen. Schöne Frauen zu lieben war an den europäischen Höfen nahezu Fürstenpflicht, sie zu versorgen höfischer Auftrag. Die bürgerlich Elle von Treue und Eheglück anzulegen, taugt für diese Zeit nicht. Freilich – beides ist schwer in Übereinstimmung zu bringen. Huren und Ehebrecherinnen wurden des Landes verwiesen, und den Mätressen wurde öffentlich Beifall gezollt.

Die Frauen, die August zu seinen Mätressen erhob, waren nicht nur willige Gespielinnen, sondern übernahmen eine wichtige Rolle im höfischen Leben. Sie hatten großen gesellschaftlichen, bisweilen auch politischem Einfluss.

Delaus Verdienst ist es, das Wirken dieser klugen Frauen ins rechte Licht gerückt zu haben.

Ausstattung: kartoniert, 12 x 20 cm, 178 Seiten mit 55 Abb., ISBN 978-3-938325-06-3, € 8,90

Außerdem von Reinhard Delau in der **edition** Sächsische Zeitung erschienen:

DER FÜRSTENZUG IN DRESDEN

Das größte Porzellanbild der Welt

Alles hat seine Anfänge. Manchmal sind sie glücklich. So darf der Fürstenzug am Langen Gang in der Dresdner Augustusstraße als eine großartige Idee bezeichnet werden. Er gehört zu den drei bedeutenden Werken, die Sachsens Hauptstadt zieren: der Goldene Reiter, das Reiterdenkmal Augusts des Starken, die wieder aufgebaute Frauenkirche am Neumarkt und der Fürstenzug.
Der Fürstenzug dokumentiert die tausendjährige Geschichte des Fürstenhauses Wettin ebenso die Kleidung und Waffen der einzelnen Epochen. Den 35 Herrschern, allesamt Markgrafen, Herzöge, Kurfürsten und Könige und alle hoch zu Ross, folgen die wichtigsten Vertreter der Kunst und der Wissenschaft. Zwischen und hinter ihnen sind einfache Soldaten, Bannerträger, Diener und Mohren abgebildet.
Der Maler Wilhelm Walther hatte dieses 102 Meter lange und 957 Quadratmeter große Wandbild geschaffen. Aber schon nach wenigen Jahren wies der Sgraffiti-Fries erhebliche Schäden auf. Daher wurde 1906 das Wandbild in Meißen auf 25.000 geschliffene Porzellanfliesen übertragen. Es ist damit das größte Porzellanbild der Welt.
18 Regenten aus diesem überlebensgroßen Reiterzug werden in Delaus Buch vorgestellt.

Ausstattung: kartoniert, 12 x 20 cm, 192 Seiten mit 64 Abb., ISBN 978-3-938325-12-4, € 9,90